客家研究3

客家研究論集：
臺灣客家歷史、文化與信仰的探索

邱榮裕著

世界客家出版社

自　序

　　蘭臺出版社沈主編於去年 8 月中，發函到我電子信箱，反映出版社自 2018 年《臺灣史研究名家論集二編》套書出版後，時有讀者來詢問個人著作單本購買事，想提案詢問我是否有意願出版平裝單行本。並推薦可否在世界客家出版社出版，能夠聚焦於客家族群的專題，也能精準地提供給需要的讀者。接到這個建議讓我沉思許久，並著手找尋在歷次被邀請於兩岸有關客家議題的學術研討會的文章，經過一段時間的整合，再提出 6 篇發表過的客家研究不同議題的論文，併入之前套書的內容，提供讀者參考。

　　個人關心客家萌發於民國 64 年，當時省北師專畢業後選擇至苗栗大湖馬拉邦山之東興國民小學任教，風光明媚，交通便利，周圍村落均是客家人，學生客家話朗朗上口，學校長官同事和善相處，在這樣地幸福環境下，也就啟發了宏願，並開啟認識客庄、研究客家、比較客閩原三族群文化的差異與影響等研究契機。上課一早便將學校所藏的苗栗縣志藝文篇裡的客家童謠，抄寫一首在黑板左側邊上，每週讓同學客家話朗讀，這群五年級同學很厲害，居然可以馬上用四縣話朗讀。假日就與附近學校年輕老師交誼（屬新竹師專畢業），作家庭訪問更結識家長，從而共乘機車到卓蘭、東勢、豐原等地，參訪客家養蘭人家。當

時養蘭花是山區客家人致富捷徑。回憶總是甜蜜，這一年在馬拉邦山的東興國小服務，帶著精彩生活與教學成果（國語文競賽國小教師組演講比賽鄉冠軍、縣季軍；國小科學教案競賽低年級組縣第一名，到臺北市科學館參加省展），隔年因結婚調離，回到家鄉桃園茄苳國小服務。實習服務五年滿，隨即提出服務成績等向教育部申請保送師院進修，以第一志願到臺灣師範大學歷史學系就讀，此後又開展另一階段的人生發展。

歷歷往事在眼前如跑馬燈般閃爍浮現而消失，年華有限，今已屆七十，能夠將長期關注客家議題，且經學術研討會發表的論文成果，因蘭臺出版社沈主編的邀請建議，集結客家研究論文成專書一本，提供給讀者參考，實是個人幸運，尚祈讀者指導謬誤，謹此感謝。

邱榮裕　謹誌
2025 年 2 月 12 日　於松齋

目　次

自　序　III
導　讀　1

壹、臺灣歷史篇

施琅治臺主張與清初禁令　6
　　一、前言　6
　　二、施琅占領措施與朝廷優遇　7
　　三、施琅的治臺主張　13
　　四、施琅與清代渡臺禁令關係　17
　　五、結語　25

大龍峒的開發與保安宮　26
　　一、大龍峒的開發與移民　26
　　二、保安宮的興建與街廟聚落的形成　39
　　三、保安宮信仰的初期發展　49

客家人清代移民臺灣的幾個問題　52
　　一、前言　54
　　二、臺灣客家較閩南人口少的歷史因素　55
　　三、臺灣方志有關客家人的紀錄資料　63
　　四、清代臺灣客家民間信仰主要鄉土神祇　69
　　五、結論　75

新埔褒忠亭義民廟興起與發展之探究──以兩件清代古文書契為中心　76
　　一、前言　78
　　二、嘉慶柒年「四姓合議規條簿約」　78

三、光緒十年羅如發兄弟契字　86
四、褒忠亭義民廟現代化組織發展　89
五、結論　91

從日人征臺資料論臺灣北部客家乙未抗日事蹟　95

一、前言　97
二、日據初期日文書《明治28年臺灣平定記》乙未抗日記事　98
三、日據初期日文方志《桃園廳志》乙未抗日記事　102
四、有關臺灣北部桃園客家地區抗日記事比較　107
五、結論　113

羅福星革命思想對日據臺灣當局及社會之衝擊　115

一、前言　117
二、羅福星革命思想緣起與篤行　117
三、羅福星革命黨對日據臺灣當局之衝擊　122
四、羅福星革命黨對臺灣社會之衝擊　128
五、結論　133

臺灣戒嚴時期白色恐怖案件人權反思——以義民中學案為例　135

一、前言　137
二、臺灣戒嚴時期背景與律法　138
三、戒嚴時期政治案件與中壢義民中學案　148
四、國際人權與轉型正義　156
五、結論　161

中華傳統文化傳衍與和合：以臺灣現代社會中的祖先崇拜、神鬼祭祀之民俗為例　163

一、前言　161
二、臺灣現代社會的祖先崇拜　166

三、臺灣現代社會的神鬼祭祀　168
　　四、結論　172

開漳聖王民間信仰在臺灣的發展—以碧山巖、景福宮為例　173
　　一、前言　174
　　二、臺灣民間信仰的調查與發展　174
　　三、臺北市碧山巖開漳聖王的傳播　178
　　四、桃園市景福宮開漳聖王的傳播　181
　　五、結論　184

貳、臺灣客家研究篇

臺灣客家興起與發展　188
　　一、前言　189
　　二、臺灣客家社會運動的興起　189
　　三、客家政策的落實　192
　　四、臺灣學界客家研究的發展　193
　　五、結論　197

臺灣客家的歷史與文化　198
　　一、前言　198
　　二、臺灣客家人的原鄉　199
　　三、客家人到臺灣的移墾　202
　　四、臺灣客家文化　209
　　五、結論　215

從臺灣歷史看客家民間信仰發展　218
　　一、前言　220
　　二、臺灣歷史發展與移民關係　221
　　三、客家族群在臺灣的開拓痕跡　223

四、結論 226

客家民間信仰研究的傳統與創新—以臺灣新埔褒忠亭義民爺信仰為例 228
　一、前言 228
　二、民間信仰的定義 229
　三、臺灣義民的由來 232
　四、新埔褒忠亭義民爺祭祀圈的形成 233
　五、臺灣北部客家義民爺的祭祀 237
　六、結論 238

論述客家「三山國王」民間信仰之變遷—以臺灣宜蘭地區為例 240
　一、漢民入墾臺灣宜蘭地區 240
　二、隘寮設立與三山國王廟的關係 243
　三、三山國王信仰的演化現象 246
　四、結論 249

臺灣客家民間信仰源流與開創：以淡水、龍潭三林村、新埔為例 250
　一、前言 251
　二、淡水鄞山寺定光古佛信仰 252
　三、龍潭三林村福德祠、三元宮三山國王信仰 255
　四、新埔褒忠亭義民廟義民爺信仰 259
　五、結論 262

「田調視野」桃園客家落地生根印記：以大溪南興莊楊纘紳家族為例 264
　一、前言 266
　二、大溪區南興庄弘農堂楊氏簡史 267
　三、清乾隆臺灣北部霄裡社的開拓 270

四、南興庄粟仔園祖塔與龍潭三林村的開發 273
五、結論 278

臺灣清代客家移墾霄裡社楊氏纘紳公祖譜資料研究 280

一、前言 282
二、有關楊纘紳公派下楊氏祖譜 12 種資料特色 283
三、楊纘紳支系與楊氏道南派之關係 288
四、結論 290

客家屋場、風水信仰中楊公先師崇拜的印記 292

一、緒論 293
二、楊筠松（楊濟貧）堪輿對風水影響 293
三、客家屋場、風水有關楊公崇拜印記 296
四、結論 304

臺灣客家族譜、田野追蹤：新竹縣寶山鄉「廬江堂」何明勳《渡臺記》記事析探 305

一、前言 307
二、清康熙至道光臺灣淡水廳「桃竹地區」拓墾形勢 309
三、何明勳寶山廬江堂的創立 314
四、結論 321

從「史蹟」見證浪漫臺 3 線人文底蘊 323

一、大溪南興庄粟仔園楊家祖塔的「清故姪勤善友喜楊府君之墓」碑 323
二、龍潭區三林村的「開基福德祠」、「三元宮」 324
三、北埔鄉秀巒山的「紀念塔」 326
四、大湖鄉市區「羅福星昭忠祠」 327
五、東勢區的「巧聖仙師祖廟」 329
六、石崗區土牛國民小學的「土牛民番地界碑」 330
七、結論 332

參、文化比較研究篇

族群文化：異域客家民間信仰的變容—以馬來西亞客家廟拿督公、印尼邦加島土地龍神、臺灣宜蘭三山國王為例 334
　　一、前言 335
　　二、客家原鄉伯公、土地龍神、三山國王等民間信仰 335
　　三、異域客家民間信仰實況 338
　　四、異域客家民間信仰變容討論 343
　　五、結論 348

從客家宅院檢視儒家文化的傳承與實踐——以梅縣丙村溫家、屏東佳冬蕭宅、新竹新埔劉宅為例 351
　　一、前言 353
　　二、溫家、蕭宅、劉宅的歷史與傳衍 354
　　三、從宅院祠堂神龕的安置意義論儒家倫理之傳承 360
　　四、從宅院楹聯意涵論儒家理念之實踐 365
　　五、結論 371

論兩岸慚愧祖師、定光古佛民間信仰之差異 377
　　一、前言 379
　　二、「慚愧祖師」信仰在南投縣的發展 381
　　三、「定光古佛」信仰在臺北縣的發展 385
　　四、「慚愧祖師」、「定光古佛」信仰之差異 388
　　五、結論 394

從文化資產角度諮議客家連城四堡雕版印刷基地的保存與活化 395
　　一、前言 397
　　二、四堡雕板印刷文獻研究成果回顧 398
　　三、連城四堡書坊現況 403
　　四、諮議古蹟書坊保存與四堡產業活化 404

五、結論　406

清代臺灣移民社會客閩莊民集資建街合約字契約書之初探：以彰化縣永靖、淡水廳大龍峒為例　408
　　一、前言　409
　　二、清代彰化縣客莊永靖街創建與合約議定　410
　　三、清代淡水廳閩莊大龍峒街創建與合約議定　415
　　四、永靖建街合約與大龍峒建街合約異同　420
　　五、結論　422

導　　讀

　　這本客家研究專書集結個人客家專題研究論文 25 篇，散佈在臺灣歷史研究、臺灣客家研究、文化比較研究等三個範圍。為讓讀者方便閱讀及呈現文章特別之處，在此推薦 3 篇，介紹給讀者參考。

　　1.〈清代臺灣移民社會客閩莊民集資建街合約字契約書之初探：以彰化縣永靖、淡水廳大龍峒為例〉

　　第一篇文章推薦的目的，在於提醒讀者不要忽視民間所藏的古契約文書資料，要做地方史的研究，除了典藏文獻資料與相關論文的耙梳外，史蹟考察、地方耆老的拜訪必不可少。

　　這篇文章采歷史文獻分析、田野調查以及比較法，主要以留存的臺灣清代民間古契約文書為對象，探究清代臺灣移民社會中，客家與閩南族群，兩大漢族在清代移墾方式的異同。

　　在研究過程中，幸運整理出嘉慶年間臺灣北部淡水廳大龍峒閩南庄民集資合約字契約書，同時也發掘到亦是嘉慶年間臺灣中部彰化縣永靖客家庄民集資合約字契約書。

　　隨後更進行兩地街肆實地考察，以明瞭客、閩兩庄街市發展的異同，並作為清代臺灣移民社會客、閩集資建街肆案例的瞭解，同時歸納出嘉慶年間臺灣移民社會發展，已經從移墾社會

進入到到商業街肆形成的社會。

臺灣當時部分地區居民以集資持股購地建街肆方式，興起商業貿易投資，嘉慶年間兩份街肆集資合約書契實是很好的證明例子，亦說明客家族群在嘉慶年間與閩南族群同樣具有以集資持股購地建街肆方式，興起商業貿易投資的能力。

2.〈臺灣客家族譜、田野追蹤：新竹縣寶山鄉「廬江堂」何明勳《渡臺記》記事析探〉

第二篇文章推薦目的，在於讓讀者瞭解清代移民社會，客家人初次來台如何把握機會，開拓荒野，建立家園，立足臺灣的事例。

這篇文章是以清嘉慶年間一位 16 歲青年人何明勳，從廣東省嘉應州長樂縣到臺灣北部淡水廳墾拓之事蹟為例，藉由田野調查搜尋的《渡臺記校注》資料，探究何明勳立業開墾、建立家屋及其後裔發展情形。

《渡臺記》是一本罕見清道光年間金廣福大隘墾拓者，以真人真事跡將開發過程作詳細記錄的書籍，亦是少見採用編年記傳方式，並以客家七言文句記述的房譜資料。其內容是由何明勳與妻子陳秀妹兩人，在晚年口述生平事跡給子女知曉，並由三子德勝作紀錄而成的自身傳記。

文章主要論述在清代移墾社會何明勳來臺，如何成家立業之事，因此在資料的運用，偏重探索其個人在不同階段中具有代表性事情的整理，依時間先後，重點介紹有關何明勳一生奮鬥關鍵的事情。

3.〈羅福星革命思想對日據臺灣當局及社會之衝擊〉

第三篇文章推薦目的，在於讓讀者瞭解客家青年羅福星革命烈士（1886－1914），為何來到日本殖民地臺灣，因企圖喚醒並推展臺灣漢人革命思想，而願意犧牲個人生命事。

這篇文章主要以歷史研究、文獻分析之方法，將臺灣日據時期之《臺灣日日新報》、《羅福星抗日革命案全檔》以及相關文獻資料，詳加分析，作為論述 20 世紀初期羅福星發揚孫中山革命思想，對當時日本殖民地臺灣當局與社會所造成衝擊之研究。

　　臺灣客籍志士羅福星，字東亞，號國權，祖籍廣東省嘉應州鎮平縣（今蕉嶺）高思鄉大地村。1903 年（明治 36 年）印尼華僑學校中學畢業羅福星 18 歲，與祖父由印尼雅加達到臺灣，於新竹廳苗栗一堡牛欄湖庄落籍，隨後寄籍於苗栗街，入學苗栗公學校就讀，1907 年（明治 40 年）與祖父離開臺灣，返回廣東故鄉，途中經廈門，因仰慕孫中山革命思想，旋即加入「中國同盟會」，開展革命抱負。

　　曾參與 1910 年廣州起義、跟隨胡漢民以及率領南洋招募之民軍等事情，可以清楚看出其對革命的熱誠，亦即不怕死、不愛錢的革命精神。羅福星也因有在中國革命的豐富經驗，更成為日後 1912 年到日本殖民地臺灣，企圖發動臺灣人民革命的原動力。

　　臺灣總督府所屬檢察長三好一八，其個人認為臺灣社會發生如此大的陰謀事件，主要是民族敵對觀念興起所致，而這個觀念的發生，源於中國南部武昌革命烽火的影響，讓臺灣人民以為仗勢中國的力量，可以使得臺灣革命大業容易遂行。這個看法無疑肯定了羅福星追隨孫中山的革命思想，對臺灣島民而言，具有巨大的影響力。

壹、臺灣歷史篇

施琅治臺主張與清初禁令[*]

一、前言

　　自古代以來,道德觀念即成為我國評價一個人物在歷史上成敗的重要指標。這種注重道德習尚,深受儒家思想的影響。清代自乾隆皇帝起在這方面特別提倡,尤其強調忠君的教化,因此明清之際的人物為肆應變局而降清、事清的人,便被編入不忠不義、大節有虧損的〔貳臣傳〕之列裡。這些人此後不但遭受鄙視,同時在歷史的研究上也令人不恥,而受到冷漠的對待。明清之際的若干史實與真相,由於歷史研究受到道德觀念的影響而極端化,很多的歷史事實就被隱沒而不彰顯。一般人也就無法清楚的了解,明清之際歷史實際的情形。然而,近幾十年來明清部份檔案,陸續被整理公布,有助於這段時期的歷史研究,若干的史實也就因此獲得印證。

　　明清之際,有關明武將降清的研究,基本上道德的批判是一

---

[*] 發表於「將軍鄉鄉名溯源暨施琅功過學術研討會」,臺南縣將軍鄉鄉公所、財團法人西甲文化傳習基金會主辦,2002年07月。發表於「將軍鄉鄉名溯源暨施琅功過學術研討會」,臺南縣將軍鄉鄉公所、財團法人西甲文化傳習基金會主辦,2002年07月。

般學者所注重的[1]，歷史研究若以「忠奸之辨」、「民族大義」評斷，這是不足作為史實的解釋。以為應從多方面的角度去挖掘史實，才能呈現完整的歷史，也才足夠達到提供後人借鑑的目的。

有關施琅與臺灣的研究，由於資料的掌握與研究方法的不同，其結果自然呈現多樣化，這些成果對於史實顯然有所助益。然而，儘管如此，施琅與臺灣關係的研究，仍舊值得討論。本文除試圖以施琅在臺、澎兩地的告示，及其有關臺灣的奏摺，來探討施琅平定臺灣的意義外，也想釐清楚施琅與清代渡臺禁令的關係。

二、施琅占領措施與朝廷優遇

康熙22年（1683年）6月施琅在出兵攻打澎湖取得勝利後，臺灣方面鄭克塽、劉國軒等人隨即派遣人員前往澎湖，與施琅納款請降待命。施琅從澎湖到臺灣納降期間，以臺灣最高行政與軍事負責人的身分，依據臺、澎兩地社會環境及情勢變化，先後發布各項命令告示，讓改朝換代惶恐不已的臺、澎地區原屬鄭氏官兵與居民，能夠安心並遵行，不致形成兵荒馬亂、人人自危的混亂社會。以下則是探討施琅在這期間所發布《曉諭澎湖安民示》、《安撫輸誠示》、《諭臺灣安民生示》、《嚴禁犒師示》等告示，對當時社會情勢的影響。

首先，澎湖地區是施琅戰勝劉國軒率領鄭氏水師的戰場，這場關鍵的戰役，不僅關係臺灣鄭氏勢力的消長、存亡，也成為清朝完成霸業，開疆拓土、統一中國的指標。施琅占據澎湖後，如何安定當地軍民的措施，自然是值得探討的事情。

1　葉高樹：《降清明將研究（1618－1683）》，臺灣師範大學歷史研究所專刊23，臺灣師範大學歷史研究所發行，民國82年10月，頁6－13。

康熙22年（1683年）閏6月初4日，施琅在澎湖地區發布《曉諭澎湖安民示》，其中主要內容敘述於後：

> ……照得澎湖各島，地屬荒區，民實窮苦；……此日王土、王民，悉隸版圖，宜加軫卹，以培生機。合就示諭。為此示仰該地方居民人等知悉：爾等既脫邪氛，咸登樂土，各宜安意生業，耕漁是事。本提督憫念疲瘵之餘，當為蠲三年徭稅差役，遂其培養也。特示！[2]

此告示不僅凸顯清朝的威望，同時也以蠲免澎湖當地居民三年徭稅、差役，做為籠絡人心、臣服清朝的手段。這個告示說明施琅除軍事外，另有治理占領區的謀略，能夠在最短的時間，維持當地居民的生活與社會秩序。

施琅與劉國軒在澎湖一役的決戰勝負，促使臺灣與中國大陸原先分裂、分治的局面，發生重大改變。戰敗一方，以鄭克塽、劉國軒為首，派遣禮官鄭平英、賓客司林惟榮、隨員曾蜚、朱紹熙等人，攜帶降表、書信，乘船兩艘，到澎湖施琅軍前，納款請降。此重要大事，施琅當然一面稟報朝廷，於康熙22年閏6月11日提出《賫書求撫疏》；一面則是讓曾蜚、朱紹熙回臺灣傳達其意。施琅以為「若果真心投誠，必須劉國軒、馮錫範來軍前面降，將人民土地悉入版圖。其偽官兵遵制削髮，移入內地，聽遵朝廷安輯」[3]，向來降的使者表示自己的接受條件。

隨後，臺灣方面在獲得施琅訊息後，鄭克塽即派遣兵官馮錫珪、工官陳夢煒，劉國軒則派遣胞弟副使劉國昌，馮錫範亦派遣胞弟副使馮錫韓等人。這些人乃於同年7月15日隨同曾蜚、朱紹熙前往澎湖，除了送臺灣投降書稿外，也向施琅表示願意遵照其意辦理。施琅即於次日發布《安撫輸誠示》，讓他們帶回臺灣，

2　施琅：《靖海紀事》，臺灣文獻叢刊第13種，臺灣銀行經濟研究室編印，頁37－38。

3　同上，頁41。

發布告示，俾便臺灣軍民得以遵行。

施琅的《安撫輸誠示》，主要內容：

> ……茲偽延平王及武平侯等識天意之有在，樂皇仁之無偏，見遣協理兵工二官、副使二員，齎具表章敕印前來歸命，土地人民，悉入版圖。本提督體朝廷好生之德，念至誠求撫之心，現在題請，仰邀浩蕩洪慈，安輯咸宜。合就曉諭。為此示仰臺灣地方官兵庶人等知悉：示到，各官兵立即削髮，本提督剋日親臨安插。
>
> 軍紀素嚴，秋毫無犯。今既革心歸順，官則不失爵秩之貴，民則皆獲綏輯之安，兵丁入伍歸農，聽從其便。各自安意樂業，無事徬徨驚心。俞旨下頒，新恩遍及；本提督言出金石，決不爾負。須至示者！[4]

此公告主要作用在於安定臺灣軍民之心，同時要求以削髮做為形式上歸順清朝的表現。

施琅這種簡單的要求以及明確的承諾，無疑讓當時疑懼不安的臺灣政權人物以及軍民百姓，獲得日後清朝大軍前來，生命財產可以安全無慮的保證，同時也澈底解除臺灣軍民最後的反抗企圖心。

從此可見，由於施琅能夠適時採取謀略，滿足臺灣當時鄭氏政權敗仗後軍民疑懼的需求，因此才得以日後不費吹灰之力，獲得臺灣軍民的歸順，完成清朝廷交付擊敗鄭氏政權的任務。

另一方面，起因於施琅策略的成功，使得清朝與臺灣鄭氏政權之間，雙方免除一場激烈的最後對決戰事。我以為評價一個在前線戰場將官的功過，頗不容易，但若其能夠刻意避免雙方殺戮的事情，這樣的將官是值得後人尊敬、表揚的。

---

4 施琅：《靖海紀事》，臺灣文獻叢刊第 13 種，臺灣銀行經濟研究室編印，頁 43。

同年 8 月 13 日，施琅從澎湖率領水路官兵來到臺灣接受鄭氏政權的投降。當清軍水師船隻進入鹿耳門的時候，鄭克塽即派遣小船前來接引入港，劉國軒、馮錫範等人則率領所統文武百官到港口迎接[5]。

　　施琅入臺後，立即處理臺灣事務。8 月 20 日發布《諭臺灣安民生示》，此告示內容，概括社會秩序、民生物價、租賦差徭等三項重點，分別敘述於後：

> 首先，提示維持社會秩序的要求。施琅要求「官兵不許佔住民居，弁不許包瞞鄉社」，以防止民怨及弊端。對於臺灣原有市場交易秩序，則派官差巡察，嚴禁騷擾強買。至於對付臺灣當時的盜賊做為，以為「皆係臺灣新附之將不嚴約束，故縱官兵剽劫」，因此「一面發示招徠解散，……，復一面行偽武平侯遣發搜捕，法處該管將弁故縱之罪」[6]。

　　其次，穩定臺灣民生物品以及物價方面的措施。先表明「隨征官兵糧餉，船隻載運，足給兵食有餘」，讓百姓安心；然後申明「鎮營日用蔬菜，市肆買辦，照依民價無虧，斷不許藉稱官辦應用，一絲一毫侵取民間」[7]，讓臺灣民生物品及價格，不因大批清軍隊伍的駐防臺灣，而遭受巨大的影響。

　　最後，則是對於臺灣地區人民租賦、差徭的告示。施琅對於原來應納的稅賦，以為仍然需要繳納，但「今歲應納租穀，十分酌減其四，准赴州官輸納六分，以供偽延平王稅課。其一切保務疊派什項差徭，盡行蠲免」，同時以為臺灣所處為「海外荒區，

5　同上，頁 51。
6　同上，頁 53－54。
7　施琅：《靖海紀事》，臺灣文獻叢刊第 13 種，臺灣銀行經濟研究室編印，頁 54。

非比內地樂土，年納正供，當為從輕酌定具題」[8]，宣告將為臺灣地區人民向朝廷請求減少租賦、差徭等事，以便收攬人心。

綜合而言，施琅發布《諭臺灣安民生示》，在收攬臺灣民心的功用上，確實起了積極的作用，讓新歸附清朝的臺灣地區軍民，能夠立即了解新來政權所採取的政策為何，使得軍民一顆上下忐忑不安的心裡，獲得安適。

施琅在上述公告發布之後，隨後更發布《嚴禁犒師示》，以嚇止地方保甲等鄉紳以犒師為由，發動地方居民歡迎清軍的活動。這個告示主要內容為：「本提督奉命進取臺灣，所統王師，原為拯民，非以擾民；故到處秋毫無犯，務使民不知兵。誠恐鄉社保甲沿襲故套，各自派辦勞軍之費，致擾民生，合就嚴禁。為此示仰各鄉社保甲長、居民人等知悉」。文末，施琅又再特別強調，「如有該鄉社各保甲長敢藉端派辦犒師之費者，許即指稟，定行嚴拿，重究不貸」[9]。

因此，將施琅率軍抵達臺灣後，接連發布《諭臺灣安民生示》、《嚴禁犒師示》之事來論，施琅本人對於接受臺灣之事，從其態度與策略表現，可以說是採取戒慎與懷柔的策略，而不是以大軍壓境般的橫暴，將占領地的軍民生命財產視為肉臠予取予奪。施琅的這種措施，讓臺灣軍民避開血光擄掠之災，自然得到臺灣府縣居民發自心中的回報。在施琅離開臺灣以後，乃於臺灣府城的西定坊，由萬姓公建靖海將軍侯施生祠一所，作為居民感恩、祈福的拜祭之用，以表彰其甘棠遺意[10]。

另一方面，清康熙皇帝於康熙 22 年 9 月 9 日中秋之時，聽報施琅在澎湖戰勝劉國軒所領鄭氏水師之事時，高興異常，即

8　同上，頁 54。
9　同上，頁 55。
10　蔣毓英撰、陳碧笙校注：《臺灣府志校注》，廈門大學出版社出版，1985 年 11 月，頁 65。

刻作詩褒揚此戰功，其詩曰：「島嶼全軍入，滄溟一戰收；降帆來蜃市，露布徹龍樓；上將能宣力，奇功本伐謀；伏波名共美，南紀盡安流」。康熙皇帝詩罷，歡喜之餘，更將當時所穿著衣服賜予施琅，以表示恩寵[11]。

此外，康熙皇帝又於第二天，向吏、兵二部發出「**加授施琅靖海將軍，封靖海侯，世襲罔替**」的上諭，並以「**封侯制誥**」方式表示酬庸。其他官兵部分，則再加賞一次，以示特加優渥至意[12]。

施琅在澎湖戰役的勝利，獲得康熙皇帝的如此獎賞，自然實至名歸。然而，朝廷不僅賞賜功名，也給施琅實質的利益。

其實質的酬勞，在澎湖地區，施琅得收當地漁民每年繳納的規禮一千二百兩，此規禮直至雍正7年許良彬任福建水師提督總兵官後，才將此規禮歸公，作為提督衙門公事之用[13]。

另外在臺灣，施琅則享有所謂「施侯租田園」的產業，設立「施公租館」10所，由管事收租。其租則經由縣、府、省送到京師，再交納施琅或其世襲後裔，直到臺灣割讓日本後才停止[14]。

有關「施侯租田園」的範圍，依據伊能嘉矩《臺灣文化志》所載；有臺南城樣仔林施公祠地，漚汪堡的將軍庄、巷口庄，學甲庄的中洲庄、溪底寮庄、北門嶼庄、蚵寮庄、學甲庄，打貓西堡的舊南港庄、埤頭庄，牛稠溪堡的番婆庄、菜公厝庄、月眉潭庄、潭仔墘庄、中洋仔庄、三間厝庄、大客庄、大崙庄、溪北庄，觀音中里的大社庄、保舍甲庄、楠梓坑庄、土庫庄、

11　施琅：《靖海紀事》，臺灣文獻叢刊第13種，臺灣銀行經濟研究室編印，頁56。
12　同上，頁57－58。
13　林豪：《澎湖廳志》卷首皇言錄，臺灣文獻叢刊第164種，頁5。
14　伊能嘉矩：《臺灣文化志》上卷，東京刀江書院，1928年，頁190。

林仔邊庄、三奶壇庄,半屏里的後勁庄、八封寮庄、右沖庄、大灣庄,大竹里的籬仔內庄,興隆內里覆鼎金庄,興隆外里的左營庄,小竹上里的翁公園庄、山仔頂庄,仁壽上里的潔底庄、港口崙庄、白米庄、梓官庄、大舍甲庄、蚵仔寮庄、茄苳坑庄、街尾崙庄、後協庄、鹽塭庄、彌陀港庄、海尾庄、舊港口庄、石螺潭庄、阿公店街、前峰庄、赤坎庄,仁壽下里的下鹽田庄,觀音下里的灣仔內庄、赤山仔庄、仁武里庄、竹仔門庄、新庄等地區[15]。

三、施琅的治臺主張

施琅領軍攻克澎湖後,隨即率軍到臺灣,接受鄭克塽的投降。這期間除了處理澎湖、臺灣的事務,而發布前面篇章所討論的公告示文外,也不時的將其處理澎湖、臺灣的作法向清廷稟報。施琅向清廷稟報的奏摺當中,以〈恭陳臺灣棄留〉、〈移動不如安靜疏〉、〈壤地初闢疏〉等奏摺,這些奏摺特別攸關臺灣方面的事務,內容主要向朝廷陳述臺灣的重要性及實際的情形,使得清廷對臺灣、澎湖的地位與狀況有所了解,從而制定對臺灣的政策,這些奏摺可以說是影響臺灣日後發展深遠。

施琅在臺灣停留近百日後,而於康熙22年(1683年)11月22日內渡至福州,留總兵吳英總統鎮守[16]。他在福州省府主要是參加清廷特派大臣蘇拜所召開之臺灣善後會議。

此會議中有「宜遷其人,棄其地」之說,同時亦有「留恐無異,棄虞有害」之論,會議之主要人員除蘇拜,尚有巡撫金鉉及施琅等人,由於會中議論不一,未獲結論,惟獨施琅堅主必留,絕無捨棄之理。會後施琅乃單銜入奏力爭,陳明臺灣棄留之利

---

15 同上,頁190。
16 郭廷以:《臺灣史事概說》,臺北正中書局出版,民國77年8月,頁92。

害,及關係東南海防之重大[17]。其〈恭陳臺灣棄留〉主要內容,分述如後:

> 首先,陳述臺灣環海及天然地理條件。施琅以為「臺灣地方,北連吳會,南接粵嶠,……乃江、浙、閩、粵四省之左護。……臺灣一地,原屬化外,土番雜處,未入版圖也。然其時中國之民潛至、生聚於其間者,已不下萬人。……鄭芝龍就撫,將此地稅與紅毛為互市之所。……臣奉旨征討,親歷其地,備見野沃土膏,物產利薄,耕桑並耦,魚鹽滋生,滿山皆屬茂樹,遍處俱值修竹。硫磺、水藤、糖蔗、鹿皮,以及一切日用之需,無所不有。……且舟帆四達,絲縷踵至,飭禁雖嚴,終難杜絕。實肥饒之區,險阻之域。……此誠天以未闢之方輿,資皇上東南之保障,永絕邊海之禍患,豈人力所能致」,讓朝廷了解臺灣實際的狀況。

其次,分析臺灣、澎湖的軍事重要性。施琅論「如僅守澎湖,而棄臺灣,則澎湖孤懸汪洋之中,土地單薄,界於臺灣,遠隔金廈,豈不受制于彼而能一朝居哉?是守臺灣則所以固澎湖。……今地方既為我得,在在官兵,星羅碁布,風期順利,片帆可至,雖有奸萌,不敢復發。臣業與部臣蘇拜、撫臣金鋐等會議中。部臣、撫臣未履其地,去留未敢遽決;臣閱歷周詳,不敢遽議輕棄者也」。施琅以自己親自達到臺灣視察的結果,明確表示自己應該保留的看法。

最後,講述治理臺灣之法及強調臺灣的戰略地位。治理臺灣,施琅以為「內地溢設之官兵,盡可陸續汰減,以之分防臺灣、澎湖兩處。臺灣設總兵一員、水師副將一員、陸師參將二員,兵八千名;澎湖設水師副將一員,兵二千名。通共計兵一萬名,

---

17 張炳南監修、李汝和主修、金成前纂修:《臺灣省通誌》卷三政事志綜說篇,臺灣省文獻委員會出版,民國61年12月30日,頁22。

足以固守。又無添兵增餉之費。……然當此地方初闢,該地正賦、雜餉,殊宜蠲豁。見在一萬之兵食,權行全給。三年後開徵,可以佐需。抑亦寓兵於農,亦能濟用,可以減省,無庸盡資內地之轉輸也。蓋籌天下之形勢,必求萬全」。更進而強調「臺灣一地,雖屬多島,實關四省之要害。……如我朝兵力,比於前代,何等強盛,當時封疆大臣,無經國遠猷,矢志圖賊,狃於目前苟安為計,劃遷五省邊地以避寇患,致賊勢愈熾而民生顛沛。往事不諴,禍延及今,重遺朝廷宵旰之憂。……故當此方削平,定計去留,莫敢擔承,臣思棄之必釀成大禍,留之誠永固邊圉」[18],力陳臺灣保留的重要。

康熙皇帝以議政大臣會商不決,乃召詢廷臣,有大學士李霨力主從施琅之意,不久蘇拜亦贊成應留,棄臺之議即行作罷[19]。清廷隨後於康熙23年4月14日明詔設臺灣府,轄臺灣、鳳山、諸羅三縣,澎湖設巡檢,置臺廈兵備道及總兵,隸屬福建省。因此,臺灣於清代能夠成為中國版圖的一部分,施琅這篇奏摺絕對是具有說服力。

臺灣歸附後,鄭氏所屬軍民或留置或遣返,成為棘手的問題。清廷特派大臣蘇拜命令將投降官兵移駐畿輔、山東、山西、河南諸省。由於施琅在臺灣停留百日期間,曾由劉國軒等人陪同勘察南、北兩路,對於臺灣狀況獲得深刻的了解。因此,施琅對於蘇拜的命令,以為不可。為解決此問題,乃向清廷提奏〈移動不如安定疏〉,表達圓滿解決的方法。其疏中主要內容為:

> 臣思自康熙十三年以後投誠各官,概荷隆恩免其遷徙。今臺灣各偽官,……毫無懷貳,若一行移駐,其間有眷

---

18 施琅:《靖海紀事》,臺灣文獻叢刊第13種,臺灣銀行經濟研究室編印,頁59－62。
19 張炳南監修、李汝和主修、金成前纂修:《臺灣省通誌》卷三政事志綜說篇,臺灣省文獻委員會出版,民國61年12月30日,頁23。

> 口者不少，無眷口亦多，遠涉長途，不堪艱瘁；逃匿生患，所不能無。……今欲將各偽官眷口移駐外省，沿途搬運，百姓有策應人夫之苦；經過郡縣，官吏有備給口糧之費；所到地方，有動撥民房之擾；開墾耕作，有應給牛種農具之資，又是一番苦累。……此項偽官，俯就福建本省安插，尤見皇上推心置腹，使各遂其生，省人夫之搬運，口糧之應給，民房田舍之動擾，牛種農具之冒破，且無長途逃匿之患；所謂移動不如安靜之為得也。……今日鄭克塽等納土歸附，並其親族與劉國軒、馮錫範等皆遵旨進京，明宗室朱桓等移就山東、河南安插。是臺灣之巢穴已破，根株已盡，可保其永無後患。其餘各偽官人員，皆無關係。又何須移駐以滋民擾，且費公帑乎？……臣思此番投誠，與其移而復動數省之煩難，曷若安之可永保其無事？……。[20]

對於歸附清朝的鄭氏臺灣官兵，施琅能夠衡量命令利害，不顧非議一力擔當，向朝廷呈奏圓滿解決之道，保障當時臺灣歸附官兵轉回福建安插，各還原籍，免除遷移他省的勞動之苦。從這個例子而言，施琅在其權勢高漲之時，還能眷念歸附官兵前途，不忍這些官兵領受顛沛流離之苦，而提出〈移動不如安定疏〉奏摺，顯現施琅本人惻隱之心的一面。

此外，為著臺灣成為清朝領地後，清廷徵詢有關臺灣的稅賦與貿易事情，施琅於是向清廷呈奏〈壤地初闢疏〉，主要針對「臺灣應得錢糧數目及白糖鹿皮可否興販」的事情，提出看法。其疏主要內容如後：

> 蓋臺灣沃野千里，則壤成賦，因地為糧，宜稱富足，……瀰山遍谷，多屬土番，雖知懷服，習性未馴，射獵是事，

---

20 施琅：《靖海紀事》，臺灣文獻叢刊第 13 種，臺灣銀行經濟研究室編印，頁 63－65。

微供無幾。……其安於耕桑可得按戶而問賦者,皆中國之人,于數十年前,生聚乎其間。……自臣去歲奉旨蕩平,偽藩、偽文武官員、丁卒與各省難民相率還籍,近有其半,人去業荒,勢所必有。今部臣蘇拜等所議錢糧數目,較偽藩鄭克塽所報之額相去不遠。……兼以鄭逆向時所徵者乃時銀,我之所定者乃紋銀,紋之與時,更有加等。……萬或以繁重為苦,輸將不前……至時動兵,為費更甚,何惜減此一二萬之錢糧哉?……至于興販東洋(日本)白糖一項,歲定二萬石,不足之數,聽其在本省(福建)之內採買。……則今四方蕩定,六合為一,在臺灣可以興販東洋,何本省不可興販,必藉臺灣之名買白糖赴彼興販?……可知臺灣錢糧,一時未能裕足故也。[21]

施琅在這疏中,表現了其體恤臺灣民生疾苦,也為臺灣地方所使用的紋銀有所解釋,讓朝廷能夠清楚了解,這種關懷臺灣民生的用心,是值得肯定的事情。

總之,施琅能夠在十七世紀末,認清臺灣在近代海權時代的重要戰略地位,堅持主張並影響其他大臣,最後讓清廷保有臺灣,成為中國版圖的一部分。就這歷史事實而言,施琅在清初採行保守、消極的海禁政策下,能夠堅持自己的看法,的確有過人的見識。

四、施琅與清代渡臺禁令關係

清朝康熙 22 年 8 月施琅率兵到臺灣,接受鄭氏政權的投降。清廷隨後即將臺灣、澎湖併入領土,於康熙 23 年沿襲鄭氏舊制,設立臺灣府隸屬福建布政司,臺灣府下設立臺灣縣、鳳山縣、

---

21 同上,頁 67－68。

諸羅縣等3縣，管理臺灣、澎湖等地[22]。

當時臺灣府統轄4個坊、26個里、2個庄、46個社、1個鎮以及澎湖的36個島嶼。其中臺灣縣統轄4個坊（東安坊、西定坊、寧南坊、鎮北坊），15個里（武定里、永康里、廣儲東里、廣儲西里、長興里、新豐里、歸仁南里、歸仁北里、永豐里、保大東里、保大西里、仁德里、仁和里、文賢里、崇德里）。

鳳山縣統轄1個鎮（安平鎮），2個庄（觀音庄、鳳山庄），7個里（依仁里、永寧里、新昌里、長治里、嘉祥里、維新里、仁壽里），12個社（下淡水社、力力社、茄藤社、放索社、上淡水社、阿猴社、搭樓社、大澤機社、郎嬌社、琉球社、南覓社、加六堂社）。

諸羅縣統轄4個里（善化里、新化里、安定里、開化里），34個社（蕭壠社、麻荳社、新港社、大武壠社、目加溜灣社、倒咯嘓社、打貓社、諸羅山社、阿里山社、奇冷岸社、大居佛社、他里霧社、猴悶社、沙轆牛罵社、柴裡斗六社、東螺社、西螺社、南北投社、麻務楝社、崩山社、大傑巔社、新港仔社、竹塹社、南嵌社、雞籠社、上淡水社、麻芝干社、南社、二林社、馬之遴社、大突社、亞束社、半線大肚社、大武郡牛社）[23]。

適時臺灣實在民戶總計12,727戶；其中臺灣縣民戶為7,836戶，鳳山縣民戶為2,455戶，諸羅縣民戶為2,436戶。臺灣社會主要生產力之男子成丁人口，原來鄭氏政權登記名額為22,253人，清廷底定臺灣後存冊名額為13,270人；其中臺灣縣名額7,083人，澎湖地區名額546人，鳳山縣名額2,802人，諸羅縣名額2,839人。另外有新收男子成丁3,550人；其中臺灣縣為1,496人，

22　金鋐主修、鄭開極等纂：《康熙福建通志臺灣府》康熙23年刊本，臺北成文出版社影印出版，民國72年3月，頁67。

23　蔣毓英撰、陳碧笙校注：《臺灣府志校注》，廈門大學出版社出版，1985年11月，頁9－11。

鳳山縣694人，諸羅縣1,360人。合計實在男子成丁人口數為16,820人；其中臺灣縣8,579人，澎湖546人，鳳山縣3,496人，諸羅縣4,199人[24]。至於臺灣原住民的人口紀錄，在康熙23年刊本的《康熙福建通志臺灣府》裡面，記載「實在八社番丁口4,345丁口，內除半老疾番、少男女番、老番婦753丁口豁免丁米外，實在男女番丁口3,592丁，……」[25]。從這些紀錄可以概括了解，當時官府能夠掌握漢人與社番的丁口數中，以漢人部分較為詳細，而社番丁口僅只有8個社番的統計，可以理解當時治理臺灣番社的不易。

另外，當時臺灣開墾的田園，在鄭氏政權登記官民田園有30,054甲地，清朝底定臺灣後實在官民田園則為21,019甲地[26]，田園驟然短少9,035甲，其原因或許如施琅在〈壤地初闢疏〉奏摺上所云：「自臣去歲奉旨蕩平，偽藩、偽文武官員、丁卒與各省難民相率還籍，近有其半，人去業荒，勢所必有」所致[27]。

清廷為臺灣、澎湖的防衛，總計派遣水陸官兵10,000人駐防各處。其中臺灣鎮標中左右三營官兵3,000人，臺灣水師協鎮標中左右三營3,000人，澎湖水師協鎮標左右二營2,000人，南路營官兵1,000人，北路營1,000人[28]。這些規畫與施琅於康熙22年12月22日上奏清廷的〈恭陳臺灣棄留〉中，所建言的分防臺灣澎湖的內容相同，顯示清廷相當採納施琅的意見。

若從駐防官兵10,000人數與臺灣當時漢人男子成丁16,820

---

24 金鋐主修、鄭開極等纂：《康熙福建通志臺灣府》康熙23年刊本，臺北成文出版社影印出版，民國72年3月，頁107。
25 同上，頁108。
26 同上，頁109。
27 施琅：《靖海紀事》，臺灣文獻叢刊第13種，臺灣銀行經濟研究室編印，頁67。
28 金鋐主修、鄭開極等纂：《康熙福建通志臺灣府》康熙23年刊本，臺北成文出版社影印出版，民國72年3月，頁118－120。

人口數相較而言,清廷對於臺灣、澎湖的防衛,可以說是相當的嚴密。這也可以了解清廷自康熙 23 年以後,在臺灣、澎湖等地,選擇險隘、扼塞的地方駐防,這些設防,讓臺灣地區達到「寸板不得度」的效果[29]。

清廷首批派任臺灣地區的職官,其職別與名單分別為;分巡臺廈道周昌,臺灣知府蔣毓英,臺灣府同知梁爾壽,臺灣府經歷林起元;臺灣縣知縣沈朝聘、將相,臺灣縣縣丞趙行可,臺灣縣典史張元初,臺灣縣新港巡檢司巡檢紀文達,臺灣縣澎湖巡檢司巡檢姚法唐;鳳山縣知縣楊芳聲,鳳山縣典史王轂,鳳山縣下淡水巡檢司巡檢袁玫、謝寧;諸羅縣知縣季麒光、樊維屏,諸羅縣典史楊輔業,諸羅縣佳興里巡檢司巡檢孫寅等人[30]。

職官中,臺灣府知府蔣毓英論當時臺灣風俗,以為「臺灣自紅彝僭竊以來,因仍草昧,鄭氏父子相繼,民非土著,逋逃之淵藪,五方所雜處,未盡同風而易俗,擾及牛、豕者,如殺人之罪,故民皆惴惴焉,以盜為戒。今國朝寬大,苛禁咸弛,而鼠竊時聞,非天性之有異,實民心之澆薄也」。概言之,除說明鄭氏以嚴厲方式管理,使臺灣民眾不敢為盜。他對於當時臺灣治安上不時發生偷竊事情,則認為是臺灣居民之間人情過於疏離所致。

其次,蔣毓英觀察臺灣漢人移民,以為「三邑之民務本者多,逐末者少」,他亦將當時臺灣府的三邑人口數略加計算,「共一萬六千餘人,不及內地一小邑之戶口」。此外,由於臺灣地區漢人移民性別比例,呈現男多女少現象,使其認為「匹夫猝難得婦」,因此提出「生齒奚能日繁」的看法。

再則,蔣毓英對於當時臺灣的自然環境,作出「地廣人稀,蕭條滿眼,莽爾郡治之外,南北兩路,一望盡綠草黃沙,綿邈

29　同上,頁 121。
30　同上,頁 149－154。

無際。……荒村煙火,于叢草中見之。……男女無完體之衣,適口乏肥甘之味;衢路衣冠偶或遇之,疲癃慘淡之狀,不堪睹聞。蓋緣地瘠而民貧,民貧而俗陋,誠可悲也,亦可念也」的描述,道盡當時臺灣荒蕪與貧瘠的情形[31]。

從上述可以了解,清康熙 23 年前後,臺灣經濟、物質等環境條件與內地相較,是相當的落後與困苦。然而,誰能料到日後臺灣的環境變化是如此的快速,到了雍正、乾隆期間,居然有許多內地人不顧清廷嚴苛的渡臺禁令,不斷地甘冒個人生命危險,橫越波濤凶湧的海峽,偷渡來臺,臺灣宛若冒險者的天堂。

一般談論清代渡臺禁令,總將施琅牽連其間。事實是否如此值得商榷[32]。近代討論施琅與清代渡臺禁令的關係,首由日人伊能嘉矩在其所著《臺灣文化志》中卷,第 11 篇交通沿革,第 2 章臺灣渡航弛張的篇章中論及。他以為施琅的〈恭陳臺灣棄留〉奏摺,明確陳述了臺灣棄留的利害,使得清廷將臺灣納入中國版圖,然而廷議中「**臺灣孤島易為海盜淵藪應予棄之**」,及「**遷徙臺灣移墾回籍防守澎湖**」之論,雖不被採行,但是這種消極的心態卻影響當時清廷治理臺灣呈現消極的政策。認為從《六

---

31 蔣毓英撰、陳碧笙校/注:《臺灣府志校注》,廈門大學出版社出版,1985 年 11 月,頁 54－56。

32 可參閱施志汶:〈臺灣史研究的史料運用問題:以清代渡臺禁令為例〉,《臺灣社會文化變遷學術研討會論文集》,臺灣師範大學歷史學系、臺灣省文獻會合編,民國 89 年 9 月出版。此篇文章內容中,將近代以來學者在清代渡臺禁令相關方面的研究論著,加以排比,並比較各家說法,花費頗多心力,值得參考。但施文仍將伊能嘉矩在《臺灣文化志》中引用的《六部處分則例》的「臺灣編查留寓條」的時間,定在康熙 22 年。這個時間應該是錯誤的,因為施琅率軍打敗劉國軒水師,逼迫臺灣鄭克塽投降是在康熙 22 年的 6 月,在此之時,清廷是無法對臺灣的狀況,馬上或者預先設定管理的條規。更何況鄭克塽投降後,清廷對於臺灣棄留的問題,才在康熙 23 年 4 月有所定奪,設置行政機構,隸屬福建省。另外,伊能嘉矩在書中也並未註明引用的時間,而是舉「臺灣編查留寓條」的內容,說明康熙年間治理臺灣採取消極又嚴格管理的政策。

部處分則例》中「臺灣編查留寓條」的例子可以了解。其條文主要內容為：

> 臺灣留寓之民，凡無妻室無產業者，應逐令過水，交原籍管束。其有妻室產業情願欲在臺居住者，該府、縣及移知原籍，申報臺廈兵備道稽查，仍報名督、撫存案。若居住後遇有犯過，罪止杖笞以下者，照常發落，免其驅逐，若犯該徒罪以上者，不論有無妻室產業，概押回原籍治罪，不許再行越渡。（失察之官亦依輕重罰俸降級有差，其奸究而留寓叢集滋事者，處以革職。）

同時附帶三條渡臺的限制，內容分別為：

> 欲渡航赴臺灣者，先給原籍地方之照單，經分巡臺廈兵備道之稽查，依臺灣海防通知之審驗許之，潛渡者處以嚴罰。
> 渡航臺灣者，不准攜伴家眷，既渡航者不得招致之。
> 粵地（廣東）屢為海盜淵藪，以其積習未脫，禁其民之渡臺。
> 違反者依清律之兵律私出外境及違禁下海之條處分[33]。

伊能嘉矩以這些條例嚴格的作為，視作清廷在康熙年間治理臺灣初期，採取消極又嚴格管理的政策。

然而，上述附帶渡臺三條限制，其中「粵地（廣東）屢為海盜淵藪，以其積習未脫，禁其民之渡臺」的條文，被視為排斥客家人移墾臺灣的條款，也成為一般視為臺灣閩、客族群人數及發展差異的主因之一。

另外，大興黃叔璥在其所著《臺海使槎錄》卷四中引〈理臺

---

33 伊能嘉矩：《臺灣文化志》中卷，東京刀江書院，1928年，頁769－770。

末議〉的一段內容，即「臺灣始入版圖，為五方雜處之區，而閩粵之人尤多。先時鄭逆竊據海上，開墾十無二三。迨鄭逆平後，招徠墾田報賦；終將軍施琅之世，嚴禁粵中惠、潮之民，不許渡臺。蓋惡惠、潮之地素為海盜淵藪，而積習未忘也。琅歿，漸弛其禁，惠、潮民乃得越渡」[34]，亦是一般研究臺灣閩、客人口問題的學者，所經常引用的依據。以為施琅對客家人的偏見，影響客家人至臺灣移墾的發展。

有關施琅資料，其中《靖海紀事》為重要，收錄施琅康熙年間征臺灣的奏疏，但其內容沒有施琅對惠、潮之民的看法記載，因此，黃叔璥的《臺海使槎錄》中所紀錄的事情是否可信，有必要進一步探究。

黃叔璥順天大興人。進士出身，歷官至御史。於康熙61年與滿籍御史吳達禮同膺首任巡臺之命，乃有機會到臺灣視察，其就臺灣視察之事紀錄，以後將〈赤崁筆談〉四卷，〈番俗六考〉三卷，〈番俗雜記〉一卷等集成《臺海使槎錄》一書。由於本書為清代臺灣早期文獻之一，因此以後修志的人，均多所參考引用。

以作者在康熙年間的背景來說，施琅於康熙35年3月21日病卒，享年76歲，應該是接近施琅的年代。施琅去逝之時，距黃叔璥以御史身分至臺灣，雖然有26年的差距，但施琅的事蹟及行事，以黃叔璥御史的身分應該不難獲悉。雖然目前尚未發現施琅本人嚴禁惠、潮之民的記載，但並不表示施琅沒有這方面的作為。以黃叔璥在康熙期間任御史的身分地位，其在《臺海使槎錄》一書中，所留下的有關臺灣事務的記載，以為是可以相信的。

另外，有關客家人在清初的民情風俗，藍鼎元在其《鹿洲初

---

34 黃叔璥：《臺海使槎錄》，臺灣文獻叢刊第4種，頁92。

集》卷十四的〈潮州風俗考〉一文有所描述。云：「潮郡依山附海，民有雜霸之風，性情勁悍，習尚紛囂……大抵士庶之家十人九賭，兵役之家九人十賭，通都僻壤無處無之，蓋習俗之浸淫久矣。賭博之餘，流為盜賊，攘雞盜牛，穿窬肮篋……或則操舟溪河，禦人于郊關之內，結隊出海，攘客于重洋之外，……。」[35]，亦對當時潮州民俗作了實際的描述。因此，當時官家對於惠、潮之民的看法，自然不是無的放矢。

施琅自康熙22年8月接受鄭克塽的投降時，即與臺灣前途關係密切，至康熙35年因病去逝止，總計13個年頭。因此，黃叔璥記載，「終將軍施琅之世，嚴禁粵中惠、潮之民，不許渡臺。蓋惡惠、潮之地素為海盜淵藪，而積習未忘也。琅歿，漸弛其禁，惠、潮民乃得越渡」的說法，這事情應該是可以相信的。

此外，清康熙52年有一位吳桭臣者，跟隨臺灣知府馮協一渡臺，以後將其在臺灣所見聞的事情，寫成《閩遊偶記》一書。此書也紀錄了臺灣歸附清廷後的情況，記載臺灣當時官府的建置，以為「廷議設郡建官，制度規模等於內地無異」，同時評論臺灣地方，以為「在臺建置，設府一縣三；……治所設官司，有分巡道及府、廳、縣等員，武備則有總鎮及副、參、遊、守等員弁，府、縣學師各一。於以明倫善俗，興行教化；申嚴保甲，稽察奸宄。不但規制燦然，而且附籍者眾，戶口日增，人皆視為樂土矣。」[36]。是故，從康熙22年到52年，僅30年的時間，臺灣的情境從「匹夫猝難得婦」、「生齒奚能日繁」、「地廣人稀，蕭條滿眼」變成人口眾多、人間樂土的模樣，這是值得高興的事情。

35　沈雲龍主編：《鹿洲初集》卷14至卷20，近代中國史料叢刊續輯404，頁1043－1046。
36　諸家：《臺灣輿地彙鈔》，臺灣文獻叢刊第216種，頁16。

五、結語

　　在臺灣的發展史上，施琅是繼鄭成功影響臺灣歷史的重要人物。施琅在澎湖之役，首先戰勝明鄭劉國軒的水師，其次接受鄭克塽派遣使者的約降，由於施琅步步為營，採取適當措施，使得澎湖地區投降官兵與百姓能夠安心，因而促使臺灣的投降接收工作順利。另外，施琅對於臺灣鄭克塽、劉國軒、馮錫範等人的降清後的待遇，以及明鄭官兵、百姓的安置問題，均能夠作有利的建言，免除多數人遭受遷徙異地的命運。

　　清康熙22、23年間，由於近代海權、海運思想未萌，因此廷議中產生棄留臺灣的問題。然而，施琅能夠認清臺灣在東南沿海戰略地位，獨排眾議，在其所上疏內容中極力說明保留臺灣的重要，最後讓臺灣成為中國版圖的一部分。在這一點而言上，施琅自然有不可磨滅的功績。

　　施琅與客家族群到臺灣移墾的問題上，雖然無法從其所留奏摺、告示等顯示出來，但是依據黃叔璥《臺海使槎錄》中，「施琅之世，嚴禁粵中惠、潮之民，不許渡臺。蓋惡惠、潮之地素為海盜淵藪，而積習未忘也。琅歿，漸弛其禁，惠、潮民乃得越渡」的記載，以為是可信的紀錄。由於閩、客族群早期在移墾臺灣過程中，因存在著施琅的限制客家人移墾的條款，自然影響日後兩族群在臺灣的發展，這也是日後閩、客人口差距的主要因素之一。

大龍峒的開發與保安宮*

一、大龍峒的開發與移民

大龍峒地名源於臺灣史前時代本地原住民聚落 Pourompon（巴琅泵社）的音譯名稱，荷蘭人據臺時期此地屬淡水集會區。荷蘭人 1647 年開始作臺灣原住民人口調查與統計，此地淡水集會區，計有 16 個村落，分別是：Kirabaraba、Kimassauw（毛少翁，麻少翁）、Litsiouck（里族）、Kipatauw（北投）、Touckunan、Kirragenan（唭里岸，奇里岸）、Pourompon（大浪泵，巴琅泵）、Kimoitsie（奇武卒，圭母卒）、Cattayo（搭搭攸）、Kimalitsigoouwan（麻里即吼，毛里折口，錫口）、Kypanas（房仔嶼，峰仔峙）、Chinaer（庄仔內）、Kypabe、Cackerlack、Toetona、Tappare 等。

但其中有 Touckunan、Kirragenan（唭里岸，奇里岸）、Kypabe、Cackerlack、Toetona 等 5 個村落沒有資料，其他村落人口調查結果，分別為：Kirabaraba 人口 143 人，36 戶；Kimassauw（毛少翁，麻少翁）人口 433 人，98 戶；Litsiouck（里

---

* 為 2015 年臺北市大龍峒保安宮管理委員會《重修大龍峒保安宮志》之邀稿。

族）人口231人，52戶；Kipatauw（北投）人口139人，39戶；Pourompon（大浪泵，巴琅泵）人口76人，17戶；Kimoitsie（奇武卒，圭母卒）人口73人，缺戶數統計；Cattayo（搭搭攸）人口59人，13戶；Kimalitsigoouwan（麻里即吼，毛里折口，錫口）人口180人，52戶；Kypanas（房仔嶼，峰仔峙）人口120人，28戶；Chinaer（庄仔內）人口294人，80戶；Tappare人口288人，84戶。

隨後，荷蘭人分別1648年、1650年、1654年、1655年調查人口資料，隔年1656年因淡水附近有戰鬥，這淡水集會地區的戶口資料也就未報告登錄而欠缺。

最後一次1655年的人口調查資料，欠缺Kirabaraba及Kypabe兩村落的資料，其他村落人口調查結果，分別為：Kimassauw（毛少翁，麻少翁）人口305人，86戶；Litsiouck（里族）人口71人，25戶；Kipatauw（北投）人口83人，22戶；Touckunan人口120人，26戶；Kirragenan（唭里岸，奇里岸）50人，13戶；Pourompon（大浪泵，巴琅泵）52人，17戶；Kimoitsie（奇武卒，圭母卒）人口93人，20戶；Cattayo（搭搭攸）171人，43戶；Kimalitsigoouwan（麻里即吼，毛里折口，錫口）人口108人，33戶；Kypanas（房仔嶼，峰仔峙）人口100人，33戶；Chinaer（庄仔內）81人，22戶、Cackerlack人口95人，25戶；Toetona人口77人，23戶；Tappare人口157人，48戶等。[1]

由此可以了解荷蘭人據臺時期，此地淡水集會區原住民聚落已經有16個村落，分布在臺北盆地淡水河流域，人口總數的統計，分別為1647年有2,036人，戶數499戶；1655年人口有2,062人，戶數436戶。如排除欠缺村落的資料，淡水集會區人口數在8年期間的變化，增加了26人，但總戶數則減少63戶。

---

1 中村孝志著，吳密察、許賢瑤譯：〈荷蘭時代臺灣番社戶口表〉《臺灣風物》44卷1期，淡水地方及淡水河流域、淡水集會區，頁212。

另外，清代康熙年間郁永河所著《裨海紀遊》一書，其中記載了有關在臺灣北部採購硫磺時，與淡水河流域原住民各聚落會集交易之事。內容為：「各社土官悉至；曰八里分、麻少翁、內北頭、外北頭、雞洲山、大洞山、小雞籠、大雞籠、金包里、南港、瓦烈、擺折、里末、武溜灣、雷里、荖厘、繡朗、巴琅泵（音畔）、奇武卒、答答攸、里族、房仔嶼、麻里折口等二十三社，皆淡水總社統之，其土官有正副頭目之分。飲以薄酒，食以糖丸，又各給布丈餘，皆忻然去。復給布眾番易土，凡布七尺，易土一筐」。[2]

由上述資料，可以瞭解到 1697 年（康熙 36 年）當時稱為「淡水總社」的地方轄區已經有 23 社，較荷蘭人據臺時期的淡水集會區的原住民村落 16 個，已經多出 7 個村落。

清領時期官方約於 1700 年前後時間所繪製的「康熙臺灣輿圖」中，清楚呈現在今淡水河與基隆河交界的地名是「大浪泵社」，可視為本區大龍峒最早原貌，其地名旁邊小字寫著「至峰仔寺社水陸壹日」里程記事。至於地圖中其他地名亦是同樣標明著小字的里程記事，如淡水河流域的「干豆門」（八里分山下）旁邊小字寫著「至大浪泵水陸貳時辰」，而其對岸的「干豆門」旁邊小字寫著「至內北投水陸捌里」；至於在與今基隆河流域一水之隔之地圖部份，則先繪製有「答答攸社」旁邊小字寫著「至干豆門水陸壹日」，其後有「內北投社」與「麻少翁」，更後則是「峰仔寺社」旁邊小字寫著「至答答攸社水陸壹日」。[3]

從「康熙臺灣輿圖」的北部輿圖中，不僅清楚說明當時此地區還沒有漢人的聚落，同時也將當時原住民社與各社間的交通方

---

[2] 郁永河：《裨海紀遊》，臺北：臺灣銀行經濟研究室，1959 年，頁 25。

[3] 參考魏德文：〈歷史地圖篇〉邱榮裕編撰《臺灣桃園大溪南興庄縉紳公派下弘農楊氏族譜》，臺北市：南天書局，2014 年初版，頁 6。

式與距離清楚標明。此圖所繪製的北部地名與村落，平埔族原住民居多，當時原住民地名至今仍在沿用，如雞籠城、淡水港、干豆門、北投、大浪泵、南港社等。

另外有一份1709年（康熙48年）淡水大佳臘「陳賴章墾號」的墾照，裏面紀錄的地名則與「大浪泵社」有關，此墾照其中內容記載：「……臺灣荒地現奉憲行勸墾章，查上淡水大佳臘地方，有荒埔一所，東至雷里、秀朗，西至八里分、干脰外，南至興直山腳內，北至大浪泵溝，四至並無妨礙民番地界，現在招佃開墾，合情稟叩金批准給單示。……」。[4] 從這張墾號內容的「北至大浪泵溝」文句，可以推測這是漢人到今臺北市大同區開墾的最早時間。

至於大佳臘四至範圍，就今日臺北市與新北市區域而言：東邊到達疆界，即是萬華（雷里）、中和（秀朗）等地；西邊到達的疆界，即是八里（八里分）、關渡（干脰）等地；南邊到達的疆界，即是新店（興直山腳）地區；北邊到達的疆界，即是圓山（大浪泵溝）地區。但這四至範圍在當時應還是荒煙漫草，水波泛影的景致。因為郁永河的《裨海紀遊》裡紀錄了一段有關臺北盆地1694年（康熙33年）大地震的事情，內容如後：

> 初二日，余與顧君暨僕役平頭共乘海舶，由淡水港入。前望兩山夾峙處，曰甘答門，水道甚隘，入門，水忽廣，瀁為大湖，渺無涯涘。行十許里，有茅廬凡二十間，皆依山面湖，在茂草中，張大為余築也。余為區畫，以設大鑊者二，貯硫土者六，處夫役者七，為庖者二，余與王君、顧君暨臧獲共處者三；為就地勢，故錯綜散置，向背不一。張大（淡水社長）云：「此地高山四繞，周廣百餘里，中為平原，惟一溪流水，麻少翁等三社，緣

4　臺北市文獻委員會：《大臺北古契字集》康熙48年陳賴章墾號開墾大佳臘堡（臺北盆地）合約書。

溪而居。甲戌（康熙33年）四月，地動不休，番人怖恐，相率徙去，俄陷為巨浸，距今不三年耳」。[5]

目前所知清代漢人到臺北盆地領照開發，最早的是陳賴章墾照，此墾照批准的時間是1709年（康熙48年），當時距1694年（康熙33年）發生臺北盆地的大地震事，也不過15年的時間。就當時臺北盆地許多有原住民居住的地區，如本沿溪流而居的麻少翁等三社，因大地震「俄陷為巨浸」而「相率徙去」的情形而言，可以推測陳賴章墾照的批准地區，也應是原住民遷徙以後的水湮荒地。早於陳賴章墾照，郁永河對於此地區已經觀察，並在書內記載「武勞灣、大浪泵等處，地廣土沃，可容萬夫之耕。」的個人看法。

1743年（乾隆9年）從淡水港，循水路到各社的里程，在《重修臺灣府志》卷16，有引用陳湄川中丞的「淡水各社紀程」紀錄，其中有清楚的說明，茲將其紀錄內容說明如後：

> 淡水港水路十五里至關渡門；南港水路四十里至武勞灣，此地可泊船。內雞心礁陸路六里至雷裏，六里至了阿，八里至秀朗，三十里至里末，三里至擺接。北港水路十里至內北投，四里至麻少翁，十五里至大浪泵，此地可泊船；三里至奇武仔，十五里至荅荅悠，五里至里族，六里至麻里即吼，二十里至峰仔嶼，上灘水路七十里至嶺腳，上嶺下嶺十里、渡海十二里至雞籠。又淡水港北過港，坐蟒甲上岸至八里坌，十五里至外北投，十二里至雞柔山，十五里至大屯，三十里至小雞籠，七十里至金包裏，跳石過嶺八十里至雞籠社。[6]

---

5 郁永河：《裨海紀遊》，臺北：臺灣銀行經濟研究室，1959年，頁24。

6 范咸：《重修臺灣府志》卷十六風俗（四），臺北：臺灣銀行經濟研究室，1958年，頁457。

從上文中有對大浪泵水域的描述，注明「此地可泊船」而言，可見當時大浪泵社所處自然水域環境，對於水運船隻停泊是相對其他地方更為理想，同時也意味當地居民對於外來泊船者是持友善態度相待。

臺灣北部淡水河流域在清初康熙時期，即有漢人紛紛前來移墾落戶的事情，至1736年（清乾隆元年）已經形成「淡水堡」，管轄25莊，分別是：

> 八里坌莊、滬尾莊、大屯莊、竿蓁林莊、關渡莊、北投莊、八芝連林莊、奇里岸莊、瓦笠莊、興仔武勞灣莊、大佳臘莊、圭母子莊、大灣莊、水興莊、興直莊、加里珍莊、擺接莊、山腳莊、八里坌仔莊、海山莊、坑子莊、虎茅莊、奶笏莊、澗仔歷莊、甘棠莊。[7]

其中大佳臘地名，在方志或其他文獻資料上，又稱為大加蚋，又作大佳蚋、大佳蠟。

> 至於淡水流域原住民部分，則在淡水廳管轄下以熟番稱之，當時文獻紀錄有：淡水社、大屯仔社、武勞灣社、雷裏社、了匣社、秀朗社、擺接社、內北投社、麻少翁社、大浪泵社、答答悠社、奇武卒社、里族社、麻裏雞口社、大雞籠社、外北投社、雞柔山社、小雞籠社、金包裏社等19個熟番社。[8]

淡水廳轄區至1774年（乾隆39年）漢人移民落居人口日趨興盛，由先前35莊，發展成132莊。當時淡水廳北部的淡水河流域村落，已經發展至28莊，各莊分別為：萬盛莊、古亭莊、

---

7 范咸：《重修臺灣府志》卷二規制／坊里／淡水廳，臺北：臺灣銀行經濟研究室，1958年，頁69。

8 范咸：《重修臺灣府志》卷二規制／番社／淡水廳，臺北：臺灣銀行經濟研究室，1958年，頁73。

艋舺渡街、奇武卒莊、大浪泵莊、中崙莊、下埤頭莊、大加臘莊、上埤頭莊、興福莊、內埔仔莊、新莊仔、嗒嗒攸莊、貓裏錫口莊、里族莊、內湖莊、南港仔莊、和尚洲莊、□仔崎莊、石角莊、八芝蘭林莊、瓦笠莊、北投莊、奇里岸莊、干豆莊、八里坌仔莊、滬尾莊、芊蓁林莊。[9] 從這時期的莊名可以看到原先是熟番社的聚落，在漢人紛來移民拓墾的時代潮流中，不知不覺已經成為漢人街莊了。

清道光年間由於行政管理需要，將大加臘莊改成大加蚋（蠟）堡，隨著大加蚋成為堡名，其所轄管範圍有：艋舺街、三板橋庄、古亭村、大灣庄、林口庄、上陂頭庄、錫口街、新南庄、南港仔街、搭搭悠庄、東勢庄、新庄仔庄、圭母卒庄、大隆同街等聚落。這時期的大隆同街，即是將大浪泵莊併入改名。

1841 年（道光 21 年）淡水廳同知曹謹編查戶口，轄區下淡水河流域各堡丁口數，分別為：

> 海山堡一萬六千三百四十二丁口，興直堡一萬六千四百六十六丁口，擺接堡二萬六千九百一十七丁口，拳山堡一萬四千九百八十九丁口，大加蠟堡二萬三千六百八十三丁口，八里坌堡一萬一千五百七十四丁口，芝蘭一堡一萬二千五百六十三丁口，芝蘭二堡七千九百八十丁口，芝蘭三堡一萬五千八百零八丁口。[10]

其中大加蠟堡是僅次於擺接堡，為第二大丁口數的堡，意味著此大加蠟堡擁有不少男性為主的移墾社會生產勞動力，當地人丁眾多亦即是象徵當地產業興盛發達。

9　余文儀：《續修臺灣府志》卷二規制／坊里／淡水廳，臺北：臺灣銀行經濟研究室，1962 年，頁 78。

10　陳培桂：《淡水廳志》卷四／志三／賦役志／戶口／番丁，臺北：臺灣銀行經濟研究室，1963 年，頁 89。

至 1871 年（同治 10 年）大加蠟堡共轄 16 個莊，包括有：艋舺下嵌莊、三板橋莊、古亭莊、大灣莊、林口莊、上陂頭莊、錫口街、新南莊、南港仔街、搭搭攸莊、東勢莊、新莊仔莊、奎府聚莊、大隆同莊、社仔莊及溪洲底莊。[11]

當時轄區內有一座三板橋，初為郭錫瑠建造，以後為眾佃重修。[12] 另外有四個渡船口，分別是圭母卒渡、番仔溝渡、社仔渡、搭搭攸渡，[13] 作為當時這個區域的重要交通設施。

此外，本堡內設有大隆同義塚，位於今大同區大龍峒一帶，為 1765 年（乾隆 30 年），由當地居民邱文華獻給。[14]

按清代義塚之制度，大清會典規定：「直省地方，如有無主暴露枯骨，各該地方官，建置義塚，立法收埋，仍咨報部。如有好義之人，收瘞貧屍，及塚埋枯骨多數者，有司勘實，給匾旌獎」。又乾隆 6 年議准設義塚，文曰：「五城地方，係人民輻輳之區，人稠地狹；若不設立義塚，則無主枯骨，必致終年暴露，嗣後各撥地畝，作為義塚令其收瘞」。

清代《淡水廳志》紀錄臺北地區有義塚四處，除上述大隆同義塚之外，其他三處分別為：嘎嘮咧義塚，1758 年（乾隆 23 年）眾社番獻給，位於今臺北市北投區一德里；艋舺義塚建置年代不詳，有兩處均位於今臺北市雙園區，分別為居民林士炔、陳長茂獻給；浙江人義塚，1886 年（光緒 12 年）由浙江人義捐設

11　陳培桂：《淡水廳志》卷三／志二／建置志／街里，臺北：臺灣銀行經濟研究室，1963 年，頁 62。
12　陳培桂：《淡水廳志》卷三／志二／建置志／橋渡，臺北：臺灣銀行經濟研究室，1963 年，頁 67。
13　陳培桂：《淡水廳志》卷三／志二／建置志／橋渡，臺北：臺灣銀行經濟研究室，1963 年，頁 71。
14　陳培桂：《淡水廳志》卷三／志二／建置志／義塚，臺北：臺灣銀行經濟研究室，1963 年，頁 73。

立，位於臺北府城東門外，今城中區。[15]

大加蠟堡此時水利方面，則分別有：內湖陂（又名霧裏薛圳），在拳山堡，莊民所置，其水由內湖溝仔口、鯉魚山腳築陂鑿穿石門過尾街、後溪仔口、公館街後通流，灌溉大加蠟西畔古亭倉、陂仔腳、三板橋、大灣莊、下陂頭及艋舺街一帶等田七百餘甲，至雙連陂為界。另有，下陂頭陂，周圍約五、六里，莊民所置，形灣而狹，灌溉田四十餘甲；雙連陂，屬九板橋下，兩陂相連，灌溉田一百餘甲。[16]

清末 1887 年（光緒 13 年）淡水縣管轄有大加蚋（蠟）、擺接、文山、桃澗、八里坌、興直、芝蘭一、芝蘭二、芝蘭三、海山等十堡。[17]

當時大加蚋（蠟）堡轄有 34 庄，分別為：奎府聚庄、大龍峒庄、溪洲底庄、溪沙尾庄、八甲庄、下崁庄、頂崁庄、龍匣口庄、林口庄、古亭庄、頂下內埔庄、大安庄、六張犁庄、三張犁庄、五分埔庄、中陂庄、三板橋庄、牛埔庄、番子埔庄、上陂頭庄、下埤頭庄、朱厝崙庄、中崙庄、下塔攸庄、上塔攸庄、里族庄、東勢庄、興雅庄、錫口庄、後山陂庄、新庄仔庄、三重埔庄、大湖庄、南港庄。[18]

日據時期，臺灣總督府在 1920 年（大正九年），廢除堡里及舊制街庄前，大加蚋（蠟）堡是臺灣北部自清代時期至日據初期的一個行政區劃，其幅員遼闊，共轄臺北城內、艋舺、大稻

---

15 曾迺碩總纂：《臺北市志》卷四社會志願社會福利篇，臺北市：臺北市文獻委員會，民國 77 年，頁 12－14。
16 陳培桂：《淡水廳志》卷三／志二／建置志／水利，臺北：臺灣銀行經濟研究室，1963 年，頁 77－78。
17 1723 年（雍正元年）以後，臺灣縣廳之下，地方區劃里堡並稱，南曰「里」、北稱「堡（保）」。
18 曾迺碩總纂：《臺北市志》卷三政制志自治篇，臺北市：臺北市文獻委員會，民國 77 年，頁 7。

埔及另外37個街庄,當時轄區在目前臺北市各區境內情形如下:

今中正區境內:臺北城內、崁頂庄、龍匣口庄、古亭村庄、林口庄、三板橋庄。

今萬華區境內:艋舺、下崁庄。

今大同區境內:大稻埕、大龍峒街、番仔溝庄。

今中山區境內:山仔腳庄、牛埔庄、西新庄仔庄、中庄仔庄、下埤頭庄、朱厝崙庄、上埤頭庄。

今大安區境內:大安庄、頂內埔庄、下內埔庄、六張犁庄。

今松山區境內:錫口街、舊里族庄、頂東勢庄、上塔悠庄、下塔悠庄、中崙庄。

今信義區境內:興雅庄、三張犁庄、五分埔庄、中陂庄。

今南港區境內:南港三重埔庄、東新庄子庄、後山陂庄、後山庄、四分仔庄、南港舊庄、南港大坑庄、山豬窟庄。[19]

然而,日據時代臺灣總督府則於1920年廢大加蚋(蠟)堡,將大稻埕、臺北城劃歸臺北市,松山及南港併入七星郡,大加蚋之名遂淡出在大眾的記憶中。

因此,清康熙年間漢人移墾開闢大佳臘(蠟)的範圍,「東至雷匣(今萬華)、秀朗(今中和)二社,西至八里坌(今八里)、干脰(今關渡),南至興直山腳(今新店),北至大龍峒溝(今圓山)」,正是今日臺北市市中心,除了包含臺北艋舺,大龍峒,大稻埕,錫口等地區外,更連接到今日的新北市汐止、中和、永和、八里、三重、蘆洲、泰山、新莊地區一帶。

日據時期將清末大稻埕庄,分為建成町、上奎府町、下奎府町、泉町、港町、日新町、太平町、永樂町、大橋町;番仔溝庄成為河合町;大龍峒街成為大龍峒町;山仔坂庄成為圓山町;

---

19 臺灣總督府、臺灣日日新報社合編:《新舊對照管轄便覽》,臺北市:成文出版社,1921年出版。

牛埔庄成為蓬萊町。

　　1945年（民國34年）臺灣光復後，臺北市行政區重劃將日據時期區會事務所合併成為10區，分別為：松山、大安、古亭、雙園、龍山、城中、建成、延平、大同、中山等區。1967年（民國56年）臺北市升格為院轄市，又將臺北縣之內湖、南港、木柵、景美、士林、北投等六個鄉鎮納入，分別成立6區，連同原有10區，一共16區。其後，再經過民國72年、民國75年及民國90年三次臺北市、臺灣省行政區界的局部調整，使得臺北市成為現在面積為271.8平方公里，下轄12個區城市。[20]

　　目前臺北市大同區內，有清代臺灣北部就發展的大龍峒與大稻埕兩處重要的起點，大同區的命名來自大龍峒、孔廟的寓意，大同區四至界址，分別是：

> 東至捷運淡水線用地，東側與中山區為界；
> 西至淡水河中心與新北市三重區為鄰；
> 南至捷運淡水線與鐵路用地交會處沿鄭州路北側至延平路道路中心線，接北平西路南側經圓環至忠孝大橋中心線與中正區、萬華區為界；
> 北至國道中山高速公路淡水大橋沿高速公路用地北側至重慶北路交流道直線延伸至基隆河，以基隆河中心線與士林區為界。

至於日據時期各町分屬在目前大同區各里的情況如下：

> 1、建明里含日據時期之建成町一部份、上奎府町；
> 2、建功里含日據時期之建成町部份、下奎府町部份；
> 3、建泰里含日據時期之下奎府町部份及建成町一部份；
> 4、星明里含日據時期下奎府町部份；

20　湯熙勇主編：《臺北市地名與街路沿革史》，臺北市：臺北市文獻委員會，民國91年，頁28。

5、光能里含日據時期下奎府町部份；
6、雙連里含日據時期下奎府町部份、蓬萊町一部份；
7、玉泉里含日據時期泉町及港町一部份；
8、朝陽里含日據時期日新町一部份及太平町一部份；
9、永樂里含日據時期永樂町一部份、太平町一部份、港町一部份；
10、延平里含日據時期日新町一部份、太平町一部份；
11、大有里含日據時期永樂町一部份、太平町一部份；
12、南芳里含日據時期大橋町一部份、太平町一部份；
13、國順里含日據時期大橋町一部份、太平町一部份；
14、景星里含日據時期大橋町一部份；
15、隆和里含日據時期太平町一部份；
16、國慶里含日據時期太平町一部份；
17、鄰江里含日據時期河合町一部份、大龍峒町一部份；
18、老師里含日據時期大龍峒町一部份、河合町一部份；
19、保安里含日據時期大龍峒町一部份；
20、重慶里含日據時期大龍峒町一部份；
21、揚雅里含日據時期大龍峒町一部份；
22、斯文里含日據時期大龍峒町一部份、圓山町一部份；
23、至聖里含日據時期圓山町一部份、大龍峒町一部份；
24、民權里含日據時期蓬萊町一部份；
25、蓬萊里含日據時期蓬萊町一部份。[21]

是故，大同區目前25里的歷史沿革，其所包含範圍，屬清領時期大稻埕庄、番仔溝庄、大龍峒街、山仔坂庄、牛埔庄。因此，依據上述臺北地區歷史時代變遷改制情形，可以清楚了解清代大龍峒街及其鄰近番仔溝、山仔坂等範圍，成為目前大同區之老師里、保安里、重慶里、揚雅里、斯文里、至聖里等行政區域。

---

21 湯熙勇主編：《臺北市地名與街路沿革史》，臺北市：臺北市文獻委員會，民國91年，頁60－65。

1989 年（民國 78 年）在臺北市文獻委員會主持的大同區耆老座談會上，有陳錫福、許潭、葉朝發、黃春生、葉朝發等耆老，發表了本區原住民聚落的事情。其中有關古地名及渡船頭、溝渠變化，敘述於後：

> 本區「番仔溝」在日據時期屬「河合町」即今文昌里（後併入老師里），為原住民平埔族的居所，旁邊有條河叫番仔溝。本區內土地公廟北面原先居住的原住民，因漢人遷入後，退居對岸的「葫蘆堵」，葫蘆堵狀如鯉魚，堪輿稱為「鯉魚穴」，魚頭就在番仔溝這邊，1963 年（民國 52 年）基隆河改道，葫蘆堵（島）就被剖開，鯉魚穴就被毀了。昔日清代臺北橋下有手搖的「鴨母船」船，可載 10 人，往返大稻埕、葫蘆堵、溪州底、關渡等地。本區當時有兩處渡船頭，一是番仔溝渡設在番仔溝，船東是鄭姓人家；另一處是三叉渡，（在大同路尾端，圓山鐵路橋下）船東是郭姓人家。番仔溝後來被填平充作中山高速公路，路基的 5 分之 2 寬度，則為昔日的河溝。另外，本區老師府陳悅記祖宅前，以前一條河溝稱為「港仔溝」，由外土地公埔一帶流入基隆河，清代水深陳悅記祖宅的建材，均由此運來，日據時期船隻尚可抵達今污水處理廠一帶，此河溝寬度可容兩艘木船插身而過，今日已經不可同日而語。這條河溝也曾用來運送煤炭，當時煤炭是一般家庭的必需品，這一帶就有三個煤場；水肥也是這條河溝運送的項目，水肥業收集各家糞便之後，十擔裝成一箱（橢圓形），再用手拉車拖到河溝邊裝船，一艘船可裝十箱，然後運送到溪州底、蘆洲、八仙、北投一帶菜園販賣，當時（民國 52 年）一箱約千餘斤，可買到新臺幣 30 元，相較當時作工的一天工資 40 元，有利可圖。這條河溝在 1971 年（民國 60 年）才加蓋，

闢建成延平路四段。[22]

二、保安宮的興建與街廟聚落的形成

有關保安宮殿興建與街廟聚落到形成事情,首先不得不以本區耆老吳槐所發表的〈再談龍峒四十四崁〉相關文章為依據。吳槐曾任本區區長,日據時期國語學校畢業,1966年(民國55年)秋初在家中故紙堆中發掘一份有關大龍峒四十四崁購地,起蓋瓦店,以及鬮分管理的古文書契,這份書契,清楚紀錄當時四十四崁起建各姓置產的情形,亦是大龍峒街肆的主要店屋分布紀錄資料。這份合約是吳槐的曾祖父江水公向陳篤記子孫承買店屋的附件,當時購買的店屋是合約的第42號,地址在保安宮前右邊向北第22間,契約訂立時間為1810年(嘉慶15年7月)。

吳槐對於此合約為何是作於嘉慶15年之事,做了說明。他以為店屋落成在於嘉慶8年10月,且隨即鬮分完畢,因此店屋所有人據此契約內容7年前就已經各管各業了,但期間店屋所有人似乎因管業或修理等事情發生意見,鬧出糾紛,故重新補立合約,明定規定,輪流交盤,不得羈據。如店屋修改,己界己為,不得別咎,作為依歸,以防滋事生端。[23]

合約內容紀錄,在清嘉慶年間,有當地股戶以王智記為首共21人共同集資,成立「金同成」號,向郭氏兄弟購買旱田一契,作為基地,規劃新建街肆,自1802年(嘉慶7年壬戌)興工,至隔年1803年(嘉慶8年癸亥)10月完工,費時一年多,蓋成南北相向瓦店共44間(崁),其中向南向北各22間,每間一律地闊1丈7尺5寸,內實1丈6尺2寸,各起一進帶過水,

---

22 林萬傳:〈大同區耆老座談會紀錄〉,《臺北文獻》直字91,1990年,頁2－6。
23 吳槐:〈再談龍峒四十四崁〉,《臺北文獻》第17卷第2期,1967年,頁26。

44間一模一樣,無分軒輊。此店屋即是日後著名之大龍峒(大浪泵)四十四坎店名稱之源起。

另外,有關大龍峒保安宮的興建情形,在《淡水廳志》典禮志祠廟篇,其中記載有:「保安宮,在大隆同街。嘉慶十年(1805)捐建,道光十年(1830)告成」。若依據此紀錄而言,大龍峒四十四坎店屋完成時,當時今大龍峒保安宮尚未興建。然而,吳槐的四十四坎書契內容有關四至界址,為「東至保安宮巷式坎內為界,西至公巷壹半為界,南至圍牆外水溝外為界,北至圍牆外公路為界,中鋪車路為界」,其中有「東至保安宮巷式坎內為界」的紀錄,因而有保安宮早於四十四坎店屋的說法。

因此,吳槐所擁有的四十四坎書契,無疑是重要的文獻資料,茲將該書契主要內容,刊載於後:

> 仝立合約字王智記、高明德、陳蘭記、陳陞記、王元記、鄭西源等,竊謂合志同方,朋友常逾兄弟;通才建業、連契即如連枝、智等澤居大浪泵即隆同街,公鳩銀元、立號金同成;合買郭講兄弟等旱田壹契,年配大租谷叁石四斗壹升半,又口糧五斗;自壬戌年(1802嘉慶7年)興工,起蓋瓦店,相向四十四坎。每坎地闊壹丈七尺五寸,實內壹丈陸尺貳寸;東至保安宮巷式坎內為界,西至公巷壹半為界,南至圍牆外水溝外為界,北至圍牆外公路為界,中鋪車路為界;每坎各起壹進帶過水,攤出銀叁佰餘元,經於癸亥年(1803嘉慶8年)拾月落成,隨即鬮分各管無異。誠恐世久年湮,子孫互混,與其爭競於後,曷若立約於先;爰是公議立約為憑。[24]

從這份合約的主要內容,可以明確的看到四十四坎興工與落成的時間,分別在1802年到1803年的期間,比起保安宮的

---

[24] 吳槐:〈再談龍峒四十四坎〉,《臺北文獻》第17卷第1期,1967年,頁21－22。

1805 興建，早了兩年的時間。但保安宮的興建為「嘉慶十年（1805）捐建，道光十年（1830）告成」，期間經過 25 年漫長的歲月，到 1830 年才完成。從上述的相關記錄，是否可以說大龍峒四十四坎隆同街的商店，是當時保安宮保生大帝信仰圈的重要街肆，由於街肆商業繁榮，帶動保安宮的發展，畢竟一座廟宇要花 25 年的時間來完成，需要源源不斷的捐款來支付費用，若大龍峒四十四坎隆同街商業不興隆，也就無法持續了。

當時四十四坎店面的擁有者，依據〈仝立合約字〉有 21 人簽字，分別為：鄭西源、陳泰記、蔡玷觀、陳陞記、陳篤記、王夏記、高明德、王禮記、林源發、王智記、鄭魁記、王義記、陳蘭記、陳讓記、王周記、王元記、鄭裕記、王琪宣、周蘭美、王量寬、蘇旺再等人。

按照 1810 年（嘉慶 15 年）〈仝立合約字〉記載的個人或商號所屬店面及位置，以保安宮為定位，清楚標明，分別是：

陳篤記分得宮邊右畔向南第三間列 1 號、
陳泰記分得宮邊右畔向南第四間列 2 號、
陳泰記分得宮邊右畔向南第五間列 3 號、
陳泰記分得宮邊右畔向南第六間列 4 號、
鄭西源分得宮邊右畔向南第七間列 5 號、
鄭裕記分得宮邊右畔向南第八間列 6 號、
王元記分得宮邊右畔向南第九間列 7 號、
王元記分得宮邊右畔向南第十間列 8 號、
林源發分得宮邊右畔向南第十一間列 9 號、
周蘭美分得宮邊右畔向南第十二間列 10 號、
王禮記分得宮邊右畔向南第十三間列 11 號、
王夏記分得宮邊右畔向南第十四間列 12 號、
陳陞記分得宮邊右畔向南第十五間列 13 號、
陳陞記分得宮邊右畔向南第十六間列 14 號、

王量寬分得宮邊右畔向南第十七間列 15 號、
王琪宣分得宮邊右畔向南第十八間列 16 號、
王智記分得宮邊右畔向南第十九間列 17 號、
王智記分得宮邊右畔向南第二十間列 18 號、
高明德分得宮邊右畔向南第二十一間列 19 號、
高明德分得宮邊右畔向南第二十二間列 20 號、
鄭魁記分得宮邊右畔向南第二十三間列 21 號、
蔡玨觀分得宮邊右畔向南第二十四間列 22 號、
鄭魁記分得宮前右畔向北第三間列 23 號、
周蘭美分得宮前右畔向北第四間列 24 號、
陳蘭記分得宮前右畔向北第五間列 25 號、
陳蘭記分得宮前右畔向北第六間列 26 號、
王智記分得宮前右畔向北第七間列 27 號、
王智記分得宮前右畔向北第八間列 28 號、
王元記分得宮前右畔向北第九間列 29 號、
王元記分得宮前右畔向北第十間列 30 號、
王量寬分得宮前右畔向北第十一間列 31 號、
王義記分得宮前右畔向北第十二間列 32 號、
鄭西源分得宮前右畔向北第十三間列 33 號、
鄭裕記分得宮前右畔向北第十四間列 34 號、
陳讓記分得宮前右畔向北第十五間列 35 號、
陳讓記分得宮前右畔向北第十六間列 36 號、
蘇旺再分得宮前右畔向北第十七間列 37 號、
王智記分得宮前右畔向北第十八間列 38 號、
高明德分得宮前右畔向北第十九間列 39 號、
高明德分得宮前右畔向北第二十間列 40 號、
陳蘭記分得宮前右畔向北第二十一間列 41 號、
陳篤記分得宮前右畔向北第二十二間列 42 號、
王禮記分得宮前右畔向北第二十三間列 43 號、

王周記分得宮前右畔向北第二十四間列 44 號。[25]

從上述鬮分所得店屋情形，以姓氏來分，可以看到王姓者占有店屋 17 間，其中王智記分得五間是最多的，也是立約簽字 21 人各姓中店屋最多者。尚有王元記分得 4 間，王禮記、王量寬各分得 2 間，而王夏記、王琪宣、王義記、王周記等則各分得 1 間。

相傳王智記一族經營海外貿易，有商船十數艘，雄於貨賽，為大龍峒首富，又熱心公益，率心捐獻基地，創立保安宮；或奔走鳩合同志，興建四十四坎，不遺餘力。王智記一族對於大龍峒之開發與建設四十四坎，能公鳩銀元，立號金同合，即是王智記發起之事，其功勞實是不可埋沒。[26]

另外，陳姓（含商號）占有 12 間店屋，其中分得 3 間店屋有陳蘭記與陳泰記，分得 2 間店屋有陳篤記、陳讓記與陳陞記；鄭姓（含商號）占有 6 間店屋，其中各分得 2 間店屋有鄭西源、鄭裕記與鄭魁記；高姓高明德占有 4 間店屋；周姓周蘭美分得 2 間店屋；各姓分得 1 間店屋，有林源發、蔡玷觀、蘇旺再等。

大龍峒街的建立與商業的興起，可以說主要就是上述 21 位同立合約者，亦是店屋產權擁有者所帶動的。當時除了商業店屋的建築標準化之外，也同時考慮街肆的安全，設置柵門；同時也設輪值辦法，明文規定值年之人負責收取 44 分公業所有之小租穀銀納大租，並約定每年上元日交盤銀數不得羈踞越期。公契貳紙，則議交王智記收貯，不得混爭；如是要用，執出公見。同時約定，各管己業倘店屋損壞，或改造，或修理，己界己為不得生端，如係交界，兩家同修不得別咎。

同隆街四十四坎店屋，原先均是一進架棟木造瓦店，每間店

25　吳槐：〈再談龍峒四十四坎〉，《臺北文獻》第 17 卷第 2 期，頁 23－24。

26　吳槐：〈再談龍峒四十四坎〉，《臺北文獻》第 17 卷第 2 期，頁 25。

屋大小構造用材,無不相同。以後時代繁榮,換作磚石有之,換作層樓有之,亦有成為二進或三進者亦有之。吳槐回憶其少年時（日據初期）,他的家（合約第42即是號保安宮前右畔向北第22間）對面,尚有三數家猶存原狀,但木柱傾斜屋宇破舊,不數年間就均為颱風所吹毀,而四十四坎街兩端,各設有隘門（即是柵門）以防寇盜,以後因開拓街道而拆除。[27]

　　清領時期大龍峒保安宮邊側建立「四十四坎」店鋪後,當地居民密集成為街道,為區別將隘門內稱為「頂街」,隘門以西稱為「下街」,此即是今日哈密街之最早的街肆。

　　哈密街大龍國民小學,日據時期為大龍峒公學校,當時在該校前原有一座節烈坊,緣由為陳維英長媳徐氏,因其夫陳鷹升於1857年（咸豐7年）去世,不願獨活,遂於次年自殺殉夫;其後,陳維英侄媳婦鄭氏感念其夫身亡,亦自殺殉夫。後人以兩位節婦足資旌表,而報朝廷獲得立坊,二次大戰時,日軍曾派兵進駐大龍峒公學校,此坊有礙日軍軍車通行,乃強迫陳氏後人雇工拆除。[28]

　　1853年（咸豐3年）臺灣北部艋舺、新莊等地,漳州人、泉州同安人與泉州晉江、惠安、南安等俗稱三邑人,發生械鬥,地方稱為「頂廈（頂下）郊拚」。

　　事件發生原因,有幾種說法:一、據艋舺耆老回憶,源頭是當時新莊海山口演戲,突然有一隻母豬由泥溝中衝向人群,一時闃然躲避,而引起互鬥。加上當時艋舺頂下郊人感情已極端險惡,此小事竟然引發成大規模的械鬥事件。二、因農曆7月13日艋舺龍山寺普渡祭典中,有幾位漳州人看見祭祀的豬羊供品,

---

27　吳槐:〈再談龍峒四十四坎〉,《臺北文獻》第17卷第2期,頁26。

28　湯熙勇主編:《臺北市地名與街路沿革史》,臺北市:臺北市文獻委員會,民國91年,頁191。

竟說「全豬全羊」,在場泉州人以為漳州人有意侮辱,大聲叫「漳(將)羊排過來,漳(將)豬排過去」,漳州人認為泉州人故意反唇相譏,引發口角繼而動武,以後擴大成械鬥事件。三、《淡水廳志》文獻紀錄為「三角湧匪徒倡亂,燬八甲、新莊」。四、大龍峒陳維英之詩文,記有「癸丑(咸豐三年)八月八日,會匪激成分類蔓延百里誠可哀也」。指出械鬥是因會匪激成,其兄長、四弟均死於此事件,家舍、別業均被焚燬。五、日據時期所編《三峽庄志》亦提到「咸豐三年,三角湧地方泉人漳人相攻,各地漳泉爭鬥紛起」之記事。綜合而言,可以歸納當時社會械鬥風氣持續,直到三角湧地方倡亂,漳泉械鬥事件才擴大。[29]

至於泉州同安人與漳州人共同對付艋舺三邑人(晉江、惠安、南安),主要是經濟利益的因素。當時淡水河主要商業碼頭均由頂郊三邑人把持,同安人則居於大稻埕與八甲庄,八甲庄同安人想爭奪頂郊的商業地帶,遂與三邑人互鬥。另一方面,漳州人要攻擊泉州人,則先收買大稻埕的同安人,以便由大稻埕攻擊艋舺泉州三邑人。當時大稻埕早已有同安人林藍田在此建立店鋪商號,1851年(清咸豐元年),林藍田為了避海盜,從基隆搬到大稻埕,興建了三間閩南式建築開設林益順號,這就是大稻埕最早的店鋪,專門經營華北、廈門、香港、臺灣等各地貨物。[30]

「頂下郊拼」之時,頂郊三邑人大本營設於龍山寺,頭人有:黃朝陽、黃龍安、林森、林三和、張德寶等人。下郊同安人大本營設於大龍峒保安宮,以林佑藻、陳柳為首,陳維英家族亦加入。在此之際,漳泉械鬥迅速在三角湧、新莊、芝蘭、大龍峒等地蔓延。艋舺地區頂郊三邑人,因物資、人力佔優勢,為了

---

29 林偉盛:〈清代臺灣分類械鬥之研究〉,國立政治大學歷史研究所碩士論文,民國77年,頁77－78。
30 湯熙勇主編:《臺北市地名與街路沿革史》,臺北市:臺北市文獻委員會,民國91年,頁191。

越過沼澤，乃將安溪人清水祖師廟焚燬後，攻燬八甲庄，八甲庄同安人見大勢已去，乃背護城隍爺逃往大龍峒、大稻埕等處。事件發生後，艋舺黃、林、吳三郊家長、舉人蘇袞榮、廩生黃中理，大龍峒陳維英、林佑藻、林柏邱及新莊林國芳以及新莊紳商人等參與議定和約，[31] 三邑人與同安人相爭的「四縣反」事件總算平息。

前述下郊同安人背護城隍爺金身逃至大稻埕後，在其北方建立中街成為新市街（今民生西路至歸綏街間，北端街尾設有隘門門額題「奎府聚」），林佑藻則在 1855 年發起募建媽祖宮（今慈聖宮）於中街與南街交界處（今民生西路口），至 1867 年（同治 6 年）完成，宮前為媽祖宮前街，宮後側為媽祖宮後街，以後往北發展成中北街。1856 年（咸豐 6 年）街民共同捐款興建霞海城隍廟，於南街（城隍廟至媽祖宮間，今城隍廟北至民生西路口）現址，三年後完成。[32]

此後，在臺北盆地附近（尤其是艋舺和新莊），每遇械鬥事件，便有不少人逃抵大稻埕，在原有的同安人街市外圍，陸續建立起新街肆，使大稻埕開始呈現四方雜處、開放包容的特色，這種特色標誌著該區已經慢慢進入一個嶄新的年代。

1860 年臺灣開港通商，清代大稻埕因茶葉出口貿易而興起，依據日人調查資料，大稻埕茶商共 252 家總資本額在一千萬銀元以上，從業人員有 3,612 人，當時茶商多匯集在今本區南京西路（即法主公廟以西至淡水河）及朝陽街一帶，其中新興街 27 家，得勝街 15 家，法主公街（今南京西路 344 巷）17 家等，均屬在南京西路部份，朝陽街有 46 家是最多茶商的街肆。

31　林偉盛：〈清代臺灣分類械鬥之研究〉，國立政治大學歷史研究所碩士論文，民國 77 年，頁 79。

32　湯熙勇主編：《臺北市地名與街路沿革史》，臺北市：臺北市文獻委員會，民國 91 年，頁 192。

1888 年（光緒 14 年）板橋林維源清朝廷詔命擔任幫辦臺灣撫墾大臣，貫徹巡撫劉銘傳「招撫生番、清除內患、墾殖番地、擴張疆域」之政策，設立撫墾局於大溪，成為臺灣北部撫墾事務的主官。1892 年（光緒 18 年）林維源建欽差行臺於大稻埕淡水河岸，共 6 大間舉族居住，並設茶行「建祥號」資本額 12 萬銀圓以上，成為臺灣最大的茶行。當地居民俗稱「六館仔」，以後遂正式命名為「六館街」。當時六館街一帶領事館、洋行緊鄰，與千秋街、建昌街同是茶行林立的熱鬧街肆。[33]

　　另外，咸豐年間大稻埕的鴨寮街（今南京西路與迪化街口）曾設有乞食寮（乞丐收容所），1853 年（咸豐 3 年）艋舺發生「頂下郊拼」，敗陣的八甲庄同安人逃至大稻埕建街，一時無業遊民甚多，被收容在乞丐寮，由丐首，約束乞丐安定秩序，並等待就業機會。[34]清代臺北乞食寮共有三處，除大稻埕鴨寮街乞食寮之外，尚有艋舺龍山寺街乞食寮以及學海書院邊街乞食寮，位置均在今龍山區廣州街一帶，設置時間相傳為道光年間。各乞食寮由創辦人指定丐首，約束群丐。[35]

　　清代乞丐寮設有丐首，以管理各丐，丐首實為官派之職，以管理其固定區域之乞丐，非如社會事業之有何救濟。茲將淡水縣諭艋舺乞丐寮文，抄書於後，以明清代官方治理乞丐之法，其文內容如後：

> 欽加同知銜署臺北府淡水縣正堂鄧，為發給諭戳，以專責成事。照得淡北艋舺地方，原設丐首二名，分為下寮、頂寮，約束各丐，先經各郊鋪公舉林有湖充當頂寮丐首，

33　湯熙勇主編：《臺北市地名與街路沿革史》，臺北市：臺北市文獻委員會，民國 91 年，頁 189。
34　湯熙勇主編：《臺北市地名與街路沿革史》，臺北市：臺北市文獻委員會，民國 91 年，頁 189。
35　曾迺碩總纂：《臺北市志》，卷四社會志〈社會福利篇〉，臺北市：臺北市文獻委員會，民國 77 年，頁 7。

管理龍山寺邊丐院。又黃恆秀充當下寮丐首,管理料館口丐院。茲據業戶黃順等以廳治改設縣,又據業戶林文臻以林有湖緣事革退,復舉林國俊接充頂寮丐首,取其認保各結到縣。據此,除批示照章分充並出示曉諭外,合行給發諭戳為諭仰下寮丐首黃恆秀知悉,即將發去戳式一顆刊刻奉公。嗣後務須約束下寮諸丐,毋許擾累街莊,倘有故違滋事,即據實指稟赴縣,以憑勾究。該丐首仍於分管界內,不時小心稽查,毋得始勤動怠;別滋弊端,致干革究,凜之慎之,毋違,此諭。[36]

　　是故,清代臺灣臺北地區街肆乞丐問題,未曾在文獻上留下擾亂社會秩序的紀錄,反倒大龍峒保安宮歷史流傳有乞丐在分類械鬥之時相助的故事。故事內容為咸豐年間漳泉械鬥不止,棲息在保安宮後的乞丐群,因夜中察覺芝蘭地區(今士林)漳州人沿著圓山仔腳要偷襲大龍峒保安宮,臨機應變,以木棍假冒槍枝置於牆頭作為嚇阻之用,使得來犯的漳州人誤以為當地泉州人已經有所防備而退卻,事後居民感念,乃在宮後院建「天子門生府」讓乞丐安居。[37]

　　然而,清代乞丐寮設置制度至日據初期弛廢,使得臺北地區乞丐流離失所,以後至 1923 年才有淡水人施乾(1899－1944)於艋舺綠町(今大理街)設置「愛愛寮」後,臺北地區乞丐才得以安身,獲得照顧。「愛愛寮」即今日「財團法人臺北市私立愛愛院」之前身。[38]

36　曾迺碩總纂:《臺北市志》,卷四社會志〈社會福利篇〉,臺北市:臺北市文獻委員會,民國 77 年,頁 6－7。
37　李世偉總編纂:《新修大龍峒保安宮志》,臺北市:臺北保安宮,民國 94 年,頁 32。
38　參考施乾－淡水維基館網站,搜尋時間 2015 年 12 月 30 日。

三、保安宮信仰的初期發展

清代臺灣各地廟宇的祭典中，農曆中元節祭典是最為盛大，也最為信徒矚目的節慶。各籍移民藉著中元祭典活動將各地祭祀圈連結起來，並在大街市各籍移民的原鄉信仰保護神最大的廟宇舉行。同安人最大的中元祭典在大龍峒保安宮舉行，除新莊以南，臺北盆地內的各地同安人皆會參加農曆7月10、11、12日的祭典。中元普渡之前一日，保安宮舉行會「牽轙」法會，為同安人習俗，是一種超度儀式，分為「水轙」、「血轙」兩種，超度死於溺水、難產及血光之災的人。掌管「牽轙」的神明為「轙腳媽」，農曆7月14日為其聖誕，於是日舉行祝聖法會。7月15日中元節當日，舉行盂蘭盆會施放「燄口」，賑濟各方孤魂野鬼，助其早日超脫轉世。[39]

大龍峒保安宮中元祭典分由三堡輪流主持，各堡含括的地方與輪值中元祭典活動情形，分別敘述於後：

一堡含括的地方，有：

> 大龍峒、牛埔庄、西新庄仔、下埤頭、社仔、大直、北勢湖、山仔腳、北投、唭哩岸、嗄嘮別、關渡、滬尾、雞柔山、山頂頭、小基隆等。

一堡上述所屬地方，再分成六甲（小地區）輪流參與中元祭典，各甲分別如下：

> 一甲所屬為大龍峒；二甲所屬為牛埔庄；
> 三甲所屬為圓山至內湖區域；四甲所屬為社仔；
> 五甲所屬為北投；六甲所屬為淡水、小八里坌。

由於一堡所屬地方因內部再分為六甲，因此每甲輪流到保安

---

[39] 湯熙勇主編：《臺北市地名與街路沿革史》，臺北市：臺北市文獻委員會，民國91年，頁191。

宮作中元祭典活動，為18年輪值一次。

二堡含括的地方為淡水以南，有：

> 新莊、二重埔、三重埔、蘆洲、更寮、五股、八里坌、洲仔頭、觀音山等。

二堡上述所屬地方，則再分成三甲輪流參與中元祭典，各甲分別如下：

> 一甲所屬為蘆洲、八里、中洲里；
> 二甲所屬為二重埔、三重埔；
> 三甲所屬為新庄仔、泰山（楓樹腳）、五股。

由於二堡所屬地方內部再分為三甲，因此每甲輪流到保安宮作中元祭典活動，為9年輪值一次。

三堡含括到的地方，有：

> 大稻埕、加蚋仔、港仔嘴、溪州等，亦分為三甲，

各甲分別是：

> 一甲為大稻埕，二甲為加蚋仔、崁頂；三甲為港仔嘴、溪州。

由於三堡與二堡相同亦分三甲，因此每甲輪流到保安宮作中元祭典活動，為9年輪值一次。[40]

1858年清廷與英法簽訂天津條約，其中開放開港通商有臺灣（臺南安平舊港）、淡水、打狗（高雄港）三處。三堡所屬大稻埕街肆，因屬淡水港區域，商業開港後，逐漸繁榮，郊商頭人在保安宮中元普渡祭典的地位逐漸重要，大稻埕的金萬成

---

40 溫振華：《清代臺北盆地經濟社會的演變》，國立臺灣師範大學歷史研究所碩士論文，民國67年7月，頁83。

（殺豬業組成）、金順同（雜貨商組成）、金海利（郊行組成）、金同利（藥材商、米商組成）也就分別擔任，中元祭典的四大柱，即是祭典事務的主會、主壇、主醮、主普的主持者，負責推展大龍峒保安宮中元祭典活動。[41]

---

41 溫振華：《清代臺北盆地經濟社會的演變》，國立臺灣師範大學歷史研究所碩士論文，民國67年7月，頁84。

客家人清代移民臺灣的幾個問題[*]

摘要

　　清代康熙 22 年（1683 年）施琅領軍於澎湖外海打敗據守臺灣的鄭氏軍隊，臺灣在清廷接收統一以後，始有大量的漢人移民到臺灣地區墾殖，客家人在這些一波波的移民潮之中，也從大陸原鄉粵東、閩西等地，離開家鄉翻山越嶺，乘船橫渡臺灣海峽，到達臺灣落居各地，成為今日臺灣的一個主要族群。然而，臺灣閩、客之間存在的人口差距以及不同文化信仰，至今還是有相當顯著的差異性。為進一步解釋這些歷史成因，擬從文化人類學、歷史學的立場，藉著歷史研究、田野調查以及比較法等研究方法，探討客家人在清代早期移民臺灣的歷史及早期臺灣方志中的紀錄，另外釐清被視為閩南神祇的客家信仰及創新的本土客家信仰。

　　本文首先從日據時期昭和元年（1926 年）臺灣總督府舉辦「臺灣在籍漢民族鄉貫別調查」的調查資料進行分析，再朔至清代早期的政治因素，是否對客家人移民臺灣人數有所影響。

---

[*] 表於「臺灣與日本及其周邊區域的歷史、地理與文化第八屆臺灣地理學術研討會、第三十三屆南島史學國際研討會」，日本南島史學會、臺灣師範大學地理學系主辦，2004 年 11 月 21 日－22 日。

其次從《諸羅縣志》、《臺灣縣志》、《鳳山縣志》等方志中，發掘當時官府及方志纂修者對客家移民的看法與觀感，儘管紀錄資料有很多是負面的描述，但這也就清楚顯現清代早期客家人遭受漳、泉之人及官府所鄙視的理由。最後，探討臺灣客家人民間信仰的發展，例舉從原鄉傳襲來的神祇信仰，如「三山國王」、「定光古佛」、「慚愧祖師」等在移墾中遭受閩南化的影響，並論述臺灣北部「褒忠亭義民爺」的形成與特色，藉著這些問題的釐清，有助於一般人對於臺灣客家族群移墾歷史的了解與其民間信仰神祇的認識。

關鍵詞：臺灣人口、漢籍調查、臺灣方志、定光古佛、慚愧祖師

一、前言

　　客家相關問題的探討，是近幾年來臺灣地區在學術界中興起的議題。客家議題之所以成為社會及學界注目的焦點，主要的原因是與臺灣的民主選舉有關，特別是民主選舉以票選為成敗的依據。由於目前客家族群是在臺灣次於閩南族群的漢民族，因此一些參與公職選舉的候選人就以族群作為其爭取選票的對象，特別是總統開放民選以後，客家選票在上行下效的刻意拉攏之下，一些客家政策紛紛出籠，解決客家社會問題成為公職候選人政見談論的事情。在現實政治的風氣影響下，客家一些相關問題也就成為學術研討會的新議題。

　　在這一波以客家議題為中心的公職選舉風氣中，政府先後落實選舉的承諾，在中央行政單位增設行政院客家事務委員會，在首善之區的臺北市也成立客家事務委員會。臺灣的客家文化的發揚與延續，就由這些實質機構去實施，雖然成立不久實際功效難以評估，但臺灣社會重視客家文化的風氣，卻也影響到臺灣海峽的另一端中國大陸學界及政府的重視客家文化的研究。因此，對於客家文化整體來說是一個很好的現象與發展。

　　客家文化的議題一般偏重於現代客家文化、政治地位的處境，因此如何化解文化上的危機，如客家語言的傳承以及客家事務的推展，也就成為當下主要的研究議論焦點，至於較遠的客家文化源流或者清代客家文化如何傳播等，有關文化實質內涵問題的討論，還是鮮少發現。本文以文化人類學、歷史學的立場，並以歷史研究、比較研究的方法，探討清代客家人到臺灣移墾過程中所呈現的幾個現象，或者說是問題。諸如臺灣地區客家人口數為何較閩南少？臺灣客家文化中民間信仰傳承、創新特色為何？清代早期臺灣方志上如何記載或描述客家人？以為釐清這些問題，可以清楚知道臺灣客家文化形成的原貌，並有助於一般人了解、認識客家歷史與文化的發展。

二、臺灣客家較閩南人口少的歷史因素

臺灣人口調查在清代早期的臺灣府志中已經有丁口數的資料，其中漢人丁口數較原住民番社的丁口數來的詳實，然而，在漢人丁口數中卻無法得知漢人原籍的資料，因此歷清一代，臺灣移墾的漢民中閩南人與客家人的人口數是無法統計的。臺灣漢人籍貫的統計工作，直至1894年甲午戰爭中國敗於日本簽訂「馬關條約」，將臺灣割讓予日本後，才在日本臺灣總督府的治理下，以現代學術的研究方法進行調查研究。

有關第一次臺灣漢人祖籍的調查，當以日據時期昭和元年（1926年）臺灣總督府所舉辦的「臺灣在籍漢民族鄉貫別調查」為首次的調查。當時臺灣漢人數有375萬人，佔總人口百分之88.4；其中福建省系人口有312萬人，佔漢族人口百分之83.1；廣東省系人口有59萬人，佔百分之15.6；其他省系漢人僅有5萬人，佔百分之1.3[1]。

另外從當時的「臺籍漢人依祖籍細分統計」的調查資料當中，首先可以獲知本省籍漢人百分之八十來自福建省之泉州府與漳州府；其中泉州府（晉江、南安、惠安、安溪、同安等五縣）人佔全省臺籍漢人百分之44.8，漳州府（龍溪、漳浦、南靖、長泰、平和、詔安、海澄等七縣）人佔全省臺籍漢人百分之35。至於，福建省之汀州、福州、永春、龍巖、興化等府之人，僅佔全省臺籍漢人百分之3。客家人的部分則以廣東省為主，其人數佔本省籍漢人百分之十六；其中嘉應州（梅縣）人佔全省臺籍漢人百分之7.9，惠州府（歸善、博羅、長寧、永安、海豐、陸豐、龍川、河源、平和等九縣及連平州）人佔全省臺籍漢人百分之4.1，潮州府（海陽、豐順、潮陽、揭陽、饒平、惠來、大埔、澄海、普寧等九縣）人佔全省臺籍漢人百分之3.6。因此，客家人所佔

---

1 李汝和主修：《臺灣省通誌》，10卷二人民志人口篇，臺中市：臺灣省文獻委員會出版，民國61年6月，頁186。

總百分比,將廣東籍加上非泉州、漳州籍的汀州、龍巖等部分,所佔百分比率也僅有百分之 19,差距閩南泉州、漳州籍貫所佔百分比率甚大。

　　從上述的閩、粵百分比的統計數據,明顯的顯示出臺灣地區客家人少於閩南人的事實。造成這種閩、客人數差距的原因,除了漳、泉較粵東三州府的地理位置來的方便外,是否還有其他的歷史因素存在[2],是頗值得探索研究。

　　臺灣成為中國的領地,以從清朝康熙 22 年(1683 年)8 月施琅率兵擊敗鄭氏軍隊,接受鄭氏政權的投降開始。清廷隨後即將臺灣、澎湖等地併入中國的領土,並於康熙 23 年設立臺灣府隸屬福建省布政使司,同時在臺灣府下設立臺灣縣、鳳山縣、諸羅縣等 3 縣,作為行政區劃並管理臺灣、澎湖等地[3]。

　　清代早期臺灣府沿襲鄭氏舊制,當時統轄地區;有 4 個坊、26 個里、2 個庄、46 個社、1 個鎮以及澎湖的 36 個島嶼。其中臺灣縣統轄的行政地區有 4 個坊(東安坊、西定坊、寧南坊、鎮北坊),15 個里(武定里、永康里、廣儲東里、廣儲西里、長興里、新豐里、歸仁南里、歸仁北里、永豐里、保大東里、保大西里、仁德里、仁和里、文賢里、崇德里)。

　　南端的鳳山縣統轄的行政地區,則有 1 個鎮(安平鎮),2 個庄(觀音庄、鳳山庄),7 個里(依仁里、永寧里、新昌里、長治里、嘉祥里、維新里、仁壽里),12 個社(下淡水社、力力社、茄藤社、放索社、上淡水社、阿猴社、搭樓社、大澤機社、郎嬌社、琉球社、南覓社、加六堂社)。

　　北端的諸羅縣統轄的範圍最大,行政地區則有 4 個里(善化

2　李汝和主修:《臺灣省通誌》10 卷二人民志人口篇,臺中市:臺灣省文獻委員會出版,民國 61 年 6 月,頁 188。)

3　金鋐主修、鄭開極等纂:《康熙福建通志臺灣府》康熙 23 年刊本,臺北:成文出版社影印出版,民國 72 年 3 月,頁 67。

里、新化里、安定里、開化里），34個社（蕭壠社、麻荳社、新港社、大武壠社、目加溜灣社、倒咯嘓社、打貓社、諸羅山社、阿里山社、奇冷岸社、大居佛社、他里霧社、猴悶社、沙轆牛罵社、柴裡斗六社、東螺社、西螺社、南北投社、麻務棟社、崩山社、大傑巔社、新港仔社、竹塹社、南嵌社、雞籠社、上淡水社、麻芝干社、南社、二林社、馬之遴社、大突社、亞束社、半線大肚社、大武郡牛社）[4]。

適時臺灣實在民戶總計12,727戶；其中臺灣縣民戶有7,836戶，鳳山縣民戶有2,455戶，諸羅縣民戶有2,436戶。

臺灣社會主要生產力之男子成丁人口，原來鄭氏政權登記名額有22,253人，清廷底定臺灣後存冊名額則為13,270人；其中臺灣縣名額7,083人，澎湖地區名額546人，鳳山縣名額2,802人，諸羅縣名額2,839人。另外，有新收男子成丁3,550人；其中臺灣縣為1,496人，鳳山縣694人，諸羅縣1,360人。合計實在男子成丁人口數為16,820人；其中臺灣縣8,579人，澎湖546人，鳳山縣3,496人，諸羅縣4,199人[5]。上述資料顯示當時臺灣地區的漢籍移民人口數是相當少的。

至於臺灣原住民的人口紀錄，在康熙23年刊本的《康熙福建通志臺灣府》裡面資料，則記載著一筆簡單的「**實在八社番丁口4,345丁**，內除半老疾番、少男女番、老番婦753丁口豁免丁米外，**實在男女番丁口3,592丁**，……」的紀錄[6]。從這些紀錄人口數的統計，可以概括了解，當時官府能夠掌握漢人與社番的丁口數中，以漢人部分較為詳細，而社番丁口僅只有8個社番的統計，可以理解當時治理臺灣番社的不易。

4　蔣毓英撰、陳碧笙校注：《臺灣府志校注》，廈門大學出版社出版，1985年11月，頁9－11。

5　金鋐主修、鄭開極等纂：《康熙福建通志臺灣府》康熙23年刊本，臺北：成文出版社影印出版，民國72年3月，頁107。

6　同上，頁108。

另外，當時臺灣開墾的田園，在鄭氏政權登記官民田園有 30,054 甲地，清朝底定臺灣後實在官民田園則為 21,019 甲地[7]，田園驟然短少 9,035 甲，其原因或許如施琅在〈壤地初闢疏〉奏摺上所云：「自臣去歲奉旨蕩平，偽藩、偽文武官員、丁卒與各省難民相率還籍，近有其半，人去業荒，勢所必有」所致[8]。

另一方面，清廷為臺灣、澎湖的防衛，總計派遣水陸官兵 10,000 人駐防各處。其中臺灣鎮標中左右三營官兵 3,000 人，臺灣水師協鎮標中左右三營 3,000 人，澎湖水師協鎮標左右二營 2,000 人，南路營官兵 1,000 人，北路營 1,000 人[9]。

若從駐防官兵 10,000 人數與臺灣當時漢人男子成丁 16,820 人口數相較而言，清廷對於臺灣、澎湖的防衛，可以說是相當的嚴密。這也可以了解清廷自康熙 23 年以後，在臺灣、澎湖等地，選擇險隘、扼塞的地方駐防，這些設防，可以讓臺灣地區達到「寸板不得度」的效果[10]。

清廷首批派任臺灣地區的職官，其職別與名單分別為；分巡臺廈道周昌，臺灣知府蔣毓英，臺灣府同知梁爾壽，臺灣府經歷林起元；臺灣縣知縣沈朝聘、將相，臺灣縣縣丞趙行可，臺灣縣典史張元初，臺灣縣新港巡檢司巡檢紀文達，臺灣縣澎湖巡檢司巡檢姚法唐；鳳山縣知縣楊芳聲，鳳山縣典史王轄，鳳山縣下淡水巡檢司巡檢袁玫、謝寧；諸羅縣知縣季麒光、樊維屏，諸羅縣典史楊輔業，諸羅縣佳興里巡檢司巡檢孫寅等人[11]。

職官中，臺灣府知府蔣毓英論當時臺灣社會風氣，以為「臺

---

7 同上，頁 109。
8 施琅：《靖海紀事》，臺灣文獻叢刊第 13 種，臺灣銀行經濟研究室編印，頁 67。
9 金鋐主修、鄭開極等纂：《康熙福建通志臺灣府》康熙 23 年刊本，臺北：成文出版社影印出版，民國 72 年 3 月，頁 118－120。
10 同上，頁 121。
11 同上，頁 149－154。

灣自紅彝僭竊以來，因仍草昧，鄭氏父子相繼，民非土著，逋逃之淵藪，五方所雜處，未盡同風而易俗，攘及牛、豕者，如殺人之罪，故民皆惴惴焉，以盜為戒。今國朝寬大，苛禁咸弛，而鼠竊時聞，非天性之有異，實民心之澆薄也」。其次，觀察臺灣漢人移民，以為「三邑之民務本者多，逐末者少」。他亦將當時臺灣府的三邑人口數略加計算，統計所得為「共一萬六千餘人，不及內地一小邑之戶口」。此外，由於臺灣地區漢人移民性別比例，呈現男多女少現象，使其認為「匹夫猝難得婦」，因此提出「生齒奚能日繁」的看法。

再則，蔣毓英對於當時臺灣的自然環境，作出「地廣人稀，蕭條滿眼，叢爾郡治之外，南北兩路，一望盡綠草黃沙，綿邈無際。……荒村煙火，于叢草中見之。……男女無完體之衣，適口乏肥甘之味；衢路衣冠偶或遇之，疲癃慘淡之狀，不堪睹聞。蓋緣地瘠而民貧，民貧而俗陋，誠可悲也，亦可念也」的描述，道盡當時臺灣荒蕪與貧瘠的情形[12]。

因此，上述這些資料，說明了清代初期臺灣地區是不被當時的清政府地方官員所看重的，同時也顯現當時漢籍移民在臺灣人口數，是相當稀少，而有臺灣三邑之人不及內地一小邑的戶口人數。

一般談論清代渡臺禁令，總將施琅牽連其間。事實是否如此值得商榷[13]。近代討論施琅與清代渡臺禁令的關係，首由日人伊

12　蔣毓英撰、陳碧笙校注：《臺灣府志校注》，廈門大學出版社出版，1985年11月，頁54－56。

13　可參閱施志汶：〈臺灣史研究的史料運用問題：以清代渡臺禁令為例〉，《臺灣社會文化變遷學術研討會論文集》，臺灣師範大學歷史學系、臺灣省文獻會合編，民國89年9月出版。此篇文章內容中，將近代以來學者在清代渡臺禁令相關方面的研究論著，加以排比，並比較各家說法，花費頗多心力，值得參考。但施文仍將伊能嘉矩在《臺灣文化志》中引用的《六部處分則例》的「臺灣編查留寓條」的時間，定在康熙22年。這個時間應該是錯誤的，因為施琅率軍打敗劉國軒水

能嘉矩在其所著《臺灣文化志》中卷,第 11 篇交通沿革,第 2 章臺灣渡航弛張的篇章中論及。他以為施琅的〈恭陳臺灣棄留〉奏摺,明確陳述了臺灣棄留的利害,使得清廷將臺灣納入中國版圖,然而廷議中其他大臣的「臺灣孤島易為海盜淵藪應予棄之」,及「遷徙臺灣移墾回籍防守澎湖」之論,雖不被採行,但是這種消極的心態卻影響當時清廷治理臺灣呈現消極的政策。並認為從《六部處分則例》中「臺灣編查留寓條」的例子可以了解。其條文主要內容為:

> 臺灣留寓之民,凡無妻室無產業者,應逐令過水,交原籍管束。其有妻室產業情願欲在臺居住者,該府、縣及移知原籍,申報臺廈兵備道稽查,仍報名督、撫存案。若居住後遇有犯過,罪止杖笞以下者,照常發落,免其驅逐,若犯該徒罪以上者,不論有無妻室產業,概押回原籍治罪,不許再行越渡。(失察之官亦依輕重罰俸降級有差,其奸宄而留寓叢集滋事者,處以革職。)

同時附帶三條渡臺的限制,內容分別為:

> 一、欲渡航赴臺灣者,先給原籍地方之照單,經分巡臺廈兵備道之稽查,依臺灣海防通知之審驗許之,潛渡者處以嚴罰。
> 二、渡航臺灣者,不准攜伴家眷,既渡航者不得招致之。
> 三、粵地(廣東)屢為海盜淵藪,以其積習未脫,禁其民之渡臺。

師,逼迫臺灣鄭克塽投降是在康熙 22 年的 6 月,在此之時,清廷是無法對臺灣的狀況,馬上或者預先設定管理的條規。更何況鄭克塽投降後,清廷對於臺灣棄留的問題,才在康熙 23 年 4 月有所定奪,設置行政機構,隸屬福建省。另外,伊能嘉矩在書中也並未註明引用的時間,而是舉「臺灣編查留寓條」的內容,說明康熙年間治理臺灣採取消極又嚴格管理的政策。

違反者依清律的兵律私出外境及違禁下海之條處分[14]。

伊能嘉矩以這些條例嚴格的作為，可以視作清廷在康熙年間治理臺灣初期，採取消極又嚴格管理的政策。

然而，上述附帶渡臺三條限制，其中「粵地（廣東）屢為海盜淵藪，以其積習未脫，禁其民之渡臺」的條文，卻被視為排斥客家人移墾臺灣的條款，也成為一般研究者視為臺灣閩、客族群人數及發展差異的主因之一。

另外，大興黃叔璥在其所著《臺海使槎錄》卷四中引〈理臺末議〉的一段內容，即「臺灣始入版圖，為五方雜處之區，而閩粵之人尤多。先時鄭逆竊據海上，開墾十無二三。迨鄭逆平後，招徠墾田報賦；終將軍施琅之世，嚴禁粵中惠、潮之民，不許渡臺。蓋惡惠、潮之地素為海盜淵藪，而積習未忘也。琅歿，漸弛其禁，惠、潮民乃得越渡」[15]，亦是一般研究臺灣閩、客人口問題的學者，所經常引用的依據。以為施琅對客家人的偏見，影響客家人至臺灣移墾的發展。

有關施琅資料，以其中《靖海紀事》為重要，收錄施琅康熙年間征臺灣的奏疏，但其內容沒有施琅對惠、潮之民的看法記載，因此，黃叔璥的《臺海使槎錄》中所紀錄的事情是否可信，有必要進一步探究。

黃叔璥順天大興人。進士出身，歷官至御史。於康熙 61 年與滿籍御史吳達禮同膺首任巡臺之命，乃有機會到臺灣視察，其就臺灣視察之事紀錄，以後將〈赤崁筆談〉四卷，〈番俗六考〉三卷，〈番俗雜記〉一卷等集成《臺海使槎錄》一書。由於本書為清代臺灣早期文獻之一，因此以後修志的人，均多所參考

14　伊能嘉矩：《臺灣文化志》中卷，東京：刀江書院，1928 年，頁 769－770。

15　黃叔璥：《臺海使槎錄》，臺灣文獻叢刊第 4 種，頁 92。

引用。

　　黃叔璥以作者在康熙年間的背景來說，施琅於康熙35年3月21日病卒，享年76歲，應該是接近施琅的年代。施琅去逝之時，距黃叔璥以御史身分至臺灣，雖然有26年的差距，但施琅的事蹟及行事，以黃叔璥御史的身分應該不難獲悉。雖然目前尚未發現施琅本人嚴禁惠、潮之民的記載，但並不表示施琅沒有這方面的作為。以黃叔璥在康熙期間任御史的身分地位，其在《臺海使槎錄》一書中，所留下的有關臺灣事務的記載，以為是可以相信的。

　　另外，有關潮州人在清初的民情風俗，藍鼎元在其《鹿洲初集》卷十四的〈潮州風俗考〉一文有所描述。云：「潮郡依山附海，民有雜霸之風，性情勁悍，習尚紛囂……大抵士庶之家十人九賭，兵役之家九人十賭，通都僻壤無處無之，蓋習俗之浸淫久矣。賭博之餘，流為盜賊，攘雞盜牛，穿窬胠篋……或則操舟溪河，禦人于郊關之內，結隊出海，攘客于重洋之外，……」[16]，亦對當時潮州民俗作了實際的描述。因此，當時官家對於惠、潮之民的看法，自然不是無的放矢。

　　施琅自康熙22年8月接受鄭克塽的投降時，即與臺灣前途關係密切，至康熙35年因病去逝止，總計13個年頭。因此，黃叔璥記載，「終將軍施琅之世，嚴禁粵中惠、潮之民，不許渡臺。蓋惡惠、潮之地素為海盜淵藪，而積習未忘也。琅歿，漸弛其禁，惠、潮民乃得越渡」的說法，這事情應該是可以相信的。

　　此外，清康熙52年有一位吳桭臣者，跟隨臺灣知府馮協一渡臺，以後將其在臺灣所見聞的事情，寫成《閩遊偶記》一書。此書也紀錄了臺灣歸附清廷後的情況，記載臺灣當時官府的建

16　沈雲龍主編：《鹿洲初集》卷14至卷20，近代中國史料叢刊續輯404，頁1043－1046。

置,以為「廷議設郡建官,制度規模等於內地無異」,同時評論臺灣地方,以為「在臺建置,設府一縣三;……治所設官司,有分巡道及府、廳、縣等員,武備則有總鎮及副、參、遊、守等員弁,府、縣學師各一。於以明倫善俗,興行教化;申嚴保甲,稽察奸宄。不但規制燦然,而且附籍者眾,戶口日增,人皆視為樂土矣。」[17]。是故,從康熙22年到52年,僅30年的時間,臺灣的情境從「匹夫猝難得婦」、「生齒奚能日繁」、「地廣人稀,蕭條滿眼」變成人口眾多、人間樂土的模樣。這說明康熙末年期間,漢籍移民已經成為臺灣繁榮的主要社會因素。

從上述可以了解,清康熙23年前後,臺灣經濟、物質等環境條件與內地相較,是相當的落後與困苦。然而,誰能料到日後臺灣的環境變化是如此的快速,到了雍正、乾隆期間,居然有許多內地人不顧清廷嚴苛的渡臺禁令,不斷地甘冒個人生命危險,橫越波濤凶湧的海峽,偷渡來臺,臺灣宛若冒險者的天堂。在這一波波的移民潮中,客家人即因施琅個人對於「潮、惠之地海盜淵藪」的看法,落實在「臺灣編查留寓條」中,嚴禁潮、惠之地的客家人前來臺灣移民。這種限制潮惠地區客家人到臺灣移墾的不合理清政策,在清康熙年間屬於臺灣初期移民的起跑點,就讓客家人屈居下風的形勢,自然是後日臺灣客家與閩南人口數形成懸殊差距的主因。

三、臺灣方志有關客家人的紀錄資料

有關臺灣方志當中紀錄客家移民的資料,以清代早期的一府三縣的《諸羅縣志》、《臺灣縣志》、《鳳山縣志》以及當時巡臺御史黃叔璥所著的《臺海使槎錄》之書,是了解客家人在清代早期臺灣移墾社會中所遭遇實際狀況的重要文獻資料,這些容易為一般研究者所忽略。這些文獻紀錄當時社會及官員甚至作者

---

17 諸家:《臺灣輿地彙鈔》,臺灣文獻叢刊第216種,頁16。

本人，對於客家人的看法。茲就依據縣治最北端的諸羅縣為序，依次論述於後。

諸羅縣為清早期初設臺灣府時三縣之一，南自蔦松、新港，與臺灣縣接壤；東北至雞籠，山後皆屬焉。區域包括今中、北部臺灣。當時諸羅知縣周鍾瑄於康熙55年（1716年）聘福建漳浦監生陳夢林編纂《諸羅縣志》，於次年完成。全書分封域、規制、秩官、祀典、學校、賦役、兵防、風俗、人物、物產、藝文、雜記等12志卷。該縣當時漢人戶口共2,436戶，丁口4,459人，另有番社大小93社[18]。其中卷八〈風俗志〉對當時客家風俗有所描述。資料內容分述於後：

〈風俗志〉之「漢俗考」

> ……佃田者多內地依山之獷悍無賴，下貧觸法亡命，潮人尤多，厥名曰客，多者千人，少亦數百，號曰客庄。朋比齊力，而自護小故，輒譁然以起，毆而殺人，毀匿其屍。……自流移人多，乃漸有鼠竊為盜者；及客庄盛，盜益滋；庄主多僑居郡治，借客之力，以共其狙，猝有事，皆左袒；長吏或遷就，苟且陰受其私……諸羅自急流溪以下，距郡治不遠，俗頗與臺灣同。自下加冬至斗六門，客庄漳、泉人相半，稍失之野，然近縣故畏法。斗六以北客庄愈多，雜諸番而各自為俗，風景亦殊鄙以下矣[19]。

〈風俗志〉之「漢俗考」之「婚姻喪祭」

> 各庄婚姻喪葬，大約相倣；唯潮之大埔、程鄉、鎮平諸山客，其俗頗異，禮節皆以簡為貴，略去者十之六七。（以下四條雜記客庄之俗）

18　周鍾瑄主修：《諸羅縣志》臺灣文獻叢刊第五五種，臺北市：臺灣銀行經濟研究室，民國47年5月出版，頁65、68－70。

19　周鍾瑄主修：《諸羅縣志》臺灣文獻叢刊第五五種，臺北市：臺灣銀行經濟研究室，民國47年5月出版，頁84。

婚禮用庚帖食物，或銀錢少許為定。納聘無幣帛，不用婚啟，以全柬開聘金雜物曰送酒。請期則隻雞樽酒而已。男不冠而女笄曰上頭。不親迎，不用蓋頭袱，不鳴鑼放花炮，富者用鼓樂，新婦至、合卺，親朋畢賀，厥明而廟見，彌月而旋車。

喪必延僧作道場，雖極貧必開冥路，七七盡而除靈。弔者祭則答之胙，香楮則答拜而不胙，不欲以一楮虧喪主之財，亦善俗也。喪不過七七間，三歲則挖視之，土燥棺完好色鮮則掩之。或俟九年，拾其骸於瓦棺，而復葬之；否則遷於他處。

祭惟元旦除夕五日，餘皆無之。清明祭於墓，盡日潦倒而還。無忌晨，凡祭，極豐不過三牲，口誦祝辭，遍請城隍土地諸神，云祖先不敢獨食也[20]。

〈風俗志〉之「漢俗考」之「雜俗」

各庄佃丁山客，十居七八，靡有室家，漳泉人稱之曰客仔。客稱庄主曰頭家。頭家始藉其力以墾草地，招而來之；漸乃引類呼朋，連千累百，飢來飽去，行兇竊盜，頭家不得過而問矣。由之轉移交兌，頭家拱手以聽，權盡出於佃丁。

初，臺人以客庄盛，盜漸多，各鑄鐵烙牛，以其字為號，便於識別。盜得牛，更鑄鐵，取字之相似者，覆以亂之。牛入客庄，即不得問。或易其牛，反縛牛主為盜。故臺屬竊盜之訟，偷牛者十居七八[21]。

其次臺灣縣，為府治附郭，澎湖群島附屬。其疆域東抵大腳山，西含括澎湖群島，南至二層行溪與鳳山為界，北至蔦松溪

---

20 周鍾瑄主修：《諸羅縣志》臺灣文獻叢刊第五五種，臺北市：臺灣銀行經濟研究室，民國47年5月出版，頁87。

21 同上註，頁89。

與諸羅縣為界。清康熙58年臺灣海防同知王禮兼攝臺灣縣事，延聘陳文達編纂《臺灣縣志》，翌年乃成書，為較《諸羅縣志》、《鳳山縣志》為晚。全書共分十綱，每綱為一卷：有輿地、建置、秩官、武備、選舉、典禮、賦役、人物、雜記、藝文等十卷。該縣當時漢人戶口共7,846戶，丁口9,734人，另澎湖丁口546人[22]。本書紀錄有關客家人的資料有兩處，在〈輿地志〉之「風俗」項中之「雜俗」。其內容分別如後：

> 臺無客莊（客莊，潮人所居之莊也。北路自諸羅山以上，南路自淡水溪而下，類皆潮人聚集以耕，名曰客人，故莊亦稱客莊。每莊數百人，少者亦百餘，漳、泉之人不與焉。以其不同類也。），比戶而居者，非泉人、則漳人也；盡力於南畝之間[23]。

> 客人多處於南、北二路之遠方；近年以來，賃住四坊內者，不可勝數。房主以多稅為利，堡長以多科為利；殊不知一人稅屋，來往不啻數十人，奸良莫辨。欲除盜源，所宜亟清者也[24]。

再者鳳山縣，縣治東南抵高岡，西北臨大海，東北界諸羅縣，北界臺灣縣，南至沙馬磯山。康熙56年知縣李丕煜以邑前未有志，乃延聘陳文達於康熙58年纂修縣志，歷時五閱月，於翌年而成。全書分封域、規制、祀典、秩官、武備、賦役、風土、人物、藝文、外志等十卷。該縣當時漢人戶口共2,445戶，丁口4,078人；土番八社丁口有4,345人[25]。其中卷七〈風土志〉之「漢俗」記

---

22 王禮主修：《臺灣縣志》臺灣文獻叢刊第103種，臺北市：臺灣銀行經濟研究室，民國50年6月出版，頁177。

23 王禮主修：《臺灣縣志》臺灣文獻叢刊第103種，臺北市：臺灣銀行經濟研究室，民國50年6月出版，頁57。

24 王禮主修：《臺灣縣志》臺灣文獻叢刊第103種，臺北市：臺灣銀行經濟研究室，民國50年6月出版，頁60。

25 陳文達：《鳳山縣志》臺灣文獻叢刊第124種，臺北市：臺灣銀行經

載有關客家人的資料，內容如後：

> 臺郡古荒遠地，所聚盧托處者，非有祖貽孫承世其家業也；大抵漳、泉之人來居之。此外，或自福興而至，或自惠、潮而來。雖各循土風，而大端亦不甚遠焉。……自淡水溪以南，則番、漢雜居，而客人尤夥；好事輕生，健訟樂鬥，所從來舊矣[26]。

隨後，乾隆25年（1760年）王瑛曾調任鳳山縣知縣，以舊志創刊已久，乃於乾隆28年重修，定名為《重修鳳山縣志》。全書分輿地、規制、風土、田賦、典禮、學校、兵防、職官、選舉、人物、雜志、藝文等十二志卷。其中卷三〈風土志〉之「風俗」項記載有關客家人的資料，引用《諸羅縣》之卷八〈風俗志〉中資料甚多，但也因此凸顯當時社會對於客家人的一般看法。除此之外，當然也有新資料的記載，其「雜俗」項有關客家人紀錄資料內容如後：

> ……凡流寓，客莊最多，漳、泉次之，興化、福州又次之。初闢時，風最近古；先至者各主其本郡，後至之人不必費糧也。厥後乃有緣事波累，或久而反噬，以德為怨，於是有閉門相拒者。然推解之誼，至今尚存里閈也（惟市肆之間，漳、泉二郡常特角不相下；官司化導之，不能止也）。土著既鮮，流寓者無朞、功強近之親，同鄉井如骨肉矣[27]。……

另外，「番社」項之「附錄」亦節錄《臺海使槎錄》有關客家人與番社衝突之事，其紀錄資料內容如後：

濟研究室，民國50年10月出版，頁65。

26 陳文達：《鳳山縣志》臺灣文獻叢刊第124種，臺北市：臺灣銀行經濟研究室，民國50年10月出版，頁79－80。

27 王瑛曾主修：《重修鳳山縣志》臺灣文獻叢刊第146種，臺北市：臺灣銀行經濟研究室，民國51年12月出版，頁55。

雍正癸卯，心武里女土官蘭雷為客民殺死，八歹社、加者膀眼社率領番眾數百，暗伏東勢莊，殺死客民三人，割頭顱以去。文武宣示兵威，勒緝凶番，兩社遯逃，僅得二髑髏以歸[28]。

最後為《臺海使槎錄》，此書總共集錄黃叔璥所著之〈赤嵌筆談〉四卷、〈番俗六考〉三卷以及〈番俗雜記〉一卷。黃叔璥字玉圃，號篤齋，順天大興人。由進士，歷經升遷至御史，於清康熙61年（1722年）與滿御史吳答禮同膺巡臺首任御史。《臺海使槎錄》集錄之卷作，即是黃叔璥巡臺之所見聞，為清代臺灣早期重要文獻之一，其內容資料常為後人所援引。

本書紀錄有關客家人的資料有兩處，分別在卷二〈赤嵌筆談〉之「習俗」以及卷四之〈赤嵌筆談〉之「朱逆附略」。資料內容分別於後：

卷二〈赤嵌筆談〉之「習俗」

「臺地民非土著，逋逃之淵藪，五方所雜處。泉之人行乎泉，漳之人行乎漳，江、浙、兩粵之人行乎江、浙、兩粵，未盡同風而異俗。」（諸羅雜識）[29]。

卷四之〈赤嵌筆談〉之「朱逆附略」

「臺灣始入版圖，為五方雜處之區，而閩粵之人尤多。……迨鄭逆平後，招徠墾田報賦；終將軍施琅之世，嚴禁粵中惠、潮之民，不許渡臺。蓋惡惠、潮之地素為海盜淵藪，而積習未忘也。琅歿，漸弛其禁，惠、潮民乃得越渡。雖在臺地者，閩人與粵人適均，而閩多散處，

28　王瑛曾主修：《重修鳳山縣志》臺灣文獻叢刊第146種，臺北市：臺灣銀行經濟研究室，民國51年12月出版，頁63。

29　黃叔璥：《臺海使槎錄》臺灣文獻叢刊第四種，臺北市：臺灣銀行經濟研究室，民國46年11月出版，頁38。

粵恒萃居，其勢常不敵也。康熙辛丑，朱一貴為亂，始事謀自南路，粵莊中繼。我師破入安平，甫渡府治，南路粵莊則率眾先迎，稱為義民。粵莊在臺，能為功首，亦為罪魁。今始事謀亂者既已伏誅，則義民中或可分別錄用，以褒向義；加以嚴行保甲，勤宣聖諭，使食毛踐土之眾，一其耳目，齊其心志，則粵民皆良民也！……」（理臺末議）南路澹水三十三莊，皆粵民墾耕。辛丑變後，客民（閩人呼粵人曰客仔）與閩人不相和協。……保正里長，非粵人不得承充；而庇惡掩非，率徇隱不報[30]。

　　從《諸羅縣志》、《臺灣縣志》、《鳳山縣志》、《重修鳳山縣志》等方志及《臺海使槎錄》文獻資料中，可以發掘許多當時官府及方志纂修者對客家移民的看法與觀感，儘管紀錄資料有很多是負面的描述，但這也就清楚顯現清代早期客家人遭受漳、泉之人及官府所鄙視的理由。另一方面，這些鄙視早期粵人（即是客家人）的紀錄，正好印證施琅對於潮惠粵民的偏見看法是有其共通的背景，即說明在十七、八世紀之時的臺閩，因地域的隔閡、族群的不同加上政治地位的優勢等條件，容易造成優勢族群對劣勢族群的誤解及偏見。然而，劣勢的客家族群在這不公平的社會環境下，仍舊能夠樂觀地奮鬥下去傳衍族群文化與家族命脈，其韌性是值得肯定。目前臺灣地區客家人分布在北部桃竹苗及南部高屏等地，其先民實在是歷經了一番艱辛困苦奮鬥的歷史，才成為現在的形勢。

四、清代臺灣客家民間信仰主要鄉土神祇

　　臺灣客家人對神祇的祭拜，實際是屬於多神的信仰，與其他漢族民系的信仰，沒有多大的差異，但是在諸多神祇當中也有其

30　黃叔璥：《臺海使槎錄》臺灣文獻叢刊第四種，臺北市：臺灣銀行經濟研究室，民國46年11月出版，頁92－93。

主要鄉土神祇的信仰。如在臺灣客家民間信仰仍就傳承屬於大陸客家原鄉的神祇；有汀州的「定光古佛」、嘉應州的「慚愧祖師」以及潮州的「三山國王」等，然而，這些民間信仰神祇在臺灣日後的發展，卻因為客家族群遭受閩南族群同化的影響而變化，久之竟被視之為閩南的神祇。此外，臺灣北部桃竹苗地區的客家人，更在居住的區域中形成創新的民間信仰神祇－「褒忠亭義民爺」信仰，此種信仰因臺灣歷史林爽文事件而設置，從清代乾隆53年（1788年）起傳承至今。因此，本章將分別介紹上述三個原鄉神祇的背景以及新竹新埔褒忠亭義民爺的信仰源流。

1. 定光古佛

「定光古佛」神祇是閩西汀州府地方的神祇。閩西汀州府屬於福建省所轄管，汀州府下轄永定、長汀、武平、連城、寧化、清流、歸化、上杭等八縣，居民大多數是客家人，因此汀州府武平縣巖前城的定光佛寺的定光古佛，成為閩西汀州籍客家移民奉祀的主神。

定光古佛又稱定公古佛，本姓鄭，北宋泉州同安人，年11歲出家得佛法，17歲遊方於豫章，並為當地去除蛟患。宋太祖乾德二年（964年）隱居於福建省最西邊的武平縣的南巖之地，攝衣趺座時有大蟒猛虎蟠伏在旁，鄉民見而敬服，築庵加以供養。太宗淳化八年（997年）坐化涅盤，年82歲，賜號定應。宋理宗紹定年間，有寇圍城，定應顯靈禦寇，亂平之後奏請賜額，名為「定光院」[31]，一般民眾也就以「定光古佛」稱之。

臺灣目前保留祭祀「定光古佛」的廟宇，有淡水的鄞山寺與彰化市的定光佛廟；淡水鄞山寺創建於清道光2年（1822年），是由汀州人張鳴崗等捐建，羅可斌施田。彰化定光佛廟創建於清

31　徐裕健：《古蹟歷史文獻》上冊，內政部委託，中華民國88年9月，頁C－18。

乾隆26年（1761年），是由永定籍的士民鳩金建造。彰化定光佛廟雖是第一座供奉「定光古佛」的廟宇，但是日據時期因「市區改正」計畫的道路闢建，廟宇規模部分受到拆除，以後又整修，乃成為今日格局。淡水鄞山寺則是傳襲從道光年間的廟宇規模，至今則以保留汀州會館完整性著名。淡水汀州會館的設立，乃是清道光之後，臺北地區汀州移民日增，為照顧原鄉移民到臺灣出外謀生而設，以後日據時期來臺汀州籍移民日漸減少，鄞山寺的會館功能逐漸喪失意義，原來供奉的定光古佛也就成為該寺主要的象徵，因此每年農曆正月五日定光古佛誕辰，都會舉行盛大的祭典。

2. 慚愧祖師

「慚愧祖師」信仰源於粵東韓江流域的大埔、梅縣等地。「慚愧祖師」為唐代禪宗高僧，由於修行得道於大埔縣與梅縣交界的陰那山，當地一般信眾俗稱「陰那山祖師」，其圓寂前自號「慚愧」，故又稱「慚愧祖師」。

慚愧祖師原名了拳，永定人，初生之時「左手拳曲，有僧撫之，書了字於掌中，指遂伸，因名了拳。八歲牧牛，枯坐石上，如老僧，以杖畫地，牛不逸去。咸通間，修行廣東陰那坑，乘石渡河，開蓮花悟道，行雨露間不濡，隨住陰那山，稱為慚愧祖師」[32]。

清乾隆27年（1762年）重修的《潮州府志》卷30人物志中，有關慚愧祖師的介紹：

> 了拳，陰那開山祖，俗姓潘別號慚愧，閩之沙縣人，元和12年丁酉（817年）3月25日生。初生，左拳曲，因名拳。彌月，一遊僧至，父抱兒示之，僧書了字於其拳，

---

32 福建通志局：《福建通紀・福建高僧傳》，臺北市：大通書局，1968年，頁2910。

指立伸,更名曰了拳。幼穎悟,不茹葷,年12喪父母,依於叔母,不能容;17去潮之黃砂社車上村,依嫠婦游氏為母,今大埔縣地。日與牧童登赤蕨嶺,曠觀如有所得。令放牛山麓,拳以杖畫地,牛不他逸;或以烹魚啖之,受而投諸水,魚復活……所著錄偈歲久散軼,住陰那三十餘年,一日語其徒曰:「從前佛祖皆宏演法乘,自度以度人,我未能也,心甚愧之,圓寂之後,藏我骸于塔,當顏其額曰慚愧。」因偈云:「四十九年無繫無牽,如今撒手歸空去,萬里雲開月在天」語畢,端坐而逝,時懿宗咸通2年辛己(861年)9月25日也[33]。

臺灣目前奉祀慚愧祖師的地區以南投縣最多,廟宇鸞堂合計有30多座。其他則分布在臺中縣東勢鎮的新伯公濟安宮、彰化縣社頭鄉湳雅龍鳳山寺、嘉義縣大林鎮大湖的佛方宮、臺南縣大內鄉鳴頭村的飛安宮以及屏東縣恆春鎮的祖師公廟等地[34]。當地民眾以閩南族群為多數,居於劣勢的客家人久而久之被同化,祭祀的「慚愧祖師」隨之有不同的靈驗傳說,亦被閩南族群接受,而被誤認為閩南族群的原鄉民間信仰神祇。

3. 三山國王

「三山國王」是清代早期粵東客家鄉親到臺灣拓墾時,從原鄉攜來的家鄉神祇的信仰。因此,在臺灣各個地區,只要有三山國王廟的地方,就表示這地方有客家族群存在。

三山國王的信仰緣由,依據元代劉希孟《明貺廟記》:「世

---

[33] 轉引黃素真:〈邊陲區域與「慚愧祖師」信仰——以林圯埔大坪頂地區為例〉全球客家地域學術研討會》論文集,臺灣師範大學地理系主辦2003年10月25日-27日,頁66。

[34] 王志文:〈臺灣慚愧祖師的信仰初探〉,《全球客家地域學術研討會》論文集,臺灣師範大學地理系主辦2003年10月25日-27日,頁108-112。

傳當隋時，失其甲子，以二月下旬五日，有神三人，出巾山之石穴，自稱昆季，受命於天，鎮三山（明山、獨山、巾山）托靈於玉峰之界石，因廟食焉。」[35]，則可知這種信仰最早起源於隋代。然而，大陸學者譚其驤以為漢人移民到粵東的年代，主要在唐、宋之時，唐以前粵東地區的主人為俚族的土著。因此，大陸學者謝重光也就認為三山神祇，最初是俚族為主的粵東土著的信仰。土著把三山神祇視為山神，且認為托靈於玉峰的界石，也就將界石作為三山神祇的象徵。唐元和年間，韓愈任潮州刺史，還派人祭拜此界石之神。宋以後，三山神祇的信仰，亦為遷移粵東的客家人所接受，並附加漢人的觀念，以後三山神祇不僅能庇佑人，也成為能助王師征討有功於國家的英雄，因而受賜「國王」的封號和「明貺」廟額。三山神祇遂由單純的自然崇拜，演化與英雄崇拜相結合的三山國王神祇[36]。

臺灣三山國王的信仰，目前以彰化縣荷婆崙霖肇宮及宜蘭縣冬山鄉大興振安宮為兩大中心，其中又以後者為盛，均將三山國王轉化成為閩南的「王爺」，富予大王、二王、三王等不同的王爺功能，解決信眾的乞求。蘭陽地區的三山國王信仰廟宇分布，可謂臺灣地區的翹首，其冬山鄉的大興振安宮不僅是「臺灣三山國王宮廟聯誼會」中133座宮廟的中心，另本身宮廟也是分香眾多的廟宇[37]。

4. 新埔褒忠亭義民爺

新竹地區的新埔褒忠亭義民廟，從早期的區域性祭祀，演化成日後北部地區客家人一般普遍性的義民爺信仰，在臺灣是一

---

35 謝重光：《客家源流新探》，臺北：武陵出版公司，1999年4月，頁192。
36 同上，頁192－194。
37 邱榮裕：〈臺灣客家族群民間信仰——以三山國王、義民爺為中心〉《全球客家地域學術研討會》論文集，臺灣師範大學地理系主辦2003年10月25日－27日，頁53。

個很獨特的例子。實際上,新竹義民廟的存在與臺灣的歷史事件有密切的關係。

1786年林爽文在大里杙(臺中縣大里市)起事,攻陷竹塹城之時,當地墾首林先坤等人立即組織義民軍,捍衛鄉土。戰役結束,以牛車載運所撿拾戰死的義民,計有二百多人,準備將這些戰死的義民,歸葬在大窩口(新竹縣湖口鄉)。然而,牛車過了鳳山溪,即停蹄不再前進。當事者於是就地卜筶,得到「雄牛睏地穴」吉地的指示,乃將義民的遺體全數歸葬,地點即現在的義民塚的位置。以後,獲得清乾隆皇帝褒揚義民,忠勇保鄉,衛民事蹟的「褒忠」敕旨。林先坤等人乃再議建廟祭祀,於1790年建廟完成。

以後1862年(同治元年)彰化戴潮春起事,義軍再組織保衛家園。此次戰役,亦有百餘義民戰死,葬在原義塚旁邊,是為「附塚」。原廟於1895年因抗日損毀,而後,1904年在經理徐景雲等人的倡議下,新廟落成。

義民廟的祭拜,開始並無承辦的固定組織,僅由林先坤、錢子白、劉朝珍、姜秀鑾等人號召業戶輪流經理,管理廟產及春秋祭祀。以後由新埔街、九芎林、石岡子、大湖口等四庄輪流管理、祭祀。戴潮春事件以後,四大庄先增為十三大庄,後再加大隘,成為十四大庄輪流經理,並將春秋兩祭,改為與民間中元祭典同時祭祀。無形之間,本是地區性祭祀義民爺的活動,演變成與民俗相合的中元祭典活動,義民廟的祭祀遂成為普渡眾生的祭拜活動[38],以後再成為臺灣北部地區客家人一個重要且普遍性的節慶活動;至於新埔褒忠亭義民爺,則成為目前臺灣北部地區多數客家人的民間信仰神祇。

---

38 羅烈師:〈客家族群與客家社會:臺灣竹塹地區客家社會之形成〉,徐正光主編,《聚落、宗族與族群關係》,中研院民族學研究所,2000年(民89年)12月,頁129。

五、結論

　　臺灣客家文化傳承於大陸客家原鄉，隨著早期客家移民的移墾，散播在臺灣的遷徙之地與定居的家園。同屬於漢籍的客家人在清初的早期臺灣移墾時期，即因施琅個人對潮惠地區客家人的偏見，由施琅依仗自己權勢影響清代治理臺灣政策，將潮惠客家人排除早期臺灣漢籍移民的行列，造成同是位於沿海區域的廣東潮惠與福建泉漳地區的人民，入墾臺灣的際遇有所不同。今日臺灣漢籍人口數中客家人與閩南人的巨大差異，即是肇因於此。

　　清初臺灣早期縣邑，為臺灣縣、鳳山縣、諸羅縣等三縣。早期三縣邑所完成的方志內容，對於客家人社會與民俗的描述，經過檢視，記載內容充滿偏見，顯示當時的社會與官方對於客家人的看法，仍舊無法擺脫施琅時代的映象，對於當時來臺灣移墾，勤奮守法的客家人是不公允的評價與描述。臺灣客家人形成目前主要的南（高屏六堆地區）、北（桃竹苗三縣）兩處的生活區域，客家人的奮鬥歷史是值得肯定與尊重的。

　　最後，臺灣客家文化的閩南化現象嚴重，如民間信仰中「定光古佛」、「慚愧祖師」、「三山國王」等客家原鄉鄉土神祇的閩南化即是例子。由於客家早期在移墾過程中被為數眾多的閩南族群同化的關係，致使信仰神祇相混雜，被同化的客家人不僅逐漸忘卻客家語言，同時也接受閩南的民間信仰方式，而閩南族群亦接受被其同化的客家民間信仰中的神祇，但是卻將其神祇閩南化，致使日後一般人難以辨認真正的原委。

　　另外，客家人移民臺灣後，也因歷史事件的原因，在臺灣北部發展並創新了一個不同於原鄉民間信仰的神祇，即是發展了一個「新埔褒忠亭義民爺」的信仰，這是臺灣客家文化中本土化的最好例證。

新埔褒忠亭義民廟興起與發展之探究

——以兩件清代古文書契為中心[*]

摘要

　　本論文探究褒忠亭義民廟興起與發展的因素，何以褒忠亭義民廟能夠成為臺灣客家族群義民爺信仰的重要源頭，主要以清嘉慶「四姓合議規條簿約」及「光緒十年九月枋寮庄羅如發兄弟等立杜賣盡根水田屋宇契字」兩份古文書契文獻資料，進行論述。

　　前份資料，紀錄了四姓首事王廷昌、黃宗旺、林先坤、吳立貴等人，出錢出力成立褒忠嘗，規劃作為義民廟祭祀之用等事，對於解析褒忠亭義民廟何以成為義民爺信仰的重要源頭，可有明確的脈絡。

　　後一份資料，契字內文除了有賣主羅如發兄弟水田屋宇之事，也同時紀錄了褒忠嘗施主與經理人購置物產事宜。資料可以證明在清光緒年間，褒忠義民廟的褒忠亭嘗，仍在經理人公正的處理態度上，被持續的運作，讓嘗會母利得以增息之例。

---

[*] 表於「義民爺信仰文化學術研討會」，新竹縣文化局、明新科技大學主辦，2015 年 8 月 28 日－29 日。

這兩份古文書契說明褒忠亭義民廟的興起與義民爺信仰的發展，褒忠亭義民廟所屬褒忠嘗經理人，是廟務經濟財力的主要維護者，藉著合理的管理，使得義民爺祭祀經費得以充裕，加上調首的輪流，更加強義民爺信仰圈的擴大。

本論文研究方法，主要採歷史文獻研究、人類學田野調查等研究法，希圖藉此文獻資料清楚說明褒忠亭義民廟能夠成為義民爺信仰重要源頭的原因。

關鍵詞：四姓合議規條簿約、四姓首事、褒忠亭嘗、褒忠亭義民廟

一、前言

　　義民爺信仰是臺灣客家族群落地生根以後，在臺灣本地所發展出來的民間信仰，是屬於創新本土性的民間信仰，有別於從客家原鄉播遷過來的民間信仰。就此而言，臺灣客家在移民的過程上，原鄉文化的傳播影響，經過二、三百年的時間已經有所轉變，開始有新文化的創新產生。如民間信仰從原鄉傳播來的嘉應州慚愧祖師、潮惠區域的三山國王以及閩西汀州的定光古佛，在臺灣客家族群移墾地區，均可以看到，仍舊受到客家子民的信仰供奉，但也與原鄉信仰的供奉上有所不同。

　　另一方面，臺灣客家族群在於臺灣歷史事件的影響下，南北地區的客家聚落的發展，卻因清代康熙年間的朱一貴事件，乾隆年間的林爽文事件，而有不約而同的作為，就是客家聚落為保衛家園不被亂軍侵犯，由當地鄉紳組織武力抵擋，並進而與官府合作共同平息亂事。事後對於戰役犧牲者，因為都是聚落所出的男丁，自然有著親人的情感，哀慟祭祀成為追念感謝最好的方式，加上朝廷的賜匾，更添榮耀。因此義民爺的祭祀，經過二佰多年的傳承與發展，成為臺灣客家族群民間信仰中，唯一有別於原鄉客家民間信仰的神明，此即是義民爺信仰。

　　新竹新埔褒忠亭義民廟是臺灣義民爺信仰的重要源頭，本論文研究方法，主要採歷史文獻研究、人類學田野調查等研究法，希圖藉清嘉慶「四姓合議規條簿約」及「光緒十年九月枋寮庄羅如發兄弟等立杜賣盡根水田屋宇契字」兩份古文書契文獻資料，進行論述，清楚說明褒忠亭義民廟興起，能夠成為義民爺信仰重要源頭的原因。

二、嘉慶柒年「四姓合議規條簿約」

　　這一份古文書契文件，首頁為「**同立合議規條簿約字人 王廷昌 黃宗旺 林先坤 吳立貴等**」，末尾有署名時間人名，為「**嘉**

慶柒年壬戌歲十月 立同議合約規條人 王廷昌 林先坤 黃宗旺 吳立貴」，故將此契字文件稱為「四姓合議規條簿約」。

　　這份文件內容，簡言之在於敘述乾隆51年（丙午歲）林爽文戕官陷城，新竹地方義民募勇幫官殺賊而捐軀，殉難者屍骸拋露到處，乃由新竹地方人士王廷昌自備銀項，請地方人鄧五得為首，到各處收拾義民屍骸，後欲設塚廟，相有地基，立買成就，遂即設席，請到義首林先坤、黃宗旺、吳立貴等人，合眾商議。將餘款及廟祝王尚武托孤交佛銀四百元，共作為褒忠亭嘗，並議定資金運用、祭祀方式，以及對參與褒忠亭聖典開祭人員，按科舉身分，分送不同等分豬肉之事。

　　這份契字內容，可視為褒忠亭義民廟興起初始經費來源的寶貴文獻資料，亦是褒忠亭嘗（褒忠嘗、義民嘗）成立初始的重要文獻。此契字文件內容，讓大眾了解，褒忠亭義民廟的義民爺祭祀，何以成為目前臺灣客家族群普遍認同的義民爺信仰，其背後實際上有著先人慷慨的奉獻，以及公正褒忠嘗管理人制度的設置與運作，才能夠發展成為今日臺灣客家族群認同的義民爺信仰，而有別於客家原鄉的民間信仰。

　　茲將此契字文件內容，完整呈現於後：

> 同立合議規條簿約字人褒忠亭首事王廷昌、黃宗旺、林先坤、吳立貴等，丙午年（乾隆51年，1786年）冬，元惡林爽文戕官陷城，程（程峻）廳主遇害，壽（壽同春）師爺接任立策堵禦，我義民募勇幫官殺賊，志切同仇，捐軀殉難者不少，血戰疆場，屍骸拋露到處，夜更深常聞鬼哭，各庄人民寐寤難安，蒙制憲以粵民報效有功上奏，京都聖主封以褒忠貳字。
>
> 時有王廷昌自備銀項，請出鄧五得為首各處收骸，欲設塚廟，相有地基立買成就，遂即設席，請得義首林先坤、黃宗旺、吳立貴等，合眾商議。痛此義民死者，淒青靈

於墨夜,暴白骨於黃沙,營埋忠骸於青塚,以免陰靈怨哭於他鄉。呈請制憲大人,蒙批准。

該義首王廷昌、黃宗旺、林先坤、吳立貴,協同粵庄眾殷紳等,建塚立廟,戊申(乾隆53年)冬平基,已酉(乾隆54年)年創造,至庚戌(乾隆55年)春前堂廟宇未成,有釋士王尚武願題銀協力代理,至庚戌年冬廟宇完竣。

辛亥(乾隆56年)年二月初二日王廷昌、黃宗旺、林先坤、吳立貴等在褒忠亭四人面算,建廟完竣仍有長(剩)有佛銀貳佰大元,此銀係交林先坤親收,生放每年應貼利銀加壹五,又廟祝王尚武廟內設席,當眾交出佛銀四百大元,立有托孤字四紙,四姓各執壹紙,其銀眾議亦交林先坤收存,生放每元應貼利谷(穀)壹石貳升,計共利谷四拾八石,面議王尚武每年領回養老谷拾石,扣實王尚武利谷,每年仍長有谷叄拾八石,其銀母利,經四姓交帶林先坤生放,叄年會算壹次,其銀後日生放廣大,林先坤將銀交出立業,作為四姓首事承買褒忠亭香祀。

此廟建成十餘載,各庄人等同心協力,立有義民祭祀甚多,惟廟內崇奉聖旨及程廳主未有祭祀,四姓王廷昌、黃宗旺、林先坤、吳立貴等,復立酌議,四人每人該津(獻金)銀壹佰拾大元,承買新社螺勝庄田業,立契四姓首事出首承買,有租谷五拾五石,眾議將租谷交帶林先坤男係林國寶料理,當時林國寶向眾說及父親林先坤親收王尚武銀項四百大元,願貼利谷叄拾八石,又另收建(現)有仍長銀貳佰大元,願貼利息加壹五,兩條,其母銀陸佰大元,面言至明年冬面算,將母利并銀利谷,又另收四姓首事田利谷五拾五石,合共三條,壹概備出買業,作為褒忠亭嘗,事不得濫開,實心料理,後日承買租谷貳佰石,林先坤將契(養)字約以及租簿等項,當眾交出。

首事四人(僉)舉外庄誠實之人輪流料理,每年四姓向

經理人領回租谷五拾五石,作為祭聖典及程廳主使用。爐主及首事四姓輪流,祭祀之日當具告白字,通知粵庄眾紳士前來與祭。現年爐主及首事要辦祭費,仍長銀項,不得私相授受,無論多少,當眾交出,歸鄉紳作為盤費,扣實仍長有谷壹佰五拾石,交帶殷實之人經理生放,仍長有銀項,抽出伍元,現年爐主收存,七月中元普施,爐主將銀五元備辦槕席,敬奉四姓祖父祿位。街庄人等殷實之人,料理承買有田業租谷貳佰五拾石。

首事王廷昌、吳立貴、黃宗旺、林先坤祿位開祭,爐主首事子孫輪流料理,每年向經理人領回谷五拾石,作為至祿位應用。後日粵庄知我四姓辛苦協力建造塚廟成功,每年祿位開祭,具告白字通知并立帖,請褒忠亭經理人并七月中元爐主,以及大小調緣首等,前來登席具開祭。經理人辛勞肉壹斤半。

其每年祭聖典之日,有秀士、廩保、貢生、舉人、進士,以及監生州同,粵紳士等到前禮拜者,各宜開發胙肉。眾議,後日中元外庄輪流當調爐主,向王廷昌、黃宗旺、林先坤、吳立貴等四姓首事業內出息,取貼出谷叄拾石,議定此嘗係歸各庄適實之人輪流料理,其嘗歷年有增長加買田業或修義塚或整廟宇,四姓合議不得私行濫開,四姓立簿約,四本約四張,各姓首事各執簿約壹紙,永為執炤。

批明林先坤親收料理生放,建廟仍長銀貳佰大元利銀加壹五,又親收料理廟祝王尚武托孤字銀四佰大元,利谷叄拾八石,立批是實為炤。

再批明林先坤男係林國寶,四姓面對,新社螺勝庄收租谷五拾五石,立批再炤。

再批明林國寶當眾面,限明年母利并谷利,又另收去田租谷,至明年冬壹概付出買業,如無概交仍照議定貼利,日後經眾會算取出批炤。

再批明後日聖典開祭,文武秀士準領豬肉壹斤,廩保準領壹斤半,舉人準領貳斤,進士準領四斤,監生準領半斤,貢生準領壹斤,州同準領壹斤半。批炤。
再批明首事王廷昌、黃宗旺、林先坤、吳立貴等當眾廟內簿四本,立約四紙,各姓執簿約壹紙,後日照簿約均行,不得反悔,亦不得已大言生端等情批炤。

嘉慶柒年壬戌歲十月　　日

立同議合約規條人　王廷昌、林先坤、黃宗旺、吳立貴[1]

　　從上述文獻內容,可以概括了解新埔褒忠亭義民廟肇始及日後祭祀發展的情形。依據資料紀錄,可以解惑幾個問題,茲分別敘述於後:

　　首先、有關義民屍骸是誰處理問題,在此文件內容獲得清楚答案,即是地方鄉紳王廷昌,他個人出錢,請鄧五得負責,雇請人至各處收拾義民骨骸。

　　其次、義民塚及蓋廟的問題,向來是人云亦云的說法,無法明確清楚的交代。因為在《樹杞林志》列傳篇,有地方人物陳資雲的記事,向為一般研究者作為參考,其文云:

陳資雲先生精通星數,奇士也。原籍廣東省,來臺,住石壁潭莊。乾隆五十四年(51年),土匪林爽文作亂,雲遂慨然有平賊之志。但家貧無資,乃與同莊劉朝珍及六張犁莊林先坤同謀舉義,團練鄉民作為義勇。當時劉、林皆巨富,所有行軍需費皆劉、林備出。於是陳、劉、林率帶義勇出與賊戰。無如寡不敵眾,炮火鋒刃之下,義民戰沒數百人,乃退而駐紮六張犁及員山仔各處要害,把守周密,方保內山一帶地方免遭賊害。幸而固守未久,天兵渡臺,一戰破賊,上下義民出而夾擊,賊遂北,克

1　此資料係范明煥先生提供,見照片資料。

復竹塹城池。上為國家,下衛地方,厥功偉矣!但陳、劉、林諸人,哀恤陣亡之士,殊抱我生眾死之憾;撫哀自問,其何以安慰英靈於九泉之下。計惟遍尋戰沒之骸,拾聚堆積如山,牛車載回,為覓佳城。果然天保佑之、人愛敬之,即有枋寮莊戴元久施出吉地一所,遂擇吉築墳,鑿穴如倉,將該忠骸聚葬於此。[2]

簡言之,陳資雲、劉朝珍、林先坤帶義勇與賊戰,事後,陳、劉、林諸人,哀恤陣亡之士,乃遍尋屍骸,以牛車載回,因有枋寮庄戴元久施出吉地,義民屍骸才得以聚葬一處。這種說法是為一般人所認同的。

然而,嘉慶柒年「**四姓合議規條簿約**」內文中,也有義民廟義民塚設置的記事,如「欲設塚廟,相有地基立買成就,遂即設席,請得義首林先坤、黃宗旺、吳立貴等,合眾商議。」的紀錄,雖然簡單幾句,但已經清楚交代了王廷昌是推動塚廟的事主,並且塚廟之地亦是其選址購買。

義民塚廟之事,有前面兩種不同說法,因此,到底義民塚誰是主事者,成為需要判定的事情。

民國86年由林柏燕擔任主筆,編輯成的《新埔鎮誌》宗教誌第二章義民廟內文,有「第三軍以新埔陳資雲(即陳紫雲)為首,與林先坤配合,陳資雲戰死,可上義民正主神位,其餘林先坤以下,則為施主,享長生祿位,其為先烈英雄則一也。」的說法。[3]

然而,依據《新埔鎮誌》陳資雲戰死的說法,檢視《樹杞林志》陳資雲與林先坤、劉朝珍三人撿拾義民屍骸事;兩志書對於陳資雲戰死還是沒死,已經有明顯出入。再依據「**四姓合議**

---

2 〈列傳〉,《樹杞林志》,頁89-90。
3 〈宗教誌〉,《新埔鎮誌》,頁380。

規條簿約」中四姓為王廷昌、黃宗旺、林先坤、吳立貴等四人，沒有陳資雲。再思考「**四姓合議規條簿約**」時間在嘉慶柒年，其論事較光緒24年出版的《樹杞林志》列傳為早，就歷史文獻上的意義，前者的可信度高於後者，因此王廷昌「**自備銀項，請出鄧五得為首各處收骸，欲設塚廟，相有地基立買成就，遂即設席，請得義首林先坤、黃宗旺、吳立貴等，合眾商議。**」之事，是可以接受的史實紀錄。因此，綜合推論，《樹杞林志》列傳陳資雲、劉朝珍有關義民塚記事，應是錯誤的記事。

另外，《新埔鎮誌》記載陳資雲戰死亦是錯誤說法，此乃鎮誌編寫者並未探查到居住在九芎林石壁潭陳資雲的後裔所致。陳資雲後裔陳作東於其民國102年（2013）所編纂的《廣東大埔（茶陽）始祖大學傅伍五道昭世系家譜》一書中，清楚說明陳資雲在林爽文事件後的個人動向，從臺灣回原籍，以後嘉慶年間姪子登岳隨同其回到臺灣，開墾九芎林石壁潭。

陳家存有一份清代嘉慶13年（1808）的古契約書，此古文書清楚說明陳資雲、陳登岳叔姪向竹塹社通事荖萊湘江、土目潘文起眾社番，承租九芎林石壁潭土地開墾。當時陳資雲年齡已經73歲，陳登岳33歲。[4] 陳資雲於嘉慶22年（1817）逝世，享年83歲，其墓地在九芎林石壁潭。

有關契約書內容，分述於後：

> 立給佃批字竹塹社通事荖萊湘江、土目潘文起眾社番等，承祖遺下有埔林地壹處，坐落土名九芎林石壁潭，東至石壁潭為界，西至旱溝為界，南至大溪為界，北至山頂為界，四至界址經踏分明。今因離社遠，不能乏耕，招得與漢人陳資雲、陳登岳自備牛隻工本前去實力墾闢田園，年載大租向（竹）塹社交納，墾成之日經杖田園，

4　陳作東：《廣東大埔（茶陽）始祖大學傅伍五道昭世系家譜》，自行編撰，未發行，2013年，頁23。

按甲納租。田每甲捌石，園每甲肆石。開荒三年之外益或抽一九五，按甲永為定例。其築陂圳係佃人之事與業主無涉，面議定着歷年租谷早季收割之時，其大租車運到社倉交納，務要租谷乾淨扇皴守分，不准窩藏匪類及拋荒多年另招別佃，實力永為己業，此係二比甘願，各無反悔，今欲有憑，合立給佃批字壹紙，付執存炤。

即日批明 歷年早季應大租谷拾石正，抽出伍石納三王爺香燈，仍餘伍石歸江起收納，給出完單執炤。

嘉慶拾叁年拾月　日
立給佃批字竹塹社通事　苩萊湘江戳記
土目　潘文起戳章[5]

　　從這份嘉慶 13 年（1808）的佃批字古文書，清楚了解陳資雲在當時還健在，但年紀已經 73 歲，帶著姪兒陳登岳（時年 34 歲）向竹塹社通事苩萊湘江。土目潘文起等佃耕九芎林石壁潭壹處埔林地來開墾，同時契約中言明大租抽出伍石，納給三王爺作為香燈，此三王爺即是三山國王，當時供奉在當地的福昌宮，是當地客家墾民的守護神。一般人因未見原件，解讀此一文書以為是陳登雲、陳登岳兄弟，主要是臺灣文獻叢刊之《清代臺灣大租調查書》頁 398 之（六三）資料，將陳資雲誤為陳登雲所致，使得地方文史研究者無從判別。

　　其三、有關廟祝王尚武托孤捐銀四佰大元事，在此內文也清楚的被紀錄，由於有此記事，可以讓後人了解褒忠亭義民廟在主殿右側，供奉王尚武牌位的原因。

　　其四、有關褒忠亭嘗（褒忠嘗、義民嘗）的產生，在此內文中也有清楚敘述，如「當時林國寶向眾說及父親林先坤親收王尚武銀項四百大元，願貼利谷叁拾八石，又另收建（現）有仍長銀

5　陳作東：《廣東大埔（茶陽）始祖大學傳伍五道昭世系家譜》，自行編撰，未發行，2013 年，頁 249

貳佰大元,願貼利息加壹五,兩條,其母銀陸佰大元,面言至明年冬面算,將母利并銀利谷,又另收四姓首事田利谷五拾五石,合共三條,壹概備出買業,作為褒忠嘗,事不得濫開,實心料理,後日承買租谷貳佰石,林先坤將契(養)字約以及租簿等項,當眾交出。」這個紀錄,讓後人了解當時四姓首事褒忠嘗資金運用的方式,以及林先坤、林國寶父子對褒忠嘗母利的承諾事。

最後,有關義民廟祭祀,特別在聖典與程廳主的部分,此文獻資料內文做了詳細的經費分派說明,同時也將出席參與祭典有科名的人士分配祭祀的胙肉,依據科舉資格,而有不同斤兩分派,做了規定的記事。此種紀錄,意味著當時褒忠亭義民廟的祭祀,在地方是受到社會大眾矚目並重視的典禮,才會有社會鄉賢人士的參與祭祀。

總而言之,嘉慶柒年的「**四姓合議規條簿約**」,是將褒忠亭義民廟祭祀義民爺以及褒忠嘗的經理方式,做了清楚的約定記事,並分派給四姓各執壹紙為憑。依據文獻紀錄,可以了解當時王廷昌出力捐銀,邀請義首黃宗旺、林先坤、吳立貴等人,合眾商議,是褒忠亭義民廟及義民塚得以建成的關鍵人物;以後廟祝王尚武捐銀四佰大元托孤之事,亦是褒忠嘗資金母銀重要的貢獻者。新埔褒忠亭義民廟祭祀活動能夠延續,除了褒忠嘗管理人的公正管理運用之外,尚有各庄調首輪流祭祀才能夠持久發展。這些事情均在這份文獻資料內文中,被清楚的敘述與條例式紀錄,就褒忠亭義民廟而言,這是一份寶貴的文獻資料。

三、光緒十年羅如發兄弟契字

《新埔鎮誌》的〈新埔文獻〉有一份古文書契字,此契字內容與褒忠亭義民廟褒忠嘗有關,故在此提出討論。此古文書契字已經有名稱,云:「**光緒十年九月枋寮庄羅如發兄弟等立杜賣盡根水田屋宇契字**」,為求以後敘述簡便,簡稱為「**光緒十**

年羅如發兄弟契字」。茲將契字內容，完整敘述於後：

> 光緒壬午年五月註明經理人傅合源、張裕光、黃淳仁、周三合等仝當眾對簿連口契券字，約點交於五分埔庄殷戶接理。新舉經理人朱洪浩、詹崇珍、劉錦標、劉廷章。
> 立杜賣盡根水田屋宇契字人羅如發、順和兄弟等，有承父遺下水田屋宇物業壹處，坐落土名枋寮庄，其田東至范天順田毗連為界，西至義民嘗田毗連直透為界，南至大圳橫過為界，（北）至屋後大車路為界，四至界址面路踏分明，原帶霄裡溪大陂圳汴水五寸通流到田灌溉充足，遞年應納社課租為壹拾石四斗正，又遞納屯租為四石五斗正給單付照，並帶埔園壹塊，又帶房屋壹座間數不計，以及門窗戶扇牛欄為倉風圍竹木禾埕車路菜園果樹什物等項，原屬舊管壹應在內，茲因乏銀別創，兄弟商議願將此契內田業，概行出賣與人，先問訪親人等，俱各不受，外託中引就褒忠嘗施主林六吉、劉朝珍、經理人劉錦標、劉廷章、詹崇珍、朱洪浩等出首承買，以為褒忠嘗嗣業，當日仝中三面言定，出得依時值價佛銀貳仟叁佰大元正，即日立字，其銀色現經交發兄弟親收足訖，其田業隨即踏明交付褒忠嘗經理人等前去，掌管出贌收租納課，永為祀典。契明價足一賣千休，永斷葛藤，界內寸土無留，日後發子孫永不敢言及贈贖找洗等情，保此業委發兄弟承父遺下物業與別房人等，毫無干涉，中間並無倩貨準折重張典掛他人為礙，以及上手大租來歷不明等弊，係發兄弟出首一力抵當，不干承買之事，此係明買明賣二比甘願，兩無迫勒，口恐無憑，今立杜賣盡根水田屋宇契字壹紙，又帶上手契紙共二紙付執為照。
> 即日批明發兄弟經中實收到字內佛銀貳仟叁佰大元正親收足訖批照
> 又批明倘有上手老契不敢隱匿如有隱匿取出作為故紙不

得執用批照

再批明此業原帶坪頂牛埔壹所又帶霄裡坑水租係歸褒忠嘗收批照

在場弟	為發	為雙
在場母	楊氏	
在場男	德華	
在場中弟	為添	
為中人	劉上珍	羅清錦
在場	羅揚聲	
代筆	劉拜颺	

立杜賣盡根水田契字人　羅如發　羅如順　羅如和[6]

依據上述「光緒十年羅如發兄弟契字」內容，有關褒忠亭義民廟褒忠嘗相關事，分別敘述於後：

首先、契字首部分，先記載褒忠嘗前任經理人交接給新任經理人之事，此與一般古文書契中之水田買賣契字內容，寫法有所不同。如「註明經理人傅合源、張裕光、黃淳仁、周三合等仝當眾對簿連口契券字，約點交於五分埔庄殷戶接理。新舉經理人朱洪浩、詹崇珍、劉錦標、劉廷章。」，又內文亦有「褒忠嘗施主林六吉、劉朝珍、經理人劉錦標、劉廷章、詹崇珍、朱洪浩等」的紀錄。此契字不僅呈現前任點交新任狀況，亦將褒忠嘗施主林六吉、劉朝珍等名字登錄其中，這些記事呈現褒忠嘗經理人制度，從嘉慶至光緒以來，是一種健全有效率的管理制度。

其次，褒忠嘗以依時值價佛銀貳仟叁佰大元，購買羅如發兄弟水田屋宇之事，說明褒忠嘗從嘉慶的四姓捐銀及廟祝王尚武捐銀為母銀之後，在經理人的經營下至光緒年間已經母利積累不少，才能夠提出大筆上千佛銀款項，購買產業。而產業購置

6　〈新埔文獻〉，《新埔鎮誌》，頁 763－764。

似乎也考慮到與原有農田的銜接與方便性，因所購買物業坐落在當時土名枋寮庄，其田四界範圍：「東至范天順田毗連為界，西至義民嘗田毗連直透為界，南至大圳橫過為界，（北）至屋後大車路為界」，此外還包括「原帶坪頂牛埔壹所，又帶霄裡坑水租」等。

是故，在「光緒十年羅如發兄弟契字」文獻資料中，可以獲得觀察到褒忠亭義民廟的褒忠嘗經理人制度發展的情形，從嘉慶到光緒長時間的運作，不僅使得母利資金獲得增長，加上經理人均是尋找殷實之人擔任，而得以維持健全發展。

四、褒忠亭義民廟現代化組織發展

一般民眾到褒忠亭義民廟朝拜，僅止於廟堂的祭拜活動，甚少繞路到廟後方去看看，因此多數人不知道還有兩座大的墳墓，其中最大座，且在廟後中央的墳墓，是屬於林爽文事件客家義民犧牲者的墓園；而另一座在大墳墓左邊的墳墓，則是較晚的年代，屬於同治元年戴朝春事件客家義民犧牲者的墓園。

到底先有墓園，還是先有義民廟，這個問題多數時候，會困擾一般來此朝拜的人。因為有兩座墳墓，對同治元年戴朝春事件的墓園而言，先有義民廟，後有墓園是對的說法；但對於乾隆年間林爽文事件的墓園而言，它是先於義民廟，就存在的墓園，因此是先有墓園後有義民廟的說法是對的。

褒忠亭義民廟是義民爺信仰的源頭廟，從此分香的義民廟多達 30 座以上。民國 85 年 4 月 20 日在新埔褒忠亭義民廟由董事長魏雲杰擔任大會主席，討論組織「**臺灣區褒忠亭義民廟聯誼會**」籌組及章程事宜，開展「**臺灣區褒忠亭義民廟聯誼會**」的成立事宜。同年 6 月 25 日在新埔褒忠亭義民廟，正式成立「**臺灣區褒忠義民廟聯誼會**」，並選出第一屆理事長、常務理事、常務監事、理事、監事等人。名單分別說明於後：

理事長：魏雲杰。常務理事部分，北區：平鎮義民祠劉坡榮、新埔義民廟魏雲杰，苗栗義民廟彭富欽；中區：水里義民廟張如判，嘉義義民廟劉雲昌；東區：花蓮稻香忠義堂彭信雄，鳳林壽天宮溫仁財；南區：屏東竹田六堆忠義祠張松生，高雄市義民廟黃啟川。常務監事：高雄褒忠義民廟劉興銘。理事部分，則由各廟推出理事一名。監事部分，北區：三灣三元宮暨褒忠祠廖文弘，中區：草屯無極褒忠義民宮洪耀清，南區：高雄褒忠義民廟劉興銘。總幹事：林保明。[7]

民國 92 年 12 月 16 日在新埔褒忠亭義民廟，召開「**臺灣區褒忠義民廟聯誼會**」第二屆第四次會員大會，決議將「**臺灣區褒忠義民廟聯誼會**」改名為「**全國褒忠義民廟聯誼會**」。至民國 96 年 10 月 21 日在六堆忠義祠召開第三屆第八次理監事會議，決議規劃召開新社團籌備成立大會，並將相關事宜呈報內政部。[8]

隔年元月 25 日在新埔褒忠亭義民廟，召開「**中華民國褒忠義民廟聯誼會**」第一屆第一次會員大會，暨第一次理監事會議，投票選出理事長、常務理事、常務監事、理事、監事等。茲將名單，分別說明於後：

理事長：林光華；常務理事部分有：林光華、劉德發、吳森源、鄭瑞文、黃啟川、劉喜漢、劉錦鴻等 7 人；常務監事：洪耀清；理事：劉喜漢、黃金明、林煥田、彭阿喜、林光華、彭阿炎、吳盛和、陳添松、劉德發、吳春增、蘇東貴、鄒國才、李水富、陳秋田、吳森源、陳紹勳、鄭瑞文、黃啟川、劉錦鴻、楊瑞和等 20 人；後補理事：戴國銘、張金泉、黃添海、楊慢發、彭榮華等 5 人；監事：吳年龍、吳泰燈、葉佳壇、洪耀清、林順明等

---

7 參考〈中華民國褒忠義民廟聯誼協會記事〉，《中華民國褒忠義民廟聯誼協會第一屆第 12 次理監事聯席會議・建國百年水里義民廟創建 75 週年慶暨客家新紀元展望研討會・會議手冊》，中華民國褒忠義民廟聯誼協會，民國 100 年 9 月 11 日，頁 19。

8 同上書，頁 21。

5 人；後補監事：張鴻文；總幹事：魏北沂。大會特聘黃啟川為榮譽理事長、傅有舜為顧問。[9]

此後，在林光華理事長的推動下，分別向內政部申請立案證書，於民國 97 年 3 月獲得內政部核准臺內社字第 0970039231 號全國性及區級人民團體立案證書；向新竹地方法院申請法人證書，也在同年 6 月獲得臺灣新竹地方法院核發 97 證社字第七號法人登記證書。

是故，褒忠亭義民廟的組織發展，有別於其他廟宇傳統信仰圈、祭祀圈的發展，而是從當代制度中，取得政府相關單位的法條規範許可登記與法人資格的認定，以合法的方式，取得發展的依據，這種現代法治社會的認識與配合，不同於傳統社會的作法，說明廟宇組織管理是否得當，攸關廟務發展的事實，組織管理方面的作為，確有很大的影響。

五、結論

本文以清嘉慶「四姓合議規條簿約」及「光緒十年九月枋寮庄羅如發兄弟等立杜賣盡根水田屋宇契字」兩份古文書契文獻資料，作為褒忠亭義民廟興起與發展原因的主要論述。

前份資料，紀錄了四姓首事王廷昌、黃宗旺、林先坤、吳立貴，以及廟祝王尚武等人，出錢出力成立褒忠亭嘗事，同時亦規劃資金利息用途，其中分配作為義民廟祭祀等事。褒忠亭義民廟何以成為義民爺信仰的重要源頭，其興起原因可從此文獻資料獲得明確的脈絡。

後一份資料，契字內文除了有賣主羅如發兄弟水田屋宇之事，也同時紀錄了褒忠嘗施主與經理人購置物產事宜。從這份資料上，可以清楚看到清光緒時期的褒忠亭嘗經理人制度，仍

---

9 同上書，頁 22。

舊被持續運作之例。

　　兩件古文書契,說明褒忠亭義民廟的興起與義民爺信仰的發展,褒忠嘗經理人制度,是廟務經濟財力的主要維護者,藉著合理的管理,使得義民爺祭祀經費得以充裕,加上調首的輪流,更加強義民爺信仰圈的擴大。

　　目前新埔褒忠亭義民廟更加入「**中華民國褒忠義民廟聯誼會**」組織,其對於供奉義民爺的廟宇,以及義民爺信仰圈的影響力,也就不逮而言了。

「四姓合議規條簿約」1

「四姓合議規條簿約」2

「四姓合議規條簿約」3

從日人征臺資料論臺灣北部客家乙未抗日事蹟[*]

摘要

本論文主要以臺灣日據時期,出版有關乙未日文書籍,來看日人如何紀錄當時臺灣各地方義勇軍,與日軍激戰事情,其中特別注重桃園地區的記事,作為從日人的資料,解析桃園客家乙未抗日的事蹟。

日人出版書籍中,選擇杉浦和作所著的《明治28年臺灣平定記》,由臺北市新高堂書店出版,時間1896年(明治29年)5月發行,以後又於1932年(昭和7年)再版。主要原因杉浦和作是當時參與征臺的軍人,屬於臺北從軍會員,對於1895年乙未日軍征臺事,資料搜集甚為詳細。

另外,亦將臺灣總督府據臺後,臺灣改隸地方行政廢縣置廳,其中桃園廳於1906年以日文編纂的《桃園廳志》,作為選錄的方志,乃因此廳志內文的附錄第十二章土匪討伐,章節內

---

[*] 此篇與北京航空航天大學人文社會科學院高等教育研究所張海英教授,聯合發表於「2015乙未・客家國際學術研討會」,桃園客家事務局、臺灣大學客家研究中心主辦,2015年09月19日-21日。

文紀錄了日軍乙未年對於桃園廳轄區地方人民抗日的討伐之事。由於此廳志是日本據臺後，殖民統治者官方出版的地方誌書，發刊目的在於記事 1895 年乙未以來，在 10 年期間，於桃園廳轄區所施政的各種「成果」，因此各章節內容較能夠呈現當時社會狀況。故選為與前書，作為桃園客家地方抗日比較的依據，以詳明客家族群的抗日事蹟。

　　本論文研究方法，著重文獻資料分析，借著比較法，來論述日據時期初期日文書籍資料，來探究桃園客家地區的抗日狀況。

關鍵詞：乙未抗日、桃園客家地區、桃園廳志、臺灣平定記、近衛師團

一、前言

1895 年日本以「馬關條約」為口實，派兵接受臺灣澎湖，當時臺灣人民無法接受這個殘酷的割臺條約，即在同年 5 月 25 日臺灣臺北府城成立「臺灣民主國」，公推當時臺灣省巡撫唐景崧為臺灣民主國大總統，除向清廷示意，如電奏「臺灣士民義不臣倭，願為島國永戴聖清」，誓言奉清朝為正朔之外，也樹立藍地黃虎的「黃虎旗」為國旗，年號「永清」，來抵抗日軍的入侵臺灣。

臺灣各地人民紛紛回應，自組義勇軍在全臺義民大統領吳湯興的帶領下，成為乙未抗日的主要武力，挫敗了日軍現代化裝備的狂妄。有關臺灣人民乙未抗日的研究，在歷屆學術研討會以及論文、學報、雜誌刊物等的發表，目前已經積累不少的成果，可以看到臺灣人民「義不臣倭」的勇於犧牲的浩氣。

有關日人以日文紀錄臺灣乙未征戰之事，而出版書籍的相關論述，本國人似乎較為少見，本文選擇杉浦和作所著的《明治 28 年臺灣平定記》，由臺北市新高堂書店出版，時間 1896 年（明治 29 年）5 月發行，以後又於 1932 年（昭和 7 年）再版。主要原因杉浦和作是當時參與征臺的軍人，屬於臺北從軍會員，對於 1895 年乙未日軍征臺事，資料搜集甚為詳細。

另外，臺灣總督府據臺後，臺灣行政區域因改隸而廢縣置廳，本文將其中桃園廳於 1906 年以日文編纂的《桃園廳志》作為選錄的方志，乃因此廳志內文的附錄第十二章土匪討伐章節內容，是載錄 1895 年乙未日軍在轄區內討伐地方人民抗日的記事。由於此廳志是日本據臺後，官方出版的地方志書，發刊目的在於呈現 1895 年以來，10 年期間，新殖民統治者在轄區各項施政的成果，此志書也由於時間接近清代末期，因此從各章節內容可以看到當時社會改隸前後的狀況。故選此志書與前書，作為桃園客家地方 1895 年乙未抗日文書籍比較的依據，以詳明客家

族群的抗日事蹟。

　　本論文研究方法，除採用歷史研究、文獻資料分析之外，也借著比較法，來論述日據初期相關兩本日文書籍資料，來探究1895年桃園客家地區的抗日狀況。

二、日據初期日文書《明治 28 年臺灣平定記》乙未抗日記事

　　《明治 28 年臺灣平定記》，作著：杉浦和作，出版時間：明治 29 年 5 月發行，昭和 7 年 5 月再版，出版地：臺北市新高堂書店。

（一）該書構成說明

　　第一部分：人物照片（該書從「征臺軍凱旋紀念貼」中選錄相關人物照片）分別是：

1. 第一代臺灣總督樺山海軍大將（明治 28 年 5 月 10 日就任）照片。
2. 近衛師團長北白川宮能久親王殿下照片。
3. 能久親王殿患病後，從灣裡至臺南行軍過程中使用的抬釣（實物現藏於臺南神社）照片。
4. 乃木第二師團長照片。
5. 第二師團第四旅團長陸軍少將伏見宮真愛親王殿下照片。
6. 明治 28 年 10 月逃離安平的「賊軍魁首」劉永福照片。

　　第二部分：序文
1. 臺灣軍司令官陸軍中將阿布信行閣下序。
2. 平定紀念會會員（幹事長）小宮元之助序。
3. 作者杉浦和作 臺灣平定記的發行序。

第三部分：凡例（針對問題加以說明）

1. 該書對應明治28年5月發行的《征臺軍凱旋紀念貼》中「征臺」，定名為「平定臺灣」，主要記載比志島混成支隊、近衛師團、第二師團等，三個軍隊平定臺灣的戰記，並紀錄入臺與離臺的時間。

2. 比志島混成支團於明治27、28年系一支獨立軍團，《下關條約》簽署後，受隸屬於臺灣總督府近衛師團指揮，成為近衛第一混成旅團，平定基隆後，擔任北部臺灣的守備任務。按照日軍入臺順序，安排本書第一編。

3. 近衛師團、第二師團剿匪地、在臺進攻地、露營地、宿營地、通過地、分隊派遣地、海軍陸戰隊匪徒掃攘地的名稱，於大正九年有所變換，本文依照原地名。

4. 本書新舊地名對照表。

第四部分：目次（為該書的主要內容）

第一編混成支隊（章節標題如下）

　　澎湖島戰記、裡正角灣的上陸、高地的佔領、拱北炮臺的佔領、馬公城的陷落、漁翁島的佔領、澎湖列島的駐防兵、澎湖列島的駐配兵、大統領朱氏和總兵周氏、捕虜的誓約、清軍懸賞的告諭、外國軍艦、孤拔將軍之墓、南征軍苦於疫癘；臺灣總督府；支隊臺灣島北部守備、支隊軍人軍屬合葬之墓、支隊踏上凱旋之途。

第二編近衛師團（章節標題如下）

　　三貂角上陸、第一次衝突、金皎蔣（瑞芳）的戰鬥、敵兵的逆襲、基隆總攻擊、出發及前進、市街攻擊的準備、本隊的進擊、東炮臺的攻擊、西炮臺的攻擊、背面戰鬥、左右側支隊；臺灣受度、皇軍進入臺北；臺灣始政的祝典；支隊的小戰鬥、楊梅壢的戰鬥、崩坡附近的戰鬥、大湖口的戰鬥、新竹附近的戰鬥、新竹

城的進入、土兵的跋扈、土兵的由來、新竹縣來襲、土兵的襲擊、安平鎮的攻擊、近衛第二混成旅團的到著、山根支隊的進發、龍潭陂的攻擊、中間隊及本隊右側衛的消息、大姑陷的偵查、牛欄河附近的攻擊、大姑陷的攻擊、左側隊的孤立、土兵的襲擊、糧食縱列的被襲、大姑陷河岸土兵的掃攘、山根支隊的行動、內藤支隊的行動、松原支隊的行動、桃仔園新竹間的土兵掃攘、打類坑的攻擊、龍潭陂的再攻擊、銅鑼圈的攻擊、新埔的攻擊、師團司令部的前進、尖筆山的攻擊、苗栗縣的攻擊、八卦山的攻擊及彰化縣的略取、嘉義方面追擊隊的戰鬥、臺灣總督以下暗殺的隱謀；南進軍的計畫；近衛師團的南進、師團進入臺南城臺灣平定、殿下發病後的行軍、殿下陣中的逸事（記載17件事情）。

　　第三編第二師團（章節標題如下）
　　第二師團征臺戰記、南進軍的部署、澎湖島駐軍、番仔崙的上陸、茄苳腳的激戰、東港的佔領、鳳山的佔領、海岸支隊的勇戰、校仔頭的重圍突擊、王爺頭之戰、霄壟的激戰、二師團進入臺灣城；臺灣平定；近衛師團長宮殿下御歸京、在臺南作戰死者招魂祭、第二師團的土匪討伐。

　　從上述各篇目的章節內容，可以看到日籍作者，在敘述日軍各師團前後在臺征戰，初期面對臺灣人民頑強抵抗時，所用的稱呼為「敵兵」、「土兵」，到了臺灣平定後，則以「土匪」稱之，甚至於對臺灣人民仍舊抵抗而派軍征討之事，更以「土匪討伐」來論述，呈現日軍的武力鎮壓是正義的一方，而原來居住臺灣的地方人民，對入侵者的武力戰鬥，卻成為非正義一方的違法者。本書對臺灣義勇軍在不同時期當中的稱呼，可以清楚瞭解作者用詞是別有心意，此亦可以說明日人據臺後，對臺灣人民已經擺出殖民統治者居高臨下，不可一世的姿態與心境。我們讀者亦能從中體會作為被殖民者的屈辱與可悲。

　　另外，本書清楚記事北白川宮能久親王在臺南病死一事，可

以平息國內人士對於能久親王戰死、戰傷之爭論。畢竟史實只有一個,臆測論說實是不足掛齒之事。

(二)本書的史料價值

首先,作者杉浦和作,除了是軍人背景之外,亦是當時「臺灣平定紀念會員」,為紀念平臺事蹟,乃將日軍在臺灣面對惡劣環境,冒著瘴癘之險,與抗爭激烈的各地臺灣人民義勇軍的戰役,一一敘述。其中尚包括日軍軍種編隊人數,以及各戰役時間、地點、人物(包括清軍將領、臺灣義勇軍)的詳細記事。這些資料可以作為當時雙方軍備人員動員人數的統計與比較,不僅日軍付出慘痛代價,更可以讓後人知道,臺灣人民在當時不惜付出家園財產與生命,為著的是「義不臣倭」的浩氣,而勇於犧牲。

其次,本書附錄《臺灣陸軍墓地平定紀念會》文,文內紀錄日軍葬在臺灣陸軍墓地人數共計有 8,574 人,分別在臺北墓地:步兵大佐以下 3,135 人,其中高等文武官 35 人,判任文武官 156 人,兵卒以下 2,944 人;臺中墓地:陸軍少將男爵山根信成以下 1,409 人;臺南墓地:步兵少佐河野五男以下 2,681 人;澎湖島墓地:步兵大尉清水信純以下 1,349 人。從這份資料可以讓我們作為當時日軍在臺灣征戰中因病或戰死的軍人實際死亡人數。各處墓地前面的軍籍,是該墓中軍階最高者的表示。

上述墓地人數,不論病死還是戰死,終究是在 1895 年臺灣乙未抗日之役死亡的日本軍人。以當時而言,日軍佔領臺灣,也付出慘痛代價,但在臺灣人民義勇軍方面,犧牲的人數必然多於日軍傷亡人數,加上被波及到的村落婦女老少等傷亡人數,應該更多於日軍傷亡的數字,所以臺灣乙未抗日,僅從這本日文書籍中,就可以看出付出巨大的犧牲。是故,身為臺灣人的後代,怎麼能夠輕易的忘卻 1895 乙未先人抗日犧牲的事蹟。

其三，本書紀錄了當年6月17日臺灣總督樺山資紀主持的臺灣始政的典禮情形，如出席人數、樺山總督祝辭、近衛師團北白川宮祝辭以及英國領事的祝賀等，均有記事。亦紀錄當年11月5日在臺南府城北練兵場，設征臺役戰死者招魂的祭典事情，如臺灣總督樺山資紀的弔祭文、臺灣副總督高島鞆之助的弔祭文，以及臺南縣知事、臺南府民總理張建功的祭文等。對於瞭解日軍佔領臺灣後，統治臺灣的具體方策具有重要的參考價值。

其四，該書將樺山總督從1895年（明治28年）6月始政以來，到來年（明治29年）三月，這近十個月期間，成為臺灣殖民時期的軍政時代。

綜合以上簡而言之，此書的記事資料意義如下：
1. 是探究日本侵略、佔領臺灣的目的、過程的重要依據。
2. 對認識日軍侵略臺灣時客家抗擊行動具有重要的參考價值；
3. 對於探究臺灣地方文化變遷具有重要參考價值；
4. 對於認識日本在軍國主義時期的國家戰略方針、政策、軍事行動的具體指向具有重要的實證價值。

三、日據初期日文方志《桃園廳志》乙未抗日記事

《桃園廳志》，作著：桃園廳編纂，出版時間：明治39年5月，出版地：臺北臺灣日日新報社。

（一）該書構成說明

第一部分：人物題字

1.「水成」二字，用印者：清惠幹雄。
2.「文」一字，書研海題。

第二部分：該書序文

1. 桃園廳志序，明治39年5月中旬民政長官男爵後藤新平。
2. 序，明治39年5月初旬桃園廳長竹內卷太郎。

第三部分：照片一張

此照片，主題呈現當時桃園廳舍全景，廳長竹內卷太郎半身像，以花邊嵌在照片之右上角。

第四部分：桃園廳志目次（為該書的主要內容）
第一章　廳城（章節標題如下）
概論：堡庄；桃澗堡、海山堡、竹北二堡。

第二章　建置（章節標題如下）
行政區劃：沿革；組織、分掌、本廳官衙；支廳：三角湧支廳、大嵙崁支廳、鹹菜硼支廳、中壢支廳、楊梅壢支廳、大坵園支廳；街莊長役場、守備兵營、憲兵屯所、公學校；郵便電信局：桃園局、大嵙崁局、中壢局；制茶試驗場：楓樹坑試驗場、安平鎮試驗場；登臺、稅關監視署。

第三章　地理（章節標題如下）
境界、山嶽：插天山脈、鳥嘴山脈、龜崙山脈、銅鑼圈高原；地勢：桃澗平野；河川：大嵙崁川、三角湧溪、鹹菜硼溪；氣象：氣溫、風、雨；市邑：桃園街、中壢街、大嵙崁街、三角湧街、大坵園街、鹹菜硼街、楊梅壢街。

第四章　種族並表譽（章節標題如下）
表譽：紳章、褒賞蕃人種、西班牙人的占居、土目；漢人種：閩人、粵人、移住民的拓殖、分類械鬥、閩粵二族的分布、人口數、業別。

第五章　交通（章節標題如下）
道路：舊路、新路；港灣、鐵道：停車場、旅客貨物；桃嵌輕便鐵道。

第六章　產業（章節標題如下）

產業、農業：米、稻的種類、米作狀況、茶、茶的起源、安平鎮制茶場、楓樹坑制茶場、甘藷、落花生、甘蔗、藍麻、柑橘、材木、農業者、大租小租、蕃大租、養贍埔地、大租率、田園甲數、小租額、小租的買賣；樟腦：制腦額；工業：鍛冶、陶器、笠、蘭席、瓦；礦業：石炭；商業：商業上的習慣、典鋪、金利；漁業：魚族、養魚；家畜家禽、殖林、農會、水利：埤圳、水租、霄裡圳、二甲九圳、三七圳、十二股圳、龍潭陂、大圳的計畫。

第七章　租稅（章節標題如下）

歲入沿革：歲入累年計；國稅：地租沿革、劉銘傳的釐革、補水銀、平餘銀、地租制度、地租改正率、本廳的地租額、新舊比較、土地整理組合規則、糖業稅、礦業稅、契稅國稅累年計；地方稅：地方稅累年計、地方稅負擔額。

第八章　員警（章節標題如下）

員警沿革、保甲制度：沿革、壯丁團；公共衛生：檢疫、直轄部內、各支廳部內；公醫、獸役、市場、屠畜場、阿片制度、隘勇。

第九章　學事（章節標題如下）

清國時代的教育：考試、書院、義塾、社學、書房；國語傳習所、公學校：桃園公學校、大嵙崁公學校、樹林公學校、中壢公學校、南崁公學校、龍潭陂公學校、鹹菜硼公學校、八塊厝公學校、三角湧公學校、楊梅壢公學校；小學校：桃園尋常高等小學校。

第十章　廟宇及古跡（章節標題如下）

廟宇、古跡：五福宮、壽山岩、石觀音、鶯歌石、龍潭陂。

第十一章　生蕃人（章節標題如下）

生蕃社：蕃社的組織、犯罪、家屋、衣服、裝飾、紋身、食物、婚姻、育兒、疾病、馘首、祭典、農作、狩獵、通貨、手工、

迷信、性情；蕃政：清政府的經營、我政府的經營、封鎖後的隘勇線前進。

附錄

第十二章　土匪討伐（章節標題如下）

楊梅壢的戰鬥、中壢附近的戰鬥、安平鎮的戰鬥、中庄的戰鬥、福德坑的戰鬥、大嵙崁的戰鬥、兵站線的斷絕、騎兵的遭難、大嵙崁河畔的討伐、土城的討伐、柑園的討伐、三角湧的討伐、殘賊的討伐、招降、被害、鎮滅。

從上述章節標題，可以瞭解日本據臺初期改隸，官方桃園廳的行政措施與各項施政成果，當時桃園廳長官竹內卷太郎已經任職三年半之久，從民政長官後藤新平的序文中，可以察覺到竹內卷是一位急於向上司表現治績的長官，因為當時廳志編纂之事，首先提出是臺北廳，其次是新竹廳，再來則是桃園廳，但桃園廳志則較新竹廳志超前出版發行。後藤新平對於桃園廳志內容有所嘉許，因為將臺灣改隸前後的事情，地方主管能夠在政務推展與施行中，抽出空檔配合修志頗為辛苦，但此志書的完成，不僅保留當時地方改隸實況，也呈現日人在此期間施政作為，可供施政者懲前毖後之用。

（二）本廳志的史料價值

首先、這本桃園廳志編纂內容，可以視為日人據臺殖民初期10年間的地方施政成果報告書。如第二章建置部分，就其章節標題內容，可以看到軍政體系的管理系統，分布在桃園廳的6個支廳轄區中。此外，學校、郵局、電信局以及制茶試驗場的設置，均是殖民統治者落實在當地人民生活中的新措施。又如第五章交通部分，其章節標題內容提到道路之舊路與新路，桃崁輕便鐵道（桃園到大溪）等的交通建設。又如第八章員警部分，章節標題內容提到公共衛生、檢疫事務的管理工作，以及公醫、獸役、市場、屠畜場、阿片制度等監督管理，另外接續清代隘勇業務，

作為防蕃機關管理原住民。又如第九章部分，章節標題內容有公學校與小學校設置的記事，區別日本人與臺灣人教育的差別。這些均是殖民統治者，初期10年間，地方治理不同前朝的顯著施政成果的記事。

其次、廳志若干章節標題內容，也保留了清代光緒年間地方街肆與社會生活行業的記事。如第三章地理部分，有市邑的記事，包括桃園街、中壢街、大嵙崁街、三角湧街、大坵園街、鹹菜硼街、楊梅壢街等。又如第六章產業部分，章節標題內容，可說全數將前朝（光緒年間）的地方民間各項產業、商業習慣、水利設施等均做了描述與記事，這些資料可以提供後人瞭解清光緒年間，當時桃園地區的產業發展的具體狀況，並用以推測臺灣其它地方的發展情形。

其三、廳志中第七章租稅部分，其章節標題內容，因以表格統計並比較，可以提供閱讀者瞭解清光緒年間至改隸初期，地方歲入、地租沿革及改正、以及糖業稅、礦業稅、契稅、地方稅等差異的情形。這些資料可以作為地方經濟改隸前後的比較之用。

其四、廳志附錄第十二章土匪部分，章節標題內容主要敘述殖民初期，日軍對臺灣人民的激烈武力反抗，而討伐之記事，新統治者以討伐、招降方式，彌平轄區內臺灣人民的反抗。本章由於紀錄抗日與日人討伐事蹟，地點包括：楊梅壢的戰鬥、中壢附近的戰鬥、安平鎮的戰鬥、中庄的戰鬥、福德坑的戰鬥、大嵙崁的戰鬥、兵站線的斷絕、騎兵的遭難、大嵙崁河畔的討伐、土城的討伐、柑園的討伐、三角湧的討伐等。前述這些標題單元內文，均能夠對於當時應戰雙方人員，甚至於戰鬥的時間、地點與路線有所紀錄。這些資料不僅可以提供瞭解日軍的應戰單位與軍事部署作為等事，也可以讓人從另一個角度，看到當地臺灣人民義勇軍的英勇對抗的戰績。這些記事可以彌補臺灣乙未抗日資料不足之處，其中可以明顯看到桃園地區客家庄客

家人在 1895 年乙未激烈抗日的紀錄事蹟。

綜合以上簡而言之，此志書資料意義如下：
1. 是探究日本殖民臺灣初期 10 年間，新統治者在桃園廳施政過程與成果的重要依據。
2. 對認識日軍入侵桃園地區，客家庄客家人的抗戰行動，具有重要的參考價值。
3. 對於探究臺灣改隸後，地方社會文化的變遷，具有重要參考價值。
4. 對於認識日本在殖民地臺灣所採取戰略方針、政策、軍事行動，具有重要的實證價值。

四、有關臺灣北部桃園客家地區抗日記事比較
（一）《桃園廳志》乙未抗日部分記事

臺灣日據初期，臺灣總督府改變清代行政區域的劃分，1901 年（明治 34 年）11 月至 1909 年 10 月將臺灣「縣治區劃」改成「廳制區劃」方式，劃分為二十廳，分別為：臺北廳、基隆廳、深坑廳、宜蘭廳、桃仔園廳、新竹廳、苗栗廳、臺中廳、彰化廳、南投廳、斗六廳、嘉義廳、鹽水港廳、臺南廳、番薯藔廳、鳳山廳、阿猴廳、臺東廳、恒春廳、澎湖廳等。其中桃仔園廳後改名為桃園廳。

本文之《桃園廳志》1906 年（明治 39 年）出版，即是在此廳制時期，亦是日本據臺初期 10 年間，官方所完成的地方誌書。此廳志以日文纂寫，明顯的目的，就是要給懂得日文的人閱讀，而不是提供給臺灣社會一般民眾來閱讀。

當時桃園廳轄區，除直轄桃園（桃澗堡內 4 庄）、龜崙口（桃澗堡內 10 庄）、南崁（桃澗堡內 6 庄）、埔仔（桃澗堡內 8 庄）、八塊厝（桃澗堡內 6 庄）等區域外，尚設支廳管轄各區，分別是：

大嵙崁（大溪）、三角湧（三峽）、大坵園（大園）、楊梅壢（楊梅）、鹹菜硼（關西）、中壢等六支廳。當時三角湧支廳與鹹菜硼支廳，則是目前新北市的三峽區與新竹縣的關西鎮兩處。在《桃園廳志》的附錄第十二章土匪部分，章節標題內容有日軍在三角湧及鹹菜硼等討伐抗日的記事。三角湧日軍討伐部分，有關當地抗日事蹟記載尤為詳細，值得參考。在此廳志內文中，日人以「土匪」稱呼臺灣抗日義勇軍，之所以如此，主要是以殖民地統治者立場來看待臺灣人民的抗日行為。

各支廳底下轄區，分別如三角湧支廳下轄：鶯歌石（海山堡內9庄）、樹林（海山堡內12庄）、成福（海山堡內3庄）、三角湧（海山堡內17庄）等區；大嵙崁支廳下轄：員樹林（桃潤堡內4庄、海山堡內1庄）、龍潭陂（桃潤堡內7庄）、三坑仔（桃潤堡內7庄）、大嵙崁（海山堡內7庄）、三層（海山堡內2庄）等區；鹹菜硼支廳下轄：銅鑼圈（桃潤堡內2庄）、鹹菜硼（竹北二堡內15庄）、石崗仔（竹北二堡內9庄）等區；楊梅壢支廳下轄：楊梅壢（竹北二堡內15庄）、大坡（竹北二堡內11庄）、新屋（竹北二堡內15庄）等區；中壢支廳下轄：大崙（竹北二堡內5庄、桃潤堡內2庄）、宋屋（桃潤堡內5庄）、安平鎮（桃潤堡內5庄）、中壢（桃潤堡內7庄）等區；大坵園支廳下轄：大坵園（竹北二堡內11庄）、竹圍（桃潤堡內1庄、竹北二堡內4庄）、石觀音（竹北二堡內10庄）等區。

是故，廳志第十二章章節標題內容，所提有楊梅壢、中壢、安平鎮等地，均是客家庄。茲將上述三個地方戰鬥記事，分別簡述於後：

1. 楊梅壢的戰鬥

內文記事提到1895年6月14日日軍前哨到達楊梅壢時，吳湯興即命令令鹹菜硼蔡旺、銅鑼圈邱林兩人率眾二百餘人攻擊，但被日軍中隊擊退，日軍進入太湖口，此時吳

湯興親率飛虎、新苗諸隊與吳光亮等人,約數千人包圍攻擊,並斷絕日軍與桃仔園部隊的聯絡。日軍援軍21日早到楊梅壢的崩坡一帶,受到義勇軍陳超亮、邱國霖、徐驤等各率二百多人分三面合擊,企圖一舉殲滅日軍。但日軍以榴散彈連發阻礙攻勢,南進軍更以騎兵攻擊銅鑼圈夏阿賢率領的隊伍,夏阿賢隊伍潰敗。便在太湖口附近露營,22日往新竹城前進,沿途擊退殘敵,當天上午11時佔領新竹城,吳湯興率部眾退守苗栗。但是臺北至新竹間的兵站線,經常遭受抗日義勇軍襲擊,不僅切斷電線、破壞鐵路、妨礙運糧,更突襲兵站部等事。

2. 中壢附近的戰鬥

內文記事提到6月23日有抗日義勇軍三百人襲擊中壢兵站支部,遭到擊退,此舉為徐驤所為,徐驤是新竹人清廷的秀才,徐驤新竹敗退後,與溫八合作,到中壢。張兆麟、陳光海、徐子勳、宋阿榮等率領五百人,群集在廣興庄的義民廟,隔日襲擊中壢兵站部,遭受擊退。宋阿榮及勇兵多人則到安平鎮胡阿錦家群集,胡阿錦字嘉猷,安平鎮義勇軍的首領,屬下副將黃娘盛,其眾因加入徐驤人馬而聲勢浩大,企圖一舉殲滅日軍等。

亦提到24、25兩日在中壢附近崁仔腳、大湳尾上店仔庄、八字圳等處有抗日義勇軍與日軍激戰之事,日軍甚且將民間家屋放火作為攻擊手段,以阻禦義勇軍的藏匿。兩天被擊斃的義勇軍部將,分別為:徐傳、黃龍、潘龍、溫八、趙英等人。這批日軍25日在大湖口宿營,26日進入新竹。

3. 安平鎮的戰鬥

內文記事提到6月26日有後備步兵第一聯隊第二大隊進入桃仔園兵站部守備,7月1日午後,有抗日義勇軍約

40人突擊桃仔園守備隊的炊事場被擊退的記事。6月27日接獲情報，胡阿錦與黃娘盛將從安平鎮率義勇軍明日進擊，28日晨曉4時，日軍三木大隊從中壢出發，攻擊胡阿錦，龍潭陂李蓋發漏夜提軍支援，在安平鎮與日軍激戰，黃娘盛的家園在此激戰中，被焚毀，當天將領張生戰死，日軍收兵返回中壢。7月1日黎明三木軍隊全軍進攻，炮兵分佈在老虎頭崗、山仔頂崗、安平鎮高梘頭等三處，步兵分三面進攻胡阿錦的家園，由於胡宅防備嚴密，日軍攻擊付出極大代價才攻克下來，此戰役胡阿錦乘夜逃走，其它李蓋發、黃娘盛、徐驤、胡廷嶸等退至龍潭陂。文內有義勇軍領袖在此役犧牲者，分別是：邱明琳、黃德、謝乞等人的記事。

綜合上述三處戰鬥事情的敘述，可以看到地方人士抗日犧牲名字的紀錄，由於同件事情也描述了日軍激烈攻擊的狀況，使得這些義勇軍領袖雖在戰鬥中死亡，但也表現出雖敗猶榮的氣勢，《桃園廳志》屬於地方誌書，因此乙未地方抗日事蹟的紀錄，也就較其它書籍來的清楚詳細。

（二）《明治二十八年臺灣平定記》乙未抗日部分記事

本書作者杉浦和作，是1896年（明治29）3月31日日軍在各地與臺灣人民發生激烈抗日戰役結束後，由除役軍人所組成「平定紀念會」的會員，這個會訂在每年的臺灣始政紀念日及十月二十八日（北白川宮能久親王病逝之日）在臺灣神社設饌餐聚，幹事長為小宮元之助，幹事有朝比奈正二、塚本喜三郎、中辻喜次郎等三人。該會會員均在臺北市，住址清楚，共計75人。其規約中，訂定有會員死去其正系子孫得以繼承會員的條文，由此可以理解此「平定紀念會」在臺灣社會是具有特殊地位與意義的團體。杉浦和作亦是「臺北從軍會員」，本書序文之後有其〈臺灣平定記ノ發行ニ就テ〉文章，說明原來是《征

《臺軍凱旋紀念帖》相片冊中後編的〈征臺記〉一文，改編為此書；另外，本書後，附錄其有關〈臺灣に於ける陸軍墓地〉文章，從內容中可以清楚看到日軍在臺灣1895年乙未戰鬥傷亡，埋葬在各墓地的人數統計。故本書是從日軍角度來論述平臺的事蹟。

本書有關桃園地區1895年乙未抗日記事，在第二編近衛師團部分的章節中，從第46頁的支隊的小戰鬥記事開始，一直到第94頁的銅鑼灣（圈）的攻擊記事止，是屬於與桃園地區有關的日軍乙未平臺的記事。

其中章節標題分別為：楊梅壢的戰鬥、崩坡附近的戰鬥、大湖口的戰鬥、新竹附近的戰鬥、新竹城的進入、土兵的跋扈、土兵的由來、新竹縣來襲、土兵的襲擊、安平鎮的攻擊、近衛第二混成旅團的到著、山根支隊的進發、龍潭陂的攻擊、中間隊及本隊右側衛的消息、大姑陷的偵查、牛欄河附近的攻擊、大姑陷的攻擊、左側隊的孤立、土兵的襲擊、糧食縱列的被襲、大姑陷河岸土兵的掃攘、山根支隊的行動、內藤支隊的行動、松原支隊的行動、桃仔園新竹間的土兵掃攘、打類坑的攻擊、龍潭陂的再攻擊等。

各章節標題內文，作者將各日軍編隊名號動員的時間、路線、軍火狀況，以及地勢等作為主要描述，其間亦有日軍長官名字的紀錄。文內描述臺灣抗日義勇軍以「敵兵」稱呼。

本書亦將臺灣民間抗日者，以「土兵」稱之。在「土兵的跋扈」標題的內文，留存著6月22日晚，有一臺灣土民向日本總督府獻上了情報，其文內容如下：

> 現得警報，客民聚眾數千，團積三角湧之崁仔腳，擬早晚乘虛襲臺北，現在土匪藐視臺北兵力單薄，謠言紛起，截途搶劫之事，日見其它，總之莫論有無其事，城中務須戒嚴，出入撿搜，勿為小人所算，至全臺遼闊，人心

未遽貼服，兵力太單，亦非萬全之舉也。[1]

此事，讓我們瞭解臺灣社會，在當時也有同胞出賣抗日情資給總督府的事情。以後本書在敘述日軍在各地戰鬥情況時，亦有當地土民向日軍報告抗日義勇軍動向的情資記事。

本書另在「安平鎮的攻擊」章節標題內文的敘述中，以時間為軸，將日軍的攻擊過程，兩方攻防情況清楚說明，但特別描述日軍攻擊火力，同時也紀錄傷亡人數，並分析胡嘉猷所盤踞抵抗的民宅家屋結構及防衛設施。從這部分的記事，可以瞭解日軍在安平鎮一役中，付出極大的代價。

至於客家庄龍潭陂方面，在乙未抗日當時的情形，本書紀錄了兩次的日軍攻擊事例。事情記敘如後：

第一次「龍潭陂的攻擊」記事，在第65頁，紀錄山根支隊在7月14日攻擊龍潭陂事，因胡嘉猷、黃娘盛在此領導當地居民據庄抗日，因村落有竹欉圍繞又利用家屋銃眼，可有效防禦日軍隊伍攻入。山根少將以此防禦對短兵進擊不利，乃以山炮六門轟擊，更以步兵突擊，使得此役日軍擊斃敵兵百餘名，胡嘉猷等敗走，日軍死傷下士以下11名，騎兵隊長與炮兵中隊長兩人座馬，因敵兵狙擊而斃。

第二次為「龍潭陂的再攻擊」記事，在第93頁，紀錄山根支隊在第一回龍潭陂攻擊後，部隊就往大姑陷（大溪）移動，抗日義勇軍乃再返回龍潭陂，在高處設堡壘作為防禦，日軍採用炮兵轟擊，再派出中隊進擊，最後義勇軍敗走，有數十人被擊斃。

從日軍兩次攻擊龍潭陂的戰役而言，呈現當地客家庄民抗日的勇氣與決心，雖武力趨於劣勢，但仍舊以「硬頸精神」再度與日軍再戰一場，這種豪氣是令人敬佩。

---

[1] 杉浦和作：《明治二十八年臺灣平定記》，臺北市：新高堂書店，昭和7年5月再版，頁52。

龍潭陂兩次被日軍攻擊之事，少見於地方文獻與耆老傳聞，也不見於上述《桃園廳志》之記載，此事借著本書的記事，回到史實，事隔兩個乙未120年之後，而讓龍潭陂客庄知道此事，亦是一種機緣。因此，本書雖以日軍立場記事1895當年平臺之事，但也無意間保存了臺灣地方與日軍戰鬥的史實資料。

五、結論

在臺灣歷史上，於乙未1895年清廷割臺之際，臺灣本島士民以「義不臣倭」的決心與氣概，面對登臺日軍，集結力量，團結一致，在各地發動了歷史上前所未有的抗爭與抵禦，戰事異常慘烈。依據日人杉浦和作的《明治二十八年臺灣平定記》一書資料所述，在1901年（明治34年）將臺灣各地日軍墓地改葬於陸軍四處（臺北、臺中、臺南、澎湖）墓地，人數的統計在8,574名以上；當然臺灣士民的犧牲，更是數倍於日軍傷亡以上的人數。1895年在臺灣各地發生的抗日戰鬥，史稱「臺灣乙未抗日」事件。

本文所采兩本日文出版書籍，其一是個人著述的《明治二十八年臺灣平定記》，其二是臺灣官方出版的志書《桃園廳志》，兩書各有其特色。前書作者是軍人身份，因此敘述日軍師團以及隊伍行動，將時間、地點、人物、環境、戰鬥狀況等記載詳細，可以看到日軍以及北白川宮能久親王在臺灣征戰的囂張戰記（英勇事蹟）。就臺灣人的立場來說，此書可以提供清楚的抗日地點、時間以及當時抗日義勇軍所遭遇的激烈戰鬥場景，這些資料可以補足我們乙未史料不足之處。

桃園客家庄在乙未抗日戰爭中也不遑多讓，如中壢、楊梅壢、安平鎮、龍潭陂、銅鑼圈等，均在《明治二十八年臺灣平定記》一書中被清楚的記事，日軍隊伍如何遭遇激烈抗爭而使戰事異常激烈，其中記載龍潭陂被日軍攻擊兩次的紀錄。官方志

書《桃園廳志》在其附錄第十二章內容，有關龍潭陂的抗日征討，就沒有如此說明。但對於各地抗日人士名字的紀錄，倒是相對與前書《明治二十八年臺灣平定記》來得詳細，這種差異，該是志書的特色所致。

「臺灣乙未抗日」迄今正巧 120 年，緬懷先人「義不臣倭」的民族氣節與抗日保家的戰鬥激情，令人肅然起敬。臺灣客家庄先人激烈的抗日歷史，不為後代所知，身為知識份子，實感羞愧。

羅福星革命思想對日據臺灣當局及社會之衝擊[*]

摘要

臺灣客籍志士羅福星,字東亞,號國權,祖籍廣東省嘉應州鎮平縣(今蕉嶺)高思鄉大地村。1907年(明治40年)與祖父離開臺灣,返回廣東故鄉途中經廈門,因仰慕孫中山革命思想,旋即加入「中國同盟會」,開展革命抱負。

此後即以革命者自居,追隨孫中山革命理想。從其在東南亞的經歷、參與1910年廣州起義、跟隨胡漢民以及率領南洋招募之民軍等事情,可以清楚看出其對革命的熱誠,亦即不怕死、不愛錢的革命精神。羅福星也因有在中國革命的豐富經驗,更成為日後1912年到日本殖民地臺灣,企圖發動臺灣人民革命的原動力。

本論文主要以歷史研究、文獻分析之方法,將臺灣日據時期之《臺灣日日新報》、《羅福星抗日革命案全檔》以及相關文獻資料,詳加分析,作為論述20世紀初期羅福星發揚孫中山革

---

[*] 發表於「孫中山與臺灣學術研討會」,國立國父紀念館主辦,2014年3月12日。

命思想,對當時日本殖民地臺灣當局與社會所造成衝擊之研究。

　　關鍵詞:羅福星、革命思想、臨時法院、陰謀革命事件、臺灣日日新報

一、前言

20世紀初期中國南部地區，興起革命風潮，在孫中山、黃興等革命黨人的引領下，逐漸興旺。特別1911年3月的廣州黃花崗起義及10月的武昌起義，讓中國發生巨大的變化，政權更迭，1912年中華民國誕生。這個革命風潮，自然波及到被殖民地的臺灣，因為臺灣社會有同種、同文與歷史情結牽扯的關係。

羅福星志士即是在這種時空背景下，到臺灣，並欲發動臺灣人民的革命。然而，革命組織事跡敗露，遭致臺灣總督府警務搜捕，最後被判死刑，1914年3月3日於臺北監獄以絞首方式執刑，死時當年29歲。

本論文主要以歷史研究、文獻分析之方法，將臺灣日據時期之《臺灣日日新報》、《羅福星抗日革命案全檔》以及相關文獻資料，詳加分析，作為論述20世紀初期羅福星發揚孫中山革命思想，對當時日本殖民地臺灣當局與社會所造成衝擊之研究。

二、羅福星革命思想緣起與篤行

臺灣客籍志士羅福星，字東亞，號國權，祖籍廣東省嘉應州鎮平縣（今蕉嶺）高思鄉大地村。1886年出生於印尼巴達維亞（今雅加達），週歲時隨父母遷回廣東故鄉，10歲隨同祖父羅耀南返回印尼，就讀華僑學校，直到中學畢業。1903年（明治36年）羅福星18歲，與祖父由印尼雅加達到臺灣，於新竹廳苗栗一堡牛欄湖庄落籍，隨後寄籍於苗栗街，入學苗栗公學校就讀，至1907年（明治40年）因屆適婚年齡，乃於當年5月26日與祖父離開臺灣，返回廣東故鄉。

羅福星之教育，可以說是在其祖父用心的栽培下，分別在印尼巴達維亞與臺灣苗栗等地，接受新式教育的訓練，不僅熟悉漢文，也熟悉英、日語等外國語言，親身體驗不同國度的社會制度與文化，故其個人見識與觀點也就較甚於常人，而有自己

的堅持與看法。

1912年中華民國的建立之後，羅福星趁著這股中國革命風潮，返回日本殖民地臺灣，在臺北大稻埕、苗栗等地，組織「華民聯合會館」，招募臺灣各地志士，從事推翻日人統治的革命工作，然因苗栗大湖地區革命團體誤事，使得革命組織曝露，主要領導羅福星、謝德香、江亮能、傅清鳳、黃光樞、黃敬員等人，最後遭受臺灣日本臨時法庭判決死刑。這案件是日本臺灣總督府首次以「革命意味之陰謀事件」為由，宣告領導者死刑之例。

本文內容有關羅福星的革命思想緣起部份，主要簡明敘述中國同盟會時期表現，將革命思想篤行之部份，以其在臺灣社會各地，以革命會、華民會、三點會、同盟會或革命黨之名義，各定部署，糾結同志，藉謀達其目的，作綜合說明。分別敘述於後：

（一）革命思想緣起

羅福星1907年與祖父離開臺灣，返回廣東故鄉途中經廈門，因仰慕孫中山革命思想，旋即加入「中國同盟會」，開展革命抱負。1908年曾奉丘逢甲之命，到印尼爪哇一帶視察僑校。1909年赴新加坡任中華學校校長，後前往緬甸同盟分會之書報社，擔任黨務書記工作。隔年，轉赴印尼巴達維亞，任當地中華學校校長。

孫中山在1910年2月廣州新軍起義失敗後，11月與黃興、趙聲、胡漢民、孫德彰、鄧澤如等人在庇能（馬來西亞檳城）開會，圖謀再次在廣州大舉，會後同志分赴南洋各地籌款。

黃興等人1911年1月底，在香港成立統籌部，策劃廣州起義。胡漢民3月初自西貢赴香港，參加統籌部工作。當年春，羅福星與同志募款於荷印各島。4月18日西荷印機關部，接獲廣東將舉事之電報，羅福星與同志決定共同返國。4月24日羅福星等自印尼抵達香港，次日到達廣州，隨即參加4月27日（農

曆3月29日)下午5點30分由黃興率領百餘名同志起義於廣州，然攻擊都督衙門失敗。此役近代史稱為「黃花崗之役」，當時有林時塽等七十二位烈士殉難，是為革命第十次起義。

5月1日羅福星與胡漢民避難於香港，當月下旬黃興與胡漢民避居九龍，黃興口述起義經過及失敗原因，由胡漢民執筆作成報告，公諸海內外同志。以後，羅福星隨同胡漢民前往南洋，羅福星與胡漢民6月下旬抵達印尼巴達維亞，不期與黃興相遇。胡漢民旋赴西貢，從事安南黨務擴充及籌款。黃興則於8月25日離開巴達維亞到香港。

10月10日武昌起義時，黃興在香港，胡漢民在西貢，孫中山在美國。10月14日黃興由香港發電報給胡漢民及羅福星，要求在海外招募民軍。羅福星10月19日在印尼募得民軍一批，同月23日率民軍搭船啟程赴香港，經西貢，會胡漢民。隨後胡漢民同月29日自西貢率領青年同志一批，搭「金陵輪」急赴香港，到香港時已禁港，僅胡漢民上岸。廣州李準向胡漢民洽降，約期11月9日反正。11月9日廣州光復，廣東省諮議局推舉胡漢民為都督，次日胡漢民抵達廣州省城，就任都督一職。隨後，羅福星同月14日率領民軍離開香港，次日抵達廣州，並領武器，以後同月24日奉胡漢民之命，與朱玉廷同率民軍搭兵船往上海，旋入蘇州。

1912年（民國元年、日大正元年）1月1日，孫中山於南京就任中華民國臨時大總統，中華民國正式成立。羅福星奉令於1月24日解散民軍，隨後在上海滯留約5個月，期間認識游金鑾女史，譜寫戀曲，而後返回故鄉，受任為村中學校校長。

綜合上述，羅福星22歲從臺灣返回原鄉，路經廈門時，旋即加入「中國同盟會」，此後即以革命者自居，追隨孫中山革命理想。從其在東南亞的經歷、參與1910年廣州起義、跟隨胡漢民以及率領南洋招募之民軍等事情，可以清楚看出其對革命

的熱誠，亦即不怕死、不愛錢的革命精神。羅福星也因有在中國革命的豐富經驗，更成為日後到日本殖民地臺灣，企圖發動臺灣人民革命的原動力。

（二）革命思想篤行

有關羅福星對臺灣社會革命思想之內容，其曾自述：「親自視察臺灣社會，見現在之臺民，日陷於困苦悲慘之境遇，凡百之事之辦理，皆受其苛刻；雖小事亦受其掣肘。吸取人民之膏血，使無立腳之地。日本人之鄙視本島人猶甚於禽獸。來臺之日本人，日益增加，奪取本島人之產業，使其陷於貧困，臺民之生活僅得度日而過；所有營業，賦課徵收無餘。今若不警醒，則將來之事，誠不可測。吾客歲渡臺以來，即任鼓吹本島人民不要忘記往日國籍」。[1]

羅福星認為日本殖民臺灣政策，對於臺灣本島人民以及中國人相當苛刻，不僅控訴日本政府對臺灣本島人民的虐政有八項外，更例舉三項事例，說明臺灣日本警察對持中華民國籍之華民，管理要求方式與其他英、美、德、法等國之外國人，採取明顯差別待遇與歧視。茲將上述內容分別說明於後。

1. 有關臺灣島民在日本苛政統治下之慘事，八項事例如下：

（1）凡人民之產業均為官吏所強奪，民不得生存於社會。

（2）苟為有利之事業或營業，悉收為官營或專賣；對島民之薄利營業，則徵以苛稅以苦民，是為吾人所引以為憤慨者也。

（3）對臺民輒夫苛徵營業稅、房屋稅、地方稅等，為世界上所有殖民地尚未聞有之苛稅法，獨臺灣有之。

（4）街道沿途販賣之行商及挑擔小商人之利薄行業，須

---

[1] 莊金德、賀嗣章編譯：《羅福星臺灣抗日革命案全檔》，臺灣省文獻委員會出版，民國66年，頁372。

繳納營業稅、牌照稅，不幸遇警則被課罰以一圓，因而有泣官之虐待，苦生活難之怨。
(5) 本島人養豬營業者，稅金年納二圓，市場販賣又被課徵，收支不能相抵。
(6) 地方警察官最為可惡，除以保甲費、警察費、壯丁費等名義，徵收金錢以肥私囊外，其淫威如狼似虎，實為村中之王，贈賄多者，可以平安度日，不款待者，常被虐待受苦楚。
(7) 討伐生番之事，要求每一民家必須義務出一人為夫役，無男丁，甚有賣妻顧役夫以盡其義務，而被僱者僅為四、五十圓即出賣自己生命。這種法律非愛民保民而設，實為消滅島民而設。
(8) 臺灣刑事警察橫行，捕一竊犯，苦打成招，即未作之行為，亦供為己作，此時有金錢行賄賂者，必得幫助脫罪。

2. 有關日本警察對持中華民國籍之華民，採取明顯差別待遇與歧視，三項事例如下：

(1) 中華民國人民來臺，如經營商業者，必被臺灣政府虐待，如訴之，則被告知，此殖民地之制度也，法律也。然而，此種法律、制度，對在臺灣之英、美、德、法等諸外國人，並不適用，獨適用於華民，是為差別待遇。
(2) 華民來臺登記居留者，須付討伐生番之夫役及學校之捐款，在世界各國法律中，尚未曾看到對於外人有此種義務之條文規定。
(3) 華民在臺遭受臺灣警官暗殺毒死者不遑枚舉，如桃園廳三角湧庄之廣東鎮平人張上清，其曾調查確實

有明確事實證據，被當地警官所暗殺之事件。[2]

羅福星例舉上述事例，自然讓具有中國情結之臺灣本島人士，產生了革命情懷。

羅福星初期結識黃光樞、江亮能、謝德香、傅清鳳及黃員敬等人，即對他們倡言臺灣人應革命反抗日本的統治，舉猶太人、琉球人之境遇，認為日本統治當局藐視、虐待臺灣人，不僅課重稅，也奪產業，而使將臺灣人失去生計之途，未來陷於沈淪之悲境。臺灣人若不覺悟，則前途誠不可測，尤以臺灣人民本係中國人，無有永久屈服於日本之理。

是故，羅福星在臺灣的革命思想內容是言之有物，能夠打動臺灣本島人心意，而願意參與其革命組織，日後推翻日本人在臺灣的統治。另外，從 1914 年（大正三年）2 月 16 日加福豐次警視呈報給臺灣總督，有關臨時法院審判經過的資料，其中「臨時法院案件處分表」統計的受理人數有 247 人，可以確認羅福星的革命組織所牽連的人，對當時臺灣社會造成相當的影響。[3]

三、羅福星革命黨對日據臺灣當局之衝擊

1912 年 12 月 17 日羅福星由汕頭乘輪船到臺灣，抵臺北大稻埕後，首先對當時日本殖民地的臺灣社會，做了深入的觀察，並對臺灣島民，鼓吹同文、同種的民族意識。由於 1903 年（明治36年）羅福星 18 歲時，曾在苗栗公學校入學就讀的背景關係，乃至苗栗初探民意，沒料到召募黨員事獲得熱烈支持。

然而，1913 年 10 月 8 日發生苗栗大湖葉水全共和黨機關敗露事件，黨員被逮捕 8 人。隨後，11 日臺灣總督府警察官署三

---

[2] 莊金德、賀嗣章編譯：《羅福星臺灣抗日革命案全檔》，臺灣省文獻委員會出版，民國 66 年，頁 37－41。

[3] 莊金德、賀嗣章編譯：《羅福星臺灣抗日革命案全檔》，臺灣省文獻委員會出版，民國 66 年，頁 282。

叉河、大湖兩支廳，同時展開搜捕革命黨員之行動，逮捕黨員11人，起出槍械4支。這些地方組織突發事件，使得羅福星不得不在14日於臺北機關處，處理善後，特別召開秘密會議商討對策。

但臺灣總督府警察已經掌握部份黨員名冊，分由各支廳警捕尋線逮人，由於牽連黨員人數眾多，臺灣總督府為遏止臺灣本島漢人受中國革命成功推翻清朝政權之影響，採取積極有效的措施來壓制。

(一) 臺灣總督府採新對策遏止革命思想漫流

其方法：一方面，依照臺灣總督府臨時法院條例第一條，馬上成立苗栗臨時法院及苗栗支監，進行快速審判、發監執行工作；另一方面，依據「匪徒刑罰令」逮捕、審判這些涉案陰謀革命黨員，並搜捕主要領導人羅福星及其他黨員。

因此，《臺灣日日新報》大正2年11月27日第五版「府報抄譯」部份，也就刊載兩則臺灣總督府發布的消息，內容如下：

府令第百號，內容為：「臺灣總督伯爵佐久間　為頒發府令事　照得茲為飭令審判匪徒刑罰令所揭示犯罪被告案件，依照臺灣總督府臨時法院條例第一條，自1913年（大正2年）11月25日起在新竹廳苗栗開設臨時法院。合行曉諭　為此示仰臺灣闔屬各色（邑）民人等一體知悉　特示　右諭咸知　大正二年十一月二十五日」。

府令第百一號，內容為：「臺灣總督伯爵佐久間　為頒發府令事　照得明治四十二年十月所頒府令第七十九號監獄支監名稱位置中，臺北監獄宜蘭支監之次追加，如左合行曉諭　為此示仰臺灣闔屬各色民人等一體知悉　特示　本令自頒發日起施行　計開　臺北監獄苗栗支監　新竹廳苗栗　右諭咸知　大正二年十一月二十五日」。

從這兩則府令內容，可以知道臺灣總督府企圖以快速審判、快速發監執行方式，處理羅福星所領導企圖反抗日本人統治的革命團體，以遏阻臺灣社會這股革命風潮。

新設置的苗栗臨時法院，委派法官為安井勝次、富島元治、大里武八郎三位；委派檢察官為小野得一郎、松井榮堯兩位。苗栗臨時法院1913年12月4日首次依據「匪徒刑罰令」對新竹、桃園陰謀革命事件涉案人員宣判判決。其中死刑六名，分別是：羅福星、謝德香、江亮能、傅清鳳、黃光樞、黃敬員等人。檢察官隨即於12月8日，將謝德香、江亮能、傅清鳳、黃光樞、黃敬員等五人在臺北監獄以絞刑方式，執行死刑。

羅福星當時因獲得黨員掩護，未被日警搜捕到，卻於1913年12月18日，在黨員周齊仔引導下，準備從淡水乘船離開臺灣，夜宿芝蘭三堡下圭柔山庄靠海邊之李稻穗家時，卻被當地人密報，而於次日凌晨被逮捕。日警從羅福星身上搜出黨員名冊，使得臺北廳警務課展開另次的搜捕黨員行動。事後才在12月28日《臺灣日日新報》刊載羅福星被逮捕及照片等消息，臺灣社會群眾也才知曉。

羅福星在1914年1月6日苗栗臨時法院審判中，提出不服先前缺席，法官以違犯匪徒刑罰令被宣告死刑判決。他認為：「所謂革命者，其目的雖欲預先糾合同志，謀於中國政府，求中國之後援，將臺灣歸為中國之領土。然此不過真係一種腹案，並無確實之成算，屬於未必之事。而臨時法庭竟以缺席判決，宣告死刑，不可不謂為不當，本人之所以出此舉者，罪不在自身，罪在政府也」。[4]

同年1月31日臺北地方法院移送二百二十八名革命黨員，

---

4 莊金德、賀嗣章編譯：《羅福星臺灣抗日革命案全檔》，臺灣省文獻委員會出版，民國66年，頁276。

到苗栗臨時法院接受審判。2月14日羅福星、周齊仔被移送苗栗支監。2月28日苗栗臨時法院第三次開庭宣判,死刑一人,即羅福星志士。羅福星聲明不服事,經臺灣總督府法務部確認無赦免之原因,臺灣總督批覆執行死刑,苗栗臨時法院檢察官隨即於3月3日在臺北監獄,將羅福星以絞刑方式,執行死刑,羅福星當年29歲。[5] 與此同時,臺灣總督府在羅福星相關的陰謀革命事件審判終了後,隨即將苗栗臨時法院及苗栗支監命令廢止。

(二) 臺灣總督佐久間關注陰謀事件審判

1. 專人報告臨時法院審判經過情形

此事由臺灣總督府警察本署加福豐次警視負責,親自出席苗栗臨時法院每一次的開庭,對於法官、檢察官開庭審判之情形,均詳悉記錄。內容包括:開庭時間、出席法庭人員、被告人之分辯理由、審理結果、檢察官起訴人名資料、旁聽者、新聞記者等。其中亦有其個人叮嚀新聞記者事情之記事,如「**毋庸將羅福星陳述『對於政府之指摘、及為臺灣三百萬人民企圖革命』等項,記載於新聞內**」。[6] 另外,也有被告與辯護人名單、臨時法院案件處分表等的整理資料。

加福豐次警視的「報告審判經過情形」,共計有六次。分別是:1914年1月16日開庭;1月17日開庭;2月18日開庭;2月19日開庭;2月20日開庭;2月26日開庭。每次報告資料均將被告人的審判、分辯、革命黨員關係、事情經過等一一記錄,使得閱讀者能夠未親自列席審判法庭現場,也能夠清楚了解整個革命黨陰謀事件及審判結果。因此,佐久間總督在批閱此報告

---

5 莊金德、賀嗣章編譯:《羅福星臺灣抗日革命案全檔》,臺灣省文獻委員會出版,民國66年,頁420。

6 莊金德、賀嗣章編譯:《羅福星臺灣抗日革命案全檔》,臺灣省文獻委員會出版,民國66年,頁280。

時,就可以完全掌握到整個陰謀事件的處理狀況,而不被蒙蔽。

2. 事後設宴獎勵有功人員

隨後,臺灣總督佐久間左馬太於 3 月 8 日,在臺北市古亭庄的總督官邸設慰勞宴,招待臨時法院有關人員 14 位,對於他們審判陰謀革命事件之辛勞表示感謝,出席人員分別是:高田民政長官代理、石井覆審法院長、早川同檢察官長代理、安井臺北地方法院長、小野同檢察官長、渡邊臺中地方法院長、土屋同檢察官長、松井臺北地方法院檢察官、富島覆審法院判官、大里臺北地方法院判官、中山警視、加福警視、志豆機典獄、鈴木秘書官等人。

隔日,民政長官的慰勞宴會則在梅屋敷舉行,參加人員同前,唯安井院長、小野長官因身體不適缺席。

這種高規格的獎勵慰勞臨時法院相關人員方式,亦是說明了臺灣總督府已經充分了解羅福星陰謀革命事件對臺灣社會衝擊的影響。[7]

(三)引發日本國內國會議員質詢臺灣陰謀事件

日本國內國會議員小林代議士於 1914 年 2 月 26 日,則向政府提出有關於臺灣羅福星革命陰謀事件的質問,其質問內容如後:

> 1. 臺灣陰謀事件,瀰漫於臺北、基隆、新竹、苗栗、臺中、南投、臺南、阿緱各廳之下,係屬大事件,且黨羽達數千之多。然而,該陰謀發生以來,達二年餘之久,何以不能即早探知檢舉?
> 2. 該陰謀事件,臺北既為其策源地;而苗栗向無法院,又無監獄之地,設置臨時法院,其理由何在?

---

7 《臺法月報》第 8 卷第 3 號,頁 42。

3. 如該陰謀事件，係錯綜案件，何以不符預審？
4. 臺北已有多數該事件之犯人，而久付諸放任不理，是屬何故？
5. 當局以為該事件，非民心不平不滿之結果，其理由如何？
6. 如該事件，致令全島大動搖；對此善後之策，當局有無具體辦法？[8]

從上述六個質問，可以清楚了解遠在日本的國會議員，對羅福星在臺灣組織革命黨反抗日本人統治一事，其革命思想有衝擊臺灣社會的憂慮。

臺灣總督府對此質問的答辯，則是小心翼翼地逐條回覆，內容如後：

1. 匪徒事件之發生，係因被告羅福星於明治四十年移住中國廣東省，在徘徊各地之中，為革命思想所感化，到大正元年十二月底，回臺灣。大正二年三月乃開始與被告謝德香、江亮能等相謀。是年七、八月以後，即計劃以苗栗為中心，主要在勸誘廣東人（客家人），窺伺時機舉事。是年十月，即行探知，著手搜查，尚未獲得充分之黨員；且係在並無何等準備以前所檢舉者，故非涉及「發生以來達二年餘久」之事件。
2. 匪徒事件，係以苗栗方面為中心者，而最初之檢舉，亦屬此地區。臺北並非本事件之策源地，因此，以為臨時法院設置於苗栗最為適當。
3. 匪徒事件，其被告人，雖屬多數，但犯罪之事實比較簡單。因此，自無付諸預審之必要。
4. 臺北有多數之加盟人，雖屬；但其加盟，均係大正二

---

8 莊金德、賀嗣章編譯：《羅福星臺灣抗日革命案全檔》，臺灣省文獻委員會出版，民國66年，頁435。

年九月以後之事。是年十二月,即行檢舉,並未付諸放任不理。

5. 此一陰謀事件係被告羅福星等二三人,惑於對岸革命之思想,而計劃暴舉者。此外,均無知之民,為金錢上之利益誘惑,而隨聲附和者;並非出於本島施政上不平不滿之結果。

6. 如前各項之事實,本並未令本島民間有何動搖。且為今後不令有此種事件發生,業已針對各項,均加以注意矣。[9]

從上述臺灣總督府的答覆內容,羅福星的革命思想及革命黨組織,對臺灣社會的影響,臺灣總督府已經充分明白,故以「今後不令有此種事件發生,業已針對各項,均加以注意矣」作為負責表示。然而,一年半後在臺灣南部,卻又發生更為慘烈的臺灣本島人驅逐日本人的「西來庵事件」。

四、羅福星革命黨對臺灣社會之衝擊

(一)帶動臺灣社會中國革命風潮

苗栗臨時法院1914年2月28日第三次審判文中,有關個人羅福星部份被起訴理由:

1. 革命思想部份:「倡言(日本當局)藐視、虐待臺灣人,課以重稅,奪其產業,令其失去生計之途,進陷於沈淪之悲境。今(臺灣人)若不覺悟,則前途誠不可測。尤以臺灣人民本係中國人,無永久屈服於日本之理。務須糾合島內同志,相其時機,蜂起各處,殺戮擊退日本人,驅逐於本島之外,由此即可脫離其悲境矣」。

2. 革命起事方式部份,則是:「兵械、糧食可由中國祕密

---

9 莊金德、賀嗣章編譯:《羅福星臺灣抗日革命案全檔》,臺灣省文獻委員會出版,民國66年,頁437。

進口，中國人憐惜本島人民者亦不少，一旦舉事，得其來援，成功自無疑問。茲為達到其目的計，擬以革命會、華民會、三點會、同盟會及革命黨之名義，各定部署，糾合同志；且視其募集之人數，視其才幹，授以相當之榮職及薪水」。[10]

羅福星這種主張與看法，使得黃光樞、江亮能、謝德香、傅清鳳及黃員敬等五人贊同加入，並承諾盡力糾合同志加入革命組織，因此革命黨員以苗栗地方為中心，分布至桃園、臺北、基隆等地。

此次，同時被臨時法院宣告判決的革命黨員總計有 102 名，其中處死刑 1 人，即羅福星；處 15 年徒刑 2 人，即謝阿鼎、梁芳；處 9 年徒刑 4 人，即周齊仔、陳宇宙、鍾泉海、王阿三；處 7 年徒刑 20 人，為翁阿源、楊宏、朱紅牛等；處 5 年徒刑有 73 人，為徐達賓、洪育英、林茂、曹阿份、蕭文榮等；處 4 年 6 個月徒刑 1 人，為徐運桂；無罪 1 人，為黃樹木。

此外，當時臺北地方法院檢察長三好一八於 1928 年《臺灣日日新報》創刊三十週年的慶祝紀念演講會上，為當時社會頗為熱門的思想議題，作專題演講，其講題為：「傾壞國家的社會主義」。專題中提到 1912 年（大正元年）12 月至 1913 年 12 月，所發現的陰謀事件（即是羅福星革命黨陰謀事件）。這個陰謀事件涉及臺灣全島，北部在臺北、桃園、新竹各廳；中部在臺中、南投；南部在臺南、阿緱各廳等，被檢舉的人員多達七百多名。

三好一八檢察長認為此次發生如此大的陰謀事件，主要是民族敵對觀念興起所致，而這個觀念的發生，源於中國南部武昌革命烽火的影響，讓臺灣人民以為仗勢中國的力量，可以使得臺灣革命大業容易遂行。

10　莊金德、賀嗣章編譯：《羅福星臺灣抗日革命案全檔》，臺灣省文獻委員會出版，民國 66 年，頁 360。

對於羅福星於 1912 年（大正元年）渡臺糾合同志事企圖舉事，其引用羅福星的自白書，簡潔描述羅之革命企圖心，內容如下：

> 日本政府之虐政，中華民國國民聞之不能不憤慨也。余奉福建都督之命，與十二名志士共同渡臺，計謀臺灣革命，募集同志十萬人。臺灣革命獲得廣東都督、福建都督的同意，今則閩廣兩省均已聯合，國民黨領袖黃興亦派人至臺，募集黨員同志。余到臺南一帶視察，在林季商之處，亦已有二萬同志會員。欲雪國家之恥，報同胞之仇即在此時，今我十二志士，立志粉身碎骨。[11]

是故，從三好一八檢察長的特意引用羅福星自白書中內容一事而言，明顯的已經將羅福星在臺灣的革命企圖，予以確定。換言之，臺灣總督府官方執法官員，已經間接說明了羅福星在臺灣的革命犧牲，確實在臺灣社會具有一定的歷史影響。

（二）革命思想獲得社會部份階層人士支持

在這次判決中有判決謄本資料，詳細記錄每一個被告人的姓名、年齡、職業及住址。茲就這謄本資料，分述革命黨員的年齡、職業、居住地區，以此來說明羅福星革命黨對臺灣社會的衝擊層面。[12]

1. 年齡層統計

66 歲 1 人；50 歲 1 人；40－49 歲 11 人；30－39 歲 32 人；20－29 歲 56 人；17 歲 1 人。由此可以看到革命黨主要年齡層曾在 20－39 歲之間，其中 20－29 歲年齡層年輕力壯人數最多。

11　三好一八：〈國家を傾くる社會主義（二）〉，《臺灣警察協會雜誌》132 號，臺北：臺灣警察協會，1928 年 6 月，頁 15。

12　莊金德、賀嗣章編譯：《羅福星臺灣抗日革命案全檔》，臺灣省文獻委員會出版，民國 66 年，頁 350－359。

另，這一位 66 歲屬於老人階段的高齡革命黨員，職業務農，是居住在新竹廳苗栗一南湖庄的徐運桂，被判處徒刑 4 年 6 個月。判決原因是藏匿匪徒（革命黨員王阿三原拘留在三叉河支廳，逃走。臨時法院仍於 1913 年 12 月 4 日對其缺席判決，處徒刑 9 年。嗣後自首，徐運桂係藏王阿三者）。

2. 職業別統計

無職業者 1 人（即羅福星）；農 33 人；零工 3 人；算卦 1 人；雜貨商 3 人；挑賣魚菜 2 人；苦力 10 人；沿街賣藥 4 人；魚商 1 人；挖煤業 1 人；屠戶 1 人；鐵匠 2 人；鐵路部人員 3 人；製造、包裝茶箱業 2 人；拉貨車車夫 1 人；小器作、木匠 4 人；鋸木匠 5 人；泥水匠 2 人；沿街販賣飲食 2 人；被雇傭人 6 人；糕餅點心商 1 人；燒磚瓦 3 人；石匠 1 人；篾匠 1 人；通信局工役 1 人；雜貨商 2 人；米商 1 人；茶商 3 人；轎夫 1 人；藥商 2 人；旅館業 1 人。職業別，共計 31 種不同行業的人，參加羅福星所藏的革命黨組織名單中，可見臺灣社會人士是有相當程度認同他的革命思想，而加入革命組織。

另外，各項行業以農業為業人數最多 33 人，這種情況或許可以推測連保守的農人，也不滿日本當局統治，而參與變天的革命組織。

3. 居住地區統計

（1）屬臺北廳基隆堡所轄地區 6 人

（2）屬臺北廳大加蚋堡所轄地區 43 人

（3）屬臺北廳芝蘭一堡所轄地區 2 人

（4）屬臺北廳芝蘭二堡所轄地區 4 人

（5）屬臺北廳興直堡所轄地區 2 人

（6）屬臺北廳擺接堡所轄地區 1 人

（7）屬新竹廳竹北一堡所轄地區 1 人

（8）屬新竹廳苗栗一堡所轄地區 40 人
（9）屬新竹廳苗栗二堡所轄地區 1 人
（10）中國福建省 2 人

從上述居住地區統計，可以看到相關資訊。即臺北廳大加蚋堡是當時繁華地區，各行各業匯集於此，羅福星的革命思想在這商業區獲得認同，因而有 43 人加入革命組織；至於，新竹廳苗栗一堡向來是客家人聚集的地區，羅福星因是客家人且曾經在苗栗公學校就讀過，這兩項重要背景影響下，其革命思想自然容易獲得支持，所以參加革命組織的黨員人數，與臺北廳大加蚋堡之情形相近。

是故，羅福星實際的革命事業，苗栗地區是最為重要的發展地區，這件事在法院審判羅福星的理由部份，已經被檢察官確認；同時也是臺灣總督府在答覆日本國內國會議員質問，其中有以「是年（1913）七、八月以後，即計劃以苗栗為中心，主要在勸誘廣東人（客家人），窺伺時機舉事」作為羅福星陰謀發展革命黨組織的理由。

（三）革命思想受到當時報紙、刊物報導

1.《臺灣日日新報》

日本佔領臺灣初期新聞媒體有限，至 1898 年（明治 31 年）5 月 1 日時，《臺灣新報》與《臺灣日報》，兩報廢刊合併，組成新刊物稱為《臺灣日日新報》，同時也成為總督府報，開始為臺人所重視。當時《臺灣日日新報》發行一百六十三萬六千七佰六十七份數，對臺灣社會有很大的影響力。

《臺灣日日新報》首先於 1912 年（大正 2 年）11 月 27、28 兩日，分別在漢文版以「滑稽陰謀事件」上、下為標題，敘述當時所謂苗栗地方事件。

日文版的「近来の滑稽劇土民一揆の陰謀」報導，早漢文版

一天出刊，當日文版將羅福星事件刊出後，其引用的標題立刻引發當時臨時法院人員的注意，對於報紙用詞是否適當，臨時法院內部有各種批評，促使當時觀察審判的加福豐次警視立刻向臺灣日日新聞編輯部反映，提出「**在法院認真審理之案件，而舉出兒戲之標題，似欠穩妥，應請避免**」的意見。[13]

然而，《臺灣日日新報》編輯部卻依舊以相同的標題，刊載羅福星等相關訊息在日文版、漢文版上。兩版之報導內容對於事件發生原委，社會背景，羅福星、吳覺民、黃光樞等發動革命黨員募集事及企圖臺灣起革命，欲脫離日本統治等事，刊載詳細。

2.《語苑》

有筆名為「草庵戲作」的作家，以閩南話與日文並呈的方式，寫了名為〈土語小說：戀の羅福星〉的短篇小說，在《語苑》第3期刊出。內容以男女在大稻埕淡水河渡船上岸情景開始，文中雖以男女思慕與豪情壯志之語穿插其間，但主要內容在敘述羅福星陰謀革命事件的重要情節。此篇文章刊出時間上與當時事件發生相近，可以推斷作者取材羅福星陰謀革命之事，寫作成短篇土語（閩南語）小說，是一種推崇羅福星的作為。[14]

是故，羅福星陰謀革命事件藉著當時最大發行量的《臺灣日日新報》刊載，以及文藝《語苑》期刊小說的發行，使得臺灣民眾從這些媒體資訊，可以對於羅福星革命黨之作為獲得相當程度的了解。

五、結論

總之，羅福星一生革命事業，雖未曾跟隨孫中山，但參加中

13　莊金德、賀嗣章編譯：《羅福星臺灣抗日革命案全檔》，臺灣省文獻委員會出版，民國66年，頁78。

14　草庵戲作：〈土語小說：戀の羅福星〉，《語苑》第3期，臺北：臺灣語研究通信會，1914年，頁36－56。

國同盟會，追隨黃興、胡漢民等孫中山之革命主要幹部，參與中國革命起事，亦可視為實踐孫中山革命思想的信徒。羅福星以此革命信念，來到曾經是中國領地，而今屬於日本殖民地的臺灣島，推動臺灣本島人的抗日革命大業，最後壯志未酬身先死，雖是憾事，但也帶動臺灣社會中國革命思想風潮。

　　臺灣總督府所屬檢察長三好一八，其個人認為發生如此大的陰謀事件，主要是民族敵對觀念興起所致，而這個觀念的發生，源於中國南部武昌革命烽火的影響，讓臺灣人民以為仗勢中國的力量，可以使得臺灣革命大業容易遂行。這個看法無疑肯定了羅福星追隨孫中山的革命思想，對臺灣島民而言，具有巨大的影響力。

臺灣戒嚴時期白色恐怖案件人權反思
——以義民中學案為例[*]

摘要

　　臺灣地區戒嚴令發佈於 1949 年（民國 38 年）5 月 19 日，次日開始實施，至 1987 年（民國 76 年）7 月 15 日總統蔣經國宣佈解嚴為止，實施時間長達 38 年之久，是世界威權、獨裁體制政府中，戒嚴令實施最久的的地區。期間被涉及「叛亂」、「匪諜」判刑的人數高達 27350 人之多，其中以 1950 年（民國 39 年）以後，即所謂 1950 年代白色恐怖政治受難者最為多數，占整個政治受難者總數的一半以上。

　　中華民國自二次世界大戰結束，即加入聯合國成為其中主要創始國之一。聯合國基於二次世界大戰經驗教訓的結果，為保障每一個人的權利，於 1948 年 12 月 10 日通過《世界人權宣言》，承認任何人的基本權利與基本自由，國際社會應維護人人的尊嚴與正義，不僅揭示了核心人權原則，也說明人權對有權利和責任的人，雙方同時產生權利和義務的觀念。隨後又於 1976 年

---

[*] 發表於「全球視野下的歷史思維教學與研究－歷史教育國際學術研討會」，國立臺灣師範大學歷史學系主辦，2015 年 5 月 22 日－23 日。

公佈《國際公民和政治權利公約》、《國際經濟、社會和文化權利公約》，作為對各國家政府的約束力，保障個人的日常生活中的各種權利，如生命、法律平等、言論自由、社會安全、受教育等權利。

然而，臺灣對於上述聯合國人權相關法案，遲至 2009 年（民國 98 年）始由中華民國總統馬英九公佈，並聲名在中華民國轄區內，司法判決可以立即引用國際人權法案。本論文主要藉著白色恐怖時期之義民中學案之政治受難者為例，反思聯合國人權宣言及相關法案，有否受到中華民國政府尊重的研究。研究方法主要以政治學、歷史研究途徑，並以文獻分析方式，力圖達到客觀的研究成果。

關鍵詞：臺灣戒嚴令、白色恐怖、政治受難者、人權、義民中學案

一、前言

　　1945年10月25日臺灣主權回歸中華民國，但日據後期皇民化思想教育依舊影響臺灣社會，使得在兩年後爆發的二二八事件中臺灣民眾作為，難脫日據皇民化思想教育所左右。中華民國執政的國民黨在日本投降後，在中國大陸面臨中國共產黨銳不可當的崛起勢力，在幾次重大關鍵戰役失敗後，1949年不得不撤退到臺灣，為鞏固臺灣社會穩定，1949年5月19日公告《臺灣省戒嚴令》，進而於同年6月21日頒布《懲治叛亂條例》，更接著隔年6月13日頒布《戡亂時期檢肅匪諜條例》。這些新頒布條例如同天網般，讓臺灣民眾，開始承受「白色恐怖」的統治，有些民眾遭受治安當局濫捕的厄運。

　　根據李禎祥等編撰的《人權之路：臺灣民主人權回顧》（2002）記載：「根據1989年6月21日法務部向立法院所做的報告：軍事法庭所受理的政治事件有29407件，受難人數約14萬。然而據司法院人員透露，政治事件有6、7萬件。如以每案平均3人計算，戒嚴時期的政治受難者，應在20萬人以上。」由此可知，戰後臺灣白色恐怖政治案件至少有數萬件，一個家庭中有一人受難。家人必受波及，因此戰後臺灣白色恐怖政治受難者及其家屬，人數高達數十萬人。

　　1980年代臺灣社會、政治等議題，群眾遊行運動紛起，企圖突破戒嚴統治，執政的國民黨遂於1987年（民國76年）7月15日公佈解除戒嚴令，此舉加速臺灣社會民主化過程，進而影響社會政治思潮的變遷，過去戒嚴時期漫長的社會思想禁錮所積累的問題，使得臺灣民主化歷程開始轉向「轉型正義」的追求。臺灣社會民主化思潮：一方面注重人權、自由、民主與正義等議題成為焦點；另一方面開始引入國際人權觀念，將臺灣民主化過程與世界各國的經驗，探索比較。

　　本論文主要藉著白色恐怖時期之義民中學案之政治受難者為

例,反思聯合國人權宣言及相關法案,有否受到中華民國政府尊重的研究。研究方法主要以政治學、歷史研究途徑,並以文獻分析方式,力圖達到客觀的研究成果。

二、臺灣戒嚴時期背景與律法

1. 社會背景

1945年8月6日及9日兩天,美國分別在日本廣島、長崎投下兩顆原子彈後,二次大戰太平洋戰區局勢急劇逆轉,日本天皇隨即於8月15日頒布《終戰詔書》,無條件向盟國投降,9月2日簽署《降伏文書》。中國戰區則於同年9月3日由中國陸軍總司令何應欽在南京接受日軍投降,在致日軍岡村寧次第十八號備忘錄中,有「奉中國戰區最高統帥蔣委員長命令,派陳儀將軍為臺灣及澎湖列島受降主官」一事之說明。隨後,臺灣方面同年於10月25日在臺北市公會堂(現今中山堂)舉行中國戰區臺灣受降典禮,由日本臺灣末代總督兼第十方面軍司令官安藤利吉向臺灣受降主官陳儀,簽署降書。

當日上午十時陳儀隨即發表廣播,宣言從今日起臺灣及澎湖列島正式重入我國版圖,所有一切土地、人民皆已置於中華民國國民政府主權之下。從當時許多記錄的資料來看,當時臺灣六百萬人民在獲得回歸後,對從祖國來的新政權,臺灣社會充滿期盼與憧憬。

然而,臺灣社會實際上存在許多日本殖民時期遺留下的問題。諸如:臺灣島內戰後物價波動、糧食供需、日據臺灣兵返臺、殖民教育、皇民化思想等,這些問題急需由接收的新政權代表陳儀來解決。但陳儀對臺灣翻轉新局,所應對的主政措施顯然有所不足,最大問題之一,即是無法改變臺灣民心已接受的皇民化教育思想對中國政權與社會人民差異的定見。臺灣社會遂在光復後一年四個月的期間,人民不滿的情緒藉著於1947年2月28

日臺北市街頭查緝走私香煙案，爆發二二八事件。

另一方面，中華民國政府面臨與中國共產黨相爭的第二次國共內戰問題，國民政府在遼寧、徐蚌、平津三大戰失利後，更積極整備臺灣的事務，臺灣島成為執政國民黨最後據守的基地。是故，國民政府不僅對於臺灣社會所爆發的二二八事件，派遣軍隊鎮壓，同時將陳儀為首的臺灣行政長官公署撤銷，改組為臺灣省政府，初以魏道明為臺灣省主席，1948年底蔣介石又以《總統令》任陳誠為臺灣省主席，同時兼臺灣省警備總司令。中國大陸局勢失利後，陳誠遂於1949年5月19日頒布《臺灣省警備總司令部布告戒字第壹號》的戒嚴令，也即是一般所謂的《臺灣省戒嚴令》。宣告臺灣省自1949年5月20日零時起在臺灣省全境及附屬島嶼，包含澎湖群島等實施戒嚴，此法令遂成為國民政府穩固臺灣統治的重要律令，同時是掌握維持社會治安秩序的利器。

2. 臺灣省戒嚴令、懲治叛亂條例、戡亂時期檢肅匪諜條例、刑法

抗日戰爭勝利後，中國大陸內部爆發激烈的第二次國共兩黨引發的內戰，國民政府為建構「非常體制」以動員全國來勘平中國共產黨的叛亂，1947年國務會議通過《厲行全國總動員以戡平叛亂案》，隨即同年7月19日公布《動員戡亂完成憲政實施綱要》，使得全國進入「動員戡亂時期」，在全國各地先後宣布戒嚴。以後第一屆國民大會代表藉由國民大會依憲程序，制定《動員戡亂時期臨時條款》於1948年5月10日於南京公布施行，使得「動員戡亂體制」正式取得憲法依據。以後此體制主要影響，讓總統擁有不受憲法限制的緊急處分權，以及連選得連任，對於憲政體制造成極大破壞。[1]

---

[1] 動員勘亂體制，文化部臺灣大百科全書，http://nrch.cca.gov.tw/twpedia.php?id=3859 檢索時間 20150325。

1949 年國民政府因國共內戰失利，政權形勢危急，乃由臺灣省主席兼臺灣省警備總司令陳誠，為「確保臺灣之安定，俾能有助於戡亂工作的最後成功」[2]於同年 5 月 19 日頒布《臺灣省警備總司令部布告戒字第壹號》的戒嚴令（簡稱臺灣省戒嚴令），宣告臺灣省自隔日（5 月 20 日）零時起在臺灣省全境以及澎湖群島等實施戒嚴。

　　此臺灣省戒嚴令，主要內容如下：

一、本部為確保本省治安秩序，特自五月二十日零時起，宣告全省戒嚴。
二、自同日起，除基隆、高雄、馬公三港口在本部監護之下，仍予開放，並規定省內海上交通航線（辦法另行公佈）外，其餘各港，一律封鎖，嚴禁出入。
三、戒嚴期間規定及禁止事項如左：
　（一）自同日起，基隆、高雄兩港市，每日上午一時起至五時止，為宵禁時間；非經特許，一律斷絕交通。其各城市，除必要時，由各地戒嚴司令官依情形規定實行外，暫不宵禁。
　（二）基隆、高雄兩市各商店及公共娛樂場所，統限於下午十二時前，停止營業。
　（三）全省各地商店或流動攤販，不得有抬高物價，閉門停業，囤積日用必需品擾亂市場之情事。
　（四）無論出入境旅客，均應遵照本部規定，辦理出入境手續，並受出入境之檢查。
　（五）嚴禁聚眾集會、罷工、罷課及遊行請願等行動。
　（六）嚴禁以文字標語，或其他方法散佈謠言。
　（七）嚴禁人民攜帶槍彈武器或危險物品。

2　臺灣戒嚴令，國家發展委員會檔案管理局，http://www.archives.gov.tw/Publish.aspx?cnid=1014&p=857 檢索時間 20150325。

（八）居民無論家居外出，皆須隨身攜帶身分證，以備檢查，否則一律拘捕。
四、戒嚴期間，意圖擾亂治安，有左列行為之一者，依法處死刑。
（一）造謠惑眾者。
（二）聚眾暴動者。
（三）擾亂金融者。
（四）搶劫或搶奪財物者。
（五）罷工罷市擾亂秩序者。
（六）鼓動學潮，公然煽惑他人犯罪者。
（七）破壞交通通信，或盜竊交通通信器材者。
（八）妨害公眾之用水及電氣、煤氣事業者。
（九）放火決水，發生公共危險者。
（十）未受允准，持有槍彈或爆裂物者。
五、除呈報及分令外，特此佈告通知。[3]

　　國民政府接著於同年 6 月 21 日頒布《懲治叛亂條例》，更於隔年 6 月 13 日頒布《戡亂時期檢肅匪諜條例》。這些法律的功用主要檢肅中國共產黨滲透臺灣的相關人員。前者《懲治叛亂條例》是戒嚴時期最為嚴厲的條例，原本是用來對付中國共產黨黨員，但在當時臺灣島內許多政治犯卻因軍法處審判官依據其中第 2 條第 1 項判決（即俗稱二條一），被判死刑而命喪刑場。《懲治叛亂條例》各條內容如後：

第 1 條　叛亂罪犯適用本條例懲治之。
　　　　本條例稱叛徒者，指犯第二條各項罪行之人而言。
第 2 條　犯刑法第一百條第一項、第一百零一條第一項、

---

[3] 中華民國公文 38 年佈告，http://zh.wikisource.org/wiki/Category:1949%E5%B9%B45%E6%9C%8819%E6%97%A5 檢索時間 2015.03.25。

第一百零三條第一項、第一百零四條第一項之罪者，處死刑。
刑法第一百零三條第一項、第一百零四條第一項之未遂犯罰之。
預備或陰謀犯第一項之罪者，處十年以上有期徒刑。

第 3 條　將軍隊交付叛徒，或率隊投降叛徒者處死刑。
預備或陰謀犯前項之罪者，處三年以上十年以下有期徒刑。

第 4 條　有左列行為之一者處死刑、無期徒刑或十年以上有期徒刑：
一　將要塞、軍港、船艦、橋樑、航空器材、鐵道車輛、軍械彈藥、糧秣、電信、交通器材物品或其他軍用場所建築物、軍需品交付叛徒或圖利叛徒而毀損或致令不堪使用者。
二　將軍事政治上之秘密文書、圖表、消息或物品洩露或交付叛徒者。
三　為叛徒招募兵伕者。
四　為叛徒購辦運輸或製造軍械彈藥，或其他供使用物資者。
五　為叛徒作嚮導或刺探、搜集、傳遞關於軍事上之秘密者。
六　為叛徒征募財物或供給金錢資產者。
七　包庇或藏匿叛徒者。
八　受叛徒之指使或圖利叛徒於飲水或食品中投放毒物者。
九　受叛徒之指使或圖利叛徒放火或決水者。
十　受叛徒之指使或圖利叛徒而煽動罷工、罷課、罷市或擾亂治安、擾亂金融者。

十一　脅迫煽惑或以其他方法使軍人、公務員不執行職務、不守紀律或逃叛者。

十二　為前款之人犯所煽惑而聽從者。

前項一至十一各款之未遂犯罰之。

第5條　參加叛亂之組織或集會者，處無期徒刑或十年以上有期徒刑。

第6條　散佈謠言或傳播不實之消息，足以妨害治安或搖動人心者，處無期徒刑或七年以上有期徒刑。

第7條　以文字、圖書、演說，為有利於叛徒之宣傳者，處七年以上有期徒刑。

第8條　犯本條例第二條第一項、第三條第一項及第四條第一項第一款至第十一款之罪者，除有第九條第一項情形外，沒收其全部財產。但應酌留其家屬必需之生活費。

前項罪犯未獲案，或死亡而罪證明確者，單獨宣告沒收其財產。

刑法第二條第一項但書之規定，於沒收財產不適用之。

第9條　犯本條例之罪而有左列情形之一者，得不起訴或減輕或免除其刑：

一　自首或反正來歸者。

二　於犯罪發覺後，檢舉叛徒或有關叛徒組織，因而破獲者。

前項案件經不起訴或減輕或免除其刑者，得按其情節施以三年以下感化教育。

感化教育不得延長，認為無繼續執行之必要者，得免除之，其辦法由行政院定之。

第10條　犯本條例之罪者，軍人由軍事機關審判，非軍人由司法機關審判，其在戒嚴區域犯之者，不

論身分概由軍事機關審判之。

第 11 條　犯本條例專科死刑之現行犯,在接戰地域,軍事最高機關得為緊急處置,事後呈報。但日後如發現有事實證據不符或有重大錯誤者,軍事最高長官及各級承辦人員應分別依法治罪。

第 12 條　本條例未規定者,適用其他法令之規定。

第 13 條　本條例自公布日施行。[4]

至於後者《戡亂時期檢肅匪諜條例》是臺灣戒嚴時期情治單位機關偵辦及審理匪諜相關案件主要依據的法律之一,臺灣警備總司令部以此條例逮捕被認為有嫌疑的人,也因此只要被密報是匪諜,政府情治單位機關人員可以不經任何法律程序,就可以逮捕、審訊乃至於定罪下獄,這使得臺灣戒嚴時期被稱為臺灣白色恐怖時期。此條例內容 15 條,條文如後:

第 1 條　戡亂時期檢肅匪諜,適用本條例,本條例未規定者,適用其他法令。

第 2 條　本條例稱匪諜者,指懲治叛亂條例所稱之叛徒,或與叛徒通謀勾結之人。

第 3 條　本條例稱治安機關者,指依法令負責檢肅匪諜,或維持治安之機關。

第 4 條　發現匪諜或有匪諜嫌疑者,無論何人均應向當地政府或治安機關告密檢舉。

主管機關對於告密檢舉人應保守其秘密。

第 5 條　人民居住處所有無匪諜潛伏,該管保甲長或里鄰長應隨時嚴密清查。

各機關、部隊、學校工廠或其他團體所有人員,

---

[4] 懲治叛亂條例,http://law.moj.gov.tw/Law/LawSearchResult.aspx?p=A&k1=%E6%87%B2%E6%B2%BB%E5%8F%9B%E4%BA%82%E6%A2%9D%E4%BE%8B&t=E1F1A1&TPage=1 檢索時間 2015.03.25。

應取具二人以上之連保切結，如有發現匪諜潛伏，連保人與該管直屬主管人員應受嚴厲處分，其處分辦法另定之。

第 6 條　治安機關對於匪諜或有匪諜嫌疑者，應嚴密注意偵查，必要時得予逮捕並實施左列處分：
　　一　搜索其身體、住宅或其他有關處所。
　　二　檢查扣押其郵件、電報、印刷品、宣傳品或其他文書圖畫。
　　三　攜帶或收藏武器、彈藥、爆炸物、無線電機或其他供犯罪所用物品者，不問曾否允許，得扣押之。

第 7 條　逮捕之人犯或扣押之物品，應即解送指定之當地最高治安機關，依法辦理。

第 8 條　前條最高治安機關對於被逮捕人得為左列處置：
　　一　罪嫌不足者，予以釋放。
　　二　情節輕微而有感化必要者，交付感化。
　　三　罪證顯著者，依法審判。
　　前項第二款之感化辦法另定之。

第 9 條　明知為匪諜而不告密檢舉或縱容之者，處一年以上七年以下有期徒刑。

第 10 條　故意陷害誣告他人為匪諜者，處以其所誣告各罪之刑。
　　證人、鑑定人意圖陷害匪諜嫌疑之被告，而為虛偽之陳述或報告者，亦同。
　　犯前二項之罪，於所誣告或所虛偽陳述報告之案件裁判確定前自白者，得減輕其刑。

第 11 條　匪諜牽連案件，不分犯罪事實輕重，概由匪諜案件審判機關審理之。

第 12 條　匪諜之財產，得依懲治叛亂條例沒收之。

依前項沒收之財產，由第七條之最高治安機關執行之，並應即造具財產目錄，呈報行政院。

第 13 條　明知為匪諜財產而故為隱匿、句充、寄藏、牙保、搬運或冒名代管者，處七年以下有期徒刑，或併科一萬元以下罰金。

第 14 條　沒收匪諜之財產，一律解繳國庫。

破獲之匪諜案件，其告密檢舉人及直接承辦出力人員應給獎金，由國庫支付，其給獎辦法，由行政院定之。前兩項所定收支，應編列預算。

第 15 條　本條例自公布日施行。[5]

　　有關白色恐怖時期判決案引用刑法條文部分，本論文以「義民中學」案為例，此案判決書內容，其中審判官依據刑法條文的有：屬刑法第八章刑之酌科及加減之第五十九條以及屬第五章刑之第三十七條第一項、第二項等條文判決。此兩刑法條文內容如後：

刑法第 37 條（屬第五章刑）
（褫奪公權之宣告）
宣告死刑或無期徒刑者，宣告褫奪公權終身。
宣告一年以上有期徒刑，依犯罪之性質認為有褫奪公權之必要者，宣告一年以上十年以下褫奪公權。
褫奪公權，於裁判時併宣告之。
褫奪公權之宣告，自裁判確定時發生效力。
依第二項宣告褫奪公權者，其期間自主刑執行完畢或赦免之日起算。但同時宣告緩刑者，其期間自裁判確定時起算之。

5　勘亂時期檢肅匪諜條例，http://law.moj.gov.tw/Law/LawSearchResult.aspx?p=A&k1=%E6%88%A1%E4%BA%82%E6%99%82%E6%9C%9F%E6%AA%A2%E8%82%85%E5%8C%AA%E8%AB%9C%E6%A2%9D%E4%BE%8B&t=E1F1A1&TPage=1 檢索時間 2015.03.25。

刑法第 59 條（屬第八章刑之酌科及加減）
（酌量減輕）
犯罪之情狀顯可憫恕，認科以最低度刑仍嫌過重者，得酌量減輕其刑。[6]

戒嚴時期所採行的軍法審判是根據《軍事審判法》。其中規定平民軍事審判案件，由「該管高級軍事審判機關」進行初審。戒嚴初期臺灣的高級軍事審判機關為「臺灣省保安司令部」，以後此機構改稱「臺灣警備總司令部」。戒嚴時期的政治案件，經過情治機關執行逮捕、偵訊以後，即送到軍法處進行起訴與初審。軍事法庭初審之審判庭，分簡易審判庭（由於一位審判官獨任）、普通審判庭（由三位審判官合議）及高等審判庭（由五位審判官合議，屬國防部）。被判者不服初審判決，可以提出聲請覆判，但《軍事審判法》有規定被告僅有一次覆判的機會，同時也規定對於覆判庭所作判決，被告「不得聲請再覆判」，軍事法庭雖雖分三級審判，但由此而言，其實等同於二級制。[7]

《懲治叛亂條例》是戒嚴時期壓制異議人士的特別刑法，其第 10 條規定，即是將觸犯叛亂罪者，一概以軍法審判。而 1949 年（民國 38 年）1 月 14 日總統修正公布的《戒嚴法》第 8 條內容，則將戒嚴時期平民所犯的刑事案件，也可交由軍法審判。此條內容如後：

[修正] 第八條
戒嚴時期，接戰地域內關於刑法上左列各罪，軍事機關得自行審判或交法院審判之：
一、內亂罪。

6　刑法，http://law.moj.gov.tw/Law/LawSearchResult.aspx?p=A&k1=%E4%B8%AD%E8%8F%AF%E6%B0%91%E5%9C%8B%E5%88%91%E6%B3%95&t=E1F1A1&TPage=1 檢索時間 2015.03.25。

7　依據國家人權博物館籌備處景美人權文化園區軍事法庭說明文整理。

二、外患罪。
三、妨害秩序罪。
四、公共危險罪。
五、偽造貨幣有價證券及文書印文各罪。
六、殺人罪。
七、妨害自由罪。
八、搶奪、強盜及海盜罪。
九、恐嚇及擄人勒贖罪。
十、毀棄損壞罪。
犯前項以外之其他特別刑法之罪者亦同。
戒嚴時期，警戒地域內犯本條第一項第一、二、三、四、八、九等款及第二項之罪者，軍事機關得自行審判或交法院審判之。[8]

是故，這些新頒布條例，並配合早在1948年5月10日南京所實施「動員戡亂」體制，臺灣白色恐怖時代由是肇始，直至1987年解嚴，時間長達38年，如同天網般，讓社會民眾承受「白色恐怖」的統治氣氛，更有些人遭受治安當局濫捕的厄運。由於臺灣戒嚴時期，許多平民因涉及政治案件，而移送軍法審判，在非公開審判的軍法速審速決的制度下，平民接受軍法審判，可以視為一種嚴重的人權迫害。

三、戒嚴時期政治案件與中壢義民中學案

1. 戒嚴時期政治案件

2004年12月9日副總統呂秀蓮在「美麗島事件」二十五週年前夕召開記者會，公布由總統府人權諮詢委員會、國史館、行政院文建會、國家檔案局及財團法人戒嚴時期不當叛亂及匪諜審

8　〈戒嚴法〉植根法律網，http://www.rootlaw.com.tw/LawContent.aspx?LawID=A040060090000200-0380114 檢索時間 2015.03.25。

判案件補償基金會等,共同評選出來的「戒嚴時期十大代表性政治冤案」,主要彰顯政府貫徹人權立國的決心,喚起全民共同珍惜民主。鑑於臺灣歷經長達 38 年戒嚴,期間舊政府以高壓威權迫害人權,致使人民遭受巨大的痛苦。解嚴後,部分受害者或家屬雖獲得國家賠償,但對於人權迫害事件的真相,尤其加害者的身分,仍未公諸於世。認為有必要評審戒嚴時期重大政治冤案,公布加害真相以昭炯戒,因此就戒嚴時期人權迫害重大政治冤案,依年代、代表性、影響力、統獨與族群、及荒謬性等標準,評審出臺灣戒嚴時期十大代表性政治冤案。[9]

有關政治案件數量與受難人數,依據政治受難者、前立法委員謝聰敏的調查,指出戒嚴時期臺灣出現了二萬九千多件的政治案件,十四萬人受難,其中有三千至四千人遭處決。在 50 年代,死亡名單 1017 人,其中本省籍佔三分之二,外省籍佔三分之一。有些案件只因在牆壁塗鴉寫幾個字便被監禁三年、五年,還有被槍斃者僅是十幾歲的青少年,其荒謬與血腥令人難以想像。認為白色恐怖的本質是跨越族群、年齡、身份,破壞一切人權保障制度,只為延續政權及當權者利益。[10]

至於白色恐怖羅織罪名方式,學者李筱峰則歸納其研究結果,主要類型可分為:(1)打擊親共或左翼言行,(2)打擊臺灣獨立運動及主張,(3)整肅原住民精英,(4)壓制民主運動,(5)政治權力的鬥爭,(6)不合當局利益之言論,(7)情治特務單位的內部鬥爭,(8)特務人員為了爭功領獎製造的冤案、假案。[11]

9　副總統主持戒嚴時期十大代表性政治冤案發表會,中華民國總統府民國 93 年 12 月 09 日,http://www.president.gov.tw/Default.aspx?tabid=131&itemid=10080 檢索時間 20150325。

10　副總統主持戒嚴時期十大代表性政治冤案發表會,中華民國總統府民國 93 年 12 月 09 日,http://www.president.gov.tw/Default.aspx?tabid=131&itemid=10080 檢索時間 2015.03.25。

11　李曉峰:〈臺灣戒嚴時期政治案件的類型〉,《新臺灣新聞週刊》

這些戒嚴時期不當審判的政治案件依據條文,主要來自於 1949 年通過《懲治叛亂條例》修正案,對所謂「叛徒」採取更嚴厲的處罰,不僅可以沒收其全部財產,該條例第二條(即著名之「二條一」)並強制規定犯刑法第 100 條第一項、第 101 條第一項、第 103 條第一項、第 104 條第一項之罪者應處唯一死刑;違反懲治叛亂條例的案件係由軍法機關審理,剝奪人民受司法保障之權利,以及 1950 年公佈的《戡亂時期檢肅匪諜條例》中「匪諜」、「通匪」、「知匪不報」等罪名的羅致;中央方面,蔣介石則授權蔣經國從情報、治安體系,橫跨黨、政、軍各方面,佈建一套完整的情報網,而於 1955 年成立國家安全局,統攝警備總部、調查局、情報局等情報機構,奠定臺灣的國家安全情報系統,也被民間稱稱為「特務政治」。[12]

公布戒嚴時期十大代表性政治冤案分別是:

(1) 1949 年山東流亡學生案(又稱澎湖案):1949 年「山東煙臺聯合中學」八千多名師生,暫赴澎湖與軍方協議,讓學生一面讀書,一面接受軍事訓練。不料,當時澎湖防衛司令部三十九師師長韓鳳儀等違反「半訓半讀」之協議,欲強行接收這批學生當兵,張敏之校長與聯中二分校校長鄒鑑,挺身抗爭,卻遭羅織「匪諜」罪名,聯中師生受盡迫害與凌辱,有百餘人受害,張敏之、鄒鑑兩位校長與劉永祥、張世能、譚茂基、明同樂、王光耀等五名學生被槍決,其他一百多名充軍學生遭受軍方刑求、拘禁後,被發配臺灣和澎湖兩地的新生隊從軍。

(2) 1952 年中壢義民中學案(即客家中壢事件或稱為省工委會姚錦案):1952 年 7、8 月間,當局以羅織讀匪書之讀書會

2000.11.23。

12 副總統主持戒嚴時期十大代表性政治冤案發表會,中華民國總統府民國 93 年 12 月 09 日,http://www.president.gov.tw/Default.aspx?tabid=131&itemid=10080 檢索時間 2015.03.25。

或加入匪幫等名義，逮捕中壢鎮私立義民中學教務主任姚錦、教員黃賢忠，中壢鎮公所幹事徐代錫、內壢國民學校教員邱興生等4人，全遭臺灣省保安司令部判處死刑。另外，三位曾受教於姚錦時已在臺北師範學校就學的徐代德、范榮枝、各處有期徒刑十年褫奪公權七年；劉鄒星、李錦裳、楊環處有期徒刑五年褫奪公權三年。此案尚有其他人遭受波及涉案，甚至連帶嬰兒、小孩。

（3）1952年鹿窟事件：1949年9月臺灣省工作委員會書記蔡孝乾，與陳本江、陳義農、許希寬等人決議在北區建立「鹿窟武裝基地」，成員大多是農民、礦工、木工及該地居民。亦包含臺共份子及臺灣文學家呂赫若在內。1952年11月軍警動員大舉搜捕，共逮捕陳朝陽等六百多人，受理自首者四百多人。此案判死刑者有許希寬、陳朝陽等二十人，餘分別判處無期徒刑及八年、十年、十五年徒刑。被判徒刑的甚至有未成年的兒童，整個村莊受難。

（4）1953年原住民湯守仁、高一生案：湯守仁與高一生，為嘉義阿里山鄒族人，曾參加二二八抗暴，1949年受陳顯富、簡吉之命，與林瑞昌組織「高砂族自治會」。湯守仁於1950年當選縣參議員。高一生臺南師範學校畢業後回到故鄉，致力提升族人子弟的教育。有強烈「高山族」民族主義意識，提出「高山族自治縣」之構想。1950年4月簡吉被捕後，二人同時辦理自新，1952年卻被情治單再次逮捕，於1954分別判處死刑。

（5）1960年雷震組黨案：1949年11月，雷震創刊《自由中國》後，結合國民黨內的開明派和黨外的自由主義者，宣揚反黨的理念，抨擊國民黨一黨專政，並與臺灣本土的反對派結合，推動不分省籍的反對黨運動。1960年預備成立中國民主黨與國民黨抗爭，擬定創黨宣言，不幸於1960年9月雷震及《自由中國》編輯傅正、劉子英、總務馬之驌各以「包庇匪諜」、「煽動叛亂」罪被捕，《自由中國》被查封，雷震遭判處有期徒刑十年，

劉子英判十二年,馬之驌五年,傅正交付感化。

（6）1961年蘇東啟案：1961年9月雲林縣議員蘇東啟、蔡光武、詹益仁、張茂鐘、林東鏗、黃樹琳、李慶斌,以及現役士兵陳庚辛等,被當局指稱謀議奪取虎尾糖廠保警和空軍訓練中心的槍械,發動武裝革命,控制電臺,號召臺灣獨立。警總保安處逮捕四百多人,被判刑者五十人。1962年9月初次判決,蘇東啟、張茂鐘、陳庚辛等死刑,詹益仁判無期徒刑,林東鏗等三人判十五年,其他人則判二年至十年徒刑。此案引發海內外爭議,發回更審,1963年9月第二次判決,蘇東啟、張茂鐘、陳庚辛改判無期徒刑,餘維持原判,蘇洪月嬌改為有期徒刑二年,抱著甫初生四個月的么兒蘇治原服刑。

（7）1964年彭明敏案（即臺灣人民自救宣言案,或稱為彭明敏事件）：1964年9月臺灣大學教授彭明敏和他的學生謝聰敏、魏廷朝,因為意圖散佈「臺灣人民自救宣言」而遭逮捕,是謂彭明敏事件。1965年4月彭明敏被判刑八年、謝聰敏判十年、魏廷朝八年,其後彭明敏在國內外許多團體為其陳情的狀況下,由蔣中正總統於11月3日特赦出獄。

（8）1968年陳映真、丘延亮案（即民主臺灣聯盟事件,或稱陳映真事件）：1968年7月政府以聚讀馬列共黨主義、魯迅等左翼書冊及為共產黨宣傳等罪名,逮捕包括陳映真、李作成、吳耀忠、丘延亮、陳述禮等民主臺灣聯盟成員共三十六人,民盟成員各被判十年刑期不等。

（9）1950年黃紀男、鍾謙順案：1947年9月,黃紀男與廖文奎、廖文毅兄弟從事獨立運動,在香港組織「臺灣再解放同盟」,向聯合國請願,要求國際干涉臺灣地位問題。1950年2月廖文毅等人又在日本京都成立「臺灣民主獨立黨」。1949年10月起,黃紀男、鍾謙順、廖史豪等人亦在島內加速組織工作,召集志士,組成「臺灣獨立防衛軍」。1950年5月,黃紀男等

遭人密報被捕入獄，黃紀男被列為主犯，鍾謙順、廖史豪、溫炎煌、偕約瑟、許朝卿、許劍雄等人為從犯，分別處以十二年、七年及五年不等徒刑（廖史豪後改判無期徒刑）。本案是當時唯一與共產黨無關的「臺獨案」。

（10）1979年美麗島事件（即高雄事件）：1979年12月10日黨外人士於高雄舉行世界人權紀念日大會，最後引發群眾與情治單位大規模的衝突。事後被逮捕的名單中，包括與此事件無涉的魏廷朝，甚至連當時人在國外的許信良也在起訴名單之內。因軍事審判公開舉行，媒體大幅報導審判過程中，使涉案人士的政治理想得以透過媒體對外傳達。美麗島事件的影響深遠，更促成日後陳水扁總統成為第一位在野黨出身的民選總統，完成國內首次政黨輪替。[13]

2. 中壢義民中學案

本案是副總統呂秀蓮公布的臺灣戒嚴時期十大代表性政治冤案之一，也是臺灣客家鄉鎮著名的校園白色恐怖政治冤案。其主要原因，此案不僅是臺灣客家鄉鎮市中以學校師生、眷屬為主的典型案例，也是戰後臺灣各級學校（包括師範學校、中學、小學）政治事件的典型案例，更是一個執法者以「叛亂」、「匪諜」、「讀書會」等作為藉口，胡亂入人於罪、侵害人權的不當審判典型案例。

中壢地區在光復後，地方上教育設施，首先於1945年（民國34年）11月將原日治時期的「中壢家政女子學校」改制，並更名為「新竹縣立中壢初級中學」，以後1948年增設高中部，易名為「新竹縣立中壢中學」。1950年行政區域調整，改名「桃園縣立中壢中學」，至1952年升格為「臺灣省立中壢中學」。

13　副總統主持戒嚴時期十大代表性政治冤案發表會，中華民國總統府民國93年12月09日，http://www.president.gov.tw/Default.aspx?tabid=131&itemid=10080 檢索時間 2015.03.25。

此後，該校於 1970 年結束初中部，更名為「臺灣省立中壢高級中學」，至 2000 年改制，更名為「國立中壢高級中學」，隨後 2013 年（民國 102 年）改隸國立中央大學附屬中壢高級中學。

私立義民中學的創設，主要是現今新竹縣新埔鎮褒忠亭義民廟董事會所發起，當時為弘揚義民先烈的「為國家盡忠，為民族盡孝」忠義精神，乃以振興教育，為國育才，興學安邦為宗旨，設立學校。褒忠亭義民廟於 1946 年成立義民中學董事會，聘請當時新竹縣長朱盛淇為校長，籌辦創建義民中學事宜。當時建校校址選擇在中壢鎮的原日本人的小學（即現在國立中壢家商校址），初期招收初中部學生，由於朱校長時為新竹縣長，公務繁重，因此校務委由姚錦教導主任負責推動。以後，中壢鎮公所提供新校地，1950 年遷校至中壢新明里之校址（即現在國立中壢高商校址）。該校因姚錦教導主任辦學績優，獲臺灣省教育廳嘉獎，而於 1952 年核准增設高中部。以後，新竹地方人士因行政區域改制之理由，為追本溯源以符名實，乃力促遷校，遂於 1954 年遷校於新竹縣竹北市現址（新竹縣竹北市中正西路十五號），並改名為新竹縣私立義民中學。

1952 年發生的中壢義民中學案中有關的學校，除了義民中學、中壢中學外，還有當時中壢地區的小學，如內壢國民學校、宋屋國民學校，同案尚有臺北師範學校學生與中壢鎮公所人員等七個單位。此案政治受難者中職業屬於教師者：有中學教師 4 人，國民學校教師 3 人。屬於學生身份者有 3 人；屬於鎮公所職員有 1 人；屬於家庭主婦有 1 人。同案牽連 3 個小孩（一位在獄中出生，兩位隨同父母入獄），當時中壢地區因該案被牽連波及者尚有邱慶麟、呂阿乾、詹榮春、黃龍海等人。這個案件顯現出戰後臺灣白色恐怖統治中殘酷鎮壓的威力，由於案情牽連擴大，使得其他人避之唯恐不及，根據當時認識邱興生中壢區新街國民小學退休的黃主任回憶，他遇到被逮捕的邱興生，當時邱興生叫他的名字時，唯恐被牽連不敢回應，由此可以說明白色恐

怖在當時的社會效應。[14]

此政治案之判決，依據中華民國41年2月27日（41）安潔字第1059號的《臺灣省保安司令部判決》，主要判決內容如下：

> 姚錦、黃賢忠、徐代錫、邱興生意圖以非法之方法顛覆政府而著手實行，各處死刑褫奪公權終身，全部財產除各酌留其家屬必需生活費外沒收。
> 徐代德、范榮枝參加叛亂之組織各處有期徒刑十年，褫奪公權七年。
> 劉鄢昱、麥錦裳、楊環參加叛亂之組織各處有期徒刑五年，褫奪公權三年。

判決書中所舉對於判刑者的事實為：

> 姚錦係桃園縣中壢鎮私立義民中學教導主任，於1948年秋經在逃匪首黎明華介紹，加入朱毛匪幫臺灣省工委會中壢支部，負發展組織教育群眾等重要工作，利用該學校校長朱盛淇忙於公務，由其代理校長之身份，連絡社會人士，先後吸收黃賢忠、徐代錫、邱興生、徐代德、范榮枝、劉鄢昱、麥錦裳、楊環、樊志育、丁潔塵、呂阿乾、詹榮春等人分別參加匪幫或外圍組織之「讀書會」……經內政部調查局查獲案解本部軍事檢察官偵查起訴。

當時臺灣省保安司令部軍法處審判官鄭有齡依此論結理由，即以懲治叛亂條例第10條、第2條第一項、第5條、第8條第一項、第12條、刑法第59條、第37條第一項第二項判決。文末並載明本案經軍事檢察官蕭與規蒞庭執行職務。

---

14 邱榮裕：〈戰後臺灣客家典型白色恐怖政治事件之研究——以1950年代客家中壢事件為個案分析〉，臺灣大學社會科學院、財團法人戒嚴時期不當叛亂暨匪諜審判案件補償基金會共同主辦，「臺灣人權與政治事件學術研討會」，地點：臺北市，2005.12.08-09。

判決死刑的姚錦、黃賢忠、徐代錫、邱興生等四人,隨即於 1952 年 6 月 18 日綁赴刑場(馬場町)執行槍決。再由國防部參謀總長周至柔將執行結果(含被判死刑者之生前、死後之照片)呈報總統知曉。

白色恐怖畢竟是威權統治者使用的一種統治術,從這個政治案件的處理過程中可以明顯清楚的看到。因為從本案一件國防部參謀總長周至柔署名的文件來看,民國 41 年 7 月 5 日(41)防陸字第 1383 號,發文事由:「為叛亂犯姚錦等四名業已執行死刑並檢附執行照片及更正判決轉請核備」。受文者:總統。可以清楚了解臺灣在戒嚴時期中最高執政者,如何利用國防部參謀總長、臺灣省保安司令部等行政體系,直接掌握消除朱毛匪幫同路人的訊息。最高執政者對軍法處審判結果不滿,可以經由行政系統要求更正復審。如本案中的樊志育、丁潔塵兩位從有期徒刑 5 年轉判有期徒刑 10 年,即是顯著的例證。最高執政者以其威權地位,濫權干涉司法以此為甚,這也就是臺灣在白色恐怖政治時期所造成的眾多政治冤獄之主因。[15]

四、國際人權與轉型正義

1. 國際人權

中華民國自二次世界大戰結束後,即加入聯合國成為其中主要創始國之一。但因國內發生國共內戰,分裂成為中華人民共和國與中華民國兩個政權,國際間由於國際政治利害考量,於 1971 年逼退中華民國在聯合國創始國的地位,由中華人民共和國政權取代,此後在臺灣的中華民國政權即被排除聯合國大會組織之外,2009 年我國才以「中華臺北」(Chinese Taipei)名稱,

---

15 邱榮裕:〈戰後臺灣客家典型白色恐怖政治事件之研究─以 1950 年代客家中壢事件為個案分析〉,臺灣大學社會科學院、財團法人戒嚴時期不當叛亂暨匪諜審判案件補償基金會共同主辦,「臺灣人權與政治事件學術研討會」,地點:臺北市,2005.12.08 ─ 09。

以觀察員身份出席「世界衛生組織」（WHO）召開的「世界衛生大會」（WHA），2013年則以「特邀貴賓」身分出席「國際民航組織」（ICAO），此種作為目的，在於爭取國際社會認同並支持我國擴大參與聯合國的世界組織的機會。[16]

聯合國基於二次世界大戰經驗教訓的結果，為保障每一個人的權利，於1948年12月10日通過《世界人權宣言》，承認任何人的基本權利與基本自由，國際社會應維護人的尊嚴與正義，不僅揭示了核心人權原則，也說明人權對有權利和責任的人，雙方同時產生權利和義務的觀念。隨後又於1966年公佈《國際公民和政治權利公約》、《國際經濟、社會和文化權利公約》，作為對各國家政府的約束力，保障個人的日常生活中的各種權利，如生命、法律平等、言論自由、社會安全、受教育等權利。上述三個文件被稱為「國際人權憲章」，簡而言之，人權是普世的和不可剝奪的，各種人權是互相依賴和不可分割的，人權是平等的和不歧視的，人權即是權利也是義務，國家應承擔國際法下的責任與義務，同時尊重、保護和兌現人權。[17]

我國1967年即簽署兩公約，但因1971年退出聯合國，因此沒有批准。然而，臺灣對於上述聯合國人權相關法案，還是成立總統府人權諮詢委員會積極推動，遲至2009年我國立法院審議通過《公民與政治權利國際公約》及《經濟社會與文化權利國際公約》，以及《公民與政治權利國際公約與經濟社會與文化權利國際公約施行法》。馬英九總統隨即於2009年4月22日公佈前述兩公約施行法，並於2009年12月10日正式施行，聲名在中華民國轄區內，司法判決可以立即引用國際人權法案。

16　外交部參與國際組織，
http://www.mofa.gov.tw/igo/cp.aspx?n=5A7290C85CBCD419 檢索時間 2015.03.25。

17　聯合國人權，http://www.ohchr.org/ch/Issues/Pages/WhatareHumanRights.aspx 檢索時間 2015.03.25。

臺灣人權的保障措施，至此才有實際作為，可以達到國際人權的要求，讓臺灣大步邁向人權發展的新階段。[18]

2. 轉型正義

1987年（民國76年）7月15日政府公佈解除戒嚴令，然至1991年5月連續廢止《動員戡亂時期臨時條款》、《懲治叛亂條例》、《戡亂時期檢肅匪諜條例》之後，以及隔年《中華民國刑法》100條的修正，臺灣民眾才逐漸脫離恐怖政治的陰影，回歸憲政。此舉加速臺灣社會民主化過程，進而影響社會政治思潮的變遷，過去戒嚴時期漫長的社會思想的禁錮所積累的問題，也就使得臺灣民主化歷程開始轉向「轉型正義」的追求。臺灣社會民主化思潮：一方面注重人權、自由、民主與正義等議題焦點；另一方面開始引入國際人權觀念，將臺灣民主化過程與世界各國的經驗，探索比較。

前者，政府先後制定了有關「二二八事件處理及賠償條例」及「戒嚴時期不當叛亂暨匪諜審判案件補償條例」，並成立相應的兩個基金會，推動臺灣轉型正義之落實，如內政部設置二二八國家紀念館；文化部設置國家人權博物館籌備處，推動綠島人權文化園區、景美人權文化園區，呈現白色恐怖時期政治受難者實際遭受的際遇，作為見證臺灣邁向民主所經歷的殘酷過程。這些作為目的，在讓社會大眾明瞭臺灣民主法治得來不易。

政府1998年公布「戒嚴時期不當叛亂暨匪諜審判案件補償條例」後，國防部隨即依此條例設置「財團法人戒嚴時期不當叛亂暨匪諜審判案件補償基金會」，接受戒嚴時期因白色恐怖政治案件判決有罪之政治受難者的補償事宜，政府以金錢補償的方式，作為對政治受難者人權傷害實質的補償。

18　中華民國總統府人權諮詢委員會，http://www.president.gov.tw/Default.aspx?tabid=1419 檢索時間 2015.03.25。

對於前述戒嚴時期十大代表性政治冤案的補償情況,「財團法人戒嚴時期不當叛亂及匪諜審判案件補償基金會」執行長倪子修提出報告:「山東流亡學生案涉案 103 人,已經申請通過補償的有 88 人;中壢義民中學案涉案 9 人,全部通過申請補償;鹿窟事件涉案 130 人,申請補償通過的有 124 人,其中包括未成年人 3 位;原住民湯守仁案,涉案 9 人,申請補償通過 4 人,但兩位鄒族代表均尚未申請;雷震組黨案涉案 3 人,全部通過補償;蘇東啟案涉案 50 人,申請補償通過 41 人;彭明敏案涉案 9 人,申請補償通過 8 人;陳映真案涉案 11 人,已申請補償 5 人;黃紀男與鍾謙順案涉案 16 人,申請補償 13 人;美麗島案涉案 51 人,申請補償 46 人」。另外,「在向基金會申請補償的冤案中,40 年代約有九百件,50 年代有三千五百件,60 年代有約九百件,70 年代有八百件,80 年代有三百件,從整體來看,40 與 50 年代間的受理比例相當高」。[19]

有關戒嚴時期不當審判案件的補償,是需由當事人或直系親屬向「財團法人戒嚴時期不當叛亂及匪諜審判案件補償基金會」提出申請,基金會受案後,將當事人之案件轉請相關單位查核,如臺灣臺北地方法院、國防部軍法局(軍管區司令部督察長室)、臺灣高等法院檢察署、財團法人二二八事件紀念基金會、司法院冤獄賠償覆議委員會等覆核後,同案需經基金會董事會審認通過,同案申請當事人才獲得撥款補償。這些過程須經相當仔細核查手續,說明當時的審判案件被完整保留至今,相關單位才能夠清楚結案回覆。

在此例舉,補償基金會董事會審認通過中壢義民中學案其中三個人的意見:

---

19 副總統主持戒嚴時期十大代表性政治冤案發表會,中華民國總統府民國 93 年 12 月 09 日,http://www.president.gov.tw/Default.aspx?tabid=131&itemid=10080 檢索時間 20150325。

（1）姚錦個案「本案予以補償，主要理由為原判決認定姚錦意圖以非法之方法顛覆政府而著手實行，係以姚君之自白及同案被告黃賢忠等人之供述為據，惟原判決所指姚君吸收及指使同案被告黃賢忠等參加匪幫或其外圍組織之讀書會，及收集情報等情，並無具體佐證資料，難認已達意圖以非法之方法顛覆政府而著手實行之階段，故應認本案非有實據。」

（2）范榮枝個案「本案予以補償，主要理由為原判決認定范君參加叛亂組織，惟原判決就其於39年5月間經由同案被告姚錦介紹參加匪外圍組織讀書會之目的、性質未詳述明，故應認本案非有實據。」

（3）楊環個案「本案予以補償，主要理由為原判決認定楊環參加叛亂之組織，係以楊君為同案被告黃賢忠之妻，且於偵查中自白及同案被告姚錦、黃賢忠自白書內之供述為據，惟楊君於審判中否認，原判決未詳予查證，此外並無其他具體佐證，故應認本案非有實據。」[20]

中壢義民中學案涉案人姚錦、黃賢忠、徐代錫、徐代德、范榮枝、劉鄒昱、麥錦裳、楊環、邱慶麟等，即是透過當事人或親屬方式提出申請補償，並且獲得以中華民國總統之名，頒發之「回復名譽證書」，作為轉型正義的落實。然而，這一切對當事人及其家屬而言，有種已經太遲的感傷，因為消失的生命，青春歲月的摧殘，家庭的破碎，社會的歧視，豈是金錢可以補償得了的。

目前基金會除了從事冤案審理、補償金發放及回復名譽之外，對於這些政治受難者而言，這些是不夠的，更重要的是讓事件真相水落石出，還原歷史的原貌。然而，時間的因素，使

---

20 參引財團法人戒嚴時期不當叛亂及匪諜審判案件補償基金會第二屆第四次臨時董事會審認通過案件一覽表。

得這些白色恐怖時期政治受難者慢慢凋零，因此國家人權博物館籌備處，如何保留戒嚴時期政治事件真相與政治受難者個人所遭受的冤屈原貌，是當務之急。

五、結論

臺灣光復後，政權交替，日本殖民時期皇民化教育思想仍影響臺灣社會大眾，由於對新政權陳儀施政措施不滿，因而在光復不到兩年的時間內，爆發二二八事件，結果使得臺灣人民與執政國民黨政府有所隔閡。另外，更因中國大陸國共內戰，國民政府失利，退守臺灣，由臺灣省主席兼臺灣省警備總司令陳誠於1949年5月19日頒布《臺灣省警備總司令部布告戒字第壹號》戒嚴令，開啟臺灣社會長達38年之久的戒嚴時期統治。

二次大戰結束後，我國是聯合國的成員國，1948年12月10日通過《世界人權宣言》，隨後又於1966年公佈《國際公民和政治權利公約》、《國際經濟、社會和文化權利公約》，這三件人權法案，即是所謂「國際人權憲章」，卻因中國內戰、臺灣宣佈戒嚴以及中華民國退出聯合國等因素，而無法在臺灣實施。

民國政府直至1987年宣佈解除戒嚴，回歸憲政後，國際人權始為臺灣社會所重視，2009年我國立法院審議通過《公民與政治權利國際公約》及《經濟社會與文化權利國際公約》，以及《公民與政治權利國際公約與經濟社會與文化權利國際公約施行法》，馬英九總統隨即於2009年4月22日公佈前述兩公約施行法，並於2009年12月10日正式施行，聲名在中華民國轄區內，司法判決可以立即引用國際人權法案。臺灣政權人權的保障措施，至此才有實際作為，可以達到國際人權的要求，讓臺灣大步邁向人權發展的新階段。

臺灣戒嚴時期發生的政治案件，則在政府1987年宣佈戒嚴解除，並取消相關法令，回歸憲政後，社會大眾才敢於談論，

並關懷如何補償政治受難者的問題。1998年公布「戒嚴時期不當叛亂暨匪諜審判案件補償條例」後，國防部隨即依此條例設置「財團法人戒嚴時期不當叛亂暨匪諜審判案件補償基金會」，接受戒嚴時期因白色恐怖政治案件判決有罪之政治受難者的補償申請案，政府以金錢補償的方式，作為對政治受難者人權傷害實質的補償；另外，頒發當事人及家屬「回復名譽證書」作為政府勇於面對歷史事實與誠意負責的態度，檢討反省過去所造成的錯誤。更設置國家人權博物館籌備處，處理戒嚴時期政治案件真相與政治受難者個人所遭受的冤屈原貌，藉著綠島人權文化園區、景美人權文化園區，呈現白色恐怖時期政治受難者實際遭受的際遇，作為見證臺灣邁向民主所經歷的殘酷過程，讓臺灣社會能夠有所借鑒，不讓歷史重蹈覆轍的做法，是值得肯定。

中華傳統文化傳衍與和合：
以臺灣現代社會中的祖先崇拜、神鬼祭祀之民俗為例[*]

摘要

　　本文試圖從古代的「敬天法祖」傳統思想，也即是《禮記郊特牲》所云：「萬物本乎天，人本乎祖」的意涵，來檢視臺灣現代社會中是否傳承中華傳統文化中的此一思想，若有如何表現於社會生活之中，又與現代人的生活有何種關係，它在現代文化價值中存有何種意涵。

　　為了達成前述的目的，本文擬藉著臺灣現代社會中的「祖先崇拜」與「神鬼祭祀」兩項現存於民間習俗的祭祀活動，來探究「敬天法祖」傳統思想對現代人的社會文化意義。

　　臺灣現代社會「祖先崇拜」盛行，從政府沿襲舊習，訂定「清明節」為國定假日為例，每年人們因掃墓祭祖活動返家，所造成臺灣各地交通大混亂的情形，可見一般。

　　另外，臺灣現代社會也盛行「神鬼祭祀」的民風，以每年農

---

[*] 發表於「第三屆海峽兩岸中華傳統文化要現代化研討會」、中國葉聖陶研究會、中華民族文化促進會主辦（陝西咸陽），2005年10月5日－8日。

曆七月十五日的中元普渡祭祀活動為例，多數公司行號及民間百姓家庭，向例都會依照傳統民俗準備祭品，普渡所謂「好兄弟」（即是孤魂野鬼）祈求平安。

　　本文企圖透過臺灣社會民俗中的「祖先崇拜」與「神鬼祭祀」兩項活動進行解析，以明瞭傳統文化的傳衍過程以及現代化的調適情形，進而體認中華文化中和合精神的珍貴性。

關鍵詞：祖先崇拜、神鬼祭祀、清明節、中元節

一、前言

　　臺灣地區因地理及歷史因素積累，而顯現出文化多元的特色。清前期康熙、雍正、乾隆三朝是漢人移民臺灣的主要時期，由於地理的方便，來臺的漢移民以閩南地區的人占多數，粵東地區的人其次。臺灣原住民的優勢，則在清前期的移民潮中，隨著漢人移墾的興盛而逐漸呈現衰頹的局面，至今則成為需要政府保護的對象。

　　現今臺灣地區的閩南後裔人數，約占全臺人口數的百分之七十三，故閩南話在臺灣是一種普遍通用的語言。先前從粵東、閩西地區來臺的移民後裔，目前以客家族群或客家人稱之，其後裔人數約占百分之十六；至於1949年跟隨國民黨政權至臺灣的新移民及其後裔人數，則約占總人數百分之八；另外臺灣原住民部分，由於長期受到漢化影響，目前原住民人數約占總人數百分之三左右。因此，臺灣社會是以漢人為主的社會。

　　臺灣的歷史曾經於1895年由清廷依中日《馬關條約》的內容，將臺灣、澎湖等地割讓給日本，至1945年日本敗仗投降臺灣光復，日本殖民統治50年之久，臺灣社會遭受日本殖民統治者的政治干涉與文化打壓，雖然呈現皇民化的結果，但是民間仍舊維持若干中華傳統文化的習俗，例如：祖先的信仰與神鬼的祭祀還是深植於生活之中。

　　光復後的臺灣，雖然經歷一段痛苦的二二八事件，然而臺灣社會卻在五、六十年代由於經濟繁榮、工業興盛，開始從傳統農業社會逐漸邁入工商業社會，在這個過程中不僅造成社會基礎結構的改變，同時也影響民眾思想的轉變，其中傳統社會價值與新社會價值的矛盾與衝突，成為臺灣民眾不得不面對的課題。這一波的時代潮流比起日本殖民統治時期，對臺灣社會文化與價值觀的衝擊更加激烈。臺灣社會則藉由這一波潮流所帶動的社會、政治、經濟、教育等等的改革與提昇，而步入到現代化的社會當

中，使得臺灣社會不僅與世界其他的現代化社會地區互通生息，也進一步受到國際化的衝擊。

然而，傳統文化中的「祖先崇拜」與「神鬼祭祀」的習俗，卻依舊存在現代化的臺灣社會，未因西風或國際化的影響而被揚棄，臺灣社會如何保留並延續這種文化傳統，這種過程是值得探討的課題。

二、臺灣現代社會的祖先崇拜

臺灣現代社會是實足的工商業社會，效率是基本要求，科學、知識、時間、金錢與個人主義等，則成為社會一般人的風尚。而年輕人喜新厭舊、追求流行的態度，則是刺激消費與帶動社會的主要動力。社會更由於資訊、消費與交通，普遍國際化的關係，因此新潮流與新觀念不時挑戰舊的思潮，使得現代化的社會充滿著新的可能，激發青年人更多的創造力。臺灣社會即在上述的情境下，迅速的對於傳統文化產生淘汰與更新的影響。

首當其衝的是家庭的結構與經濟，農業社會大家庭的人力，因工廠、商業需求而轉移，造成農村大量人口流動到都會地區就業，剩下是老、幼之輩看顧家園。另一方面，由於農村農業生產值大為減少，經濟來源轉而依靠外出工作的薪水階層家人，因此傳統文化價值觀念也受到巨大的衝擊，固守一方的家園觀念被打破，隨之而起的是都會地區小家庭的興起，使得傳統文化與習俗受到嚴重的挑戰與考驗。

中華傳統文化所強調的「敬天法祖」傳統思想，也即是《禮記郊特牲》所云：「萬物本乎天，人本乎祖」的意涵，也在臺灣的傳統民俗中可以看到。來臺先民對於「天」、「祖」的敬畏，不僅帶來傳統文化的「祖先崇拜」，也帶來原鄉「神鬼祭祀」的風俗。這些民間習俗在日本殖民統治臺灣時期，雖然受到日本統治者表面的禁制，但卻無法遏阻臺灣民間社會的傳統祖先

崇拜與神鬼祭祀活動。

　　然而，從1662年明鄭政權帶來的近350年的傳統文化與習俗，卻在臺灣進入現代化社會的過程當中，一面受到法治與自由主義的挑戰；一面隨著民智的開化與官方的勸導，發生了重大的改變。如舊習於節慶日中大肆舖張浪費的祭祀與宴客行為，傳統繁瑣的婚喪禮儀，宗教寺廟的管理等，諸多不合時宜的觀念與習俗逐漸遭到揚棄。而若干敦厚、善良、樸實的民俗；如農曆新年、清明節、端午節、中元節、中秋節以及寺廟神明的慶典等活動，則被保留甚至受到官方的提倡。

　　臺灣的祖先崇拜不僅表現在日常生活中的廳堂祭祖儀式，也表現在歲序時節中的清明節掃墓祭祖活動。傳統習慣上，大家庭宅院或祖屋老宅的廳堂內設置有祖先及神明牌位案桌，一般小家庭則便宜行事未安置供奉。祭祖拜神之事，由居本家的家人每日進行或擇初一、十五日祭拜，至年節之時，外出工作者或小家庭才會返回本家與家人團聚，一起祭拜祖先與神明。一般祭拜祖先與神明之供奉，平常以簡單茶水、供果、清香為之；至年節，始備豐盛三牲供品，祭拜完後作為家人團圓享受的佳餚。工商業社會家人工作分散，難得團聚，因此年節的返家探親，成為臺灣社會的重要大事。

　　「清明節」的來源，「清明」是指傳統二十四節氣中的第五節氣的名稱，對於此節氣在《淮南子・天文訓》有「**春分後十五日，斗指乙，則清明風至**」的描述，而《歲時百問》則以「**萬物生長此時，皆清潔而明淨，故謂之清明**」，作為命名的解釋。根據《漢書・嚴延年傳》記載嚴氏在清明時節「還歸東海掃墓地」之事，顯示漢朝當時祖先崇拜與親族意識就已經相當盛行。至宋朝以後，清明時節成為歲序時節重要的民俗節日。清明當日最重要的活動即是掃墓，一般由家人至先人墓前打掃祭拜，表達對先人追思之意。這種具有悠久傳統的民俗節日，至今在

臺灣現代的社會中依然可以看到,顯現臺灣社會不僅延續祖先遺留的傳統風俗,同時也珍惜民俗文化中蘊涵的慎終追遠意義。

目前臺灣地區將「清明節」定為國定假日,這一天從各地掃墓的人潮,所造成交通的擁塞現象,可以了解此節日受到臺灣社會的極度重視。因為一年一度的清明掃墓活動,不僅商場順勢推出應景的物品,在這節日前後之間,掃墓之事也成為一般人談話的主題。然而,重要的這一天是世間人子作為對先人慎終追遠的一種孝道表現。因此在臺灣各地的墓地、祖塔(供奉家族先人骨骸之處—客家族群特有之建物)以及靈塔(供奉一般去世者的骨灰)都可以看到各個家族聚集一起,以虔誠、肅穆的心情掃墓祭祖的景像。

在掃墓祭祀活動中,傳統文化中特別的「掛紙」、「剝蛋殼」的習俗[1]及「鼠麴粿」(以鼠麴草(又稱母子草)摻合糯米漿並和乾蘿蔔絲為餡製成)的應景食品[2],至今仍有保留。而在墓地享受祭品吃喝習俗,已經因環境衛生觀念的提昇而絕跡,掃墓活動最後則在鞭炮的煙火炮聲中完成。至於當日家人族人的團聚,有的另外約定,也有當日選擇便利合適的餐廳舉行。另外,臺灣社會客家族群也保留傳統在清明節之前提早完成掃墓的習俗,一般在清明節以後掃墓祭祖的家族甚少。

三、臺灣現代社會的神鬼祭祀

現代社會因科學知識的發達,一般人對於傳統神鬼祭祀的認知往往以迷信視之,鮮少從文化人類學的角度,去思考傳統文化中神鬼祭祀的民俗問題。

---

[1] 廖漢臣:《臺灣的年節》,臺中市:臺灣省文獻委員會,頁85,1973。

[2] 何聯奎、衛惠林:《臺灣風土志》,臺北市:臺灣中華書局,頁109,1983。

有關神鬼祭祀的紀錄，在任何古老的人類文明中均可以看到蹤跡，古老的中國文化自不例外，傳承下來的結果，使得清代早期大批漢民族自閩南、粵東地區渡船到臺灣尋求新天地時，身上所帶最為珍貴的東西，就是在家鄉祈求平安的護身神符。明顯的說明當時的人到未知的環境，面臨安危的挑戰時，最大的心理憑藉就是依靠神鬼的庇祐。如同現代的人，遇到棘手的生死問題時，脫口而出的往往是對上帝神明的祈求一般。因此臺灣各地漢民移墾的地區，所供奉的神明，往往也就原鄉的神祇。例如：粵東潮州人供奉原鄉神三山國王；閩南漳州人供奉原鄉神開漳聖王；閩南泉州人供奉原鄉神保生大帝等。

在臺灣旅遊，若具備移民與原鄉神祇的歷史知識，到各地主要廟宇，憑著辨認神祇的名稱能力，一個外地人就可以依據廟宇主殿的神祇，了解此地最早開墾居民的原籍來自大陸那個地方。這些大概是一般人難以想到臺灣的「神鬼祭祀」，居然擁有那麼有趣的歷史文化傳承。

有關臺灣現代社會中還存在的「神鬼祭祀」民俗，依據臺灣省文獻委員會的 1959 年的調查報告，全臺各寺廟所奉祀的主神（含儒釋道三教）約有 250 種之多，還不包含天主、耶蘇、回教之神，可見臺灣民間傳統神鬼的龐雜與繁多[3]。這些神鬼，概括可以分為天神、地祇、人鬼三層次。神鬼之所源，還是源於傳統文化中的敬天思想。日人鈴木認為臺灣漢人對神明的觀念，也包括神明以外的死靈（祖先及孤鬼）、鬼（地獄沉淪的鬼）以及妖怪[4]。

臺灣神鬼祭祀也可以依據相同屬性，分成自然崇拜、人鬼崇拜以及器物崇拜。由於神鬼祭祀是民間傳統風俗的信仰，雖然

3　鍾華操：《臺灣地區神明的由來》，臺中市：臺灣省文獻委員會，頁 16，1987。
4　同前書，頁 18。

可以作為祈求者精神安定的力量,但也是容易使人著魔其中,沈迷神秘虛幻而不自覺。因此官方倡導有益社會的神鬼祭祀善良風俗,例如客家族群的新埔褒忠亭義民爺的祭祀。反之也會遏阻取締禁制不良的祭祀神鬼行為,例如以祭祀神鬼騙錢騙色的神棍神壇。

一般民眾的神鬼祭祀都會到寺廟裡進行個人祈求的儀式,或者將神鬼供奉在私人處所,作為個人的守護神。傳統中的神鬼信仰就在個人的需求下,成為民間習俗的一部分。至於,目前臺灣社會對於神鬼的信仰,或許受到社會現代化、國際化的影響,有些廟宇竟然以保存良好的傳統建築與祭祀禮儀,成為臺灣文化資產法保護的對象,被官方指定為古蹟而聲名大噪,不僅觀光客趨前參觀,而朝拜者也更為熱絡,使得香火鼎盛,如臺北市萬華的龍山寺、大龍峒的保安宮。

臺灣社會神鬼祭祀風俗,保有傳統文化最明顯的例子,即是「中元節」的習俗。官方雖然沒有將中元節明訂為國定假日,但民間盛大的祭祀活動,卻讓政府觀光單位視為可以作為吸引外國人到臺灣觀光的一個民俗文化項目,例如基隆市的中元普渡祭典,每年熱鬧的場面總是吸引許多的觀光客。

「中元」的稱呼來自道教,《五雜俎》內記:「道經以正月十五是上元,為天官賜福日;七月十五是中元,為地官赦罪日;十月十五是下元,為水官解厄日」。說明中元指的是農曆的七月十五日。另外,對於中元日的行事,從《修行記》所記載:「七月中元日,地官降下,定人間善惡,道士於是夜誦經,餓節囚徒亦得解脫。」的說明,可以明瞭在中元日的道教作法的目的。[5]

臺俗,農曆七月初一為開地獄之日,亦稱開鬼門。三十日為

---

5 廖漢臣:《臺灣的年節》,臺中市:臺灣省文獻委員會,頁117,1973。

閉地獄之日,亦謂關鬼門。因此,農曆七月亦稱鬼月[6]。由於傳統文化的鬼月說法,居然使得目前臺灣社會一般大眾,有著在此月不宜作房地產銷售、汽車交易、結婚、遷居等禁忌事。民俗影響社會交易與生活事務,以此為甚。

中元節在臺灣又稱「鬼節」或「盂蘭盆會」。「鬼節」因祭拜的對象是「孤魂野鬼」而稱之,臺灣民間對「孤魂野鬼」亦稱「好兄弟」,因此民間亦稱中元節的祭祀為「拜好兄弟」。至於「盂蘭盆會」則是佛教的一種超度法會,其時間與中元節不謀而合,以誦經及布施食物給孤魂野鬼方式來舉行超度法會。另外,一般臺灣廟宇舉行中元節的祭祀,除循例在廟前廣場樹立燈篙外,更在祭祀的最後舉行放水燈的儀式,充分保留傳統中元祭祀的習俗。

臺灣社會中元節祭祀的民俗是經過長時間的演變,其中佛教、道教法會的舉行,成為民間仿傚的對象。目前在農曆的七月十五日「中元節」這一天,公司行號與住家都會在自家門前舉行「普渡」儀式,傳統祭祀時間在傍晚時分進行,一般準備飲料、食物、水果及三牲等作為祭品,同時依照傳統習俗準備新的毛巾與洗臉盆盛水,如同接待賓客入席前淨手之禮,擺置於供桌前下方。祭拜三回,每回香枝插在每樣的供品上,並燃燒一次民俗紙錢,最後以燃放鞭炮作為結束。祭祀時間長達一個小時以上,這樣不厭其煩的進行祭拜儀式,主要藉著虔誠祭拜「孤魂野鬼」的心理,祈求保祐平安與順利。

現代社會對於中元節祭拜的民俗,社會民眾主要的認同是博愛精神的發揚,以為中元普渡無子嗣的孤魂野鬼,讓它們也能夠享受到人世間的關愛。這種推己及人的人道關懷,也就是中元節能夠在臺灣民間社會持續傳衍的理由,因此中元節的神鬼

---

6 何聯奎、衛惠林:《臺灣風土志》,臺北市:臺灣中華書局,頁112,1983。

祭祀活動,可以說是一種善良的臺灣民俗。

四、結論

　　中華傳統文化在臺灣歷經約 350 年之久的傳衍,其中雖然離開中國文化母體有 110 年的時間,如今還是根深蒂固的表現在現代化的臺灣社會文化之中。臺灣從歷史與文化傳承的發展,絕對與中華傳統文化有密不可分的關係。

　　從現代臺灣社清明節的高度重視掃墓活動,可以得知「祖先崇拜」在臺灣社會仍舊是維持不墜。一年一度「拜好兄弟」的中元節民俗活動,也在臺灣的社會普遍的受到重視,祭祀的過程仍是遵守傳統的習慣,顯現臺灣民眾仍舊沒有背棄祖先的習俗。廟宇在中元節前後廣場樹立的燈篙,如同海邊的燈塔,表達了對「孤魂野鬼」的關懷,這也就是社會能夠接納的原因吧。

　　因此,藉著目前臺灣社會的「清明節」、「中元節」的例證,可以說明臺灣社會的習俗傳承於中華傳統文化,保留至今。孔夫子曾有「禮失求諸野」的說法,臺灣與中國大陸的文化關係,何常不是具有這樣的條件。

開漳聖王民間信仰在臺灣的發展
—以碧山巖、景福宮為例[*]

摘要

　　臺灣漢民社會民間信仰研究在清代臺灣開發史中是重要的議題。清代臺灣移墾社會初期，漢民從原鄉帶來的民間信仰，日後為臺灣社會民間傳統廟宇祭祀活動增添了豐富的年節慶典文化。神明的信仰祭祀活動，成為探索當地開發歷史的重要線索，可以追溯當地與原鄉文化母體的臍帶關係。

　　本論文以歷史學及文化人類學作為主要研究方法，運用相關歷史文獻、臺灣日據時期調查資料，並輔以田野調查方式，探討「開漳聖王」民間信仰在臺灣社會發展的情形，同時選擇臺北市碧山巖、桃園市景福宮兩處，作為探討漳州人在臺灣移墾過程，開漳聖王信仰發展的不同事例。

　　關鍵詞：臺灣寺廟調查、開漳聖王、臺北市碧山巖、桃園市景福宮

---

[*] 發表於「2010年固始與閩臺淵源關係研討會」、中國社會科學院臺灣史研究中心、河南省社會科學院等主辦；信陽師範學院歷史文化學院承辦，2010年10月2日。

一、前言

臺灣漢民社會民間信仰研究在清代臺灣開發史中是重要的議題。清代臺灣移墾社會初期，漢民從原鄉帶來的民間信仰，日後為臺灣社會民間傳統廟宇祭祀活動增添了豐富的年節慶典文化。而對於原鄉神明的信仰祭祀活動，也就成為探索當地開發歷史的重要線索，依循查證可以發掘許多被流失或蒙塵的歷史事跡，甚而可以追溯當地與原鄉文化母體的臍帶關係。

一般而言，從臺灣社會民間信仰中的主祀神明的名稱，可以明確分辨出當地人之原籍來源。這些神明與原籍的關係，分別為：保生大帝信仰為泉州府同安縣人；清水祖師信仰為泉州府安溪縣人；龍山寺觀音菩薩信仰為泉州府三邑人（晉江、惠安、南安）；定光古佛信仰為閩西汀州人；慚愧祖師信仰為嘉應州人；三山國王信仰為潮州、惠州人；開漳聖王信仰為漳州人。

因此，要了解臺灣各地區的早期移墾者原籍為何，觀察當地主要傳統廟宇所供奉主祀神明是何者，就可以清楚明白，並感受民間信仰文化對於當地社會的影響。本論文以歷史學及文化人類學作為主要研究方法，運用相關歷史文獻、臺灣日據時期調查資料，並輔以田野調查方式，探討「開漳聖王」民間信仰在臺灣社會發展的情形，同時選擇臺北市碧山巖、桃園市景福宮兩處，作為探討漳州人在臺灣移墾過程，開漳聖王信仰發展的不同事例。

二、臺灣民間信仰的調查與發展

臺灣民間信仰的發展大致可以分為三個階段：清代、日本據臺、臺灣光復後等三個階段。清代臺灣的民間信仰著重原鄉群聚移墾的原鄉民間信仰；日本據臺的 50 年期間，初期臺灣傳統廟宇數量有增加現象，中後期則因日本侵華及發動太平洋戰爭之故，臺灣總督加強殖民政策的推展，如日本神道信仰的推展，

使得臺灣傳統廟宇受到約束甚至破壞，代之而起的是日本本土的佛教寺院與神社的興起與設立；臺灣光復後，社會民間信仰有充分成長的自由空間，各地民間信仰活動逐漸恢復，寺廟重修與新建的風氣紛起，寺廟主祀神明種類不僅增多，各種配祀神明也因信徒的需求，如同百貨店商品般被設立。

有關臺灣寺廟的調查從日據時期開始，開始於 1915 年（大正 4 年）10 月進行臺灣的宗教調查，主要透過各廳行政區域所屬的公學校教員及警察官吏等的協助，依照宗教調查表項之內容填報，到 1918 年（大正 7 年）完成。日人從這次臺灣地區的普遍性宗教調查，不只了解臺灣民間信仰的內容，也清楚臺灣社會寺廟管理、組織、財產等情形[1]，其調查結果有利於日後殖民政策擬訂的參考。臺灣光復後政府單位及民間人士亦分別進行寺廟調查，但因寺廟調查工作艱巨，且調查規模、經費等不及日據時期官方周全的調查規劃，所得成果難免有些許出入。但整體而言，從寺廟數量及分類的統計，可以讓研究者明瞭臺灣寺廟在不同時間當中，民間發展的趨勢，以及當時社會民間文化中表現的意涵。

1919 年出版的臺灣日據時期寺廟調查報告，前 15 名主祀神明分別是：福德正神（669 座）、王爺（447 座）、媽祖（320 座）、觀音（304 座）、玄天上帝（172 座）、有應公（143 座）、關帝（132 座）、三山國王（119 座）、保生大帝（109 座）、三官大帝（70 座）、太子爺（66 座）、五谷爺（神農大帝）（60 座）、釋迦牟尼（56 座）、開漳聖王（53 座）、玉皇上帝（51 座）[2]。

1930 年臺灣日據時期寺廟調查，前 15 名主祀神明分別是：

1　丸井圭治郎：〈辨言〉，《臺灣的宗教》上，臺灣總督府發行，大正 8 年 3 月，頁 1－2。

2　丸井圭治郎：《臺灣的宗教》下，臺灣總督府發行，大正 8 年 3 月，頁 17－18。

福德正神（674座）王爺（534座）、天上聖母（335座）、關聖帝君（157座）、三山國王（121座）、保生大帝（117座）、玄天上帝（107座）、釋迦牟尼（103座）、有應公（86座）、清水祖師（83座）、三官大帝（82座）、太子爺（73座）、神農大帝（66座）、鄭國姓（57座）、開漳聖王（50座）。

臺灣光復後，在廟宇主祀神明總數前十五名的統計研究中，以蔡萬枝1960年（民國49年）〈臺灣省寺廟教堂名稱、主神地址調查表〉為基準，寺廟總數3,834座中前15名主祀神明分別是：王爺（677座）、觀音佛祖（441座）、天上聖母（383座）、福德正神（327座）、釋迦牟尼（306座）、玄天上帝（266座）、關聖帝君（192座）、保生大帝（140座）、三山國王（124座）、中壇元帥（94座）、神農大帝（80座）、清水祖師（63座）、三官大帝（60座）、開漳聖王（53座）、元帥爺（47座）。前15主祀神明寺廟共計有3,206座，所占百分比率為，寺廟總數3,834座的83.6%。

1971年（民國60年）王世慶《臺灣省通志》卷二〈人民志〉宗教篇中調查，寺廟總數為4,786座，前15名主祀神明分別是：王爺（556座）、福德正神（449座）、觀音佛祖（428座）、天上聖母（381座）、釋迦牟尼（308座）、玄天上帝（270座）、關聖帝君（192座）、保生大帝（139座）、三山國王（129座）、中壇元帥（94座）、神農大帝（81座）、清水祖師（68座）、三官大帝（67座）、有應公（62座）、開漳聖王（55座）。前15主祀神明寺廟共計有3,224座，所占百分比率為，寺廟總數4,786座的67.4%。

1978年（民國67年）林衡道《臺灣寺廟概覽》一書調查，寺廟總數為5,539座，前15名主祀神明分別是：王爺（753座）、觀音佛祖（578座）、天上聖母（510座）、釋迦牟尼（499座）、玄天上帝（397座）、福德正神（392座）、關聖帝君（356座）、

保生大帝（162座）、三山國王（135座）、中壇元帥（115座）、神農大帝（112座）、清水祖師（99座）、玉皇上帝（81座）、三官大帝（77座）、開臺聖王（70座）。前15主祀神明寺廟共計有4,266座，所占百分比率為，寺廟總數5,539座的77%。

1983年（民國72年）仇德哉《臺灣之寺廟與神明（四）》所載調查，寺廟總數為5,612座，前15名主祀神明分別是：王爺（758座）、觀音佛祖（593座）、天上聖母（515座）、釋迦牟尼（514座）、福德正神（426座）、玄天上帝（413座）、關聖帝君（366座）、保生大帝（165座）、三山國王（135座）、中壇元帥（121座）、神農大帝（113座）、清水祖師（99座）、玉皇上帝（82座）、三官大帝（79座）、開臺聖王（73座）。前15主祀神明寺廟共計有4,379座，所占百分比率為，寺廟總數5,612座的78%[3]。

有關這些主祀神明所代表的社會意義：「王爺」信仰是臺灣社會閩南族群的普遍信仰，從福建閩南區域流傳到臺灣；「福德正神」、「神農大帝」信仰是中華傳統文化中，崇祀地祇與農業之神的表徵；「媽祖（天上聖母）」是宋代以來盛行在福建沿海，庇祐航行平安的海神，臺灣社會漢移民因越海來臺，平安上岸，故信仰興盛；「觀音佛祖」、「釋迦牟尼」是中國佛教信仰之流傳；「玄天上帝」、「玉皇上帝」、「三官大帝」、「中壇元帥」、「關聖帝君」等則為泛道教中在臺灣社會盛行的神明；「保生大帝」為泉州府同安人的原鄉信仰神祇；「三山國王」為廣東省潮州府、惠州府等移民的原鄉信仰神祇；「清水祖師」為泉州府安溪人的原鄉信仰神祇；「開漳聖王」為漳州府人的原鄉信仰神祇。

從上述1919年到1983年的臺灣寺廟調查統計，可以清楚臺

---

[3] 參考田金昌：《臺灣三官大帝信仰－以桃園地區為中心（1683－1945）》國立中央大學歷史研究所碩士論文，2005年6月，頁67－69。

灣社會民間信仰崇祀前十五類的主祀神明順序。其中「開漳聖王」順位及數量的變化：1919年寺廟調查排列第14，有53座；1930年寺廟調查排列第15，有50座；1960年寺廟調查排列第14，有53座；1971年寺廟調查排列第15，有55座。以後，1978年寺廟調查排列第15者，為開臺聖王，有70座；1983年寺廟調查排列第15者，仍為開臺聖王，有73座。

1978年、1983年兩次寺廟調查統計，「開臺聖王」取代「開漳聖王」順位變化，顯示臺灣社會民間對於「開臺聖王鄭成功」的崇拜，越來越多。「開臺聖王」寺廟興起的現象，是否可以解釋為臺灣社會民眾對本土認同有增加的趨勢，這是值得再深入探討的議題。

三、臺北市碧山巖開漳聖王的傳播

荷蘭據臺時期曾經對於臺灣社會原住民部落進行人口統計，1655年臺北市內湖區當時居住在此之原住民，里族社人口有25戶71人，塔塔攸社人口有43戶171人。這兩社屬於凱達格蘭平埔族，以母系社會為家庭重心，過漁撈、狩獵及粗耕農作的生活[4]。

漢人移墾此區，最早於1688年（康熙27年）當時有漳州府南靖人黃純善隻身來臺，落腳於內湖，以後，漳州府平和人許居帶二子來臺，亦墾荒內湖。雍正年間有南靖人郭崇飽，前來內湖租園墾荒。1741年（乾隆2年），有詔安業戶何士蘭落籍港墘向官方請墾「內湖庄」，1756年（乾隆21年）有泉州府同安縣人王傳圓一家五口輾轉到內湖五份洋定居。乾隆中葉，另有詔安縣人游子蹄、游子彪兄弟二人到內湖頂灣仔拓墾，當時臺北盆地擺接地區業戶林秀俊（漳州府漳浦人）亦轉到內湖灣仔、粉寮、石壁潭、上塔悠等地拓墾。清代本地區漢民移墾，漳

4　金讚編纂：《臺北市內湖區志》，2006年，頁34。

州籍最多分布其間，泉州籍其次分布北勢湖、洲仔尾、葫蘆洲、五份等靠近基隆河之地方，潮惠籍最少[5]。

臺灣人口統計，能夠詳實且具有精確度高的成果，始於臺灣日據時期1926年（昭和元年）的「臺灣在籍漢民族鄉貫別調查」，當時統計在籍漢人口有3,751,600人，其中臺北州行政區人口鄉貫別調查：泉州府安溪人有202,200人，泉州府同安人有111,200人，泉州府三邑（同安、惠安、晉江）人有85,600人，漳州府有284,600人，汀州府有17,400人，龍岩州有2,600人，福州府有6,700人，興化府有500人，永春州有5,300人，潮州府有1,800人，嘉應州有1,900人，惠州府有600人，其他5,600人。從前之分類統計中，可以看出臺北州人口原籍屬於漳州府是最多[6]，但是在臺北地區的歷史發展中，泉州府三邑人聚集艋舺（今萬華）的龍山寺，安溪人的清水祖師廟，大龍峒同安人的保安宮以及大稻埕的霞海城隍廟等，則是當地著名的廟宇，這些廟宇節慶祭祀的活動，常帶動臺北地區及外來人潮的擁入，使得街上人群簇擁熱鬧異常。漳州府人信仰的開漳聖王廟，相照之下難以匹敵。

臺北市碧山巖開漳聖王廟，位於臺北市內湖區的碧山路24號。主要供奉開漳聖王陳元光將軍。有關此廟設立的歷史，民間傳說康熙年間有漳州府人黃氏來臺移墾，隨身帶有家鄉開漳聖王之香火袋作為護佑之用，一日行於內胡碧山之尖頂處時，忽聞嗡嗡之響聲，乃停步尋查，發現自身前塊石小洞傳出，認為這是蜂穴吉地，遂將佩帶香火袋懸掛於石洞中，膜拜後離去，成為最早供奉之處。1751年（清乾隆16年）碧山尖頂山下（今內湖區）一帶，土匪結黨成群，聚眾劫舍，某日黃昏，計議行劫，

---

5 同註4。
6 臺灣總督官房調查課編纂：《臺灣在籍漢民族鄉貫別調查》，臺灣時報發行所，昭和3年3月，頁4－5。

忽見尖頂山頭金光萬道，斯時懸掛聖王香火袋之石塊，巨響一聲分裂為三，周圍散石宛如萬馬奔騰，一直滾落山下匪徒聚集處，使得匪眾喪膽，鼠竄而逃。事後附近居民聞訊，乃紛至石室膜拜，自此香火日盛。

開基祖廟的設立，始於 1751 年的建築。內有石室供奉三塊神石，代表開漳聖王及李伯瑤、馬仁兩位隨從之化身。1801 年（嘉慶 6 年）因朝拜者日增，石室祖廟無法容納，於小廟前另建本殿，並塑造開漳聖王及李、馬將軍金身神像。以後續有修建，至 1958 年（民國 47 年）廟宇建築因大雨山崩毀壞而重建，至 1976 年（民國 65 年）含前殿、鐘鼓樓、崇聖臺、八角樓等建築完成，呈現今日美輪美奐的廟宇模樣。此廟不僅是內胡地區居民的民間信仰聖地，亦是臺北市民休憩的場所，廟埕可以眺望大臺北盆地的市區景致[7]。

臺北市碧山巖目前是臺灣最大的開漳聖王廟，屬於臺灣地區開漳聖王廟團聯誼會的成員之一。其聯誼會廟宇 88 座成員分布地區：在基隆市、臺北市、臺北縣、桃園縣、新竹市、臺中市、臺中縣、彰化市、南投縣、雲林縣、嘉義縣、臺南縣、高雄市、高雄縣、屏東縣、臺東縣、花蓮縣、花蓮市、宜蘭縣、宜蘭市等。

碧山巖日據時期的管理人為內湖庄長，臺灣光復後改制為內湖鄉，仍由鄉公所組成管理委員會管理該廟，由鄉長兼任主任委員，各村村長兼任常務委員、委員等職，鄉民代表會主席則兼任常務監事，鄉民代表兼任監事，共同推展廟務及節慶祭祀等活動。1968 年（民國 57 年）改制為臺北市內湖區，管理委員會之組織，改由信徒選舉代表，再由信徒代表選舉委員、監事，成立委員會及監事會，並聘請地方耆老、專家為顧問。主任委員下設總幹事並分設總務、工務、祀神、會計、公共關係、禪房、餐廳、祀神用品、建設執行小組、誦經團等業務單位，以分工

7　陳金讚編纂：《臺北市內湖區志》，2006 年，頁 41。

方式，推展廟務。

年節重要祭祀活動，分別如下：正月初一開始祭祀，祈求國泰平安、風調雨順；二月十五、六日屬開漳聖王祭典；六月七日為開天門延壽活動；七月十四日舉辦中元普度；八月十五日中秋節祭祀活動；十月初一祈安法會活動，十一月五日開漳聖王升天紀念日祭祀活動，十二月底則有歲暮答謝聖王神恩祭祀活動。

此外，碧山巖開漳聖王廟管理委員會亦積極推展社會公益活動，將信眾的捐獻款項，致力於宗教、文化、教育、醫療、急難及災害救助、慈善以及有關公益宣導等方面的活動，就2009年而言，經費支出總計約新臺幣六百三十萬元，其中公益慈善方面支出四百一十多萬元，社會教化方面支出二百一十多萬元[8]。這種取之於公，用之於公，並注重社會弱勢者的經濟支援，實是發揚開漳聖王仁愛精神，福澤人群的最好方式。

四、桃園市景福宮開漳聖王的傳播

桃園地區位於臺灣北部，1697年（康熙36年）郁永河由福州到臺灣採購硫磺，將沿途所見記錄完成《裨海記遊》一書，其中有「自竹塹迄南崁八、九十里不見一人一屋，求一樹就蔭不得」之描述，可以想見當時住民相當稀少。此區平原丘陵地原住民屬平埔族有南崁四社，即龜崙社、南崁社、坑仔社、霄裡社；山地區域則有高山族原住民泰雅族，族群強悍。1655年當時此地區之人口調查資料只有兩社，霄裡社人口20戶78人，南崁社人口46戶157人，這兩社屬於凱達格蘭平埔族[9]。

1713年（康熙52年）有大雞籠（今基隆市）通事賴科帶領鄭珍、朱焜侯、王承謨等漢人最早到此地區合墾，於南崁坑仔

8　參考碧山巖開漳聖王網站，http://www.pkcswt.com/1.htm 2010.9.6。
9　中華綜合發展研究院應用史學研究所總編撰：《桃園市志》，桃園市：桃園市公所，民國94年，頁221。

口社之荒埔地（今蘆竹鄉坑子、坑口、海湖等一帶）[10]。

1725年（雍正3年）漳州人郭光天來臺，三年後開拓大坵園，後續開發芝芭里社、澗仔瀝社（今中壢）等一帶地區。1737年（乾隆2年）粵籍墾首薛啟隆（又名奇龍、家昌）渡臺，先入墾斗六門（今雲林縣斗六市），隨後率領數百名民丁北上，由南崁港登岸，開墾桃園北部，設立虎茅莊（今龜山、桃園市）。再東拓至龜崙嶺，西拓至崙仔腳（今中壢市中原、內壢、內定三里），其北達南崁，南抵霄裡[11]。

開墾之初因地廣人稀，不同原籍間並無嚴重的利害衝突，但自乾隆年間漢人大量由南北地區輾轉入墾，但隨著人口的增加，不同原籍及不同語言群彼此之間，利害衝突越來越多。1824年至1830年（道光14－20年間），臺北新莊平原地區發生長達6年間的械鬥，當地大部份粵籍居民變賣田園，遷移到今桃、竹、苗等地區[12]。桃園地區由於族群械鬥肇因，使得粵籍人士逐漸集中於南桃園的中壢、平鎮、楊梅、龍潭、觀音、新屋等鄉鎮；閩南人（漳州人多數）則分布在北桃園的桃園、大溪、蘆竹、大園、龜山、八德等平原盆地，形成「南粵（客）北閩」族群明顯分別的群居現象。

桃園市景福宮建廟歷史，始於虎茅莊開墾之初，相傳當時瘟疫盛行，人心惶惶，居民風聞埔頂粟仔園仁和宮的「三王公」制煞靈驗，紛紛遠道前往，誠懇供奉。隨後，墾首薛啟隆於1745年（乾隆10年）率先捐獻田產20餘甲，並合各街庄民眾之力，

---

10 盛清沂：〈新竹、桃園、苗栗三縣地區開闢史（上）〉，《臺灣文獻》31－1，臺北：臺灣省文獻會，1980年，頁161。

11 臨時臺灣土地調查局編印：《清代臺灣大租調查書》，臺灣文獻叢刊第152種，臺北：臺灣銀行經濟研究室，1963年，頁72－3、537－8、544－5、817。

12 尹章義：《臺灣客家史研究》，臺北市：臺北市客委會，民國92年，頁4。

草創廟宇供奉分靈神明。1806年（嘉慶11年）發生龜崙口及南崁的漳、泉械鬥，漳州人桃仔園街店屋泰半被泉人所毀，事後乃改建為瓦房店舖，並在街區的外圍則築土垣，以防禦泉州人之再襲。1813年（嘉慶18年）修建廟宇完成，名為「景福宮」，主祀「開漳聖王」並兼祀由南崁五福宮分靈的「玄壇元帥」。日後，景福宮遂成為北桃園地區漳州人信仰中心及集會的重要場所，當地人另稱為「桃園大廟」[13]。

日據時期1926年（昭和元年）的「臺灣在籍漢民族鄉貫別調查」，桃園郡行政區人口鄉貫別調查：泉州府安溪人有1,100人，泉州府同安人有2,900人，泉州府三邑（同安、惠安、晉江）人有2,300人，漳州府有59,500人，汀州府有1,700人，龍岩州有1,900人，潮州府有600人，嘉應州有2,900人，惠州府有200人，其他100人。從前之分類統計中，可以看出桃園郡人口原籍屬於漳州府是最多[14]，人口數佔絕對多數的優勢，因此主祀「開漳聖王」的景福宮，也就成為當地漳州人代代相傳原鄉信仰崇祀的中心。

景福宮自清嘉慶年間廟宇重修建之後，傳統的年節慶典祭祀活動還被遵循，如每逢丑年（牛年）、未年（羊年）舉辦的平安醮（五朝清醮）活動，即是藉此作為還願酬神、鎮災祈福之用。又每年農曆元月十七日舉行進香（參香）、謁祖活動，奇數年前往大溪埔頂仁和宮進香（參香）活動（開漳聖王），隔年則前往南崁五福宮謁祖進香活動（玄壇元帥），活動中亦有遶境遊行，民間信仰帶動地方社會的熱鬧氣氛。農曆二月十五日是開漳聖王的聖誕，以及七月中元普度的慶讚活動，因有「桃園十五街庄」（分別是：桃園街、中路庄、埔仔庄、北門埔仔庄、小檜溪庄、

---

13 中華綜合研究院應用史學研究所總編纂：《桃園市志》，桃園市：桃園市公所，民國94年，頁714－15。
14 臺灣總督官房調查課編纂：《臺灣在籍漢民族鄉貫別調查》，臺灣時報發行所，昭和3年3月，頁6－7。

大樹林庄、茄苳溪庄、新中福庄、新庄子庄、大竹圍庄、水汴頭庄、大檜溪庄、山仔頂庄、小大湳庄、大湳仔庄等）民眾暨諸姓社團參與，使得聖誕、中元慶讚等節慶民俗活動，成為桃園街肆居民年度主要節慶日，信眾紛紛擁入也帶動人潮看熱鬧，同時使得店家獲得大量的商機。

另外，景福宮除定期舉辦民間信仰宗教活動外，也成立「財團法人景福宮社會福利慈善事業基金會」推行社會慈善事業，如同前述之臺北市碧山巖的推展社會公益活動，回饋鄉里。這些作為不僅傳承、發揚原鄉「開漳聖王」陳元光福澤人群的意義，同時達到推展「開漳聖王」民間信仰的目的。

五、結論

臺灣社會民間信仰傳統廟宇的調查，始於日據時期1915年（大正4年）10月的宗教調查，透過當時行政區域內公學校教員及警察官吏等的協助，依照宗教調查表項之內容填報，到1918年（大正7年）完成。日人從這次臺灣地區的普遍性宗教調查，不只了解臺灣民間信仰的內容，也清楚寺廟管理、組織、財產等情形，並成為日後政務的參考。

臺灣光復後，政府單位、學者專家個人亦對臺灣社會傳統廟宇的發展進行調查，然因財力與人力的投入不及日據時期總督府官方強力的支持，故調查結果有所侷限，但這些不同時期的廟宇調查統計，仍舊可以提供有關臺灣社會民間傳統廟宇數量、主祀神明順位發展研究的參考。

臺灣社會「開漳聖王」信仰，屬於民間信仰中原鄉信仰的傳衍，日據時期調查「開漳聖王」順位及數量的變化：1919年寺廟調查排列第14，有53座；1930年寺廟調查排列第15，有50座。臺灣光復後的調查：1960年寺廟調查排列第14，有53座；1971年寺廟調查排列第15，有55座。然而，1978年寺廟調查

排列第 15 者，為開臺聖王，有 70 座；1983 年寺廟調查排列第 15 者，仍為開臺聖王，有 73 座。明顯的看到 1978 年、1983 年兩次寺廟調查統計，「開臺聖王」取代「開漳聖王」順位變化，顯示臺灣社會民間對於臺灣歷史第一位建立漢人政權鄭成功的崇拜越來越多，主祀「開臺聖王（鄭成功）」的廟宇超過了「開漳聖王」的廟宇數量。

臺北市碧山巖、桃園市景福宮兩座廟宇，均主祀「開漳聖王」，前者發展經歷了臺北盆地的開發，雖不及其他三邑人的龍山寺，安溪人的清水祖師廟，同安人的保安宮以及大稻埕的霞海城隍廟等著名，但終究成為目前臺灣社會最大的主祀「開漳聖王」廟宇。後者的發展，呈現桃園地區歷史上械鬥過程中，漳州人因有原鄉信仰「開漳聖王」的凝聚力防禦外侮，才能夠保衛家園，並發展成為目前北桃園地區民眾視為「桃園大廟」的地位。兩座廟宇，除傳承、發揚「開漳聖王」信仰，同時也成立財團法人基金會，實質推展公益、慈善事業活動，達到推展「開漳聖王」陳元光福澤人群的意義。

貳、臺灣客家研究篇

臺灣客家興起與發展[*]

摘要

　　有關〈臺灣客家興起與發展〉這個議題的時間主要從 1987 年（民國 76 年）迄今；討論內容則是有關二十一年間的臺灣客家發展與客家研究的牽連情形。由於客家人意識的興起與客家社會運動具有密切的關係，而後，客家社會運動的持續，又促進政黨對客家政策的實施，其中成立客家學院的設立亦帶動臺灣客家的研究，基於上述這種發展情況，本議題擬從臺灣客家社會運動的興起、客家政策的落實以及學界客家研究的發展等三方面做扼要的論述，讓大家了解臺灣近二十一年間的客家事務相關發展，與二十世紀初期羅香林教授獨立倡導客家研究的情況，有著很大的不同與進展。二十世紀晚期臺灣從中央到地方政府，不僅落實了客家政策，也建立了處理客家事務的專責行政機構與客家學院，這些均是臺灣客家人共同努力的成果。

　　關鍵詞：客家研究、客家風雲雜誌、客家社會運動、客家政策、客家學

---

[*] 發表於「2009 第三屆海峽兩岸客家高峰論壇」、中華海峽兩岸客家文經交流協會主辦（臺灣臺北市圓山飯店），2009 年 3 月 20 日－22 日。

一、前言

二十世紀初期羅香林先生所著的《客家研究導論》對「客家研究」奠定了基礎與方向，同時也讓「客家人」這個族群名稱，呈現豐富歷史文化積累的意義。其結果，不僅促使世人關注客家人，也讓客家人自覺本身歷史與文化的特殊性，對於日後客家研究的發展起了很大的影響。

臺灣客家興起與研究的發展，在二十世紀的八十年代以後，主要的因素在於 1987 年 7 月政府公告解除戒嚴令（1949.5.20－1987.7.14）回歸憲政所致，人民的集會與言論自由獲得憲法保障，臺灣社會開始呈現百花齊放的自由風氣，其中少數客家菁英，開始籌議開辦為臺灣客家族群發聲的刊物，《客家風雲雜誌》社遂於當年 10 月成立，更於當月發行《客家風雲雜誌》創刊號。此客家刊物的發行，對於臺灣客家族群權益與客家研究的發展，明顯的有著帶頭的領導作用。

臺灣客家的興起與客家研究的發展，固然受到羅香林先生的客家研究學術論著的影響，但是在臺灣讓政府落實客家政策、設置客家事務專責機構與成立客家學院推動客家研究的情形，則是羅香林先生在推展客家研究時無法想像的發展；臺灣客家事務的落實也是值得目前世界各地客家人矚目稱道的事。基於上述理由，本論文擬將臺灣客家社會運動的興起、客家政策的落實以及學界客家研究的發展等三方面做扼要的論述，讓大家了解臺灣近二十一年間的客家事務相關發展。

二、臺灣客家社會運動的興起

目前一般臺灣客家研究學者，均肯定源於 1987 年（民國 76 年）10 月 17 日一批臺灣客家菁英，在臺北市臺灣大學校友會館成立《客家風雲雜誌》社，其所發行的《客家風雲雜誌》對於臺灣客家社會運動的興起與發展，有著關鍵性的推動作用。

從當年 10 月 25 日《客家風雲雜誌》創刊號的發刊詞,可以看出創辦雜誌的自我期許,其內容介紹如下:

> 客家人從中原輾轉遷徙來臺,先祖篳路藍縷,而今子孫繁衍,人才輩出,對國家鄉土屢有貢獻,對促進臺灣多元性的現代化發展,亦將扮演更重要角色。目前臺灣客家人口約四百萬,無疑是臺灣邁向多元化、開放民主社會及重要的一環,然而未充分獲得政治、經濟、社會或文化上應有的地位和尊嚴。原因何在?或許是我們客家人本性善良,容忍成習,總是苦水往肚子裡吞,所以別人也就忽略了我們;或許是因為我們客家人歷來以農立家,刻苦耐勞成性,不爭不求,所以未積極去追求應有的權益;或許是因為我們客家人祇會顧自己,不重視公益,不太團結,所以不能形成集體性力量。提昇客家人的地位和尊嚴,並在臺灣多元組合、多元融合發展過程中做出更多的貢獻,實有必要團結客家,主動發揮客家尊重少數,包容多數的固有精神,全力推動社會共同的福祉。因此,身上流著客家人血液,滿懷奉獻精神的客家後生,聚集在一起,決定創辦這本《客家風雲雜誌》。[1]

是故,發行《客家風雲》雜誌宗旨,在於使它成為臺灣客家人的輿論公器,為客家人講話,為客家人服務,並擴大客家人的對外接觸和視野,做為客家人和其他語族融和共通的橋樑。同時也開啟了以學術研究的問卷調查法來進行客家議題的先河,如創刊號內容就有戴興明的「臺灣客家問卷調查」報告,清楚的將各項客家問題以圖表的方式呈現其結果[2]。

---

[1] 胡鴻仁:〈創刊詞―確立客家人的新價值〉,《客家風雲》雜誌,創刊號,臺北市:客家風雲雜誌社,民國 76 年 10 月,頁 1。

[2] 問卷調查內容:1.您最常自稱是何種人?2.您家裡使用的主要語言。3.您的子女說客家話的能力。4.您客家朋友交談的主要語言。5.您認為電視應否增設客語節目。6.您認為客語地區中小學應否有客語教

爾後各期刊內容，亦開始探討客家語言發展與面臨的危機議題，如羅肇錦的〈客家語要不要保存呢〉；也有討論客家與政治的議題，如吳雲的〈由客家人領導的臺灣首次農民運動〉；更有解析當代局勢與客家人的議題，如徐正光的〈客家人對變局應有的認識〉等。《客家風雲》雜誌內容這些劃時代的作為，引領了許多的客家鄉親的熱情反應，更藉著專題或筆者投書的言論，把客家人積累許久的心中話表達出來，有效的促進客家族群意識的覺醒，以後臺灣大學邱榮舉教授為總領隊的客家「還我母語運動」即是在上述的社會背景下引發臺灣各地客家社團紛紛響應，而共同走上臺北街頭。臺灣客家鄉親首次為客家語言的發展與危機，向政府當局提出應重視客家政策與改善現況的要求，並獲得當時國民黨政府執政官員的回應。

客家「還我母語運動」被視為臺灣客家社會運動發展的開端，也是重要的里程碑。以後，客家族群權益、客家社會文化發展，客家研究等事項，成為客家社會運動中主要的議題，不僅要求執政政黨落實其客家政策，也游說在野政黨應重視客家族群的權益。至今，行政院客家委員會亦在一批客家社會精英的鼓吹下，於去年（2007 年）開始推動客家基本法的制定，以確保未來客家社會、文化的合理發展。

另一方面，1988 年（民國 77 年）正逢臺灣北部新竹縣新埔鎮褒忠亭義民廟創建兩百周年之慶典，在「臺北市客家中原崇正會」等旅北同鄉會積極推動與聯繫下，藉著義民廟兩百週年盛事理由，當年 8 月 19 日於臺北市新生南路的大安森林公園預定地，舉辦了第一次臺北地區義民祭的活動，受到旅居臺北地區客家鄉親們的熱烈響應。這股臺灣客家在地社會的義民爺信仰，

學。7. 您認為客家人對臺灣發展的貢獻程度如何？8. 您認為客家人的政治參與程度如何？9. 您認為客家人在臺灣政治上所處之地位如何？10. 您認為政府對客家地區的基層建設如何？11. 您認為國民黨對客家人重視之程度如何？12. 您認為民進黨對客家人重視之程度如何？

隨著《客家風雲》雜誌刊物的提倡,使得義民祭不僅成為凝聚旅北客家鄉親的主要力量,也成為臺灣客家社會與文化的表徵。「臺北客家義民祭」從這一年開始至今已經連續舉辦了20次,主辦單位亦從初期的民間團體轉換成為政府單位(臺北市客家事務委員會)負責推動,這個過程不僅僅是臺灣客家族群意識興起的發展過程,也是客家事務受到政府重視與接受的最好例證。

三、客家政策的落實

臺灣客家社會運動興起後,許多客家社團與客家縣市鄉鎮地方領導人,往往藉著地方(縣市長)和中央(總統、立法委員)等公職人員選舉的機會,對主要政黨候選人要求其對客家政策施政理念的表態,促使政黨候選人在選舉期間,開始有客家政策白皮書的宣言,大選過後,當選者之客家政策白皮書,就成為客家人士要求落實的理由。2001年(民國90年)總統選舉中,臺灣民主進步黨(簡稱民進黨)贏得選舉,陳水扁總統為落實選舉期間的客家政策白皮書,乃於2001年6月14日在行政院成立客家委員會,統籌臺灣客家事務的發展。影響所及,屬於中國國民黨的臺北市馬英九市長,亦於翌年6月,在臺北市政府設立客家事務委員會,推動臺北市客家事務。因此,二十一世紀初,臺灣從中央到地方政府,不僅紛紛對客家族群權益表示積極的態度,也展開落實的政策。

以後,執政的民進黨政府,分別於2003年(民國92年)8月設立國立中央大學客家學院,同年7月1日設立客家電視頻道(初期委託臺灣電視公司經營),同年10月1日創立客家廣播聯播網,2004年(民國93年)8月設立交通大學客家文化學院,2006年(民國95年)8月設立聯合大學客家研究學院等。

上述這些有關客家事務機構、學院、廣播等的設置,一般均視為受到1987年客家社會運動興起的影響,使得臺灣執政的政

黨在施政中，因選舉的因素，不得不制定具體客家政策，並落實其政黨在競選期間的客家政策白皮書。

四、臺灣學界客家研究的發展

臺灣學界客家研究的發展，多數學者認為受到 1987 年所發行的《客家風雲雜誌》的影響；也即是客家研究的興起與發展與客家社會運動有著密切的關聯。

與此之時，民間客家研究知識分子，也是不容忽視，他們以自身之力，執著探究地方客家源流、開發人物、風土人情等事物的報導與出版，同時也帶動地方文史工作的發展，對於地方文獻資料以及口述歷史的留存，做了很多重要的保存工作，讓日後客家學院的研究生，有著許多客家地方實地的素材，可以進行地方性深度歷史研究。這些人如陳運棟、黃卓權、黃鼎松、黃榮洛、楊鏡汀等，後來也陸續與客家學院的客家研究的發展有著密切的關係。

客家研究的發展與客家學院、研究所、研究中心的成員有著絕對的關係。臺灣目前客家學院、客家研究所以及客家研究中心的設置情形如下：

1. 北部大專院校

中央大學客家學院：客家社會文化研究所、客家語文研究所、客家政治經濟研究所、客家政治經濟與政策研究所碩士在職專班、客家研究中心。

交通大學客家文化學院：客家社會與文化碩士在職專班、人文社會學系暨族群與文化研究所、傳播與科技學系、國際客家研究中心。

聯合大學客家研究學院：客家語言與傳播研究所、經濟與社會研究所、資訊與社會研究所、全球客家研究中心。

　　　　臺灣大學　　客家研究中心。
　　　　臺灣師範大學　　全球客家文化研究中心。
　　　　臺北海洋技術大學　　客家經貿文化研究中心。
　　　　玄奘大學　　客家研究中心。
　　　　明新科技大學　　客家文化研究中心。
　　　　開南大學　　客家研究中心。

2. 中部大專院校
　　　　雲林科技大學　　客家研究中心。
　　　　育達技術學院　　客家研究中心。
　　　　大仁技術學院　　客家研究中心。

3. 南部大專院校
　　　　高雄師範大學　　客家文化研究所。
　　　　屏東教育大學　　客家文化研究所。
　　　　屏東科技大學　　客家文化產業研究所、客家產業研究中心。
　　　　美和技術學院　　客家社區研究中心。
　　　　成功大學　　客家研究中心。
　　　　輔英科技大學　　客家健康研究中心。
　　　　高美醫護管理專科學校　　客家研究中心。

　　行政院客家委員會與上述客家學院、客家研究所、客家研究中心的客家研究發展有著實質的影響，最為重要的是研究經費的支持。任何研究都需要經費，才能夠推動，客家研究自然也不例外，尤其需要經費的支援。換言之，由於行政院客委會、臺北市客家事物委員會、客家學院等的設置，均是執政的政黨落實客家政策的施政成績，因此客家研究的成果，也就成為客家行政機構在顯現其施政業績中重要的表現。

　　是故，行政院客委會一方面鼓勵大專院校設立相關的客家研

究單位，由單位提出客家研究計畫或專案，向行政院客委會申請經費；另一方面，行政院客委會則設立「客家學術發展委員會」，以審議、評鑒方式作為推動客家知識體系的形成。這種做法，使得臺灣客家研究，近幾年來成為臺灣學界中熱門的研究議題；另外，也促使關心客家研究發展的學者、專家等，在2004年2月14日於臺灣大學社會科學院國際廳成立「臺灣客家研究學會」，宗旨在於結合相關學者，學生與社會人士共同深入研究客家族群相關議題，以開拓客家知識體系。由於「臺灣客家研究學會」的組成，除關懷客家族群議題的研究外，也重視客家知識體系的建構，使得「客家研究」與「客家學」成為討論的議題。

有關客家研究的成員，近些年來的研究專家、學者都是從其他學術專業轉向客家議題的研究。這些專家、學者有：歷史學者、地理學者、社會學者、人類學者、政治學者、語言學者、音樂學者、建築學者以及民間人文社會研究者等。然而，目前實際以客家研究為主的學者人數還是不多。

近些年來客家研究成果，在客家學院、研究所、研究中心等學術單位策劃下，舉辦了許多不同場次議題的國際客家學術研討會，邀請了諸如：日本、美國、法國、韓國、新加坡等國以及海峽兩岸、港澳等地的學者參與。研究成果豐碩，這些學術盛會為臺灣客家研究帶來不同的研究視野與有趣議題，起了學術交流的作用，有利於臺灣客家研究的發展。

至於有關客家學院的客家研究方向與主題，在此簡明扼要地介紹中央大學客家學院與交通大學客家文化學院的研究發展情形。

中央大學客家學院，首先以培植新生代的客家研究潛力為主軸，因此，連續舉辦了四屆全國客家研究研究生論文研討會，冀望藉著討論機會，能夠聚集全國客家研究的研究生論文，企圖結合學者、專家與民間人士，在會中激盪新的客家思維。其次，

該學院注重田野實地的考察與研究,因此不僅舉辦客家地方文史研討會,如「北埔姜阿新故宅」學術研討會;也與大陸廣東嘉應大學客家學院聯合舉辦 2007 年「走進客家社會:廣東梅州海外田野調查實作研習營」。此外,也重視客家研究的傳承與討論,舉辦《當代客家學術文化講座》,積極邀請當代客家研究學者專題報告,作為提昇與擴大師生客家研究的視野。

交通大學客家文化學院的客家研究,在莊英章院長的精心規劃下,首先將該院教師以個人專長結合成不同主題研究群,計有:桃竹苗地區客家文史研究群、客家語言研究群、客家傳播與多元文化研究群、東南亞客家社會研究群、數位傳播下的客家文化典藏研究群以及傳統、變遷與交流:客家社會文化研究群、客家社群與媒體再現研究群等。其中每一研究群至少有兩位以上教師參與專題研究,而客家文化社會研究是該學院主要的客家研究方向,海外的東南亞客家社會研究則屬於新的研究方向,然而參與的學者極為少數。

另外,該學院也運用客家研究工作坊的方式,舉辦不同議題的研討會,如客家地方社會比較研究工作坊研討會、義民信仰工作坊等。主要目的在於與地方教育工作者及文史工作室合作,推動「當地知識與學院理論的對話」推廣課程,加強與地方的互動,為客家文化紮根。

從上述兩個學院的客家研究內容,可以歸納出目前臺灣主要客家學院的客家研究重點:(一)重視臺灣客家社會、文化的研究,加強研究生的培育與地方文化工作者的研究能力。(二)注重客家學術研究的交流,透過國際學術研討會或海內外客家的實地田野調查,以提昇並落實客家研究。(三)對於客家與其他議題研究也進行研究,如資料數位典藏、媒體關係、多元文化等議題。(四)客家語言的推展與落實亦是主要的研究議題。

總之,臺灣客家研究的發展,從客家學院、研究所、研究中

心等的設立，似乎有利於奠定「客家學」這門學術領域的基礎。莊英章教授曾經提出客家學在學術上的重要意義，分別為：（一）對華人研究的一種嚴肅反思；客家族群與原住民關係密切，但客家堅持漢族中原血統，因此客家研究可以視為少數民族社會文化對漢族的影響，也可視為漢民族以及中國境內區域的多元性。（二）屬於一門關於移民社會的研究；客家族群的遷移，從中原至贛、閩、粵三省交界區域的客家原鄉，再遷移至四川、廣西、臺灣、海外東南亞等地。（三）凸顯傳統人文與社會學科分野的武斷，而提出對科際整合的重要性；客家研究是一種跨學科的研究，也是科際整合的研究，對於社會科學有典範與反思的意義。因此，臺灣客家研究未來發展的趨勢，主要目標是邁向「客家學」的建立。

五、結論

臺灣客家社會運動的興起，在於《客家風雲雜誌》刊物發行的帶動，而這股客家社會運動，卻因臺灣民主政治的中央與地方首長與民意代表的定期選舉而持續發展，不僅促使客家有力人士要求參選的政黨與民意代表等，對客家政策表示看法，成為支持選舉的政治要件；更在這些被支持者當選後，客家群體敦促當選當選者落實其客家政策。臺灣客家政策獲得落實，實在是緣於此種民主政治的選舉制度，然而，客家族群意識的興起則是有賴於《客家風雲雜誌》刊物的帶動。

臺灣客家研究的推動，主要以中央大學客家學院（桃園縣），交通大學客家文化學院（新竹縣），聯合大學客家研究學院（苗栗縣）等三所客家學院之師生，進行客家研究。然而，臺灣各大學中所設立的客家研究所、客家中心等的研究者，亦是臺灣客家研究不可忽視的研究力量。

臺灣客家的歷史與文化[*]

一、前言

客家人是漢民族諸多民系當中的一支,由於歷史的因素及客家人特殊文化內涵,經過歷史長時間的積累,而有別於漢民族中的其他民系。在中國近代的歷史人物中,客家後裔的特殊表現備受國內外學者的矚目;同時客家民系的文化內涵,能兼具漢民族的共通性與客家文化特殊性,且能并行不悖,在客家人的一般生活上表現出來,使得客家民系在中國諸多民系當中凸顯出與眾不同的特質文化。因此,近代以來受到許多學者的青睞,並將客家民系作為學術的研究對象,甚至以為可以視為「客家學」作為一門學科來研究[1]。

臺灣的客家人源自中國大陸,荷蘭人據有臺灣之時,就已與福建閩南地區的人們共同來到臺灣墾殖,然而在臺灣的歷史時期的發展上,臺灣客家人的發展始終不若閩南人來的騰達與順利;

---

[*] 擔任課程講義《臺灣史蹟研習會講義彙編》,頁 339－352,臺北市:臺北市文獻委員會編印,2002 年 8 月。

[1] 饒任坤、盧斯飛主編:《客家歷史文化縱橫談》,廣西教育出版社,1993 年 12 月,頁序 6。

此外,在臺灣移墾的客家人的後裔的繁衍人口數,也與到臺灣移墾的閩南人後裔的人口數,有著很懸殊的差距。臺灣歷史究竟是如何發展,才造成上述臺灣客家人與閩南人懸殊差異的結果,本文試圖解析此一問題,同時探究客家的歷史與文化。

二、臺灣客家人的原鄉

臺灣客家人的原鄉在那裏呢?這個問題簡單的回答:臺灣客家人的原鄉在閩西、粵東、贛南這三個省分交界的地區。這一地區是客家人住得最集中的地區,其中純客家市縣,有梅州市、焦嶺、平遠、興寧、五華、大埔、豐順、紫金、新豐、惠州市、始興、翁源、和平、連平、龍川、河源、長汀、連城、清流、寧化、明溪、上杭、武平、永定、寧都、石城、瑞金、于都、興國、會昌、安遠、尋烏、定南、全南、上猶、南康、大余、崇義等38個純客家縣[2]。除此之外,在這三省交界地區的其他縣市,則是客家人與其他民系如閩南人、廣府人、畬族等相互混雜居住。

目前客家人在中國境內,主要分布在福建、廣東、廣西、江西、湖南、四川、臺灣等地區約200多個縣市。歷史上粵、閩、贛三省毗連之區是客家人主要的開拓地區,其中福建汀州寧化石壁村是客家人在宋以前南遷的中轉站,梅州市、寧興、大埔等地則是明末清初客家人的中轉站。至於以後向海外發展的客家人,則以粵東、粵南、閩西、閩南地區的為多[3]。

客家先民原為中國北方人,也就是中古以來所稱的中原人。中原的範圍,大概包括目前的河南省、河北省西南部、山西省南部、山東省東部、陝西省東南部等地區。由於西晉時期五胡亂華,造成永嘉之禍(307－312年),迫使晉元帝不得不南下渡

2　黃順炘、黃馬金、鄒子彬等主編:《客家風情》,北京中國社會科學出版社,1993年6月,頁151。

3　同上,頁10。

江,在建康(即今南京)建立都城,從而開始中國歷史上所謂的東晉(317－420年)及南、北朝(420－589年)的歷史時代,同時也開啟中原地區漢民族從北方向南方大量移民的歷史時代。

從《晉書王導傳》中記載「洛京傾覆,中州仕女,避亂江左者,十六七」的資料,可以顯現當時南遷仕民之眾多的情形。在追隨政府遷徙的眾民行列中,其中有當時所謂的「衣冠仕女」,這批人到江南後,自然以新京畿――建康的所在地,做為其新的居所;至於另外的一般士民,到達江南後,則五家十室的各自星散,流亡各地沒有定處,他們則被稱為流民,或被稱為流人。

從中原遷徙到江南的流亡人民,有一部分的人受安土重遷的思想影響,特別思念故土,還想返回老家,政府因此就依其所居之地,錫以故土之名。因此,在東晉及南朝之時,有僑州、郡、縣制度的產生。另外一部分的人,則明白返回故土無期,只好另尋出路,以求家族的生存;他們大都成群的組合,集體遷徙。這些流民至南方後,多數不得不以客的方式附蔭在大姓之下。這個現象,使得晉元帝在太興元年(321年)以「流民失籍,使條名上有司」,定訂「給客制度」,也因此遂有「客民」的稱呼。芮逸夫先生疑為這是形成日後「客家」稱呼的主要淵源[4]。

對於「客家」的稱謂及民系的形成,向來許多學者有不同的看法,歸納約計有六種,各種看法分別說明於後:

(1)「客家」一詞作為民系的稱謂,主要在於以自己的特徵,有別於其他民系的不同,而不是作為與當地原來居住土著的相對稱呼。理由是,如果「客家」是一種與當地的土著相對稱呼產生的名詞,那麼歷史上因天災人禍而流落他鄉的流民,在其新地定居之後,也都可以稱為「客家」,然而,事實並不是如此。

(2)東晉以來的「給客制度」的「客戶」,指的是在封建

---

4 謝劍:《香港的惠州社團》,香港中文大學出版社,1981年,芮序頁一。

制度下土地兼并情況中,那些不堪戰亂、壓迫而流離失所的農民,也是被稱為流民、流人、佃客的那批人。唐代更依人對土地的擁有情形,在戶籍上課以「主戶」、「客戶」的區別;主戶失去土地即成「客戶」,客戶擁有土地也可以成為「主戶」。因此認為「客家」稱謂,不可能來自「給戶制度」的「客戶」一詞。

(3)如果「給戶制度」的「客戶」指的是中原遷徙來的移民,那麼同上由中原遷徙南方的漢族中;定居閩南漳、泉一帶的人,為何稱「河洛人」,其方言為「河洛話」。定居閩東的通稱為「福佬人」,其方言為「福佬話」。定居廣州及珠江三角洲一帶的稱「廣府人」,其方言為「粵語」。他們這些人並不稱為「客家人」,因此「客戶」作為「客家」形成的理由,頗為牽強。

(4)認為衣冠南渡的漢族是編戶齊民,乃是主戶。土著不屬編戶,免納貢賦,應是客戶。所以「給戶制度」的客戶不是指南遷的漢人。

(5)認為在唐宋以前遷來的漢人是主戶,唐宋時遷來的是客戶[5]。

(6)認為「客家」一詞是閩南人或廣府人對客家民系的一種稱謂。其中應該是閩南人首先用「客家」、「客人」「客民」等來稱呼客家人。根據中國傳統用語習慣,客家的「客」是一種屬於他律性的稱呼,而不應該是客家人自律性的自稱。換言之,客家之所以被稱為「客家」,應該是由其周邊的其他民系或民族首先提出來的,而不是客家人自己首先對自己的一種稱謂[6]。

另外,以田野調查為基礎,站在邊陲的立場來審視漢文化的

---

5 黃順炘、黃馬金、鄒子彬等主編:《客家風情》,北京:中國社會科學出版社,1993年6月,頁6－7。
6 王東:《客家學導論》,臺北:南天書局,1998年8月,頁156－161。

人類學研究者，對於傳統中國學術界研究有關南方漢人的文化形成，向來持北方漢人南遷為主流的傳播觀點，以為此種傳統的觀點有許多值得商榷的問題。其中有關「客家人」、「客家語」的研究，主張用「非線性理論」來解釋，重視族群互動、地域文化傳統或文化底層的重要作用。如鄧曉華以為客家話的音韻系統屬於宋代北方中原音韻，而詞彙系統則是北方漢語和南方土著民族語言混合而成，其中土著的比率甚至更大[7]。

王東則更在其所著《客家學導論》一書中，以為客家民系的形成過程，從人類地理學的角度來說，也就是漢族同化今天客家地區土著居民的過程。以為生活在今天大本營區域（粵、閩、贛三省交界地區）的土著民族，都曾受到過南遷中原漢人的同化，並部分地融和到後來的客家民系之中。王東進一步的認為，客家各姓氏家族中，其家族譜系中如果沒有自北而南遷的遷移史，則其先人就有可能是土著居民[8]。

如何界定「客家」、「客家人」。李逢蕊認為應該以科學概括的方式來說明。在其〈客家人界定初論〉的文章中，將「客家人」的定義概括為：由於歷史原因形成的漢民族的獨特穩定的客家民系，他們具有共同的經濟區域和利益，具有獨特穩定的客家語言、文化、民俗和感情心態（即客家精神）。凡符合上述穩定特徵的人，就叫客家人，否則就不能稱之為客家人[9]。

三、客家人到臺灣的移墾

一般學者認為，明末以後客家民系自閩、粵、贛三省交界的

---

[7] 鄧曉華：〈試論南中國漢人及漢語的來源〉，《中國における民族文化の動態と國家をめぐる人類學的研究》，日本大阪國立民族學博物館調查報告20，平成13年3月30日，頁410。

[8] 王東：《客家學導論》，臺北：南天書局，1998年8月，頁82。

[9] 李逢蕊：《李逢蕊集》第一卷，中國：內蒙古教育出版社，2000年10月，專論頁4。

大本營地區向外播遷，不是受到天災兵禍的影響，主要原因是其自身人口繁衍的結果所導致而成。此種看法與羅香林的主張是相同的。羅香林在〈客家的源流〉文章中，說明客家民系的第四次遷移的原因，亦認為客家地區內部人口的澎漲為主要因素。他以為：「蓋客家的大部分於宋末至明初，徙至廣東內部以後，經過朱明至清初的生息，系裔日繁，資力日充；而所佔地域，山多田少，耕植所獲，不足供用，以是，乃思向外移動」[10]。當時四川地區遭受兵禍，在經歷張獻忠的殺戮之後，整個地區人口凋零，田園荒蕪，也就成為客家農民遷徙並移民的地方。

另外，明末的臺灣島，雖與大陸有一水之隔，但在荷蘭人召納漢人到臺灣墾殖的需求下，一批批的閩南地帶的漢人，其中應該包括客家人在內，也就隨著船隻渡海到臺灣島，以佃農的身分在臺灣從事農業墾殖的工作，如同候鳥一般往來大陸與臺灣間。這些因荷蘭人僱用而來臺灣的漢人，可以視為漢人在臺灣島開拓的先鋒。

明末時期，客家人的遷徙不再是如同以前，那種為求生存的移民性質；而是受現在所居住環境中，人口飽和的壓力所致，為求人口的出路與前途發展而移民。這顯示客家人遷徙史當中，另一階段的新意義。換言之，明末時期所形成的客家人區域的大本營——閩、粵、贛三省交界地區，成為明、清以後客家人向外發展的中心，也是現在各地及海外地區客家人的主要原鄉。

1661 年鄭成功到臺灣，趕走占據臺灣的荷蘭人，臺灣成為鄭氏王國所有。由於鄭氏為福建閩南泉州安平人，自然鄭氏在臺灣的拓殖當中，福建閩南泉、漳之人是其移墾臺灣的主要力量。由於漳州與潮、惠相近，因此其中也應不乏客家人才是，其人數應當是為少數者，而難在拓墾當中留下客家人村落的遺跡。

---

[10] 羅香林：《客家研究導論》，臺北：南天書局，1992 年（民 81 年）7月，頁 59。

鄭氏三代，在臺灣共計22年（1661－1683年），皆致力於開墾。其範圍：「拓殖區域，始之以承天府、安平鎮，而以南北附近的文賢、仁和、永寧、新昌、仁德、依仁、崇德、長治、維新、嘉祥、仁壽、武定、廣儲、保大、新豐、歸仁、長興、永康、永豐、新化、永定、善化、感化、開化等二四里為中心，漸次向外開展，南至鳳山、恆春，北迄嘉義、雲林、彰化、埔里社、苗栗、新竹、淡水、基隆各地。（北路基隆南路恆春的若干地方，常被用作流竄罪人之處。）」[11]。就此範圍而言，明鄭的開發區域大體與荷蘭開發臺灣時期的範圍相當。這些開墾地的墾民，不論是否屬於鄭氏部將與兵卒，多數是福建閩南地區的泉州、漳州之人[12]。可以說，漢人在臺灣的分布，在鄭氏時代開墾的基礎上，就已經讓從大陸移民來的閩南人，占據了移墾臺灣優勢的基礎。

　　1683年（康熙22年）8月施琅抵達臺灣接受鄭氏的投降，停留臺灣的百日期間，在劉國軒的陪同下，勘察了臺灣南北兩路的情形。返回福建後，在清廷特派大臣蘇拜所主持的臺灣善後會議中，施琅以臺灣沒有捨棄之理，堅持保留臺灣立場。以後他更上奏清廷，翔實陳明臺灣棄留之利害，及攸關東南沿海各省海防之重要。康熙皇帝採納施琅的主張，保留臺灣，但對臺灣的治理，採取消極政策，只求安定以維持現狀。以後清廷開放海禁，准許臺灣招徠內地人民墾田報賦，但施琅則請嚴禁粵之潮、惠兩州之民入臺。其藉口：「潮惠之地，素為海盜淵藪，而積習未忘」。直至1696年（康熙35年）施琅死後，始漸弛其禁，潮、惠之民始得入臺。清廷對臺灣的政策，一方面雖然開放入臺禁令。但另一方面，卻規定：（1）入臺人民需由官府發給証明，

11　伊能嘉矩：《臺灣文化志》下卷，日本：東京刀江書店，昭和40年10月25日，頁274。

12　曹永和：〈鄭氏時代之臺灣墾殖〉，《臺灣鄭成功研究論文》，福建：人民出版社，1982年6月，頁65－70。又參閱《臺灣早期歷史研究》，臺北：聯經出版公司，1979年。

及檢查所帶貨物。（2）不准帶家攜眷，祇許單身入臺。清廷想以較嚴苛的方式減少入臺者，但由於執行困難，且賄賂難免，因此在此期間渡臺人民反倒很多[13]。

1688 年清軍派遣到臺灣的部隊中，有一部分士兵是從廣東焦嶺及梅縣地區招募的客家人，他們由安平登陸，不久屯田於臺南的東門，以後轉到阿公店（岡山）。1692 年解除兵役後，被政府安置在屏東縣萬丹鄉濫濫庄從事墾荒，這批人數不多的客家人，成為最早到臺灣南部開墾的客家移民[14]。

1696 年施琅死後，渡臺禁令鬆弛，客家人始得有東渡臺灣移墾的機會。因此，濫濫庄的墾民乃返回大陸原鄉，邀集親友到臺灣墾荒。這批來臺的客家人以濫濫庄為起點，沿著東港溪與隘寮溪擇地而居，逐步拓墾，形成朱一貴事件前「十三大庄，六十四小庄」的客家聚落區，以後再發展成為目前臺灣南部所謂六堆客家地區。六堆的區域：為屏東縣的竹田鄉、內埔鄉、萬巒鄉、麟洛鄉、長治鄉、高樹鄉、新埤鄉、佳冬鄉及高雄縣的美濃鎮、杉林鄉、六龜鄉等之一部分或大部分[15]。又據陳文達的《鳳山縣志》記載：「鳳山自縣治北抵安平鎮等處，俗略於郡治同，由縣治南至金荊譚一帶，稍近喬野，自淡水溪以南，則漢番雜居，而客人尤多」。亦有助於了解當時客家人在屏東地區的發展情形。

客家族群在彰化地區的開墾，最早可以 1715 年（康熙 54 年）的廣東客家人黃利英到彰化的拓墾為開始。黃利英在彰化獲得政府執照的拓墾成功的例子，促使客家人逐漸遷移到這個地區，當時彰化、鹿港、員林等地的開發，均與客家人有關。現在這些

13　臺灣文獻委員會編：《臺灣省通誌》14 卷三政事志，眾文圖書公司，1972 年（民國 61 年）12 月，頁 24。

14　鍾壬壽編：《六堆客家鄉土誌》，屏東：常青出版社，1973 年（民 62 年）9 月 28 日，頁 70。

15　同上，頁 68。

地區存在的三山國王廟就是最好的例證。然而受到週遭多數閩南人勢力的影響，日後這批客家人的後裔則被同化成所謂的「福佬客」[16]。

清雍正元年時期，採納御史吳達理的奏請，在諸羅縣北路添設彰化縣、淡水廳。1728 年（雍正 6 年）將臺、廈道改為臺灣分巡道，專駐臺灣。清廷對臺灣墾民的政策，則進一步採納大學士鄂爾泰的奏言，准許臺灣居民搬眷來臺，使臺灣居民能各遂家室，而無輕棄走險之想。這個政策的實施，對臺灣的加速開發，發生重大的影響[17]。

客家人在新竹地區的開發，最早是 1725 年（雍正 3 年）廣東陸豐縣人徐立鵬，到竹塹埔的紅毛港新莊仔開墾。以後陸續有同鄉人徐理壽、黃君泰開墾附近的員山頂、崁頭厝一帶。海豐縣人郭清山開墾員山仔福興莊。至乾隆年間，客家籍移民村遂在新竹、竹北、新豐、香山、關西、竹東、芎林、新埔、湖口等地形成。

以後，道光 14 年淡水同知李嗣鄴為防止北埔地區的原住民危害移民，同時為安置新移民及無業移民，遂與客家人姜秀鑾，閩南人周邦正等人組合「金廣福」墾號，以「金廣福」作為武力拓墾北埔地區的主要組織。姜秀鑾從而招募墾民，向原住民所據的北埔地區，進行武裝移民。其結果使得原住民盤據的北埔、峨眉、寶山等地，因漢族的武裝開墾而完成移民。由於這批武裝移民以惠州移民為主，因此北埔地區成為客家人的拓墾區。新竹地區閩、客間人口的差異，即是在上述的開拓過程當中，所造成的結果[18]。

---

16 江運貴著、徐漢斌譯：《客家與臺灣》，臺北：常民文化出版，1996 年 9 月，頁 247。
17 臺灣文獻委員會編：《臺灣省通誌》14 卷三政事志，眾文圖書公司，1972 年（民國 61 年）12 月，頁 25。
18 黃旺成主修、郭輝等編：《新竹縣志》三，臺北：成文出版社，1983 年（民 72 年）3 月，頁 32－35。

苗栗地區的開發，在 1726 年（雍正 4 年）已有漢人陳仁愿與平埔族訂約，開墾中港地區。以後乾隆 4 年泉州人林耳順，邀集閩粵之人三十餘人，與平埔族訂約承佃拓墾，建番婆、菁埔等 13 莊。乾隆 16 年廣東鎮平人林洪、吳永忠、溫殿玉、黃日新、羅德達等人，共同出資開墾竹南、頭份一帶。以後乃陸續有從廣東鎮平原鄉到此地開拓的鄉民，同時也將原鄉三山國王的祭祀，帶到這個區域[19]。

　　嘉慶 10 年，又有客家人黃祈英（斗乃）獨自到三灣斗換坪與原住民進行商業交易，以後娶原住民女為妻，生二子。而後黃邀集原鄉人張大滿、張細滿等人入山，約為兄弟，他們亦各娶原住民女為妻，與原住民往來交易。以後開墾三灣荒野，再沿中港溪，進入南庄拓墾。期間客家墾民藉黃祈英的保護，得以越過土牛界限，進入原住民保護區開墾荒地。三灣、內灣、小北埔等地區，以後漢人移住乃逐漸眾多[20]。

　　花東地區，在 1693 年（康熙 32 年）陳文、林侃兩人因舟破漂流到崇爻（花蓮市西郊），始有漢人定居。雍正、乾隆年間，花東地區屬後山部分，當時清政府畫分的民番之界未解禁，但漢民偷渡墾荒者卻日漸眾多。咸豐三年，有客家人沈私省、陳唐、羅江利等 20 餘人，越山到璞石閣（玉里）墾荒，築土城以禦敵，其地則被稱作客人城。到光緒元年，清政府解除漢番禁令，獎勵入墾，漢人乃大量到此區移墾。

　　日本領有臺灣以後，賀田金三郎以花東地區開發人手不足，首先招募臺南、屏東等地的漢人來花蓮採煉樟腦，以補其本土移民（日本人）的不足。以後，壽豐、光復兩地又相繼設立糖廠，

19　陳運棟編：《頭份鎮志》，頭份鎮公所，1980 年（民 69 年）11 月，頁 6－8。
20　同上，頁 12－14。

亟須蔗農，再次招募宜蘭、新竹等地的民眾[21]。

花東地區從清末光緒年間，到日本領臺之時，數次的開墾招募，使得在臺灣南部及北部地區的部分客家人把握契機，再度移民到臺灣花東地區從事農業的移墾。這段時期的移墾，可視為臺灣客家人在島內的移民活動，也是最後的移墾活動。

清代前期的皇帝，對臺灣民眾採取緊弛不同的渡臺政策。清乾隆初期，政府重申禁止大陸內地人民偷渡之令。乾隆5年，以臺灣留寓民眷，均已自內地搬取，乃停止給照，不准搬移。以後，因偷渡者依舊不少，致冤死於波濤之中，或枉遭處分者甚多，當時巡臺給事中六十七及閩省督撫等，乃奏請朝廷改善，始將渡臺政策修改。即是增加「嗣後臺民如有祖父母及妻子欲赴臺侍奉就養，仍准給照搬養」的條文[22]。然而，到乾隆13年起，又禁止大陸人民攜眷赴臺，同時對所有渡臺人民，禁絕往來。直到乾隆25年，福建巡撫吳士功上奏《准臺民搬眷過臺疏》後，臺民才得以再度搬眷來臺。至此之後，清政府對臺移民政策，未再有積極干涉的措施，也未倡導，一切以民眾所造成的事實，再來決定政策的方針與措施[23]。

綜合上述，清乾隆時期是大陸移民來臺最盛的時期；也是客家人入臺墾殖規模最大，移民人數最為集中的時期。以後嘉慶時期，大陸移民的風潮稍弱，客家人往臺灣的遷徙移民的規模也就越來越小。客家人在臺灣的拓墾，開始在臺灣南部，而後在臺灣北部與閩南人、原住民爭地移墾，最後才到所謂臺灣後山地區的花蓮、臺東移墾。

---

21 駱香林主修：《花蓮縣志稿》卷三上，花蓮縣文獻委員會，1959年（民48年）12月，頁4－7。

22 臺灣文獻委員會編：《臺灣省通誌》14卷三政事志，眾文圖書公司，1972年（民國61年）12月，頁26。

23 同上。

四、臺灣客家文化

有關「文化」的議題，長久以來在學術的討論，還是各說各話。

應當如何清楚的界定文化的定義，與釐清文化的內容，沒有一致的看法。1980 年版的《蘇聯百科辭典》，卻對「文化」的解釋，有著詳細的闡釋。其文化的定義；文化是社會發展，人類的創造力和才智在歷史上達到的一定水準，體現在人類組織生活和活動的各種形態和形式中，也體現在人類創造的物質財富和精神財富中。至於「文化」的內容應該是：（1）能表徵一定的歷史年代。（2）能說明人們活動或生活的獨特範圍的特徵。（3）能用來說明具體社會、部族和民族。（4）一種人們活動所創造的具體成果。（5）亦是一種人們在活動中體現的創造力才智的成果。（6）文化狹義的理解，指的是人們的精神生活[24]。本文將在上述的文化概念下探討臺灣客家的文化。

1. 客家精神

羅香林在其《客家研究導論》一書中，以為客家的特性有 7 項：（1）客家的家庭成員能兼顧各種行業，使家庭得以維持穩固的發展。（2）客家婦女的能力與地位，受到尊重與肯定，同時是家庭的核心。（3）客家人喜歡勞動與潔淨。（4）客家男性好動亦具野心。（5）客家人具冒險與進取精神。（6）客家人崇儉樸，性質直。（7）客家人具剛愎自用的性情[25]。對於羅香林的這些論述，當時著名學者朱希祖以為羅香林不是有意自傲客家的特質，以貌視他族。主要是藉此論述，策勵客家族群子弟，保持自己客家族性的特長，在當前的社會國家變動時代，

---

24 於沛主編：《現代史學分支學科概論》，北京：中國社會科學出版社，1998 年 12 月，頁 40－41。

25 羅香林：《客家研究導論》，臺北：南天書局，1992 年（民 81 年）7 月，頁 240－246。

不可妄自菲薄,應以積極心態,平等立場,來捍衛種族應有的歷史地位[26]。

此後,一般學者論述客家精神的特徵內容,也就脫離不開羅香林所歸納的範圍。如張奮前的《客家民系之演化》,以為客家民性特徵:(1)純樸保守。(2)堅忍刻苦。(3)崇尚忠義。(4)冒險進取精神。(5)婦女自食其力。(6)注重武術。(7)講究清潔。又如李關仁的《客家人》,以為客家人具備的民風為:(1)純樸保守。(2)堅忍刻苦。(3)崇尚忠義。(4)尊文重教。(5)尊重婦女。(6)重視武術。(7)偏愛清潔。(8)勤勞節儉。這些均是明顯的例子[27]。

上述的客家精神到底是如何產生的。這個問題以為需從客家人所居住的環境進行討論。閩、粵、贛三省交界地區是客家人的大本營,其所處的自然環境是屬東南丘陵地形,其地理位置是在距海洋遙遠且崎嶇的山區,由於山多平地少,又僻處內陸,因而與外界聯絡不易,加上多雨潮濕的氣候,因此山地較平地生活的不方便,是可以想像到的。

另外,山區土地資源相對於平地而言,其資源對人口養殖的供給,是明顯不足的。因此當地客家人為解決生存的問題,男子多紛紛利用農閒行賈,到外地謀生;女子從而養成耕田採樵,兼具男功女功的能力。當地再為求自保,除聚族而居、互助團結外,也習武自衛。又由於山區資源有限,因此生活養成勤儉樸素和知足常樂的心態[28]。換言之,客家人為適應山區的生存,而形成的奮鬥、知命的特質,是足以作為客家精神的主要內涵。

---

26 同上,朱序頁2。
27 李逢蕊:《李逢蕊集》,第一卷,中國:內蒙古教育出版社,2000年10月,專論頁15。
28 施添福:《清代在臺漢人的祖籍分布和原鄉生活方式》,臺灣師範大學地理學系印行,1987年(民76年),頁174－175。

臺灣客家人從大陸原鄉而來，自然原鄉的特質還是呈現在生活的文化中，然而，臺灣的自然環境，是四面海水環繞的島嶼，客家人在這塊島嶼上的生活，除了依據原有山居特質的文化從事農業生產外，在近代的歷史發展中，也以堅韌、開放的精神，學習海島貿易的生活技能，朝向廣大的世界發展。

2. 客家人的信仰

在臺灣有關客家人的信仰中，最具代表性的莫過於「三山國王廟」、「義民廟」及「龍神」的信仰。除上述三種較特別的信仰之外，客家人對神祇的祭拜，實際是屬於多神的信仰，與其他漢族民系的信仰，沒有多大的區別。

三山國王廟是清代早期移民，粵東客家鄉親到臺灣拓墾時，從原鄉攜來的家鄉神祇的信仰。因此，在臺灣各個地區，只要有三山國王廟的地方，就表示這地方有客家族群存在。

三山國王的信仰，依據元代劉希孟《明貺廟記》：「世傳當隋時，失其甲子，以二月下旬五日，有神三人，出巾山之石穴，自稱昆季，受命於天，鎮三山（明山、獨山、巾山）托靈於玉峰之界石，因廟食焉。」[29]，則可知這種信仰最早起源於隋代。然而，大陸學者譚其驤以為漢人移民到粵東的年代，主要在唐、宋之時，唐以前粵東地區的主人為俚族的土著。因此，大陸學者謝重光也就認為三山神祇，最初是俚族為主的粵東土著的信仰。土著把三山神祇視為山神，且認為托靈於玉峰的界石，也就將界石作為三山神祇的象徵。唐元和年間，韓愈任潮州刺史，還派人祭拜此界石之神。宋以後，三山神祇的信仰，亦為遷移粵東的客家人所接受，並附加漢人的觀念，以後三山神祇不僅能庇佑人，也成為能助王師征討有功於國家的英雄，因而受賜「國王」的封號和「明貺」廟額。三山神祇遂由單純的自然崇拜，

29　謝重光：《客家源流新探》，臺北：武陵出版公司，1999年4月，頁192。

演化與英雄崇拜相結合的三山國王神祇[30]。

新竹地區的義民廟,從早期的區域性祭祀,演化成日後北部地區客家人一般普遍性的信仰,在臺灣是一個很獨特的例子。實際上,新竹義民廟的存在與臺灣的歷史事件有密切的關係。

1786 年林爽文在大里杙(臺中市大里區)起事,攻陷竹塹城之時,林先坤等人立即組織義民軍,捍衛鄉土。傳聞戰役結束,以牛車載運所撿拾戰死的義民,計有二百多人,準備將這些戰死的義民,歸葬在大窩口(新竹縣湖口鄉)。然而,牛車過了鳳山溪,即停蹄不再前進,當事者於是就地卜筶,得到「雄牛睏地穴」吉地的指示,乃將義民的遺體全數歸葬。即現在的義民塚的位置。以後,獲得清乾隆皇帝褒揚義民,忠勇保鄉,衛民事蹟的「褒忠」敕旨。林先坤等人乃再議建廟祭祀,於 1790 年建廟完成。

1862 年(同治元年)彰化戴潮春起事,義軍再組織保衛家園。此次戰役,亦有百餘義民戰死,葬在原義塚旁邊,是為「附塚」。原廟於 1895 年因抗日損毀,而後,1904 年在經理徐景雲等人的倡議下,新廟落成。

義民廟的祭拜,開始並無承辦的固定組織,僅由林先坤、錢子白、劉朝珍、姜秀鑾等人號召業戶輪流經理,管理廟產及春秋祭祀。以後由新埔街、九芎林、石岡子、大湖口等四庄輪流管理、祭祀。戴潮春事件以後,四大庄先增為十三大庄,後再加大隘,成為十四大庄輪流經理,並將春秋兩祭,改為與民間中元祭典同時祭祀。無形之間,本是地區性祭祀義民爺的活動,演變成與民俗相合的中元祭典活動,義民廟的祭祀遂成為普渡眾生的祭拜活動[31],以後再成為臺灣北部地區客家人一個重要且普遍性

---

30 同上,頁 192 – 194。
31 羅烈師:〈客家族群與客家社會:臺灣竹塹地區客家社會之形成〉,徐正光主編,《聚落、宗族與族群關係》,中研院民族學研究所,

的節慶活動。

　　客家人「龍神」的祭拜，是一種屬於客家人在住宅風水方面的信仰，有別於其他漢人族群。「龍神」安置的位置，往往設置在客家住屋的「正宸廳」祖先桌或神明桌下。就風水的意義來說，客家人將「龍神」的功能，定位在自然界的風水與人造三合院風水環境的接觸點上，認為藉著「龍神」的供奉可保家族平安、人財旺盛。

　　傳統上，客家人是請道士或覡公到住屋來「安龍」，「安龍」的過程，據香港學者謝劍在梅州畬坑羅村的考察，其紀錄的內容如下：

> 道士或覡公帶領全村人聚於祖祠後面的山岡，即龍脈之所在，唸咒語、耍法術，用刀取土少許，然後引帶族人從山頂順勢而下，把土捧回到祠堂，倒在祖宗神龕下面的土地伯公神位前之香爐內。人們說「安」了「龍」，全村人就平安無恙，丁財兩旺[32]。

　　簡而言之，傳統客家圍龍屋或三合院老宅的「龍神」風水觀念，是一種「地脈龍神」的崇拜，屬於土地神系的一個分系，專門主管居宅的地理之神。換言之，客家人所謂的「龍神」伯公、叔公，就是客家人的居住之神、風水之神[33]。

3. 客家語言與山歌

　　客家人所使用的語言，是一種長期受歷史播遷因素積累而成

　　　2000 年（民 89 年）12 月，頁 129。
32　黃蘭翔：〈以「風水」觀點論客家人的住家環境〉，徐正光主編，《聚落、宗族與族群關係》，中研院民族學研究所，2000 年（民 89 年）12 月，頁 179。
33　黃蘭翔：〈以「風水」觀點論客家人的住家環境〉，徐正光主編，《聚落、宗族與族群關係》，中研院民族學研究所，2000 年（民 89 年）12 月，頁 181。

的語言。近些年來大陸、臺灣、香港等地的學者,在這方面累積了許多的論文成果。其中,大陸學者鄧曉華、陳支平兩人的觀點,頗引人矚目。鄧曉華對研究客家語言方式的看法,則認為傳統學界認為的客家是中原的正統,客家話完全是中原漢語南遷後的延續,這種觀點恐與事實相悖。客家話應是多源的,客家話既有代表儒家大傳統的漢文化的中原雅音,也有大量苗瑤語族、北侗語族的語言成分,客家話是多層面長期的語言互動後形成的,使用傳統進化理論來解釋客家話及客家的形成是不恰當[34]。

另外,陳支平對的客家話的研究方式,以為應該根據不同的研究對象和研究內容,深入社會進行田野調查,多方開闢資料來源,切實細緻的進行客家民系與非客家民系,以及不同區域間客家民系的比較研究,才能歸納出屬於客家的真正特質[35]。

鄧、陳兩位的上述看法,我以為是恰當的。文化若是在一種單純的環境下發展,它的內涵必然極為貧乏。事實上,文化的實際發展有主流與非主流的因素,在人群、族群的互動關係中,藉著相異的文化彼此產生融合的現象,成為「你中有我,我中有你」的結果。換言之,客家文化中的語言、民俗是一種綜合許多族群的結果,雖然這個新結果有別於給予營養的母體,但始終還保留母體的若干特質。因此,可以認為客家文化是多源的結果。

依據上述多源的看法,那麼客家語言當中,自然也就存在許多中原與南方部族文化的語詞、字彙以及音韻。譬如:有關百越民族文化的語彙遺跡。客家話的「女尾」(mei)作為母的意思,乃有阿 mei(母親)舅 mei(舅媽)叔 mei(叔母)等的稱呼,然而這是借用古代百越民族關於「母」字一詞讀音的結果[36]。

---

34 陳支平:〈推展客家民系與其他民系的比較研究〉,徐正光主編,《歷史與社會經濟》,中研院民族學研究所,2000 年(民 89 年)12 月,頁 108。

35 同上,頁 116。

36 王東:《客家學導論》,臺北南天書局,1998 年 8 月,頁 266。

山歌是語言藝術化的結果。向來臺灣客家人以山歌作為客家獨特文化的表徵。中原地區的漢人不時興山歌，是大家所理解的。客家人喜歡山歌與居住環境有關，由於畬族是一個酷愛山歌的民族，且其居處與客家地區重疊。因此，大陸音樂理論家王耀華研究，認為客家地區以商音（re）為中心的山歌，應當視為畬族山歌影響客家山歌的例證，此類旋律亦應當看作是客家人吸收畬族山歌的一個例子[37]。

　　總之，從上述的例證，可以理解客家的文化是經過漫長的歷史積累而成的，亦是一種多源且複合的文化。

五、結論

　　人類社會的文化是多元的，隨著歷史的發展，人類多元的文化在交替過程當中逐漸融匯在一起，其結果是興起新的文化。異文化的發展、融合、再生新文化；由小變大，由單純變複雜，由貧乏變豐富，這些應該是文化演變的定律。客家文化的形成，可以說是依循著這個定律發展而成的。

　　在臺灣目前開放的社會與尊重族群理念的時代裡，傳統、狹隘的客家意識應該被拋棄，想要發揚新的臺灣客家文化，只有把客家的歷史文化放到整個中國的華南地區，乃至整個中國的大歷史中去考察，進行不同民系之間的比較研究，才有可能比較客觀地審視客家歷史文化的發展軌跡及其特有風貌，也才能進一步的將客家歷史文化帶入學術性的研究中。由此，客家人也才能從基礎的中原文化，橫越過如母體般滋潤的南方山地文化，再邁向現代世界海洋文化的發展。

37　蔣炳釗：〈客家文化是畬、漢兩族文化互動的產物〉，徐正光主編：《聚落、宗族與族群關係》，中研院民族學研究所，2000年（民89年）12月，頁356。

參考書目

駱香林主修,吳玉階等纂:《花蓮縣志稿》,花蓮縣文獻委員會,1959年。

沈茂蔭:《苗栗縣志》,臺灣文獻叢刊第159種,臺灣銀行經濟研究室,1962年。

鍾壬壽主編:《六堆客家鄉土誌》,屏東內埔:常青出版社,1973年。

陳運棟主編:《頭份鎮志》,頭份鎮公所,1980年。

黃旺成主修,郭輝等纂:《新竹縣志》,臺灣:成文出版社,1983年。

施添福:《清代在臺灣漢人的祖籍分布和原鄉生活方式》,臺灣師範大學地理學系,1987年。

劉佐泉:《客家歷史與傳統文化》,河南大學出版社,1991年。

丘權政:《客家民系研究》,中國:工人出版社,1992年。

羅香林:《客家研究導論》,臺北:南天書局,1992年。

饒任坤、盧斯飛主編:《客家歷史文化縱橫談》,廣西教育出版社,1993年。

黃順炘、黃馬金、鄒子彬主編:《客家風情》,北京:中國社會科學出版社,1993年。

王明珂:〈歷史、集體記憶與族群認同:臺灣的族群經驗〉,《認同與國家:近代中西歷史的比較》,中研院近史所研討會,1994年。

劉錦雲:《客家民俗文化漫談》,臺北:武陵出版公司,1995年。

房學嘉:《客家源流探奧》,臺北:武陵出版公司,1996年。

江運貴著,徐漢斌譯:《客家與臺灣》,臺北:常民文化出版,1996年。

王東:《客家學導論》,臺北:南天書局,1998年。

黃恒秋:《臺灣客家文學史概論》,新莊:客家文史工作室,1998年。

謝重光:《客家源流新探》,臺北:武陵出版公司,1999年。
丘權政主編:《客家與近代中國》,中國:華僑出版社,1999年。
李逢蕊:《李逢蕊集》,中國:內蒙古教育出版社,2000年。
徐正光主編:《聚落、宗族與族群關係》,《宗教、語言與音樂》,《歷史與社會經濟》中研院民族學研究所第四屆客家學術討論會論文集,2000年。
伊能嘉矩:《臺灣文化志》,東京:刀江書院,昭和40年。
伊能嘉矩:《臺灣志》,東京:以文館,明治44年。
賴澤涵主編:《客家文化研究通訊》,中央大學客家文化研究中心籌備處。
陳石山:《客家》,臺北:客家雜誌社。

從臺灣歷史看客家民間信仰發展[*]

摘要

　　本文從民間信仰及歷史學觀點，企圖將臺灣客家族群的民間信仰發展與臺灣歷史發展，兩者之間作一相關探究，試藉著客家族群民間信仰的傳播與實際發展之例證，進一步說明民間信仰對於客家族群在移墾臺灣各地之時，對於移墾者的心裡影響，及所造成日後地方文化的特色。這些均與臺灣歷史的發展息息相關。

　　明末清初移民臺灣的漢人，主要的族群是閩南及客家兩者，其中閩南族群又較客家族群占有地利人和之勢，不僅移墾臺灣在商業貿易佔有優勢外，在土地的墾殖方面也較得利。客家族群開發臺灣之時，在清初施琅的偏見政策以及客家原鄉社會與經濟等因素的影響下，多數為墾佃，且墾佃環境多為臨近臺灣高山族群的活動區域，因此生命較易受到高山族原住民的威脅。但在遭受此種險境中，卻因憑借宗教的信仰而堅持下去，客家原鄉的民間宗教也就得以傳播到臺灣，然後隨著臺灣社會的發

---

[*] 發表於「第二屆海峽兩岸客家高峰論壇」、北京聯合大學臺灣研究院、臺灣中華海峽兩岸客家文經交流協會、廈門市客家經濟文化促進會等主辦（福建廈門市），2007 年 9 月 28 日－29 日。

展成為現今的模樣。

此外,清代早期臺灣歷史上有名官逼民反的事例,是康熙末年的朱一貴事件,以及乾隆年間的林爽文事件。這兩個事件發生之時,也引發閩、粵族群的械鬥,使得臺灣南北客家族群聚落之鄉紳,由於懼怕兵害荼毒鄉里,乃籌組義勇軍與政府官兵合作,為保衛鄉里家園的安全而戰。以後因平息亂事有功,獲得清朝廷的嘉許並表彰義舉,並將犧牲者稱為「義民爺」,此即是臺灣客家義民爺的由來。是故,本文擬就以「義民爺」與「三山國王」兩種客家民間信仰來探究客家族群在臺灣歷史發展的關係。

關鍵詞:義民箚付、褒忠、義民爺、三山國王

一、前言

臺灣自17世紀外人入侵之前，臺灣地區住有許多的原住民，這些原住民20世紀初的日本人類學者將他們分成兩大類；一為平埔族，另一為高山族。平埔族分居於臺灣西部丘陵及平原地區，高山族則分居於中央山脈分支之山地或東部之峽谷等地。

17世紀之前，歐洲葡萄牙、荷蘭、西班牙等國為了向東方貿易，不停地向東方亞洲航線探險，並挾其船艦及武力，在東南亞佔領了若干重要航道的據點，不僅作為其船艦的補給站，同時也作為其殖民地的總部及重要貿易的港口。臺灣即在這波歐洲國家海洋貿易洪流中被襲捲，荷蘭先佔領了臺灣南部，西班牙則隨後佔領了臺灣北部。1661年明朝鄭成功為反清復明大業以臺灣為基地，乃率艦隊襲擊臺灣南部荷蘭人的大窩灣（Tayouan即安平）港，取代統治臺灣的荷蘭人成為新的統治者，以後1683年（清康熙22年）施琅率領清朝艦隊於澎湖外海打敗臺灣鄭克塽的艦隊，鄭克塽投降後，清廷於臺灣設置府縣併入福建省行政區，臺灣始成為中國的領土。在清領時期的212年間（1683年至1895年）漢人開始大量的從福建、廣東等地移墾臺灣，而臺灣漢文化的建立與傳衍，使得臺灣成為海上鄒魯也是在此時期。

施琅主持臺灣政務初期，由於其個人對於潮州、惠州人的偏見，以及地理條件的便利性，臺灣社會移墾初期閩南人數即占據著多數的人口，相對的客家族群則是少數的人口，因此在移墾的發展上，客家族群長期受到了相當的壓力與限制，而這些壓力與限制又與臺灣歷史的發展莫不息息相關，為使能夠清楚地認識客家族群在臺灣歷史發展上所遭遇到的實際狀況，本文中特舉臺灣歷史所發生的民變朱一貴、林爽文等事件，以及清代統領中再次開發建制噶瑪蘭廳之例，將客家族群如何藉著族群團結以及原鄉三山國王民間信仰的力量渡過難關，並開拓荒地建立家園之事蹟，予以說明。同時又舉臺灣民變事件發展出

臺灣客家開創性的本土宗教信仰義民爺，以此說明客家族群在臺灣清代時期發展的艱辛，以及民間宗教中三山國王、義民爺對於臺灣客家人的巨大影響。

二、臺灣歷史發展與移民關係

清代初定臺灣，設置一府三縣（臺灣府、臺灣縣、諸羅縣、鳳山縣）實施郡縣統治，但臺灣社會由於清朝廷發令內遷原來明鄭入臺的官民，使得當時府縣所轄之地漢人稀少井里蕭條，也促使諸羅、鳳山等縣初任之知縣均寄居於府城裡。清廷海禁開放以後，臺灣官府開始大量招徠大陸內地人民入臺墾田報賦，但施琅以「惠潮之地，數為海盜淵藪，而積習未忘」為理由，乃發佈「嚴禁粵中惠潮之民，不許渡臺」的禁令，直至1696年（清康熙35年）施琅卒後，禁令漸弛，惠、潮之人始得越渡海峽到臺灣移墾[1]。

另一方面，臺灣初期吏治有利於移墾政策的推動，如首任知府蔣毓英採「安撫土番招集流亡」、「相土定賦以興稼穡」、「振興文教創立義學」等政策，而諸羅縣知縣張尹之招墾曠土的人潮，居然有「流民歸者如市」的描述。另外先任臺灣知縣後任臺廈道的陳璸，則採獎勵讀書、紡績與賑恤窮黎的政策，作為振興地方開墾工作。以後接任的沈朝聘（臺灣知縣）季麟光（諸羅知縣）孫元衡（臺灣府同知）靳治揚（臺灣知府）王毓政（臺灣道）等人均有政聲，對於臺灣招徠墾民有莫大的功勞。

然而，康熙晚期承平日久，官場吏治漸壞，貪污成風，臺灣處於邊疆地位自然深受時代潮流影響，使得野心者有可乘之機。臺灣地區在康熙年間晚期，接連發生幾次暴動，其中以1721年（康熙60年）朱一貴事件影響最大，南路舉事群眾不僅連破官

---

[1] 郭廷以：《臺灣史事概說》，臺北市：正中書局，民國77年8月，頁96。

府所派清兵,奪取鳳山縣治,更進攻臺灣府城,逼迫臺灣分巡道及知府以下文武官員爭先登舟遁走,總兵歐陽凱戰死後,始佔領府城,同時諸羅縣城亦為起事北路軍攻下。

朱一貴乃於臺灣府城稱「中興王」建號「永和」,置百官,據有臺灣[2]。隨後,由於內部爭權內訌,外因清廷調度適宜軍隊動作快速,朱一貴王朝僅僅 50 天就瓦解。朱一貴起事群眾中南路內部閩、粵相爭愈烈,使得鳳山縣閩南永定、武平、上杭等縣之「客仔」,亦加入南路(即清代六堆)客莊,與漳泉之人拼鬥,互鬥中各有勝負。最後客莊則齊豎「大清」旗幟與清官兵共同截殺漳泉黨人。

清官兵在六堆客莊的協力下,讓朱一貴起事群眾節節敗退,潰散中朱一貴、翁飛虎等人則遭諸羅縣義民王仁和、楊石等人夜裡盡縛之,交帶兵官林秀獻俘軍門,另杜君英、陳福壽等亦就撫,均俱械送京。隔年朱一貴、翁飛虎等遭凌遲處死,杜君英、陳福壽等人則處斬,結束這場亂事。

在獎賞上,清廷對於南路暨「大清」旗幟的李直三、侯觀德等人,則從優議敘。並對起義民眾發給「臺地守土義民箚付」115 張,「引兵殺賊義民箚付」36 張,「擒賊義民箚付」23 張[3]。更在南路客莊(今六堆地區)「旌其里曰『懷忠里』,諭建亭曰『忠義亭』」[4]。此即是目前臺灣南部高屏兩縣六堆客家居民,信仰六堆忠義祠忠勇公(屏東縣竹田鄉西勢村)的由來。

臺灣北部客家地區的義民爺信仰,則是發生於 1786 年(乾隆 51 年)至 1788 年(乾隆 53 年),前後歷經一年多的林爽文

2　同前註,頁 126。

3　王必昌:《重修臺灣縣志》臺灣文獻叢刊 113 種,臺北市:臺灣銀行經濟研究室,中華民國 50 年 11 月,頁 558－560。

4　盧德嘉:《鳳山縣採訪冊》臺灣文獻叢刊七三種,臺北市:臺灣銀行經濟研究室,中華民國 49 年 11 月,頁 270。

事件，此事件在臺灣史上是規模與影響最大的一次民變。

　　竹塹地區的鄉紳林先坤、劉朝珍、陳資雲等人為確保家園免遭受兵禍之災，乃號召鄉壯組成義民軍，協助官兵保衛鄉土。竹塹一役中，義民屍骸四散田野，隨後鄉紳王廷昌、林先坤、黃宗旺、吳立貴等人不忍，遂發動在枋寮義民廟現址，鬮資興建義塚之事。同時義民軍在竹塹一役犧牲事蹟，亦獲得清乾隆皇帝特別頒授「褒忠」額匾，以資表揚，並作為社會教化的風範。因此，當地鄉紳乃決議興建廟宇供奉義民爺。

　　新埔褒忠亭義民廟遂於1788年（乾隆53年）鳩工興建，而於1790（乾隆55年）竣工。以後同治元年，彰化戴潮春事件起，再度引發義民軍再舉，鄉人將義民軍犧牲者，附葬於義民廟原墓所之側，此次義民軍的犧牲，亦受到臺灣地方大吏賜匾褒揚。新埔褒忠亭義民爺的信仰，由於祭祀公會組織淵遠流傳，促使祭祀圈組織龐大，逐漸成為臺灣北部客家族群信仰的標誌。

　　是故，臺灣南部六堆客家族群所祭祀信仰的忠勇公，以及北部客家族群所亦信仰奉祀的義民爺，均是臺灣客家文化民間信仰特色的表徵。也是客家族群在臺灣移墾中與臺灣歷史發展密切相關的顯著例證。

三、客家族群在臺灣的開拓痕跡

　　臺灣各地散播著漢人的廟宇，一個受過專業訓練的田野調查文化工作者，往往可以從觀察地方廟宇所供奉的主神，得知這個地方當初最主要的開拓者是由那一籍貫與地區來的移民，這種判斷能力所依據的是漢人原鄉信仰文化的移植模式，譬如閩南漳州人的開漳聖王與泉州人的保生大帝等原鄉民間信仰有所不同，客家族群的潮惠三山國王信仰及閩西客家的定光古佛信仰均有差異，因此，從地方廟宇的民間信仰，來觀察不同族群的開拓痕跡，是一種有趣的臺灣歷史探究方式。

臺灣北部宜蘭縣的原住民早期強烈排斥漢人,使得漢人到此地開發極為困難,因此至清嘉慶年間才有漳州人吳沙率領鄉人及少數泉州、客家等人前往開墾。然而,漢人在蘭陽平原的開發,並不是那麼的齊心合力且和平共處。臺灣的開發在利益矛盾的衝擊下,漢人將原鄉械鬥的風氣帶到臺灣,山前的漳、泉械鬥也波及後山的噶瑪蘭地區。起因有山前泉人避難至蘭陽平原,由當地的泉人同鄉收容,但卻興起蘭陽平原的械鬥之風,從1804年(嘉慶9年)到1809年(嘉慶14年)當中,蘭陽平原發生3次的分籍械鬥,結果由於漳籍人數占多數,溪北盡為漳人所有;泉人以僅存的溪洲為據點,向沿海開墾到大湖;粵人則前往靠近山麓的冬瓜山一帶開墾;原住民阿里史諸社則轉往羅東一帶開墾。械鬥也使得新墾地的三籍之人與原住民的關係發生變化,除漢番的矛盾也有漢番的利益結合。

有關蘭陽平原早期未入官籍墾地的態勢,姚瑩在《東槎紀略》一書當中這麼記載著:

> (嘉慶)十一年,山前漳、泉械鬥,有泉人走入蛤仔難者,泉人納之,亦與漳人鬥。阿里史諸番及粵人、本地土番皆附之,合攻漳人,不勝。泉所分地,盡為漳有,僅存溪洲。鬥幾一年始息。阿里史諸社乃自開羅東居之,潘賢文為之長。十四年,漳、泉又鬥,漳人林標、黃添、李觀興各領壯丁百人,吳全、李佑前導之,夜由叭哩沙喃潛出羅東後,逕攻之。阿里史眾驚潰,走入土番社內,漳人遂有羅東,已復和,泉人乃自溪洲沿海開地至大湖,粵人乃至東勢開冬瓜山一帶。此皆十五年前事也。[5]

其次,1810年(嘉慶15年)總督方維甸到臺灣,行至艋舺時,有噶瑪蘭番土目包阿里率噶里阿完等社番迎見,呈送戶口

---

5 姚瑩:《東槎紀略》臺灣文獻叢刊第7種,臺灣銀行經濟研究室編印,民國46年11月出版,頁71－72。

清冊，遵制薙髮，請入版圖並請設立通事，以免熟番侵凌。又有民人何繢等呈請已墾田地，照則陞科，設官彈壓，分定地界。噶瑪蘭入籍之事乃定。總兵武隆阿、知府楊廷理勘查，當時人口漳人四萬二千五百餘丁，泉人二百五十餘丁，粵人一百餘丁，熟番五社九百九十餘丁，歸化生番三十三社四千五百餘丁。噶瑪蘭濁水大溪故道之北盡為漳人開墾十之七八，故道之南係泉人、粵人開墾。又有岸裡社、阿里史社、阿束社、東螺社、牛罵頭社熟番遷居其中，荒埔尚未全墾。[6] 上述粵人即是客家族群，以下亦同。

是故，蘭陽平原的開發較臺灣西部各地為晚，開始之時墾民即以漳、泉、粵三籍人合作為之。漳人為多數，泉粵之人為少數；若泉粵人數相較，粵人又為人少。因此，歷史文化的發展上，理當漳泉兩籍的閩南文化，全面的具有優勢的領導地位才是。然而，目前在民間信仰方面，蘭陽地區的三山國王信仰，確實又為臺灣地區的翹首，冬山鄉大興振安宮不僅是「臺灣三山國王宮廟聯誼會」中133間宮廟的中心，也是擁有分香眾多廟宇的主廟。

在蘭陽地區計有28座三山國王廟宇，分別是：礁溪鄉2座、頭城鎮1座、蘇澳鎮5座、員山鄉7座、宜蘭市3座、羅東鎮2座、冬山鄉8座。[7] 這些宮廟當中為清代所建有8座，分別是：員山鄉同樂村鎮安廟於清咸豐年間創建、員山鄉永和村碧仙宮於清

---

6 同前註，頁 75－76。
7 礁溪鄉2座：林美村的三山國王廟、龍潭村的永興廟。頭城鎮1座為武營路的武功廟。蘇澳鎮5座：聖湖里箕山宮、港邊里永安廟、南強里震安宮、隘丁路的保安廟、新城里慶安廟。員山鄉7座：深溝村保安宮、頭分村讚化宮、同樂村鎮安廟、惠好村福興廟、永和村永廣廟、永和村碧仙宮、枕山村慶安廟。宜蘭市3座：進士里鎮興宮、慶和里振安壇、七張里開興廟。羅東鎮2座：北成里興安宮、東安里震三宮。冬山鄉8座：大興村振安宮、東城村內城鎮安宮、鹿埔村松樹門鎮安宮、順安村永安宮、太和村永福宮、太和村開山宮、廣安村廣安宮、得安村得安振安宮。

光緒 8 年遷建、員山鄉永和村永廣廟於清同治年間創建、冬山鄉廣興村廣安宮於清同治 11 年創建、冬山鄉東城村鎮安廟於清咸豐 11 年創建、冬山鄉鹿埔村鎮安宮於清同治元年創建、冬山鄉得安村得安振安宮相傳清代創建、冬山鄉大興振安宮於清道光初創建。[8]其餘的三山國王廟則是清代以後才興建成立的宮廟。

從上述蘭陽地區的調查,可以了解三山國王廟,在清代時期創建的廟宇,員山鄉有 3 處,冬山鄉有 5 處。這 8 處三山國王廟的分布,符合前面提到的三籍人在蘭陽平原地區的開發歷史,在靠山設隘的區域以及溪南冬山鄉的開發,均是清代之時,粵籍人主要的移墾區域。因此,粵籍潮、惠、梅州等地的原鄉地方守護神－三山國王,自然也就隨著鄉民被帶到蘭陽平原新墾區,作為庇佑的神靈,而被供奉。

粵籍信仰原鄉守護神,本來就是理所當然的事情,以粵籍少數人口的比例,三山國王廟在蘭陽地區的發展,應該為少數的廟宇才是。然而,從清代到目前 28 座三山國王廟的數目,不但沒有短少,反而增加,廟宇尤其多設在蘭陽地區沿山的鄉鎮。此舉顯現出三山國王從潮惠梅三州原鄉人的信仰,已經轉變成為蘭陽地區當地民眾普遍信仰的神祇,這種民間信仰的變化是值得進一步探討的。

四、結論

客家族群清代從原鄉移墾到臺灣的路程,本來就是一條艱苦的道路,客家族群能夠在臺灣落地生根,也是歷經了臺灣歷史發展的許多事件與考驗,避過災難,再以自己血汗的奮鬥建立家園,這些從上述的舉例,可以明確地獲得印證。

---

8 參考仇德哉:《臺灣廟神傳》著者自行出版,斗六:信通書局,民國 74 年 10 月,頁 474－476。

試就客家原鄉（潮惠嘉等地）三山國王的民間信仰來說，其與臺灣北部客家的褒忠亭義民爺的信仰，是兩個完全不同的客家人的民間信仰。三山國王信仰源於自然崇拜，褒忠亭義民爺信仰則源於歷史事件。雖是來源不同，但是在新埔褒忠亭義民廟主殿的左側殿，則供奉著三山國王神牌位，顯示出客家文化不忘本的精神。因此，可以說三山國王信仰是臺灣客家族群的原鄉信仰，但是由於移墾臺灣後的歷史事件，促使當地移墾居民的本土化需求，使得新埔褒忠亭義民爺的信仰，成為日後臺灣北部地區的客家人作為新故鄉的認同標誌。

　　臺灣客家族群的民間信仰，歷經三百多年的發展，不僅帶來原鄉的信仰神祇，也在臺灣歷史事件的因素下，發展了臺灣當地的客家族群本土化的義民爺信仰的神祇，這些民間信仰的變化，亦表徵了臺灣客家文化的傳統與創新能夠相互包容的特質意義。

　　另外，從宜蘭地區的三山國王廟創建與數量資訊，除了可以作為追蹤客家族群在宜蘭地區開闢的蹤跡外，也可以從冬山鄉大興振安宮不僅是全臺133間三山國王宮廟的中心地位，亦是擁有分香眾多廟宇的主廟之實際例證，顯現三山國王的信仰已經具有本地化的趨勢。故而，這些客家民間信仰的變化，與臺灣歷史的發展呈現不可分割的關係。

客家民間信仰研究的傳統與創新
—以臺灣新埔褒忠亭義民爺信仰為例[*]

一、前言

臺灣客家文化是臺灣文化當中的一支,與臺灣閩南文化均是從中國大陸的原鄉傳衍而成,也是漢族早期在臺灣移墾開發的主體。多數的臺灣客家人為了慎終追遠不忘本源,以姓氏堂號作為先祖源流的表徵,這些不同的堂號在臺灣各地客家聚落的家宅門楣上均可以看到,再不然在各家祭祀的祖先牌位與墓碑上亦可以觀察到,這種現象顯現客家人慎終追遠的文化傳承,早已牢牢地與生活密切的結合。

文化的發展與家庭、族群、社會等有著密切的關係。一般而言,在臺灣要簡單瞭解一個地方的文化來源與特色,可從當地居民信仰的寺廟著手,從其中特殊的民間信仰,就可以知道當地早期居民的原鄉地。例如廟宇所奉祀的主神若是開漳聖王,則當地多數早期居民原籍為漳州;主神若是保生大帝,則為泉州同安縣;主神若是廣澤尊王,則為泉州南安縣;主神若是保儀大夫或清

---

[*] 表於「客家文化與全球化國際學術研討會」,廣東梅州市嘉應學院主辦,2003 年 12 月 19 日 — 21 日。

水祖師，則為泉州安溪縣；主神若是三山國王，則為粵之潮惠嘉等州。

然而，臺灣從早期移墾社會到今日現代化的社會，各方面有著很大的變化。各地居民的早期原鄉信仰由於社會變遷的因素所致，使得有些漳州人也祭祀廣澤尊王，有些閩南人也奉祀三山國王，甚至外來的天主教、基督教等也受到閩、粵族群的崇信，若加上臺灣原住民的本身信仰，臺灣文化因為這些多元文化的彙集而豐富，因此民間信仰的研究，可說是一件有趣且有意義的事情。

近些年來臺灣受到民主政治的衝擊以及強調族群平等的社會思潮影響下，客家文化議題頗受重視，不僅社會運動有客家族群的參與，學術研討會上亦有以客家文化作為研討的主軸，讓客家文化的討論成為社會與學術界注目的焦點，其中客家的民間信仰，亦成為討論的議題。

臺灣義民廟的祭祀活動，早在清初平定朱一貴事件以後。其中唯獨新竹地區的新埔褒忠亭義民廟獨樹一幟，受到臺灣北部地區客家人長久的祭拜而不中挫，成為北部客家民間信仰表徵。此舉與潮惠嘉客家原鄉的三山國王廟的信仰有著很大的不同，顯示臺灣客家文化中創新的意義。本文試以歷史研究的方法，依據民俗學、文化人類學的立場，探討新埔鎮褒忠亭義民廟在客家民間信仰的社會文化意義。

二、民間信仰的定義

民間信仰（customary belief 或 folk-belief）是民俗學、文化人類學裏重要的研究領域，不同族群的文化差異表現在生活中，以民間信仰的不同最為顯著。臺灣地區族群眾多，文化差異頗大，研究客家族群的民間信仰，除了有助於瞭解客家文化的形成，也可以凸顯客家文化的特色。

日人櫻井德太郎與堀一郎兩位學者，均一生致力於日本民間信仰的研究，成就受到學界的肯定。[1]他們認為「民間信仰」一詞與「民俗信仰」，或與「民俗宗教」，均是同義的範疇。對於民間信仰與宗教的界定，以為民間信仰的存在與宗教的不同，在於形式上沒有必要的教祖、教理以及教團等嚴格的條件；但是民間信仰內涵，包括古老傳統的儀禮、咒術、祭典方式以及定期行事，在民間社會當中作為信仰儀禮代代傳承。[2]同時認為任何民間信仰的緣起與發展，均與地域社會的人有著密不可分的關係。

民間信仰的界定，基本要件有五項：（一）具有萬物有靈的特質。（二）有祖靈、氏神信仰要素。（三）有各種不同神靈信仰的產生。（四）民間發展出很多同類小廟供奉。（五）信仰內容受到佛、道及其它外來宗教的影響。[3]本文借著上述清晰的民間信仰要項，檢視新埔褒忠亭義民爺的信仰是否符合，並進一步探討桃竹苗等地義民爺信仰，在臺灣社會移墾開發的變遷過程中，所蘊藏內在與外在的問題。

首先，義民爺信仰基本上是靈魂崇拜，[4]是可以定論的事。其次探索在現實的民間社會當中義民爺信仰的傳播情形；義民爺的牌位除了在原廟及其分香廟宇接受供奉之外，一般信眾也可以將象徵義民爺的黑色令旗，安置在宅中、公廳宗祠或者當

1　參考堀一郎：《民間信仰》，東京：岩波書店，1977年9月改版第1刷。櫻井德太郎：《日本民間信仰論》，東京：雄山閣，昭和33年5月發行。

2　參考小口偉一、堀一郎監修：《宗教學辭典》，東京：東京大學出版會，1973年10月出版，頁707。又參考石川榮吉、梅棹忠夫等編著：《文化人類學事典》，東京：弘文堂，平成6年6月初版，頁748。

3　石川榮吉、梅棹忠夫等編著：《文化人類學事典》，東京：弘文堂，平成6年6月初版，頁748－749。

4　參考莊英章：《新竹枋寮義民廟的建立及其社會文化意義》第二屆國際漢學會議論文集，民俗與文化組，臺北：中央研究院，民國78年6月，頁236。

地公廟內，接受信仰者的奉祀，祭拜的效果與原廟等同。由於供奉義民爺成為一般信眾生活上崇拜的物件，因此義民爺信仰不僅只是推崇犧牲奉獻的精神，同時也包含信眾將義民爺比同其他神祇的靈驗，作有目的乞求與庇佑的物件。

從新埔褒忠亭義民廟於乾隆55年（1790年）建廟落成竣工開始以來，在義民爺的信仰的祭拜中，除了中元祭典以道教科儀進行，並藉由釋教法師執行法事外，其平常供奉的祭拜中則有「奉飯」的習俗，「奉飯」它是一項源於中國傳統喪禮中最基本且是日常性對於死者的祭禮，這種將民間喪禮的儀規落實在義民爺的祭拜當中，可以說是臺灣北部客家民間信仰禮俗當中，一種特殊的祭祀文化。這些事例的舉證，應該可以說明新埔褒忠亭的義民爺信仰是符合上述民間信仰學理的檢驗。

然而，就客家原鄉（潮惠嘉等地）三山國王的民間信仰來說，臺灣北部客家的褒忠亭義民爺的信仰是兩個完全不同的客家人的民間信仰；三山國王信仰源於自然崇拜，褒忠亭義民爺信仰則源於歷史事件。雖是來源不同，但是在新埔褒忠亭義民廟中主殿的左側殿，則供奉著三山國王神牌位，顯示出客家文化不忘本的精神。因此，可以說三山國王信仰是臺灣客家族群的原鄉信仰，但是由於移墾臺灣後的歷史事件，促使當地移墾居民的本土化需求，使得新埔褒忠亭義民爺的信仰，成為日後臺灣北部地區的客家人作為新故鄉的認同標誌。

義民爺信仰雖然有別於原鄉三山國王守護神的信仰，但是義民爺信仰中「忠義」與「慈悲」概念，可以視為受到中華傳統儒教與佛教文化浸潤的影響，而成為當地客家族群延續義民爺信仰的主要推動因素。另外，清廷頒授的「褒忠」的匾額，則因為尊貴而獲得世俗民眾的認同。若從這些文化內涵來看，義民爺信仰中儒家倫理是無法被剝離的信念，這種濃厚的中華文化認同，可以是「內地化」的最好印證。儘管義民爺的形式信仰，有別

於原鄉的三山國王守護神信仰,但是義民爺信仰的文化內涵卻與中華傳統文化密切,而獲得鄉親的認同,遂能夠發展成為臺灣北部客家族群的民間信仰中心。新埔褒忠亭義民爺的民間信仰,因此形成臺灣客家文化新的精神與內涵的表徵。

三、臺灣義民的由來

臺灣地區義民廟,估計約有30座,各有其成立的歷史淵源。[5] 臺灣有義民興起之事,當開始於朱一貴作亂之時。清藍鼎元《平臺紀略》中記「方朱一貴作亂之時,有下淡水客莊民人侯觀德、李直三等建大清義民旗,奉皇帝萬歲牌,聯絡鄉壯拒賊」。[6] 又於〈粵中風聞臺灣事論〉中,也提到受朝廷賞賜之事,云:「辛丑朱一貴作亂,南路客子團結鄉社,奉大清皇帝萬歲牌與賊拒戰,蒙賜義民、銀兩,功加職銜」。[7] 由於有清一代,臺灣地區民變四起,因此各地鄉壯為保護家園,組織義民團體抗拒,也就時有所聞。

清代臺灣在北、中、南部均有義民廟的設置,如屏東縣竹田鄉的忠義祠於康熙61年創建,彰化市富貴里的懷忠祠於雍正年間創建,彰化縣永靖鄉恩烈祠於道光10年創建,新竹縣新埔鎮褒忠亭於乾隆53年創建。各地所祭祀義民爺的產生,開始於朱一貴事件中協助官方戰死的粵籍民眾,隨後也將臺灣相繼發生林爽文事件、吳福生事件、地方械鬥等事的犧牲者,以及移墾漢民與原住民衝突中死亡的民眾,甚至以後抗日起義捐軀的勇士,亦含括在內。一般將義民爺又稱作義民公、忠勇公、將軍、

---

5 仇德哉:《臺灣廟神傳》,著者自行出版,1985年10月四版,頁587－589。

6 藍鼎元:《平臺紀略》臺灣文獻叢刊第14種,臺灣銀行經濟研究室編印,中華民國47年4月出版,頁20。

7 同上註,頁63。

大將軍。[8]

臺灣各地的義民廟，隨著社會的發展與變遷，義民爺的祭祀活動有著明顯的差距；有的地方的義民廟祭祀活動越來越趨簡單，有的則確越來越盛大甚且擴大祭祀圈，其中新竹縣的新埔褒忠亭義民廟就是後者顯著的例子。今天新埔鎮褒忠亭義民爺的信仰，已經成為臺灣北部客家族群共同的民間信仰，甚至擴大到臺北都會區，最近幾年臺北市客家鄉親結合政府客委會的行政資源，每年定期舉行祭祀活動。

四、新埔褒忠亭義民爺祭祀圈的形成

新竹地區的自然地形，是由東南向西北傾斜；東南為山地，有鳳山、頭前、客雅三條溪流，分別由東向西流入海。在中游，切割出飛鳳、湖口、竹東等臺地，在下游，則沖積成新竹平原。

本區在清代，是屬於竹塹社番活動的區域。早期居民是道卡斯族（Taokas）（屬平埔族），在今日的新竹市與香山一帶活動。[9] 漢人到此開墾，約在康熙 22 年（1683 年）清領臺十年以後的事。[10]

清雍正年間，閩、粵移民即以竹塹為中心，向南北移墾；越過頭前溪，開闢竹北貓兒碇、拔子窟等地；越過鳳山溪，開闢新豐；往西南，則闢墾到鹽水港等地。乾隆之時，新竹地區的沿海平原部分，如今日之新竹市、竹北、新豐、香山等地，已經有了相當規模的拓墾。

8　仇德哉：《臺灣廟神傳》著者自行出版，1985 年 10 月，頁 586 − 589。

9　安倍明義：《臺灣地名研究》，臺北：番語研究社，1938 年出版，頁 139 − 140。

10　莊英章：〈新竹枋寮義民廟的建立及其社會文化意義〉，《第二屆國際漢學會議論文集》民俗與文化組，頁 224。

新埔之地，則先有竹塹社番的移入居住，以後粵籍移民向社番瞨地而耕，至乾隆 60 年後，才漸開闢成庄。平埔族衛阿貴為墾首，曾率粵民自新埔進入關西，但因番害（泰雅族的抵抗）而受挫。道光初年，鳳山溪牛欄河之間的河谷地區，已經有一街十四庄的規模。

　　湖口臺地，則在乾隆 59 年有粵民徐翼鵬、陳幹興、彭朝達、葉韶任等人，受竹塹社墾批，在南勢、和興、王爺壟、崩坡缺等地建立了客家人的聚落。

　　頭前溪河谷的開闢，在乾隆初已有泉籍人到竹北一帶開墾。乾隆 17 年粵民林先坤與其族人至六張犁（今六家），向潘王春墾號承墾土地，數年有成。林先坤又透過宗族組織，集資買地，在乾隆 55 年左右，林家墾地及於六張犁、鹿場、枋寮等地。[11]

　　竹東地區的開發，始於乾隆 30 年代，至嘉慶年間更有閩、粵合股的「金惠成」墾號，以募丁設隘方式，招民開墾。九芎林之地，亦在嘉慶年間已經有大量粵民聚落。頭前溪上游的橫山，粵民亦在嘉慶之時，沿油羅溪開闢，至光緒年間大致闢成。[12]

　　道光 14 年「金廣福」大隘設立後，以北埔為據點，沿中港溪往下開拓峨眉、中興等庄。咸、同年間，往上游開闢至五指山一帶。[13]

　　總之，竹塹地區的開發過程，在嘉慶以前、今之新竹市、竹北、香山、湖口、新埔、關西、竹東、芎林等地大致已經開發完

11　莊英章、周靈芝：〈唐山到臺灣：一個客家宗族移民的研究〉，《中國海洋發展史論文集》，臺北：中研院三民主義研究所，1984 年，頁 305 − 306。又參考莊英章：〈新竹枋寮義民廟的建立及其社會文化意義〉，第 2 屆國際漢學會議論文集民俗與文化組，臺北：中央研究院，民國 78 年 6 月出版，頁 225。

12　《新竹文獻會通訊》第 11 號，1954 年，頁 11。

13　吳學明：《金廣福墾隘與新竹東南山區的開發》，臺灣師範大學歷史研究所碩士論文，1984 年，頁 269。

成。道光中葉，漢人開發深入山區，至道光末年，新竹地區已經為漢人所闢。漢人闢墾中，以泉人先來，粵人後至。粵人中以惠州、嘉應州之人為最多。當時土地的開闢，以向社番承墾為主，也有如林家透過宗族集資或閩、粵合股經營的方式。

新竹地區的閩、粵人口分布；閩籍主要分布於新竹市、香山鄉、新豐鄉、竹北鄉等地，然而粵籍也有群居其間。粵籍主要分布於竹東鎮、芎林鄉、橫山鄉、關西鎮、新埔鎮、湖口鄉、北埔鄉、峨眉鄉、寶山鄉等地區。

新埔義民爺的祭祀，每年以農曆為據，除舉行春、秋二祭之外，更於中元之時，盛大舉行盂蘭普渡。從道光15年（1835年）起，從原先的四大莊（新埔街、九芎林、大湖口、石岡子）而十三莊，由十三莊成十四莊，發展至今的十五個聯莊規模。

目前新埔枋寮義民廟的十五聯莊祭祀圈，分別是：1.六家聯莊：竹北市（十興里部分、中興里、隘口里部分、斗崙里、鹿場里、東平里）、新竹市（金山里、千甲里）、竹東鎮（二重里、員山里、頭重里、柯湖里）。2.下山聯莊：竹東鎮（陸豐里、三重里）、芎林鄉（上山村、下山村、文林村部分）、竹北市（東海里、隘口里部分、十興里部分）。3.九芎林聯莊：芎林鄉（芎林村、文林村部分、水坑村、中坑村、新鳳村、石潭村、秀湖村、五龍村、華龍村、永興村）。竹東鎮（上坪里、瑞峰里、軟橋里、員崠里、上館里、大鄉里、中正里、東甯里、南華里、商華里、東華里、中山里、竹東里、忠孝里、榮華里、榮樂里、五豐里、雞林里、仁愛里）、橫山鄉（全鄉11村）、尖石鄉全部（原住民除外）、五峰鄉全部（原住民除外）。4.大隘聯莊：北埔鄉（全鄉9村）、寶山鄉（全鄉9村）、峨眉鄉（全鄉6村）。5.枋寮聯莊：新埔鎮（上寮里、下寮里、北平里、南平里、文山里）、竹北市（竹北里、竹仁里、竹義里、泰和里、新社里、新興里、聯興里、新莊里、麻園里、溪洲里、十興里部分）、新竹市前

溪里。6. 新埔聯莊：新埔鎮（新埔里、新生里、新民里、田新里、四座里、旱坑里、寶石里、內立里部分）。7. 五分埔聯莊：新埔鎮（五埔里、內立里部分）、關西鎮東平里。8. 石光聯莊：關西鎮（石光里、大同里、上林里、新力里、南和里）、新埔鎮內立里部分。9. 關西聯莊：關西鎮（東興里、西安里、南雄里、北斗里、仁安里、南山里、北山里、東安里、東山里、東光里、南新里、新富里、玉山里、金山里、錦山里部分）。10. 大茅埔聯莊：新埔鎮（巨埔里、鹿鳴里、新北里、照門里、清水里）、龍潭鄉（三水村、三合村）。11. 湖口聯莊：湖口鄉（中勢村、孝勢村、仁勢村、愛勢村、信勢村、波羅村、中興村部分、湖南村、湖鏡村、湖口村、長安村、長嶺村、鳳凰村部分）、新豐鄉（中崙村部分）、楊梅鎮（三湖里、上湖里）。12. 楊梅聯莊：楊梅鎮（楊梅里、楊江里、紅梅里、梅新里、永甯里、水美里、大平里、東流里、秀才里、大同里、中山里、梅溪里、金溪里、裕成里、楊明里、瑞塘里、永平里、瑞坪里、四維里、埔心里、光華里、仁美里、金龍里）。13. 新屋聯莊：新屋鄉（新屋村、新生村、後湖村、東明村、石磊村、清華村、九斗村、埔頂村、頭洲村、下埔村、永興村、下田村、赤欄村、永安村、石牌村）、楊梅鎮（上田里）、觀音鄉（富源村）。14. 觀音聯莊：觀音鄉（觀音村、白玉村、廣興村、武威村、大潭村、保生村、三和村、新興村、坑尾村、金湖村、大堀村、大同村、上大村、藍埔村、崙坪村）、中壢市（過嶺里、山東里、內厝里、月眉里）。15. 溪南聯莊：新豐鄉（員山村、重興村、松林村、鳳坑村部分、上坑村部分、中崙村部分、瑞興村、福興村、後湖村部分、青埔村、新豐村部分、埔和村部分、坡頭村部分）、湖口鄉（鳳山村、鳳凰村部分、和興村、德盛村）、新屋鄉（笨港村、後莊村、社子村、望間村、槺榔村、大坡村、深圳村部分）、楊梅鎮（富岡里、豐野里、員本里、瑞源里）。[14]

---

14 參引財團法人臺灣省新竹縣褒忠亭編印：《新竹縣枋寮褒忠亭（義民

各莊輪值參加新埔義民廟的中元慶贊公祭,其中神豬、神羊的供奉方式具有比賽性質,成為當年輪莊祭祀的注目焦點,亦形成新埔義民廟特殊的祭祀禮俗。在臺灣客家民間信仰中,新埔褒忠亭義民爺的信仰,由於祭祀公會組織淵遠流傳,促使祭祀圈組織龐大,逐漸成為臺灣北部客家族群信仰的標誌,亦是臺灣客家文化民間信仰特色的表徵。

五、臺灣北部客家義民爺的祭祀

新埔鎮枋寮褒忠亭義民廟的創建,緣於乾隆51年的林爽文事件,竹塹地區的鄉紳為確保家園免遭受兵禍之災,乃號召鄉壯組成義民軍,協助官兵保衛鄉土。竹塹一役中,義民屍骸四散田野,鄉紳王廷昌、林先坤、黃宗望、吳立貴等人不忍,遂發動在枋寮義民廟現址,醵資興建義塚之事。同時,義民軍在竹塹一役犧牲事蹟,獲得清乾隆皇帝特別頒授「褒忠」額匾,以資表揚,並作為社會教化的風範。因此,當地鄉紳乃決議興建廟宇供奉義民爺。新埔褒忠亭義民廟遂於乾隆53年鳩工興建,而於乾隆55年竣工。以後同治元年,彰化戴潮春事件起,再度引發義民軍再舉,鄉人將義民軍犧牲者,附葬於義民廟原墓所之側,此次義民軍的犧牲,亦受到臺灣地方大吏賜匾褒揚。

新埔褒忠亭義民廟的祭祀,依據農曆每年舉行春、秋二祭,以後更於中元之時,作盂蘭普渡。輪值祭祀,各莊紳民莫不盡心盡力籌辦,並群集於義民廟祭拜祈福。更由於中元普渡之祭,有獎勵神豬、神羊等牲禮的競賽,使得祭祀圈中輪值的各莊紳民引為大事,紛紛以獲得牲禮神豬、神羊的獎項為榮,炫耀於鄉裏。因此,新埔義民爺的中元祭典神豬、神羊牲禮的供奉,

---

廟)簡史》以及邱彥貴:〈從典禮儀式看北臺灣義民信仰〉,《宗教、語言與音樂》第四屆國際客家學研討會論文集,臺北:中研院民族所,民國89年12月,頁12。

遂成為臺灣北部客家民間信仰中,祭祀義民爺的特殊禮俗。

新埔義民爺的祭祀,每年以輪值的方式為之,祭祀圈相當的廣大,每個聯莊一年輪值一次,亦即十五年一輪。各值年的聯莊均設立祭典委員會,主要事務即是排定當年褒忠亭義民節祭典行事,通知區內鄉民知曉。祭典行事曆中布告的事務有十項;一、領調(當年祭典經費分配)。二、恭迎義民爺。三、神豬、神羊申報(牲禮競賽註冊登記)。四、環境道路清理。五、祭典行事順序。六、放水燈行程。七、公祭義民先烈典禮。八、等豬、羊頒獎事項(牲禮評比結果)。九、斗燈米事項。十、恭送義民爺返宮事宜。

義民爺的信仰中,「奉飯」祭拜的習俗,是一項最基本且是日常性的祭禮,也可以說是臺灣北部客家民間信仰禮俗當中,一種特殊的祭祀文化。奉飯內容原先以一般飯菜為之,以後乃有以三牲奉祀之例。奉飯時間則無定規,全依供奉者的權宜安排。在義民節慶贊中元祭典中,奉飯也是主要的祭祀活動。除了奉飯的祭禮之外,中元祭典的儀式則雜有道教科儀,由釋教法師逐一完成法事。在濃厚的宗教性儀式過程中,也加入世俗的典禮,讓義民廟董事會與輪值祭典委員會等主要成員,進行三獻禮、宣讀祭文、首長致辭、交接祭典主辦權等儀式,作為圓滿的結束此次慶贊中元祭典活動,同時交棒給下屆輪值祭典委員會,也由於這種優良的制度,使得新埔義民爺的信仰與祭典,能夠不斷傳承盛大且熱鬧的祭祀活動。

六、結論

新埔褒忠亭義民爺的信仰,從新竹地區開墾的探討中,清楚的說明了它的形成,不是因緣於客家原鄉的神祇。因此臺灣北部客家義民爺信仰,就信仰形式而言,是無法採用「內地化」的理論解釋。簡言之,臺灣北部客家義民爺的信仰,是由客家

人在當地移墾社會發展過程中，因歷史事件而形成的一種信仰。

　　義民爺信仰雖然有別於原鄉三山國王守護神的信仰，但是義民爺信仰中「忠義」與「慈悲」概念，可以視為受到中華傳統儒教與佛教文化浸潤的影響，而成為主要推動因素。另外，清廷頒授的「褒忠」的額匾，則因為尊貴而獲得世俗民眾的認同。這種濃厚的中華文化認同，可以是「內地化」的最好印證。儘管義民爺的形式信仰，有別於原鄉的守護神信仰，但是義民爺信仰的文化內涵卻與中華傳統文化密切，而獲得鄉親的認同，遂能夠發展成為臺灣北部客家族群的民間信仰中心。

　　換言之，新埔褒忠亭義民爺的信仰，是臺灣客家族群在臺灣本土中創新的民間信仰。新埔褒忠亭義民廟從乾隆53年開始，由於有健全的組織以及能夠適時因革，因此義民爺信仰奉祀活動在長時間的積累下，逐漸形成了一套特殊的祭祀儀禮與盛大的活動。從文化發展的觀點而言，這正是臺灣客家文化有別於原鄉的創新性文化的表現，也是臺灣文化在「內地化」過程中有「本土化」創新的實際例證。也可說新埔褒忠亭義民爺的信仰，是臺灣客家族群在臺灣本土中，因歷史事件而創建出來新的客家民間信仰的例證。

論述客家「三山國王」民間信仰之變遷
——以臺灣宜蘭地區為例[*]

演化現象是一般人常見到的生物學專有名詞,指的是物種為適應環境,謀求生存的目的,而改變自己原有形像的一種變化過程。其中著名的達爾文主張「物競天擇、強者適存」的定論,為大家所認同。若用生物學的演化現象來檢視文化上的事物,將是一件有趣的研究。因此,在有關客家文化研究的議題上,本文將借助演化現象的觀念,探討客家人在清代時期移民臺灣宜蘭地區,入墾、隘寮與信仰以及三山國王信仰的變化情形。

一、漢民入墾臺灣宜蘭地區

臺灣宜蘭地區位於臺灣本島的東北部,古稱噶瑪蘭為臺灣原住民泰雅族、噶瑪蘭族居住活動之地,漢民至此移墾較臺灣西部地區為晚,至清嘉慶元年(1796)時,始有福建漳籍漳浦人吳沙與番割許天送、朱合、洪掌謀等人,招三籍(漳泉粵)流民入墾,初率鄉勇二百餘人、善番語者二十三人,入墾蘭陽平原。

宜蘭平原的自然環境,自北、西、南三面向東的空間變化順

---

[*] 發表於「客家民間信仰與地域社會國際學術研討會」,江西贛南師範學院主辦(江西贛州),2007 年 11 月 23 日－27 日。

序是：山地與山間河谷帶、沖積扇帶、湧泉帶、低濕帶、沼澤帶、沙丘帶和海岸帶。其中介於湧泉帶和低濕帶之間的是一片排水良好，土地肥沃，適合水稻耕種的地帶。這種自然環境，對於清代蘭陽平原的族群分布和發展具有深刻的影響。[1]

當時吳沙等人拓展路線主要沿著近山的湧泉帶和適耕帶南進。開始之時，並未受到噶瑪蘭族強烈的抵抗，乃築土圍墾之，即是今日頭圍之處。另一方面，吳沙為保護墾民免受泰雅族的威脅，一開始即在沿山出入口設隘。當時移墾所召之人，多數為漳籍，泉人漸乃稍入，粵人則不過數十鄉勇而已。[2]

姚瑩的《東槎紀略》一書中紀錄當時的情形。

> 清嘉慶7年（1802年）之時，三籍人漸眾，漳人吳表、楊牛、林（石盾）、簡東來、林膽、陳一理、陳孟蘭，泉人劉鐘，粵人李先，乃率一千八百十六人，進攻得五圍地，謂之九旗首。每人分地五分六釐。漳得金包裏股、員山仔、大三鬮深溝地。泉得四鬮一、四鬮二、四鬮三渡船頭地，又自開溪洲一帶。粵得一結至九結地[3]

因此，清代漢人在蘭陽平原開發的情況，是漳、泉、粵等三籍人，大家戮力合作開墾，同時與當地原住民爭地，才使得墾地逐漸擴大，然後再以分地方式，由各籍人士自己墾耕。

然而，漢人在蘭陽平原的開發，並不是那麼的齊心合力且和平共處。臺灣的開發在利益矛盾的衝擊下，漢人將原鄉械鬥的風氣帶到臺灣，山前的漳、泉械鬥也波及後山的噶瑪蘭。起因有山前泉人避難至蘭陽平原，由當地的泉人同鄉收容，但卻興起蘭陽

---

1 施添福：《蘭陽平原的傳統聚落》，宜蘭縣立文化中心，民國86年5月修定版，頁 12－14。
2 姚瑩：《東槎紀略》，臺灣文獻叢刊第7種，臺灣銀行經濟研究室編印，民國46年11月出版，頁70。
3 同前註，頁71。

平原的械鬥之風,從嘉慶9年(1804年)到嘉慶14年(1809年)當中,蘭陽平原發生3次的分籍械鬥,結果由於漳籍人數多數,溪北盡為漳人所有。泉人以僅存的溪洲為據點,向沿海開墾到大湖。粵人則前往靠近山麓的冬瓜山一帶開墾。原住民阿里史諸社則轉往羅東一帶開墾。械鬥也使得新墾地的三籍之人與原住民的關係發生變化,除漢番的矛盾,也有漢番的利益結合。

對於蘭陽平原早期未入官籍墾地的社會態勢,姚瑩在同書當中也這麼記載著:

> (嘉慶)十一年,山前漳、泉械鬥,有泉人走入蛤仔難者,泉人納之,亦與漳人鬥。阿里史諸番及粵人、本地土番皆附之,合攻漳人,不勝。泉所分地,盡為漳有,僅存溪洲。鬥幾一年始息。阿里史諸社乃自開羅東居之,潘賢文為之長。十四年,漳、泉又鬥,漳人林標、黃添、李觀興各領壯丁百人,吳全、李佑前導之,夜由叭哩沙喃潛出羅東後,逕攻之。阿里史眾驚潰,走入土番社內,漳人遂有羅東,已復和,泉人乃自溪洲沿海開地至大湖,粵人乃至東勢開冬瓜山一帶。此皆十五年前事也。[4]

清嘉慶15年(1810年),總督方維甸到臺灣,行至艋舺時,有噶瑪蘭番土目包阿里率噶里阿完等社番迎見,呈送戶口清冊,遵制薙髮,請入版圖並請設立通事,以免熟番侵凌。又有民人何績等呈請已墾田地,照則陞科,設官彈壓,分定地界,噶瑪蘭入籍之事乃定。總兵武隆阿、知府楊廷理勘查,當時人口漳人四萬二千五百餘丁,泉人二百五十餘丁,粵人一百餘丁,熟番五社九百九十餘丁,歸化生番三十三社四千五百餘丁。噶瑪蘭濁水大溪故道之北盡為漳人開墾十之七八,故道之南係泉人、粵人開墾。又有岸裡社、阿里史社、阿束社、東螺社、牛罵頭

---

4 姚瑩:《東槎紀略》,臺灣文獻叢刊第7種,臺灣銀行經濟研究室編印,民國46年11月出版,頁71－72。

社熟番遷居其中，荒埔尚未全墾。[5]

另一方面，官方對於東勢之荒埔2538甲地，作5股分給三籍之人；漳人得其三，泉、粵各得其一。以埤笏等處中心之地698甲給漳籍；以溪洲306甲、葫蘆堵地136甲、埤笏尾大港地100甲，歸泉籍；廣人則願擇依山之鹿埔489甲及柯仔林地110甲，歸其耕管。[6] 從這些描述可以了解噶瑪蘭成為官治之前人口、居地的狀況。

二、隘寮設立與三山國王廟的關係

嘉慶之時，從山前進入噶瑪蘭有三條通路。第一條由淡水過隆隆嶺抵頭圍，為入山正道，為被視為往來大路，係在漳人分得地界之內。第二條由艋舺之大坪林進山，從內山行走，經大湖隘，可抵東勢之溪洲，係在泉人分得地界之內。第三條由竹塹之九芎林進山，經鹽菜甕，翻玉山腳，由內鹿埔可出東勢之叭哩沙喃口，係在粵人分得地界之內。三條通路均有設隘募丁防守。[7]

噶瑪蘭沿山隘口，原設隘寮有11處，各處募丁一、二十名至五、六十名不等。以後裁撤隆隆嶺、梗枋二隘，再添設叭哩沙喃及清水溝、鹿埔嶺（即頂溪洲）三隘，分別以泉、粵籍募丁守之，凡有12隘。[8] 以後北自梗枋，南至施八坑，再添增為19處。[9] 至道咸之時，蘭陽平原沿山各隘有20處，隘地與前期略有

---

5 同前註，頁75－76。
6 陳淑均：《噶瑪蘭廳志》，臺灣文獻叢刊第160種，臺灣銀行經濟研究室編印，民國52年3月出版，頁71。
7 柯培元：《噶瑪蘭志略》，臺灣文獻叢刊第92種，臺灣銀行經濟研究室編印，民國51年1月出版，頁146。
8 同前註，頁120。
9 隘地19處，分別為：梗枋、烏石港、金面山、白石，湯圍、柴圍、三圍、四圍一結、四圍二結、四圍三結、旱溪（又名枕頭山）、大湖、叭哩沙喃、鹿埔、清水溝、崩山、員山莊、馬賽、施八坑。參引姚瑩：《東槎紀略》，臺灣文獻叢刊第7種，臺灣銀行經濟研究室編印，民國46年11月出版，頁83。

不同。[10]

當時隘丁待遇，未設官以前，由民人自設，主要護送出入行人安全，因此每位行人送隘丁辛勞錢40文。[11] 設隘之處隘丁的口糧，則由附近田甲內勻給。噶瑪蘭地方設官以後，自大里簡以南沿山設隘，每隘寮各有田園數十甲，以為口糧，免其陞科，此種措施的理由，是隘丁貪利，盡力守之，可使蘭民無番患之慮。[12]

道光三年（1823年），通判呂志恆在〈籌議噶瑪蘭定制〉中，議請將每隘分管界外附近山麓瘠地，或一、二十甲或二、三十甲不等，給隘丁自行耕牧，以充口糧。此議經由臺灣知府方傳穟覆核上奏，獲准採行。從此蘭陽平原沿山一帶，才有以隘寮為據點的墾區出現。由於每隘的隘丁有限，所給墾地僅足口糧之需，且嚴定界址，禁止越墾。因此，宜蘭地區沿山隘寮設置之處，少有以隘寮為中心而建立一個獨立自治的社會空間單位，只能依附臨近的村落而成庄，隘防與隘墾對於蘭陽平原社會基層自治空間領域的形成，並未造成明顯的影響。[13] 但在日後人文的發展上，呈現出漳、泉、粵三籍後裔在蘭陽平原的民間信仰特色。

蘭陽平原的開發較臺灣西部各地為晚，開始之時墾民即以漳、泉、粵三籍人合作為之。漳人為多數，泉粵之人為少數；若泉粵人數相較，粵人又為人少。因此，歷史文化的發展上，理當

10　道咸之時20處隘地，分別為：金面山、白石山腳、湯圍、三圍、柴圍、四圍、三鬮仔、大埤、枕頭山、穎廣莊、大湖、內湖、葫蘆堵、泉大湖、叭哩沙喃、擺燕山、鹿埔鎮、員山、馬賽、施八坑。參引施添福：《蘭陽平原的傳統聚落》，宜蘭縣立文化中心，民國86年5月修訂版，頁46－47。

11　柯培元：《噶瑪蘭志略》，臺灣文獻叢刊第92種，臺灣銀行經濟研究室編印，民國51年1月出版，頁121。

12　同前註，頁83。

13　施添福：《蘭陽平原的傳統聚落》，宜蘭縣立文化中心，民國86年5月修訂版，頁46－47。

漳泉兩籍的閩南文化，全面的具有優勢的領導地位才是。然而，現時中在民間信仰方面，蘭陽地區的三山國王信仰，確實又為臺灣地區的翹首，冬山鄉大興振安宮不僅是「臺灣三山國王宮廟聯誼會」中133間宮廟的中心，也是分香眾多的廟宇。

在蘭陽地區計有28座三山國王廟宇，分別是：礁溪鄉2座、頭城鎮1座、蘇澳鎮5座、員山鄉7座、宜蘭市3座、羅東鎮2座、冬山鄉8座。[14]這些宮廟當中為清代所建，有8座，分別是：員山鄉同樂村鎮安廟於清咸豐年間創建、員山鄉永和村碧仙宮於清光緒8年遷建、員山鄉永和村永廣廟於清同治年間創建、冬山鄉廣興村廣安宮於清同治11年創建、冬山鄉東城村鎮安廟於清咸豐11年創建、冬山鄉鹿埔村鎮安宮於清同治元年、冬山鄉得安村得安振安宮相傳清代創建、冬山鄉大興振安宮於清道光初創建。[15]其餘的三山國王廟則是清代以後才興建成立的宮廟。

在上述蘭陽地區三山國王宮廟的調查，可以了解三山國王廟，在清代時期創建的廟宇，員山鄉有3處，冬山鄉有5處。這8處三山國王宮廟的分布，符合前面提到的三籍人在蘭陽平原地區的開發歷史，在靠山設隘的區域以及溪南冬山鄉的開發，均是清代之時，粵籍人主要的移墾區域。因此，粵籍潮、惠、嘉應州等地的原鄉地方守護神—三山國王，自然也就隨著鄉民被帶到蘭陽平原新墾區，作為庇佑的神靈，而被供奉。

---

14 礁溪鄉2座：林美村的三山國王廟、龍潭村的永興廟。頭城鎮1座為武營路的武功廟。蘇澳鎮5座：聖湖里箕山宮、港邊里永安廟、南強里震安宮、隘丁路的保安廟、新城里慶安廟。員山鄉7座：深溝村保安宮、頭分村讚化宮、同樂村鎮安廟、惠好村福興廟、永和村永廣廟、永和村碧仙宮、枕山村慶安廟。宜蘭市3座：進士里鎮興宮、慶和里振安壇、七張里開興廟。羅東鎮2座：北成里興安宮、東安里震三宮。冬山鄉8座：大興村振安宮、東城村內城鎮安宮、鹿埔村松樹門鎮安宮、順安村永安宮、太和村永福宮、太和村開山宮、廣安村廣安宮、得安村得安振安宮。

15 參考仇德哉：《臺灣廟神傳》，著者自行出版，頁474－476。

三、三山國王信仰的演化現象

三山國王信仰中,三山指的是巾山、明山、獨山,在粵東潮、惠、嘉應三州交界處,即潮州揭西縣河婆縣城郊外。目前臺灣民間對三山國王的稱呼,除用原稱外,也俗稱為「王爺公」;大王為巾山國王,二王為明山國王,三王為獨山國王。從原來的山川自然崇拜,經歷以後歷代人文的神話傳說積累,成為日後的英靈神明崇拜。

廣東潮州河婆三山國王祖廟(亦稱霖田祖廟),在當地是最大的廟宇,俗稱「大廟」,因此三山國王亦被稱為「大廟爺」。自唐、宋建廟之後,不斷有官吏、文人前往祭祀,方志史乘多有記載,民間則流傳許多關於三山國王顯靈護國救駕,保土安民的傳說故事,使得三山國王各個神蹟,以忠義、神勇的角色在民間傳誦。目前在臺灣,三山國王則從地方鄉土神祇,轉化成王爺公的角色,以具有多方面靈驗的神蹟,而受到一般篤信民眾的奉祀。

臺灣一般民間對於三山國王在世俗社會所具有神靈功能的看法是;以為大王巾山國王擅長醫理及日理,二王明山國王擅長地理、風水以及民宅,三王獨山國王擅長驅邪及押煞。每年農曆二月二五日為明山國王祭典,七月二五日為獨山國王的祭典,八月二八日為巾山國王的祭典。另外,三山國王的立聖千秋日期為二月二五日。因此,每年舉行三次祭典,並舉行踩踏火盆活動。

宜蘭地區粵籍墾民信仰原鄉守護神——三山國王,本來就是理所當然的事情。因此,占少數人口比例的粵籍所屬三山國王廟,在蘭陽地區的發展,在漳、泉二籍眾多人口中,應該為少數的廟宇才是。然而,宜蘭地區三山國王廟從清代的 8 座到目前 28 座的數目,不但沒有短少,反而增加,其廟宇多設在蘭陽平原沿山的鄉鎮。此舉顯現出三山國王從潮、惠、嘉應三州原

鄉人的信仰,已經轉變成為蘭陽平原當地民眾普遍信仰的神祇,這種民間信仰的變化是值得進一步探討的。

以往學者將臺灣民間宗教信仰的建立,分三個時期來說明。這三個時期分別是:(一)草創時期:墾民供奉自原籍帶來的守護神或香火。(二)聚落構成時期:新地開拓、遍見土地廟。(三)聚落發展時期:街肆形成,工商繁榮,各種專業神祇出現,如文昌、關帝廟宇次第出現。[16]

簡言之,從民間信仰類別中,歸納出臺灣漢人移墾社會地方神祇發展的通則。

如上所述,對於蘭陽平原前期三山國王信仰的形成,雖然可以採用此種通則來觀察並解釋,但是對於後期三山國王宮廟則由清代8座發展到目前的28座,這種三山國王民間信仰蓬勃發展現象,則無法給予合理的解釋。

對於文化移植的看法,有種理論;認為清代臺灣移墾社會文化的發展,是將漢人的生活方式與原鄉的社會與組織,帶到墾地來,在臺灣形成與中國內地相同的文化模式;同時,也對臺灣原住民產生影響,使其逐漸漢化認同中華文化。這種「內地化」的理論,是可以解釋臺灣早期移墾社會中民間信仰的發展與形成。但是,若以宜蘭地區三山國王信仰的形成與發展為例子,單獨採用「內地化」的解釋是無法周延,因為,三山國王信仰在清代以後的宜蘭地區興起的問題,以及客家人原鄉守護神成為非客家人的一般民間信仰的問題,無法解決。顯然,若要進一層了解,應該考慮其他的因素。因此「本土化」的理論,也就成為提供三山國王宮廟增多現象的解釋理由。

「本土化」簡言之,是指漢人社會在地緣意識上認同臺灣的

---

16 陳國彥:〈三山國王廟與臺灣客家人的分布〉,《國際客家學研討會論文集》,香港中文大學香港亞太研究所,1994年,頁80。

過程。三山國王信仰的神祇,在宜蘭地區又被民間稱為「王爺公」,即是「本土化」的証明。宜蘭地區開發以來客家人總是占人口的少數,絕大多數是屬漳、泉籍的閩南人,宜蘭地區的客家人長期受到閩南文化的影響而認同,至目前田野調查能說客家母語的已經非常少數,如羅東地區的客人城已經少有會說客家話的人。

客家人被閩南族群同化,同時客家的原鄉守護神信,也仰隨著同化的過程,轉成閩南王爺信仰的一種,因為「王爺」信仰在閩南族群中是一種普遍的民間信仰。目前在臺灣以王爺為主神的廟宇約佔所有廟宇的九分之一,共有七百多座。王爺與瘟神是不同的,王爺本是一種厲鬼,性質近於瘟神,因此容易為一般大眾混為一體視之。一般民眾為自身需求,將驅瘟逐疫功能的王爺視為醫神,再成為保境安民之神,最後成為萬能之神。然而,在臺灣民間也以「王爺」稱號其他英靈崇拜的神明,如張巡王爺,三山國王的大王爺、二王爺、三王爺。[17]

民眾將三山國王的王爺化,主要視大王為巾山國王擅長醫理及日理,二王為明山國王擅長地理、風水以及民宅,三王為獨山國王擅長驅邪及押煞。另有一說;大王公是地理師、二王公是藥師、三王公具陰陽面經常到地府走動,可以圓滿解決人間與地府的業障糾纏。[18] 三山國王具有上述臺灣閩南族群認定的王爺神靈,因而被當地閩南族群所接受,以後更因為信仰者獲得庇佑福報的印證,王爺公(三山國王)靈驗彰顯,乃能夠繼續發展。此時臺灣閩南族群對於三山國王信仰的認同,已經有別於客家原鄉三山國王信仰。因此,可以說宜蘭地區的三山國王雖然源於客家原鄉的三山國王信仰,但是民眾對於的三山國王已經雜

17　康豹:《臺灣的王爺信仰》,臺北市:商鼎文化出版社,1997 年出版,頁 178 − 184。

18　依據雲林縣大埤鄉大德村新街 20 號太和街三山國王廟的《太和街三山國王神蹟》說明內容。

有閩南王爺信仰的成分，而受到現在民眾的供奉，兩者信仰名同而庇佑意思卻不逕相同。

四、結論

　　客家人在宜蘭地區，由於人數與當地閩南族群呈現懸殊差距，而被同化，甚至喪失客家話使用的能力，即便如此，有的人還認同自己是客家人，能夠清楚知道其祖先原鄉地。這種為閩南族群同化的客家人，一般以福佬客稱之。

　　宜蘭地區的三山國王信仰，原先是客家族群在清代帶來，並作為移墾時期的守護神，然而，三山國王的信仰不因客家人遭受同化而萎縮，反倒以「王爺公」的角色被閩南族群認同，在臺灣清領時代結束以後發展快速。目前，當地冬山鄉大興振安宮三山國王廟成為「臺灣三山國王宮廟聯誼會」的會首。因此，從宜蘭地區的三山國王信仰的歷史發展脈絡中，不僅可以看出「內地化」與「本土化」的軌跡，也同時顯示三山國王信仰受到閩南的「王爺」化的事實。就三山國王信仰興盛原因，可以說閩南族群王爺信仰，是促成宜蘭地區三山國王信仰興盛的主要因素。

臺灣客家民間信仰源流與開創：
以淡水、龍潭三林村、新埔為例

摘要

　　臺灣客家族群原鄉地不同，因此移民臺灣過程中也就帶來不同的原鄉民間信仰神祇。研究客家族群的民間信仰，不僅有助於瞭解當地客家文化的形成，也可以瞭解不同客家神明與客家原鄉的關係。

　　本文以淡水鄞山寺、龍潭三林村福德祠、三元宮、新埔褒忠亭義民廟等三處客家廟宇之主要神明，作為臺灣客家民間信仰源流關係與開創之研究事例。採用歷史文獻、田野調查等方法，探究地方客家廟宇民間信仰中，定光佛、三山國王等神明與客家原鄉的關係，更探究在臺灣形成的客家義民爺民間信仰文化意涵。

　　關鍵詞：淡水、龍潭三林村、新埔、定光佛、三山國王、義民爺

一、前言

　　客家文化是臺灣文化當中的一支,與閩南文化均是從中國大陸的原鄉傳衍而來,也是漢族早期到臺灣移墾的主體。文化的發展與家庭、族群、社會等有著密切的關係。一般而言,在臺灣要簡單瞭解一個地方的文化來源與特色,可從當地居民信仰的主要寺廟著手,從廟中主殿奉祀的神明,就可以知道當地早期居民的原鄉地。例如廟宇所奉祀的主神若是開漳聖王,則當地多數早期居民原籍為漳州;主神若是保生大帝,則為泉州同安縣;主神若是廣澤尊王,則為泉州南安縣;主神若是保儀大夫或清水祖師,則為泉州安溪縣;主神若是三山國王,則為粵之潮惠等府。

　　解嚴後,臺灣社會受民主政治的衝擊,以及在族群平等的社會思潮影響下,客家議題頗受重視,不僅社會運動有客家族群的參與,學術研討會上亦有以客家文化作為研討的主軸,讓客家議題成為社會與學術界注目的焦點,其中客家的民間信仰,亦成為討論的議題。

　　民間信仰(customary belief 或 folk-belief)是民俗學、文化人類學裏重要的研究領域,族群文化差異表現,以生活中的不同民間信仰最為顯著。臺灣地區族群多元,文化差異頗大,研究客家族群的民間信仰,不僅有助於瞭解當地客家文化的形成,也可以瞭解不同客家神明與客家原鄉(閩西汀州、漳州;粵東嘉應州、潮州、惠州)的關係。

　　近代日人櫻井德太郎與堀一郎兩位學者,一生致力於民間信仰的研究,成就受到學界的肯定。[1] 認為民間信仰的存在於形式上沒有必要的教祖、教理以及教團等嚴格的條件;但其內涵,包括古老傳統的儀禮、咒術、祭典方式以及定期行事,由民間

1　參考堀一郎:《民間信仰》,東京:岩波書店,1977年9月改版第1刷。櫻井德太郎:《日本民間信仰論》,東京:雄山閣,昭和33年5月發行。

特殊人士主持,其信仰與儀禮代代傳承。同時,認為任何民間信仰的緣起與發展,均與地域社會的人們有著密不可分的關係。[2]

日本文化人類學者對於民間信仰的界定,基本要件簡言有五項:(一)具有萬物有靈的特質。(二)有祖靈、氏神信仰要素。(三)有各種不同神靈信仰的產生。(四)民間發展出很多同類小廟供奉。(五)信仰內容受到佛、道及其它外來宗教的影響。[3]

本文借著上述清晰的民間信仰要項,檢視淡水鄞山寺定光古佛、龍潭三林村福德祠與三元宮神明,以及新埔褒忠亭義民爺等神明信仰;並進一步探討三事例在當地與族群的關係。

二、淡水鄞山寺定光古佛信仰

淡水鄞山寺位於鄧公里鄧公路15號,當地人稱定光廟。清《淡水廳志》卷十三古蹟考、寺觀(附),有:「鄞山寺在滬尾山頂,道光二年汀州人張鳴岡等捐建,羅可斌施田,咸豐八年重修」的紀錄。

鄞山寺之建立,主要原因是臺灣北部自清嘉慶以後,臺北盆地從汀州來的移民增多,大都從滬尾港上岸,當地汀州人為接應同鄉來台人的需要,才會有建廟設會館的倡議,張鳴岡時任建造總理,因此是最主要的出力人。目前正殿後付點金柱上掛有道光四年(1824)張鳴岡敬奉木聯一副:「捍患禦災功昭宋代,庇民護國法顯皇朝」,另供桌腳下端亦寫道:「道光貳拾三年重修葭月吉日 永邑弟子大學生張英才仝男鳴岡敬奉」,由此可見從創建到第一次的重修張鳴岡均有參與。

---

2 參考小口偉一、堀一郎監修:《宗教學辭典》,東京:東京大學出版會,1973年10月出版,頁707。又參考石川榮吉、梅棹忠夫等編著:《文化人類學事典》,東京:弘文堂,平成6年6月初版,頁748。

3 石川榮吉、梅棹忠夫等編著:《文化人類學事典》,東京:弘文堂,平成6年6月初版,頁748-749。

羅可斌捐田事蹟，在寺內保存的清同治十二年（1873）石碑所紀錄的文句，獲得證實。記載有：「昔汀人在滬尾街後莊仔內，於道光三年建造廟宇，名為鄞山寺，供奉定光古佛，為汀州會館，並經羅可斌墾獻埔地以充經費，其地段四至界址，均有契券可查」。目前鄞山寺右側庭院設有一涼亭，亭內置有墓碑一座，碑文：「汀州永定金沙可斌、榮羅公墓。道光壬辰年桐月吉旦重修，汀郡眾姓仝立」。由此可見羅可斌、羅可榮兄弟捐地義舉事，獲得眾人肯定。

創建鄞山寺除上述張鳴岡與羅可斌、羅可榮之外，當時主要捐建者還有：胡、蘇、練、江、游、徐等六姓人士。

另外，尚存有清光緒二年（1876）及十九年石碑，從碑文得知當時汀州人來台者甚多，其中有越縣汀人及內地汀紳，來到淡水後貪念鄞山寺錢財，追索錢財未獲得回應，居然以告官方式，與已經落籍本地的汀州民眾管理人，為了鄞山寺汀州會館廟產與錢財發生糾紛，所幸告官事件迭經本地官府明察，還本地落籍汀人管理人清白，事後為阻絕越縣汀人與內地汀紳們覬覦廟產，因此立碑公議鄞山寺祀業歸由本地汀眾管理，以斷絕外來汀州人的貪念。日據時期閩西汀州人來台數量漸少，鄞山寺同鄉會館的功能也就漸淡，轉而成為一座主要信眾為本地落籍汀人，祭拜民間信仰定光古佛神明的寺廟。[4]

福建汀州府的汀江又稱鄞江，源出福建寧化縣界，曲折南流，經過長汀、上杭，再流入廣東境內大埔縣三河壩鎮匯入韓江，韓江南流經潮州府，最後於汕頭注入南海。清代汀州人大抵經由這條水域，從汕頭港坐船出海，到臺灣中部鹿港或北部滬尾港（淡水港）登陸。因此，臺灣中部彰化市在乾隆二十六年（1761）就最早建立了一座「定光庵」，作為早期移民臺灣汀

4　參考李乾朗：《鄞山寺調查研究》，板橋市：臺北縣政府，民國77年，頁 12－19。

州人心靈慰藉之用；相對臺灣北部滬尾（淡水）「鄞山寺」則至道光二年（1822）才創建，兩者早期均具有汀州會館的功能，同時也設置定光古佛神像，供汀眾祭祀。

有關定光古佛事蹟，依據宋修《臨汀志》〈仙佛〉有所記載，其內容紀錄如下：

> 敕賜定光圓應普慈通聖大師——年十一懇求出家，依本郡建興寺契緣法師席下，年十七，得業游豫章，過廬陵，契悟於西峰圓淨大師，——到閩粵贛各地雲遊參訪，終成一個高僧。——真宗朝（祥符）八年（1015年）正月六日申時，俄集眾云：「吾此日生，今日正是時，汝等當知妙性廓然，本無生滅示有去來，更言何事？」言訖，右脇臥逝。春秋八十有二，僧臘六十有五。——定光，泉州人，姓鄭名自嚴。乾德二年駐錫武平南安巖，淳化二年別立草庵居之，景德初遷南康郡盤古山，祥符四年汀守趙遂良即州宅創後庵延師，至八年終於舊巖。[5]

由上述，推算有關定光古佛生卒時間，其出生應於五代順應元年（934），其卒應於武平南安巖之均慶禪院（今武平縣岩前鎮獅岩），其時為宋祥符八年（1015）。

汀州府民對於定光古佛的靈驗傳說，亦有見諸於文字紀錄者，其生前之神奇表現有：

> 十七游豫章，除蛟患。乾德二年，來汀之武平南巖，郡城南潭有龍為民害，師投偈，少湧成洲。數夕後，大蟒前蟠，猛虎旁睨，良久皆俯伏而去。——淳化間，去巖十里立草庵牧牛，夜常有虎守衛，後遷牧於冷洋徑。師還巖，一日倏云：牛被虎所中。日暮有報，果然。師往

5　宋胡太初修，趙與沐纂：《臨汀志》，福州市：福建人民出版社，1990年，頁167。

彼處，削木書偈，厥明，虎斃於路。[6]

　　台灣閩西汀州人「定光古佛」信仰，無法如同泉州同安人之「大道公」信仰之廣泛傳播，其中主要因素除了汀州人在台灣人數不多的原因之外，也應考慮定光古佛本身尊貴神聖性的因素。此座供奉定光古佛的淡水「鄞山寺」，創建於道光年間，由於寺廟前面有半月池，前低後高，左右對稱隱約形成圓形界限的平面格局，建築保存完善，顯示出閩西汀州永定地區的民宅特色，且「定光古佛」民間信仰俱有歷史文物意義的特殊價值，因此鄞山寺被政府指定為二級古蹟，受到《文化資產保存法》的保護，難得的是至今此寺廟依然是新北市汀州後裔祭拜原鄉神祇的主要寺廟。

三、龍潭三林村福德祠、三元宮三山國王信仰

1. 開基福德祠

　　三林村原地名為馬陵埔，其「開基福德祠」是當地客家移民開發時，最初所設立的伯公信仰。目前福德祠內壁有兩塊碑文，內容主要記敘本村早期客家移民開墾及建祠緣由。

　　其一為「籌建三林村福德祠拜亭緣起」碑文，民國 67 年所立。碑文內容記載：

> 茲我三林村原名馬陵埔於民前 141 年（前清乾隆 37 年）有先賢黃慶興率眾入境開墾，同時當天奉請福德正神奉安本祠，當時附近太平山小竹坑、粗坑一帶尚有土著生番居住，每嘗出草打家劫舍掠取人頭，村民不勝其擾，幸有福德正神顯聖，假作雞鳴驅走土番，保護村民安寧，乃後村民發生大小事故，均有求必應。——開墾完成之

6　宋胡太初修，趙與沐纂：《臨汀志》，福州市：福建人民出版社，1990 年，頁 164。

日公捐乾字號大小埔田 20 餘甲，作為福德、義民祭祀之用。

其二為「三林村福德祠重修緣起」碑文，民國 76 年所立。碑文內容記載：

> 茲我三林村福德祠、三元宮、觀音祀、王爺屋、烈士（義民）祠為本村五大古蹟，觀音祀當年設在細城，王爺屋設在石礫子，此二處現已作廢，唯今剩下三元宮、福德祠、烈士（義民）祠等三處為本村唯一古蹟，本福德祠創建於前清乾隆 37 年（紀元 1772 年）壬辰歲正月十五日由先民黃慶興、葉振旺、楊榮生等發起創建，首次用石板建造。

2. 三元宮三山國王信仰

三林村三元宮之「三元宮序」碑文，民國 61 年所立。碑文內容記載：

> 我三林村原名為馬林埔，後改三角林，再易而為三林村——有先民黃慶興、葉振旺、楊榮生等於乾隆 37 年（民前 136 年）正月十五，邀眾當空邀請三官大帝、觀音佛祖、三山國王、福德正神分行奉祀，福德正神鎮本村水頭建祠安奉，三山國王鎮清水坑上公館王爺屋奉祀，觀音佛祖鎮細城楊家奉祀，三官大帝則眾善信一年一戶輪流奉祀。——迨光緒 4 年（民前 34 年）歲在戊寅，眾善信有感三官大帝輪流奉祀，不惟冒瀆神威，亦失虔敬之原旨，乃有楊清連、葉庚興、張澄生等發起募資購地現址，以乙山兼卯分金，土磚瓦造三界廟一座，安奉三官大帝，後推舉楊金源、葉茂南、楊發宗為廟產管理。星移物換凡九十五稔，——由原址以寅山兼艮分金座向，以鋼筋水泥，雕樑畫棟，重建廟宇一座，名為三元宮——謹涓中華民國六十一年歲次壬子十月初三日午時，恭請三官

大帝登龕正座,觀音佛祖、三山國王登龕副座,以冀神愉人歡,國泰民安。

從三林村的福德祠與三元宮的碑文,可以清楚瞭解早期原名馬林(陵)埔客家人開墾時遭遇的事情,更可以看到開墾當時眾人向天,奉請神明的方式,從觀音佛祖、三山國王(獨山、明山、巾山)駐點祀奉以及三官大帝(天官、地官、水官)由住戶輪流奉祀,到最後觀音佛祖、三山國王、三官大帝等神明合祀一廟的過程,讓我們得以完整瞭解當地客家從開發過程,到聚落形成發展至今,以及民間信仰神明如何向天祈請並安置的情形,這與一般信眾分香或以香包等祈請安置神明方式不同,令人感覺分外有趣。

三林村的開發事情,也可以從一張道光九年(1829)五月「立給墾批墾戶黃慶興」的古文書契,所記載「**眾議另踏在乾字號首尾兩段埔地,歸福德爺、義民祀典,通莊公用祭祀之典**」的內容獲得印證。這張古文書契內容亦是證實三林村墾拓的實際時間,而非開基福德祠與三元宮之兩處碑文中所載,清乾隆37年(1772)入境開墾建廟,因當時馬陵埔屬於民番界址藍線之外番界之地。

三林村民奉祀「三山國王」是源於客家原鄉的地緣民間信仰神祇,是獨山、明山、巾山這三個山神的合稱。

有關三山國王的民間信仰緣由,依據元代劉希孟〈明貺廟記〉:

> 考潮州西北百里有獨山,越四十里有奇峰,曰玉峰,峰之右有亂石激湍,東潮西惠,以石為界。渡水為明山,西接梅州,以州為鎮。越二十有巾山,其名為霖田。三山鼎峙,英靈之所鍾,不生異人,則為明神,理固有之。世傳當隋時,失其甲子,以二月下旬五日,有神三人,出巾山之石穴,自稱昆季,受命於天,鎮三山(獨山、

明山、巾山）托靈於玉峰之界石，因廟食焉。[7]

　　從上述紀錄，可知三山國王這種民間信仰最早起源於隋代。然而，大陸學者譚其驤以為漢人移民到粵東的年代，主要在唐、宋之時，唐以前粵東地區的主人為俚族的土著。因此，大陸學者謝重光也就認為三山神祇，最初是俚族為主的粵東土著的信仰，土著把三山神祇視為山神，且認為托靈於玉峰的界石，也就將界石作為三山神祇的象徵。

　　此〈明貺廟記〉文中，亦有唐元和年間，韓愈任潮州刺史，因淫雨還派人祭拜此界石之神的紀錄，文為：「命屬官以少牢致祭祀之文曰：『淫雨既霽，蠶穀以成，織女耕男，欣欣衍衍，是神之休庇乎！人也敢不明受其賜』則大有造於民也尚矣」。

　　宋以後，三山神祇的信仰，亦為遷移粵東的客家人所接受，並附加漢人的觀念，以後三山神祇不僅能庇佑人，也成為能助王師征討有功於國家的英雄，因而受賜「國王」的封號和「明貺」廟額。如文曰：「詔封明山為清化盛德報國王，巾山為助政明肅寧國王，獨山為惠威宏應豐國王，賜廟額曰明貺。敕本郡增廟宇，歲時合祭，則神大有功於國亦尚矣」。是故，三山神祇遂由單純的自然崇拜，演化與英雄崇拜相結合的三山國王神祇。

　　廣東潮州揭西縣河婆鎮玉峰東麓的三山國王祖廟，亦稱霖田祖廟。在當地是最大的廟宇，俗稱「大廟」，因此三山國王亦被稱為「大廟爺」。廟中供奉三山國王，其他地方又稱「明貺廟」或「公王廟」。自唐、宋建廟之後，不斷有官吏、文人前往祭祀，方志史乘多有記載，民間則流傳許多關於三山國王顯靈、護國救駕、保土安民的傳說故事，使得三山國王各個神跡，以忠義、神勇的角色在民間傳誦。農曆正月十三，民俗會抬三山國王神像出遊，俗謂「迎神送煞」。三山國王壽誕儀式，各地不盡相同，

---

[7]　周碩勳：《潮州府志》卷41，臺北：成文出版社，1967年，頁1055。

如揭西縣是正月二十五；大埔為五月初四，初五；梅縣為九月初十等。[8]

四、新埔褒忠亭義民廟義民爺信仰

新竹縣新埔鎮枋寮褒忠亭義民廟的創建，緣於清乾隆51年（1786）林爽文叛亂事件的發生，竹塹地區的鄉紳為確保家園免遭受兵禍之災，乃有九芎林陳資雲、劉朝珍，六家林先坤等人號召鄉壯組成義民軍，協助官兵保衛鄉土。竹塹一役中，義民屍骸四散田野，鄉紳王廷昌、林先坤、黃宗旺、吳立貴等人不忍，遂發動在枋寮義民廟現址，鳩資興建義塚之事。

有一份古文書契文件，首頁為「同立合議規條簿約字人 王廷昌、黃宗旺、林先坤、吳立貴等」，末尾有署名時間人名，為「嘉慶柒年壬戌歲十月 立同議合約規條人 王廷昌、林先坤、黃宗旺、吳立貴」，故將此契字文件稱為「四姓合議規條簿約」。茲將此契字檔前段部分內容，呈現於後：

> 同立合議規條簿約字人褒忠亭首事王廷昌、黃宗旺、林先坤、吳立貴等，丙午年（乾隆51年）冬，元惡林爽文戕官陷城，程（程峻）廳主遇害，壽（壽同春）師爺接任立策堵禦，我義民募勇幫官殺賊，志切同仇，捐軀殉難者不少，血戰疆場，屍骸拋露到處，夜更深常聞鬼哭，各庄人民寐寤難安，蒙制憲以粵民報效有功上奏，京都聖主封以褒忠貳字。
>
> 時有王廷昌自備銀項，請出鄧五得為首各處收骸，欲設塚廟，相有地基立買成就，遂即設席，請得義首林先坤、黃宗旺、吳立貴等，合眾商議。痛此義民死者，淒青靈於墨夜，暴白骨於黃沙，營埋忠骸於青塚，以免陰靈怨

---

8 房學嘉，肖文評，鍾晉蘭：《客家梅州》，廣州：華南理工大學出版社，2009年，頁145。

哭於他鄉。呈請制憲大人，蒙批准。

該義首王廷昌、黃宗旺、林先坤、吳立貴，協同粵庄眾殷紳等，建塚立廟，戊申（乾隆53年）冬平基，已酉（乾隆54年）年創造，至庚戌（乾隆55年）春前堂廟宇未成，有釋士王尚武願題銀協力代理，至庚戌年冬廟宇完竣。辛亥（乾隆56年）年二月初二日王廷昌、黃宗旺、林先坤、吳立貴等在褒忠亭四人面算，建廟完竣仍有長（剩）有佛銀貳佰大元，此銀係交林先坤親收，生放每年應貼利銀加壹五，又廟祝王尚武廟內設席，當眾交出佛銀四百大元，立有托孤字四紙，四姓各執壹紙，其銀眾議亦交林先坤收存，生放每元應貼利穀（穀）壹石貳升，計共利穀四拾八石，面議王尚武每年領回養老谷拾石，扣實王尚武利穀，每年仍長有穀三拾八石，其銀母利，經四姓交帶林先坤生放，三年會算壹次，其銀後日生放廣大，林先坤將銀交出立業，作為四姓首事承買褒忠亭香祀。[9]

簡言之，此文件內容在於敘述乾隆51年（1786）林爽文戕官陷城，新竹地方義民募勇幫官殺賊而捐軀，殉難者屍骸拋露到處，乃由新竹地方人士王廷昌自備銀項，請地方人鄧五得為首，到各處收拾義民屍骸，後欲設塚廟，相有地基，立買成就，遂即設席，請到義首林先坤、黃宗旺、吳立貴等人，合眾商議，將餘款及廟祝王尚武托孤交佛銀四百元，共作為褒忠亭嘗，並議定資金運用、祭祀方式等事。這份契字內容，可視為褒忠亭義民廟興起初始經費來源的寶貴文獻資料，亦是褒忠亭嘗（褒忠嘗、義民嘗）成立初始的重要文獻。

其後，義民軍在竹塹一役犧牲事蹟，獲得清乾隆皇帝頒授「褒忠」額匾，以資表揚，並作為社會教化的風範的殊榮。因此，

---

9 邱榮裕：〈新埔褒忠亭義民廟興起與發展之探究——以兩件清代古文書契為中心〉，《新竹文獻》68期義民爺信仰專輯，新竹縣竹北市：新竹縣政府文化局，民國107年，頁41－44。

當地鄉紳乃決議在墓前興建廟宇供奉義民爺。新埔褒忠亭義民廟遂於乾隆53年（1788）鳩工興建，而於乾隆55年（1790）竣工。目前廟神龕正中供奉「敕封粵東褒忠義民神位」之牌位，此即是客家民間稱之為「義民爺」之神牌位。另在其上內近屋頂處，設置有小神龕內供有「聖旨」牌位。

隨後同治元年（1861），彰化戴潮春亂事再起，再度引發竹塹地區義民軍再舉，協助官兵平息亂事，鄉人將此次義民軍犧牲者，附葬於義民廟原墓之左側，此次義民軍的犧牲，亦受到臺灣地方大吏賜匾褒揚。客家鄉民由於崇敬義民爺之故，平常時也會前往兩座墓地前，以敬禮或合掌方式致敬。

新埔褒忠亭義民廟的祭祀，依據農曆每年舉行春、秋二祭，以後更於中元之時，作盂蘭普渡。輪值祭祀，各莊紳民莫不盡心盡力籌辦，並群集於義民廟祭拜祈福。更由於中元普渡之祭，有獎勵神豬、神羊等牲禮的競賽，使得祭祀圈中輪值的各莊紳民引為大事，紛紛以獲得牲禮神豬、神羊的獎項為榮，炫耀於鄉里。因此，昔時以來新埔義民爺的中元祭典神豬、神羊牲禮的供奉方式，遂成為臺灣北部客家民間信仰中，祭祀義民爺的特殊禮俗。

有關新竹新埔枋寮褒忠亭義民廟歷代分香情形，敘述於下：

（1）清代：乾隆年間分香平鎮褒忠祠、道光年間分香蘆竹南崁褒忠亭、同治年間分香大湖義民廟、光緒年間分香頭份義民廟、三灣三元宮、埔里義民祠、大湖護安祠。

（2）日據時期：明治年間埔里參贊堂、獅潭義民廟，大正年間關西義民廟、國姓褒雄宮、草屯中原褒忠堂、甲仙褒忠亭，昭和年間中寮褒忠義民宮、水里義民廟、國姓義民祠、鳳林褒忠義民亭、吉安義民堂。

（3）台灣光復以後：草屯新豐褒忠堂、國姓護國宮、嘉義褒忠義廟、高雄義民廟、福里竹田義民亭、旗山旗美褒忠亭、

鳳林壽天宮、吉安忠義堂、玉里協天宮、吉安義聖堂。另外，尚有國姓碧雲宮、南莊永和宮、北埔慈天宮等。[10]

藉著前述民間信仰內涵與要項，檢視新埔枋寮義民爺的信仰流傳臺灣各地情形，是符合作為民間信仰的要件，非僅是一座單一的地方崇祀的廟祠亭而已。因此，新埔的枋寮義民爺信仰可以確定為台灣客家族群在地化的民間信仰。此舉與粵東潮、惠、嘉客家原鄉的三山國王廟的信仰有著很大的不同，顯示臺灣客家文化中民間信仰的創新與認同本土的意涵。

是故，目前社會一般所謂台灣客家「義民爺」信仰，其核心應該是新竹新埔枋寮褒忠亭義民廟所供奉的義民爺，藉著枋寮義民廟義民爺繁盛香火傳播的名聲，也包含了其他客家聚落不相屬義民廟，其中不同名稱的義民牌位，因同屬客家義民祭祀對象，而以「義民爺」作為總稱。台灣客家社會對於「義民爺」信仰這種普世化的包容，似乎又說明民間信仰亦是具有模糊的特性。

五、結論

客家人清代早期移墾臺灣，除了開拓荒野成良田，也帶了原鄉文化習俗，在臺灣各地落地生根成為客家聚落。客家原鄉的主要神明信仰在臺灣發展的有：嘉應州梅縣陰那山慚愧祖師、潮州揭西縣河婆鎮霖田祖廟三山國王、閩西汀州武平南安巖之均慶禪院定光古佛。目前在臺灣地區：慚愧祖師信仰主要在南投縣；三山國王信仰則傳播最廣，不僅僅客家人信仰，也有閩南漳州人信仰，其中彰化縣、宜蘭縣是三山國王廟宇建立，最為多座的地區；定光古佛信仰主要在彰化市與淡水地區傳播，其中淡水鄞山寺是最為重要的廟宇。

10　江金瑞：《清代台灣義民爺信仰與下淡水六堆移墾活動》，中興大學歷史學系碩士論文，民國 87 年 7 月，頁 86。

本文舉龍潭三林村福德祠與三元宮之例,主要從當地廟宇碑文資料,認識客家人清代初期開墾時,在蠻荒之地如何向天祈請神明,作為心靈慰藉及保護之事例,這種以赤子之心向天禱告祈求神明下凡到人間守護信眾的方式,有別於傳統從祖廟分香的儀式,可以看到客家民間信仰因勢利導的客家人生活上簡易原則特性。這些祈請下凡的三官大帝、觀音佛祖、三山國王、土地伯公等神明,不脫客家原鄉的民間信仰神明的範疇。

　　至於臺灣北部客家義民爺的信仰,是由客家人在當地移墾社會發展過程中,因歷史事件而形成的一種信仰。義民爺信仰雖然有別於原鄉三山國王守護神的信仰,但是義民爺信仰中「忠義」與「慈悲」概念,可以視為受到中華傳統儒教與佛教文化浸潤的影響,而成為主要推動因素;另外,清廷頒授的「褒忠」的額匾,則因尊貴而獲得世俗民眾的認同。這種濃厚中華文化認同,可以是臺灣民間社會文化「內地化」的最好印證,但因「義民爺」有別原鄉的守護神信仰,可以視為臺灣客家人創新且在地化的民間信仰,而這「義民爺信仰」更成為臺灣客家文化新的精神與內涵的表徵。

「田調視野」桃園客家落地生根印記：
以大溪南興莊楊纘紳家族為例[*]

摘要

　　廣東長樂縣（今梅州市五華縣）人楊纘紳，於乾隆 3 年（1738）來到臺灣，時年 27 歲。從竹塹輾轉到當時淡水廳屬於臺灣原住民霄裡社（凱達格蘭族）番界區域南興庄拓墾，楊氏在此奠定基業，其後裔亦以南興庄（今屬桃園市大溪區南興里）作為祖源發跡之地，傳承至今尚有公業土地不動產與祖塔（供奉來臺祖楊纘紳及歷代先祖遺骸）等，目前由楊氏祭祀公業管理委員會第 21 世（來臺第 8 代）楊春華主任管理人依法管理，每年定期舉行兩次春、秋之祭祀，族裔參加者眾，人數達百人以上。

　　楊纘紳為明誠公三子，生於清康熙 51 年（1711），卒於乾隆 60 年（1795），享年 84 歲，其後衍派分厚一、厚二、厚三、厚四、厚五等五大房。其中厚五房榮生（第 17 世，來臺第 3 代）又擴展到鄰近番界地馬陵埔（今龍潭區三林村）開墾，後裔迄今在此定居。

---

[*] 發表於「2016 桃園學研討會」，桃園市文化局、臺灣大學客家研究中心主辦，2016 年 12 月 3 日。

本文即是將楊纘紳族裔在南興庄與三林村的部分，詳加田野調查，探尋客家先人足跡，作為客家在臺灣桃園市落地生根的鮮明印記的表徵。以歷史研究、田野調查作為主要研究方法，藉此了解楊纘紳族裔在南興庄與三林村等實地發展情形。

關鍵詞：霄裡社、南興庄、粟仔園、祖塔、三林村、弘農堂、楊纘紳公

一、前言

臺灣桃園區大溪市南興里之「祭祀公業楊纘紳」管理會，屬民間依法登記成立之祭祀公業財團法人，1988年1月29日由楊纘紳公派下之厚一、厚二、厚三、厚四、厚五等五大房後裔，成立派下員大會與管理、組織規約，主要為紀念渡臺開基祖纘紳公及歷代祖先，以飲水思源、慎終追遠、萬世流芳，並緬懷創業德意、永續傳承，團結派下子孫為宗旨。2006年10月6日修定管理與組織規約章程內容，除明訂每年農曆正月二十二日掃墓祭祖及中秋節按時舉辦秋季祭典外，也進行組織管理架構的合理規畫，定公業派下員大會為最高權利機構，下設五房代表選出二十一名，組織代表會，執行會務；另設管理人五名，由各房代表中遴選1人，組成管理人會，主要管理公業資產，其中推選主任管理人1名，總理公業與執行會務；設專任總幹事1名，協助管理人綜理公業各項事務；同時設公業監察人1名，監察公業資產管理情況；設財務長1名，掌管財務帳目。目前此祭祀公業管理委員會，由第21世（來臺第8代）厚四房之管理人楊春華，擔任主任管理人，依法管理；此祭祀公業土地資產，均座落在大溪區南興與粟子園等處，其境亦是其歷代祖先開墾、聚居之地域。

清乾隆3年（1738）楊纘紳時年27歲，從原鄉廣東長樂縣（今梅州市五華縣）排嶺清化鄉伏溪約渡海來臺，到達當時臺灣北路淡水廳所轄，屬於臺灣平埔族霄裡社轄區番界的南興庄，開創基業，爾後侄兒、家人陸續來臺，終具規模，乾隆60年（1795）楊纘紳去世，享年84歲，葬於大溪區員樹林粟子園（今楊氏祖塔地）。

其中厚五房榮生（第17世，來臺第3代）又擴展到鄰近番界地馬陵埔（今龍潭區三林村）開墾，後裔迄今在此定居。

本文即是將楊纘紳族裔在南興庄與三林村的部分，詳加田野

調查，探尋客家先人足跡，作為客家在臺灣桃園市落地生根的鮮明印記的表徵。以歷史研究、田野調查作為主要研究方法，藉此了解楊纘紳族裔在南興庄與三林村等實地發展情形。

二、大溪區南興庄弘農堂楊氏簡史

桃園市大溪區南興庄楊氏弘農堂，是以廣東長樂縣楊纘紳公作為來臺祖祭祀對象的厚五房後裔們的祠堂，門前圓柱對聯為：四知慎作為繼往開來恢祖德，六藝勤修習光前裕後振家聲。廳門旁對聯為：弘農萬戶春風陶禮樂，四知百年事業紹箕裘。

紅瓦房廳堂供奉楊氏先人歷代牌位三面，神龕牌位後正中置有楊纘紳公畫像一幅，觀世音佛祖像則供奉在其左側神龕，神龕上方則懸掛有「萬年宗親」及「祖德流芳」兩個牌匾；神龕正下方安置有土地龍神香座。正廳東側廂房則為族人聚會會場，整個祠堂為三合院形式，但西廂部分因臨界馬路，一圍牆取代，連接前門矮牆，具有四合院的氛圍。

楊氏來源始於周康王封叔虞次子杼為楊侯，封地位於今山西省之洪洞縣之東南，由此始以楊為氏，奉楊杼公為一世祖。漢代楊氏在弘農地區族群繁盛，子孫傑出者眾多，「弘農楊氏」之名號乃為歷史所傳播。東漢楊震為荊州刺史，清廉自守，其答卻王密暮夜之賄事，所謂：「天知、地知、你知、我知，何謂無知」之言，傳頌千古。是故，楊氏後人常以「弘農」、「四知」為郡望、堂號。

楊氏廣東開基始祖楊筜，號雲岫，唐中和元年（881）生，北宋乾德元年（963）卒，享年92歲。賜進士，官至都御史，出任潮陽太守。由江西廬陵居地，因任職搬遷到廣東梅州，在梅州水南裡定居，為楊氏廣東開基之始。楊筜生三子：長子楊思孝、次子楊思恭、三子楊思聰。以後，長子楊思孝遷移至福建汀州，至孫楊榮（楊思孝—楊安寅—楊榮）遷居至江右鏘（將）樂縣（今

福建三明市將樂縣），下傳五代為楊時（楊榮―楊勝遠―楊明―楊植―楊時），楊時生五子：長子楊迪、次子楊逥、三子楊迥、四子楊適、五子楊造。此五大房衍派，後世稱楊氏「道南衍派」。

上述楊時即是楊龜山，是在宋朝將二程（程頤、程顥）理學南傳至福建發展的關鍵人物，開創理學道南系，被後世尊為「閩學鼻祖」。

成語「程門立雪」，即是出自北宋時期楊時與游酢二人連袂北上洛陽，拜見理學家程頤（伊川先生）的故事。兩人初見先生，程頤瞑目而座，兩人隨即侍立在側，程頤一覺醒後，曰：「尚在此乎，且休矣」。兩人始告別出門，然而門外下雪已深一尺；楊時亦拜師程顥，深得程顥賞識成為其高徒，歸鄉之時，程顥目送離去，並對旁人說：「吾道南矣」。後裔以楊時為榮，因此稱「道南衍派」。

曾學榕（2003）之研究臺灣楊氏道南衍派後裔分布，有七支系，分別為：1. 臺北楊循敏支系；2. 臺中楊舜支系；3. 新竹楊續紳支系；4. 臺北楊國策支系；5. 臺北楊潮瑚支系；6. 彰化楊賢來支系；7. 嘉義楊國俊支系。其中有關新竹楊續紳支系部份，敘述如下：

清朝乾隆三年（西元 1738 年），廣東長樂縣（今梅州市五華縣）人楊瓚坤（續坤），渡海到臺灣新竹市霄裡南興莊墾荒，成為這一支系的開基祖。由此上溯十三世，楊宗淵從福建連城縣遷廣東長樂縣排嶺開基。再上溯五世，楊衍孫在宋朝寶祐年間（西元 1253－1258 年），避亂從福建將樂縣遷居連城縣小沛。

溯源世系為：

楊瓚坤（遷臺始祖續坤）←楊明誠←楊選←楊志煥←楊高震←楊縉←楊崇義←楊世俊←楊瓊←楊福←楊秀文←楊茂林←楊均勇←楊宗淵（長樂開基祖）←楊奇←楊九三郎←楊太一郎←楊廣義←楊衍孫（連城開基祖）←

楊汝龍←楊公著←楊世松←楊造←楊時（龜山）（源頭）。
溯源遷徙路線是：
臺灣新竹市霄裡南興莊←廣東梅州市五華縣（長樂縣）排嶺←福建龍岩市連城縣←福建三明市將樂縣。[1]

然而，依據蓋有「楊厚貳記」朱印及楊禮坤誌之《臺灣竹塹霄裡南興庄楊氏族譜》資料，來追溯楊纘紳之源頭，發覺與曾學榕之引徵支系有所差異。此本祖譜內容對於楊氏歷代先祖名諱及所生男丁記錄詳細，故得以從父子人名，採取核對方式，往上連線追溯，可以探究清代楊纘紳來源支脈與宋代楊時之支脈之關係，檢核至南遷始祖楊聳公（雲岫），才清楚是由其三個兒子，作為主要的支脈分野。

「楊聳公（雲岫）生三子：長子楊思孝、次子楊思恭、三子楊思聰。長子楊思孝遷移至福建汀州，至孫楊榮（楊思孝—楊安寅—楊榮）遷居至江右鏘（將）樂縣，下傳五代為楊時（楊榮—楊勝遠—楊明—楊植—楊時），楊時生五子：長子楊迪、次子楊遹、三子楊迥、四子楊適、五子楊造。此五大房衍派，即是後世稱楊氏『道南衍派』。」因此簡言之，楊時之後「道南衍派」屬於楊聳公長子楊思孝所傳之支派。

另一方面，「楊聳公三子楊思聰，下傳 16 代至楊崇卿（楊思聰—楊安禎—楊格—楊中立—楊文隆—楊廷稅—楊祐節—楊奮春—楊超孫—楊圭—楊如穆—楊文富—楊仲芳—楊斌孫—楊元珍—楊崇卿），楊崇卿生八子，其中六子為楊宗淵，楊宗淵即是廣東省長樂縣（今五華縣）排嶺楊氏之始祖，亦是楊纘紳派下之源。」換言之，楊纘紳派下屬於楊聳公三子楊思聰所傳之支脈。

是故，曾學榕有關臺灣楊氏道南衍派後裔分布之七大支系研

---

[1] 曾學榕：《楊時世系源流考》，紀念楊時誕辰 950 周年專集，2003 年。

究，其中將桃園縣大溪鎮之楊纘紳支系，視為是道南衍派之事，經過上述檢核，可以清楚看到是屬不同支脈的。另外，其文中「新竹楊瓚坤」，應該是「桃園大溪楊纘紳」。

此外，楊宗淵下傳 13 世楊明誠仍居排嶺，楊明誠生三子：長子楊纘志；次子楊纘慰；三子楊纘紳。14 世楊纘志生六子：長子楊振鐸；次子楊宜鐸；三子楊寬鐸；四子楊宰鐸；五子楊憲鐸；六子楊舜鐸。14 世楊纘慰生八子：長子楊君鐸；次子楊成鐸；三子楊麒鐸；四子楊麟鐸；五子楊謙鐸；六子楊六鐸；七子楊泮鐸；八子楊九鐸。14 世楊纘紳生一子，為楊歷鐸，楊歷鐸娶妻周氏（溫惠）生五子：長子楊厚一；次子楊厚二；三子楊厚三；四子楊厚四；五子楊厚五。此為纘紳公傳下 16 世的厚字輩的五房，稱「厚五房」。

15 世楊歷鐸乾隆 53 年（1788）卒於原鄉，享年 57 歲；其妻周氏隨同五子於乾隆 55 年（1790）來臺依親，投靠楊纘紳公，周氏來臺居十四載，卒於嘉慶 8 年（1803），享年 65 歲。

乾隆 3 年（1738）楊纘紳與 15 世楊友喜，兩人來臺移墾，爾後陸續來臺者有：大哥楊纘志之三子楊寬鐸；二哥楊纘慰之長子楊君鐸及君鐸次子厚山、三子楊麒鐸、四子楊麟鐸、七子楊泮鐸等 6 人。其中二哥楊纘慰之四個兒子：君鐸、麒鐸、麟鐸、泮鐸之後，稱「南興庄上四房」，從上述四人之墓塋座落龍潭泉水空之事來論，顯現出當時眾人來臺後，即到達臺灣北路淡水廳霄裡社轄區南興庄（今屬桃園縣大溪鎮）租佃墾殖，開創基業。而「南興庄上四房」與前述「厚五房」合為楊家九大房，此為明誠公派下子孫在臺灣的開端。

三、清乾隆臺灣北部霄裡社的開拓

清代霄裡社（Souly）屬臺灣北部凱達格蘭平埔族之社名。其所屬之區域為當今之桃園市八德區之霄裡，大溪區之社角、

番仔寮,平鎮區之社仔,楊梅區之水尾、龍潭區之九座寮、銅鑼圈。[2] 清代約略乾隆21至24年(1756－1759)繪製的〈乾隆臺灣輿圖〉在北部地名已經標明「霄裡社」,「霄裡汛」的位置,旁邊附兩處說明文字,其一內容云:「安外委一員,兵十七名。東至山五里,由西北桃仔園二十里,北至尖山十里,離生番界十里」;其二內容紀錄為「此處係生番出沒隘口」。由此可以了解當時霄裡社周遭盡是荒埔,且離生番區域甚近,此處之生番乃是今之泰雅族,當時未歸順清朝,所以安置兵員駐汛防備。

另一份清代乾隆25年(1760)繪製的〈臺灣民番界址圖〉,此係閩浙總督楊廷璋要釐清臺屬民番邊界而上呈朝廷所用之圖,圖內以紅線標明舊定界,藍線標明新定界,自南之沙碼磯頭,至北之雞籠止。以當今桃園市區域作為比對,乾隆年間之〈臺灣民番界址圖〉藍線界限內地名部分,有桃仔園、南嵌社、茄苳腳庄、八座庄、霄裡庄、霄裡社、白沙墩庄、大溪墘厝、芝巴里庄等地名。至於位於番界線部份,則有南興庄、澗仔瀝、烏樹林隘、南勢庄、安平鎮、三角林等地名。目前楊氏家族祠堂所在的南興庄及厚三、厚五房聚居的三角林,即是在清乾隆年間霄裡社所轄的番界區域。

清代初期,漢人為避開臺灣北部桃園臺地之霄裡社與龜崙社區域,最早通道選擇沿海邊而行,此即是從竹塹社渡過鳳山溪,經紅毛港、笨港仔、石觀音、白沙墩、草漯而達南崁,此條路被稱為「舊官路」。郁永河康熙36年(1697)行經此區,在《裨海紀遊》寫道:「自竹塹迄南崁八九十里,不見一人一屋,求一樹就蔭不得;掘土窟,置瓦釜為炊,就烈日下,以澗水沃之,各飽一餐。途中遇麇、鹿、麝、麞逐隊行,甚夥,驅獫猲獟獲三鹿。既至南崁,入深菁中,披荊度莽,冠履俱敗;直狐貉之窟,

---

2 詹素娟、張素玢:《平埔族史篇(北)》,南投市:臺灣文獻委員會,2001年,頁172。

非人類所宜至也」。[3] 上述這種人煙稀少，路途荒涼的景觀，是為此舊官道早期的描述。

然至清康熙50年（1711）以後，桃園臺地已闢有兩條道路：一條循著舊官道至林口臺地，沿海邊行至八里，再到新莊，此稱「之巴里道」；一條經八德（霄裡社），沿臺地西側行，經鶯歌、樹林至新莊，稱「內港道」。[4] 康熙56年（1717）《諸羅縣志》〈雜記志外記篇〉紀錄有：「擺接附近，內山野番所出沒，東由海山出霄裏，通鳳山崎大路。海山舊為人所不到，地平曠；近始有漢人耕作，而內港之路通矣」。[5] 由此，可見康熙末年時，漢人已經與霄裡社人熟稔，可以藉著內港道大嵙崁溪的水運，方便至新莊，甚至到淡水河出口八里坌港。

漢人的移墾紀錄，《淡水廳志》〈建置志水利篇〉記載有：「霄裏大圳，在桃澗堡，距廳北六十餘里。乾隆六年，業戶薛奇龍、同通事知母六集佃所置。其水由山腳泉水孔開導水源，灌溉番仔寮、三塊厝、南興莊、棋盤厝、八塊厝、山腳莊，共六莊田甲。水額十分勻攤，番佃六、漢佃四。內有陂塘大小四口。乾隆年間，因新興莊田園廣闊，水不敷額；佃戶張子敏、游耀南等向通事別給馬陵埔陰窩，開鑿一圳引接之」。[6] 其中通事知母六，即是霄裡社人，負責霄裡社事務，其漢名為蕭那英，亦是霄裡社日後蕭氏的開基祖。[7] 同書亦紀錄有：「靈潭陂，在桃澗堡，距廳北五十里。乾隆十三年，霄裏通事知母六招佃所置。其水灌溉

3　郁永河：《裨海紀遊》，臺灣文獻叢刊44，頁30。
4　盛清沂：〈新竹、桃園、苗栗三縣地區開闢史〉上，《臺灣文獻》第31卷第4期，1980，頁159。
5　陳夢林總纂：《諸羅縣志》，臺北市：行政院文化建設委員會，2005，頁357。
6　陳培桂：《淡水廳志》，臺北市：行政院文化建設委員會，2006，頁39。
7　徐靜蘭：〈清代臺灣北部霄裡地區客家七姓移墾之研究〉，國立中央大學客家研究碩士論文，頁38－40。

五小莊、黃泥塘等田甲」。[8] 由此，可以得知清乾隆 13 年（1748）霄裡社因水利的設置，使得荒埔變田園，此時已經有一批漢人在此群聚並建立村落，其中清乾隆 3 年（1738）從原鄉廣東長樂縣渡海來臺時年 27 歲楊纘紳，此時應當已在南興庄落腳，開創基業。

四、南興庄粟仔園祖塔與龍潭三林村的開發

清乾隆年間南興庄粟仔園屬於霄裡社之地域，位於桃園臺地瀕臨大嵙崁溪之邊岸，楊家纘紳公之祖塔即建築在粟仔園的邊坡上，祖塔面向大嵙崁溪，兩旁樹林將陵園襯托出寧靜孤寂的氛圍，楊氏歷代先祖骨骸，被其後代子孫安穩的供奉在牢固宏偉的鋼筋水泥建物之中。祖塔左面牆壁一面石碑刻有「纘紳公派下祖塔史記」之銘文，內容如後：

> 慎終追遠，永懷祖德，萬世流芳，敬祖尊賢，光前裕後，人之道也。
> 自吾十四世渡臺開基祖纘紳公，於乾隆四年，二十七歲時胸懷大志，由廣東省長樂縣（現五華縣）排嶺清化鄉，伏溪鹿坑寨，和一遠房，友喜公，共渡臺疆，經北路竹塹，輾轉桃園、霄裡、南興庄定居，自創基業，貽謀遠長，現有大溪鎮缺子段粟仔園小段本祖塔地，面積 1.2771 公頃，據傳係紳公自選福地也，茲將本祖塔歷年史記簡列如下：
> 一、民國前五十二年前，由先祖所立，纘紳楊公張太孺人及同地另葬十五世祖歷鐸公周太孺人兩所坟墓，乾山兼戌向。
> 二、民國五十二年由管理人水宗及委員新金等，基於

8　陳培桂：《淡水廳志》，臺北市：行政院文化建設委員會，2006 頁 39。

二百多年來五大房子孫散居全省各地，祖墓各自就地安葬，每年祭祖掃墓不易集中，因此初得各房親屬重視，將原有墳墓，籌劃改建祖塔，由五大房子孫合資，就地取材，將大溪河川大石砌成石磚造成約可容納二百多罐祿位。

三、民國六十二年第一次開塔添葬時，祿位數不詳。

四、民國七十二年第二次開塔添葬時，由管理人運鉅主持，共進四十一罐祿位，並查明塔內已有222罐，祿位已滿。

五、民國七十七年祭祀公業正式成立，民國八十年第一屆第四次大會提議，祖塔內祿位已滿多年，且年久失修，為盼後代子孫能在祖塔，集中共祀，永久保有團結，慎終追遠的精神堡壘，應即早擴建，經得全體會員共識，經大會通過，經費由管理人及各大房委員共同提議，將南興段南興小段100號祖地一筆面積0.0765公頃出售支應，並依照本公業規約第十二條規定辦理。

六、民國八十二年三月六日代表會通過議價方式由第三房春輝承購自用。

七、本塔構造，原有祖塔一間內部保持原樣，由左右各新建一間並加蓋二層樓三間，全用鋼筋水泥建造，共可容納壹仟伍佰多罐祿位。

八、建塔工作由運鉅、潤龍、春輝等共同籌劃設計、監工。

九、堪輿師，陳幸男先生選擇，山頭仍向乾山兼亥。

十、總工程費新臺幣：捌百伍拾萬元整。

十一、工程日期：民國八十二年農曆三月二十五日破土開工至十月五日謝土圓塔。

　　　　　修建委員會　管理人　運鉅
　　　　　　　　　　　顧　問　運祥

委　　員　　潤龍　春福　秋良　泉春
　　　　　　鴻春　秋誠　澄海　桂權
　　　　　　春輝　永讓　國松　永昌
　　　　　　秋賢　運雲　鏢春
　　　　　　　　管理人　運鉅　謹述

中華民國八十二年十一月十八日

　　從上述石碑銘文內容，可以清楚知道楊家祖塔歷次建造過程與經費，同時將歷次修建參與人員名字列出，有彰顯表揚表彰之意，也開誠佈公盼後代子孫能充分利用祖塔，集中共祀，以此永久保有團結之心，將祖塔作為慎終追遠的精神堡壘的期許。內文雖然對於渡臺開基祖纘紳公渡臺時間乾隆三年寫成四年有所錯誤，但交代了友喜公是隨纘紳公來臺之事，讓楊氏祖塔旁一座友喜公的墓碑，做了清楚的說明。至今楊家春秋祭祀之時，友喜公的墓碑仍是受到纘紳公後裔的祭拜。

　　此外，依據龍潭區三林村當地耆老游金生回憶紀錄，三林村原名馬陵埔，清乾隆35年（1770年）由先民黃慶興、胡大昌、葉振旺、楊榮生等出資開墾，經二年墾成分地，以橫向劃分為乾、坤、天、地、玄、黃、宇、宙等字號配給墾戶，乾字號作為福德、義民祭祀公業，其餘坤字號屬胡大昌，天字號屬黃慶興，地字號屬葉振旺，玄字號屬程丁眛，黃字號屬林清富，宇字號屬楊榮生，宙字號屬胡子元。因墾成土地呈三角形，遂命名為三角林，光復後改名為三林村。

　　楊榮生是16世楊厚五的次子，當時馬陵埔墾成分得宇字號的土地，也就成為日後厚五房後裔在此落居的主因。

　　三元宮是三林村民間信仰的中心廟宇，主要供奉三官大帝、觀音佛祖、三山國王。初於民前34年由當地居民楊清連、葉慶興、張澄生、楊發宗發起募捐購地蓋三界屋，供奉三官大帝。以後，再由葉金慶、游金華、廖瑞發發起募捐改建，於民國61年

落成，奉請三官大帝、觀音佛祖、三山國王登龕奉祀。[9]

　　上述楊榮生是16世楊厚五之次子，楊清連則是楊榮生之三子，楊發宗屬16世厚三公三子達生之長子清淋的長子。由此得知楊氏家族後裔，為當地三元宮的前後興建事情，是以帶頭人的角色參與。

　　三林村的三元宮目前香火興盛，廟程時有村民閒坐聊天，設有管理委員會，主任委員是郭阿海。三元宮內龍堵上有石碑銘文，為三林村三元宮序，內容如後：

> 惟我三林村原名馬林埔，後改三角林，再易而為三林村，溯前清乾隆年間，我列祖列宗，由粵由閩渡海來臺，篳路藍縷，闢此島野荒陬，時草茅初啟，地廣人稀，原氣蒸鬱，瘴疾彌漫，復有土著生蕃，毒蛇惡蝎，出沒滋擾，民不聊生，爰合眾議，仰冀神靈護佑，以安民生，遂有先民黃慶興、葉振旺、楊榮生等，於乾隆三十七年（民前一百三十六年）正月十五日邀眾當空邀請三官大帝、觀音佛祖、三山國王、福德正神，分行奉祀。
>
> 福德正神鎮本村水頭安奉，三山國王鎮清水坑上公館王爺屋奉祀，觀音佛祖鎮細城楊家奉祀，三官大帝則眾善信一年一戶輪流奉祀，仰蒙神靈默佑，年年豐稔，歲歲均安，我先民乃克開物成務，以立此丕基。
>
> 迨光緒四年（民前三十四年）歲在戊寅，眾善信有感三官大帝輪流奉祀，不惟冒瀆神威，亦失虔敬之原旨，乃有楊清連、葉庚興、張澄生等發起，募資購地現址，以乙山兼卯分金，土磚瓦造三界廟堂一座，安奉三官大帝，後推楊金源、葉茂南、楊發宗等為廟產管理。

---

[9] 游金華編輯：〈游金生談三林村的開發史〉，《三林村三元宮慶成福醮紀念特刊》，龍潭鄉三林村三元宮慶成福醮委員會出版，民國78年，頁2。

> 星移物換凡九十五稔，治亂變遷，由原址以寅山兼艮分金座向，以鋼筋水泥，雕梁畫棟，重建廟宇一座，名為三元宮，深蒙眾善信等，熱誠贊襄，慷慨捐輸，今也工程告竣，廟宇渙然，謹涓中華民國六十一年歲次壬子十月初三午時，恭請三官大帝登龕正座，觀音佛祖、三山國王登龕副座，以冀神愉人歡，國泰民安。
>
> 三元宮重建委員會主任委員　葉金慶　謹識
中華民國六十一年農曆十月初三日

從上述銘文內容與耆老游金生的說法大同小異，其中有趣的紀錄了當地以邀眾當天邀請三官大帝、觀音佛祖、三山國王、福德正神，分行奉祀的記事，讓我們明瞭先民在蠻荒墾成時請神的方式，是如此便宜行事。但也對神明如何安置，進行分配：如福德正神鎮本村水頭安奉；三山國王鎮清水坑上公館王爺屋奉祀；觀音佛祖鎮細城楊家奉祀；三官大帝則眾善信一年一戶輪流奉祀。

最後，三林村福德祠位於三林村的水頭地處，週圍花草樹木茂盛，環境清幽令人心情愉快。在福德祠內牆壁上有碑文，主要紀錄內容如後：

> 茲我三林村福德祠、三元宮、觀音祀、王爺屋、烈士祠為本村五大古蹟，觀音祀、王爺屋設在石礫子，此二處現已作廢，唯今剩下三元宮、福德祠、烈士祠等三處。為本村唯一古蹟本福德祠創建於前清乾隆三十七年（一七七二年）壬辰歲正月十五日由先民黃慶興、葉振旺初次用石板建造，二次用紅磚建造，三次用洋灰混凝土建造，四次增建拜亭迄今已有二百一十八年歷史，雖經迭次重修猶嫌簡陋，拜亭且會漏水，故不得不重修，爰邀眾議公推游金生為主任委員，楊新年為副主任委員，古連振為總務兼財務委員，彭進旺為監工委員，其他全村村民為

募捐委員,共募得現款捌拾貳萬貳仟壹佰柒拾陸元,並請游日龍日師擇吉涓定丙寅年四月初六日午時興工修建,丁卯年九月廿六日完竣,工程款伍拾玖萬元由張聖麟師傅承包,建造加雕伯婆神像,添置涼亭桌凳,道路拓寬,三元宮前加蓋戲臺加裝鐵捲門及其他雜費支出合計捌拾萬捌千伍佰肆拾參元結餘款壹萬參千陸佰參拾參元移交三元宮管理委員會儲存以備維護本村古蹟之用。

中華民國七十六年丁卯九月二十六日　游金華　謹識

上述碑文除紀錄了當地眾人建造福德祠的原委,及目前建築經費、人事之公告等事之外,也將原有五處古蹟之名稱與位置,加以說明,分別是:福德祠、三元宮、觀音祀、王爺屋、烈士祠。其中觀音祀、王爺屋設在石礫子,此二處現已作廢,原因在於細城楊家奉祀的觀音佛祖,清水坑上公館王爺屋奉祀的三山國王,兩處神明因三元宮在民國61年重建廟宇,而迎入神龕副座供奉。這碑文紀錄觀音祀、王爺屋設在石礫子之事,說明細城楊家與清水坑上公館王爺屋等兩處,當地人稱之為石礫子地名。

五、結論

先人看法:「人之有祖,猶物之有天也;藉祖宗之澤,而無報本之心,是忘其祖,即所以忘其天也;人忘夫天,尚可容於覆載之間哉」。這句話警惕後人要慎終追遠,莫忘本源。

客家人楊纘紳27歲於清乾隆3年(1738)到臺灣,以後選擇淡水廳霄裡社的番界地開墾,隨後帶領諸姪來臺移墾,而奠基家業基礎。纘紳公獨子歷鐸在家鄉去世後,其妻子周氏帶領五個孩子,到臺灣投靠家翁。由於纘紳公在臺未娶,因此孫輩厚一、厚二、厚三、厚四、厚五等就成為血脈主要的傳承人,其派下稱「厚五房」傳衍迄今,已有數千人之多,分布在臺灣桃園、新竹、南投、花蓮、臺東等地。

楊纘紳派下在桃園大溪南興庄仍有弘農堂楊氏宗祠、粟仔園祖塔；厚五房榮生公支脈則在龍潭三林村定居，與三林村的發展有密切關係，在當地福德祠、三元宮的石碑銘文或鄉野傳說，均留下楊氏族人參與的事跡。這些就是客家人在桃園落地生根最好的印記。

　　因此，以楊纘紳派下宗族為例，可以看到客家人重視族譜以及宗族的理念，這種理念，與古人所說宗族的聯繫，在於：「惟冀後代子孫，飲芳泉還思其源，喫香黍要念其根；祖有鄉井，欲知故土而莫忘；祖有墳墓，欲知其祭祀而修飭；祖有基業，欲知其整創而丕承；祖有親戚，欲知其情義而款洽；故舊以相合，內外以相親；患難以相恤，疾病以相扶；死喪以相弔，喜慶以相賀」這種看法，吾以為至今尚無改變。

臺灣清代客家移墾霄裡社楊氏纘紳公祖譜資料研究

摘要

繫姓譜牒之作由來已久，目的在敦本睦族。古人云作譜依其內容可分三類：記其枝所自出，而不及其他者是謂「房譜」；其所成也小，若詳其所自出而無不必收者是謂「族譜」；其所成也大，猶樂合眾之條理而金玉為聲振者是謂「總譜」。依此而言，譜牒之製作有房譜、族譜、總譜三類之別。是故，譜牒之研究，必先以內容作為對象，分其類別。

楊纘紳為明誠公三子，廣東長樂縣（今梅州市五華縣）排嶺清化鄉伏溪約人，生於1711年（清康熙51年），卒於1795年（乾隆60年），享年84歲，其後衍派主要分厚一、厚二、厚三、厚四、厚五等五大房。1738年（乾隆3年）楊纘紳27歲來到臺灣，當時拓墾的所在地霄裡南興莊，屬於臺灣原住民凱達格蘭族霄裡社番界的轄區，楊氏在此奠定基業，其後裔亦以南興莊（今屬桃園縣大溪鎮南興里）作為祖源發跡之地，歷代積累之公業土地資財與祖塔（供奉來台祖楊纘紳及歷代先祖遺骸）等，迄今由其祭祀公業管理委員會第21世楊春輝主任管理人依法管理，並每

年定期舉行兩次春、秋之祭祀。此衍派來台後裔之譜系不完整，目前經過搜尋訪察，尋得此派楊氏相關祖譜共計 12 種，其中手抄本 8 種，印製本 4 種，依據各祖譜內容記載，分別包含房譜、族譜、總譜三類範圍。

本論文以歷史研究、文獻分析作為主要研究方法，除將上述 12 種楊氏祖譜相關資料進行探究、分析，比較各祖譜之特色與梳整其譜系外，更欲藉此瞭解臺灣客家民間典藏祖譜內容多樣性，以及後人抄存祖譜的目的。

關鍵詞：繫姓譜牒、楊纘紳公派下、楊氏道南派、楊聳、楊宗淵、霄裡社

一、前言

臺灣桃園縣大溪鎮南興里之「祭祀公業楊纘紳」管理會，屬民間習慣成立之祭祀公業財團法人，1988 年 1 月 29 日由楊纘紳公派下之厚一、厚二、厚三、厚四、厚五等五大房後裔，成立派下員大會與管理、組織規約，主要為紀念渡臺開基祖纘紳公及歷代祖先，以飲水思源、慎終追遠、萬世流芳，並緬懷創業德意、永續傳承，團結派下子孫為宗旨。2006 年 10 月 6 日修定管理與組織規約章程內容，除明訂每年農曆正月二十二日掃墓祭祖及中秋節按時舉辦秋季祭典外，也進行組織管理架構的合理規畫，定公業派下員大會為最高權利機構，下設五房代表選出二十一名，組織代表會，執行會務；另設管理人五名，由各房代表中遴選 1 人，組成管理人會，主要管理公業資產，其中推選主任管理人 1 名，總理公業與執行會務；設專任總幹事 1 名，協助管理人綜理公業各項事務；同時設公業監察人 1 名，監察公業資產管理情況；設財務長 1 名，掌管財務帳目。目前此祭祀公業管理委員會，由第 21 世厚三房之管理人楊春輝，擔任主任管理人，依法管理；此祭祀公業土地資產，均座落在大溪鎮南興與粟子園等處，其境亦是其歷代祖先開墾、聚居之地域。

楊纘紳時年 27 歲叔姪一行，1738 年（乾隆 3 年）從原鄉廣東長樂縣（今梅州市五華縣）排嶺清化鄉伏溪約渡海來臺，到達當時臺灣北路淡水廳所轄，屬於臺灣平埔族霄裡社轄區番界的南興莊，開創基業，爾後終具規模，1795 年（乾隆 60 年）楊纘紳去世，享年 84 歲，葬於大溪鎮員樹林粟子園（今楊氏祖塔地）。主任管理人楊春輝感念先人之恩澤，欲慎終追遠，卻苦無楊纘紳派下厚五大房之完整之譜牒，甚以為憾，而戮力推動楊纘紳派下楊氏祖譜修撰之事。

個人因緣際會，感受主任管理人楊春輝之真誠相託乃應允，組成專案研究團隊，成員有江長青、邱榮達等人，為楊纘紳派下

厚五大房家族，進行纂修祖譜事。專案修譜事，主要分田野調查與資料搜尋兩大部份：田野調查工作，以前往各房代表人處，作修譜說明及各房相關資料蒐輯為主；資料搜尋工作，則將臺灣社會學術、文獻等機構所典藏之譜牒進行查尋。目前獲得相關楊纘紳派下楊氏祖譜之資料有 12 種，譜牒資料內容豐富，有助於纂修楊纘紳派下祖譜之事；然而，12 種資料卻呈現譜牒的分類特性，所記錄的內容各有特色，足以反映臺灣社會民間製作譜牒多方面像之真實性。

本論文以歷史研究、文獻分析作為主要研究方法，除將上述 12 種楊氏祖譜相關資料進行探究、分析及比較各祖譜之特色，並梳整其譜系外，更藉此瞭解臺灣客家民間典藏祖譜內容的多樣性，以及後人抄存祖譜的目的。

二、有關楊纘紳公派下楊氏祖譜 12 種資料特色

繫姓譜牒之作由來已久，目的在敦本睦族。古人云作譜依其內容可分三類：記其枝所自出，而不及其他者是謂「房譜」；其所成也小，若詳其所自出而無不必收者是謂「族譜」；其所成也大，猶樂合眾之條理而金玉為聲振者是謂「總譜」。依此而言，譜牒之製作有房譜、族譜、總譜三類之別。是故，譜牒之研究，必先以內容作為對象，分其類別。

楊氏來源始於周康王封叔虞次子杼為楊侯，封地位於今山西省之洪洞縣之東南，由此始以楊為氏，奉楊杼公為一世祖。漢代楊氏在弘農地區族群繁盛，子孫傑出者眾多，「弘農楊氏」之名號乃為歷史所傳播。東漢楊震為荊州刺史，清廉自守，其答卻王密暮夜之賄事，所謂：「天知、地知、你知、我知，何謂無知」之言，傳頌千古。是故，楊氏後人常以「弘農」、「四知」為郡望、堂號。

宋初楊筍，號雲岫，任潮州太守，始南遷廣東，為廣東開基

始祖，下傳至十八世楊宗淵，由嘉應州遷移至長樂縣。

　　楊宗淵為廣東省長樂縣（今五華縣）排嶺楊氏之始祖，下傳十三世楊明誠仍居排嶺，楊明誠生三子：長子楊纘志；次子楊纘慰；三子楊纘紳。十四世楊纘志生六子：長子楊振鐸；次子楊宜鐸；三子楊寬鐸；四子楊宰鐸；五子楊憲鐸；六子楊舜鐸。十四世楊纘慰生八子：長子楊君鐸；次子楊成鐸；三子楊麒鐸；四子楊麟鐸；五子楊謙鐸；六子楊六鐸；七子楊泮鐸；八子楊九鐸。十四世楊纘紳生一子，為楊歷鐸。十五世楊歷鐸娶妻周氏（溫惠）生五子：長子楊厚一；次子楊厚二；三子楊厚三；四子楊厚四；五子楊厚五。楊歷鐸1788年（乾隆53年）卒於原鄉，享年57歲；其妻周氏隨同五子於1790年（乾隆55年）來臺依親，投靠楊纘紳公，周氏來臺居十四載，卒於1803年（嘉慶8年），享年65歲。

　　1738年（乾隆3年）楊纘紳時年27歲來臺移墾，隨行者有：大哥楊纘志之三子楊寬鐸；二哥楊纘慰之長子楊君鐸及君鐸次子厚山、三子楊麒鐸、四子楊麟鐸、七子楊泮鐸；十五世楊友喜等7人。從以後各人之墓塋座落位置資料，顯現出當時眾人來臺後，即到達臺灣北路淡水廳霄裡社轄區南興莊（今屬桃園縣大溪鎮）租佃墾殖，開創基業。

　　目前楊纘紳公派下來臺後裔之譜系不完整，經過搜尋訪察，尋得與楊纘紳相關譜牒共計12種，其中手抄本8種，印製本4種，依據各譜牒內容記載，可分為：房譜、族譜、總譜三類。茲分別介紹說明於後：

（一）總譜類

　　1. 莊吳玉圖主編，《楊氏大族譜》，新竹：新竹縣楊姓宗親會，1982年，印製本。

　　本譜刊載廣東長樂縣（今五華縣）排嶺楊氏十三世楊明誠相關部分，有其孫輩寬鐸（纘志六子）、君鐸（纘慰長子）、麒

鐸（纘慰三子）、麟鐸（纘慰四子）與明誠三子纘紳公派下等，譜系資料集合諸多老譜而成，並不周全。

2. 不著撰人（楊春輝提供），《台灣竹塹宵裡南興莊楊氏族譜》，出版資料不詳，手抄本，資料年代至 16 世。

3. 楊禮坤誌，《台灣竹塹宵裡南興莊楊氏族譜》，出版資料不詳，手抄本，資料年代至 20 世。

文本有用紅色圈印符號，標示讀句，並有以「楊厚二記」四字紅色方印，蓋印在文本不同內頁中，作為註記。譜內特別地是附有「路途」檔一份，裨便作為提供後裔，日後返回原鄉排嶺之重要交通參考路線。其標題為：路途；內容：虎城到流黃，到新布圩，到三河壩，到松口，到丙村，到西洋圩，到嘉應州，到長砂圩，到新塘圩，到官塘圩，到水車圩，到畬坑圩，到水口圩，到水寨圩，到排嶺蔡塘圩山下老住居。

(二) 族譜類

1. 不著撰人，《祭祀公業楊纘紳公管理委員會管理組織規約暨第五屆派下員通訊名冊》，出版資料不詳，2008 年，印製本。

本名冊除刊載祭祀公業楊纘紳公管理委員會第一、二、三、四、五屆等，歷屆主任管理人、代表人之夫妻玉照、名字外，也刊錄祭祀公業重要會議記錄、公文書函及祭祀公業楊纘紳公派下員名冊，最後附有纘紳公派下五房系統表，為他譜所無。

(三) 房譜類

1. 楊戊妹（20 世）修，《明誠公派下楊氏家譜》，出版資料不詳，手抄本，資料年代至 1963 年止。

本譜內容為纘慰（明誠次子）、麟鐸（纘慰四子）、厚德（麟鐸獨子）一系，記錄到第 20 世。譜中附有祭文、楊氏奉祀神明與藥方等資料，是其特色。如其楊家奉祀神明開列以永奉祀之

記錄內容：

　　上題：神恩普照

　　中間：南無大慈大悲觀音佛祖香座

　　左邊：三界伏魔大帝、五穀神農皇帝、五顯靈官大帝、
　　　　　註婚月老生君

　　左邊下：司命灶君

　　右邊：天上聖母娘娘、三山護國公王、筠松楊公先生、
　　　　　開漳聖王爺爺

　　右邊下：福德正神

　　神龕兩旁對聯：佛法無邊錫祉福　神靈有赫護禎祥

　　祖公對聯：清白家風尚在　經綸世澤猶存

2. 楊運鉅、楊運火、楊運雲（20世）編，《楊氏纘紳公派下宗譜名錄》，出版料不詳，1971年，印製本，作編後記。

本譜以纘紳公五房厚五公派下的三子巧生、榮生與維生子孫為主，記錄到第22世。譜前收有一幅18世清來（榮生長子）、清連（榮生三子）與清四（榮生四子）遺像，是少見含有影像記錄的譜牒。

3. 楊瑞米（21世），《明誠楊公派下族譜》，出版資料不詳，1975纂修，手抄本。

本譜以明誠派下纘慰（明誠次子）、君鐸（纘慰長子）、厚山（君鐸次子）與應璉一系為主，記錄到23世。

4. 楊梅貴（20世）撰修，《族譜楊明誠派下家譜》，出版資料不詳，手抄本，資料年代至1976年。

本譜以纘慰（明誠次子）、君鐸（纘慰長子）、厚山（君鐸長子）、應玖（後山長子）、運集（應玖長子）、盛枝（運集長子）、梅貴（盛枝長子）一系為主，記錄到23世。

5. 不著撰人，《楊氏纘紳公支裔宗譜》，出版資料不詳，手抄本，1976 年。

本譜記錄簡單扼要，以厚二、奎生（厚二獨子）、清德（奎生長子）、阿枝（清德獨子）、運錦（阿枝長子）、冉妹（招黃公未生育，立養子澄海）、澄海、與本譜提供者漢平（23 世）一系。

6. 楊春福抄，《廣東長樂來臺楊纘紳派下宗譜》，手抄本，資料年代至 1980 年。

本譜以厚一派下麗生、酉生（17 世）、清桂、清萬、清趙、清聲四人（18 世）、泰宗（清趙次子）、運新（泰宗長子）與春福（運新長子，21 世）一系為主。本譜記錄到第 22 世，有比較詳細的祖先墓葬資料。

7. 不著撰人，楊珍集（18 世）序，《楊氏族譜》，出版資料不詳，手抄本，1999 年。

本譜內容為纘慰（明誠次子）、麒鐸（纘慰次子）、厚鼎（麒鐸立子，原為纘慰七子泮鐸之次子）、應寶（厚鼎三子）、珍集（應寶次子）一系，記錄到第 20 世。本譜對於重要年代的記錄較為詳細，可用以釐清楊氏歷史轉折重要時刻。如資料中之松、柏、梅三人為楊氏排嶺開基一世祖宗淵公的兄長（宗淵公排行第六），由此可知楊氏在排嶺村開基約當於明代初期。譜後收錄歷代金身安置表一份，為其他各譜所無。

8. 楊勝發主編，《弘農堂十六世厚五公族譜》，出版資料不詳，2005 年，印製本。

本譜以厚五派下巧生、榮生、華生與維生系統為主。本譜特藏為纘紳公傳下世輩順序表一份（2008 年通訊名冊也收錄這份世輩順序表），其世輩順序，內容如後：

14 纘—15 歷—16 厚—17 生—18 清—19 宗—20 運—21

春―22 秋光―23 禮煥―24 義彩―25 家―26 齊―27 治―28 世―29 通―30 衛―31 國―32 建―33 奇―34 功―35 樹―36 德―37 基―38 安―39 永―40 弘―41 仁―42 福―43 壽―44 隆。

總而言之，目前尋得與楊纘紳派下厚五大房之相關譜牒共計 12 種，其資料內容，不僅有助於釐清譜系資料謬誤之處，也能夠清楚世輩之傳承，對於編纂楊纘紳公派下之楊氏祖譜工作，是有莫大益處。另一方面，臺灣客家民間典藏譜牒內容多樣性，以及後人抄存祖譜的目的，藉著上述楊纘紳相關譜牒 12 種資料的特色說明，也可以獲得充分的認識與瞭解。

三、楊纘紳支系與楊氏道南派之關係

「程門立雪」這句成語，出自北宋時期遊酢與楊時二人連袂北上洛陽，拜見理學家程頤（伊川先生）的故事。兩人初見先生，程頤瞑目而座，隨即侍立在側，程頤覺醒後，曰：「尚在此乎，且休矣」。兩人始告別出門，門外雪深已一尺。此故事人物楊時（龜山）即是福建省三明市將樂縣楊氏道南派始祖。

楊時初拜師程顥，深得賞識成為高徒，學成歸鄉之時，程顥目送離去並對旁人說：「吾道南矣」。以後，楊時講學於閩，開創理學道南系，成為二程理學南傳與發展的關鍵人物，被後世尊為「閩學鼻祖」。楊時生有五個兒子，分別為：楊迪、楊遹、楊迥、楊適、楊造。此後傳衍之後裔以楊時為榮，因此稱「道南衍派」。

臺灣楊氏道南衍派後裔分布，依據曾學榕（2008）之研究，有七支系，分別為：1.臺北楊循敏支系；2.台中楊舜支系；3.新竹楊纘紳支系；4.臺北楊國策支系；5.臺北楊潮瑚支系；6.彰化楊賢來支系；7.嘉義楊國俊支系。其中有關新竹楊纘紳支系部份，敘述如下：

清朝乾隆三年（西元 1738 年），廣東長樂縣（今梅州市五華縣）人楊瓚坤，渡海到台灣新竹市霄裡南興莊墾荒，成為這一支系的開基祖。由此上溯十三世，楊宗淵從福建連城縣遷廣東長樂縣排嶺開基。再上溯五世，楊衍孫在宋朝寶祐年間（西元 1253－1258 年），避亂從福建將樂縣遷居連城縣小沛。

溯源世系為：

楊瓚坤（遷台始祖）←楊明誠←楊選←楊志煥←楊高震←楊繒←楊崇義←楊世俊←楊瓊←楊福←楊秀文←楊茂林←楊均勇←楊宗淵（長樂開基祖）←楊奇←楊九三郎←楊太一郎←楊廣義←楊衍孫（連城開基祖）←楊汝龍←楊公著←楊世松←楊造←楊時（龜山）（源頭）。

溯源遷徙路線是：

台灣新竹市霄裡南興莊←廣東梅州市五華縣（長樂縣）排嶺←福建龍岩市連城縣←福建三明市將樂縣。

　　曾學榕的研究，將臺灣大溪鎮南興莊之楊瓚紳派下，視為楊時所生五子之後，五大房衍派之支系。

　　然而，依據前述有關楊瓚紳相關譜牒 12 種資料之楊禮坤誌《台灣竹塹霄裡南興莊楊氏族譜》資料，來追溯楊瓚紳之源頭，由於此本祖譜內容將楊氏歷代先祖名諱及所生男丁記錄詳細，得以從父子人名核對方式，往上連線追溯，探究清代初期的楊瓚紳來源支脈與宋代楊時之支脈之關係，檢核至南遷始祖楊聳公（雲岫），才看到關係。

　　楊聳公生三子：長子楊思孝、次子楊思恭、三子楊思聰。長子楊思孝遷移至福建汀州，至孫楊榮（楊思孝—楊安寅—楊榮）遷居至江右鏘（將）樂縣，下傳五代為楊時（楊榮—楊勝遠—楊明—楊植—楊時），楊時生五子：長子楊迪、次子楊逌、三子楊迥、四子楊適、五子楊造。此五大房衍派，後世稱楊氏道南衍派。

因此簡言之，楊時之後「道南衍派」屬於楊聳公長子楊思孝所傳之支派。

另一方面，楊聳公三子楊思聰，下傳16代至楊崇卿（楊思聰—楊安禎—楊格—楊中立—楊文隆—楊廷稅—楊祐節—楊奮春—楊超孫—楊圭—楊如穆—楊文富—楊仲芳—楊斌孫—楊元珍—楊崇卿），楊崇卿生八子，其中六子為楊宗淵，楊宗淵即是廣東省長樂縣（今五華縣）排嶺楊氏之始祖，亦是楊纘紳派下之源。換言之，楊纘紳派下屬於楊聳公三子楊思聰所傳之支脈。

是故，曾學榕有關臺灣楊氏道南衍派後裔分布之七大支系研究，其中將桃園縣大溪鎮之楊纘紳支系，視為是道南衍派之事，經過上述從南遷始祖楊聳公派下系統傳承發展之檢核，可以清楚看到是不同支脈的。另外，其文中「新竹楊瓚坤」，應該是「桃園縣大溪鎮楊纘紳」。

四、結論

中國古人常云：「人之有祖，猶物之有天也；藉祖宗之澤，而無報本之心，是忘其祖，即所以忘其天也；人忘夫天，尚可容於覆載之間哉」。後世華人重視本族之譜牒之作，不是沒有原由。

楊纘紳相關譜牒12種資料，讓我們得以看到臺灣客家民間對於祖譜的重視態度，以不同的記載方式，企圖保存先人名諱、生卒之年、子嗣、墓塋等資料，讓所從出之後人得以追本窮源。至於各祖譜所記錄之內容，則有家族祀奉神明、重要中藥藥方、回原鄉路途、世輩順序、房系、先祖大事等，豐富內容呈現了當時族人對社會生活的體驗記錄，亦得以讓後人感同身受，知所依循。

楊氏續修祖譜序文中，對於製作祖譜一事，主要以為：「前人作譜豈無深意於其間哉，惟冀後代子孫，飲芳泉還思其源，

喫香黍要念其根；祖有鄉井，欲知故土而莫忘；祖有墳墓，欲知其祭祀而修飭；祖有基業，欲知其整創而丕承；祖有親戚，欲知其情義而款洽；故舊以相合，內外以相親；患難以相恤，疾病以相扶；死喪以相弔，喜慶以相賀」。這種看法，吾以為至今尚無改變。

客家屋場、風水信仰中楊公先師崇拜的印記

摘要

　　在屋場與風水孰重孰輕的談話中，臺灣客家長者會以「頭風水，二屋場」口語告誡提示，意指人應優先重視風水即祖先的墓地，其次才是生者居住的宅院。因此本論文主要研究客家地理先生對風水和屋場的操作過程中，如何表現特有的客家文化元素與意識。藉由對風水與屋場建置過程中的指向標誌物，如中柱的設置與拜中柱祭拜文，來說明對楊公先師的崇拜表徵。另也將客家傳統圍龍屋廳堂中內外的「楊公墩」加以探究，是否除具有傳統營建行為之風水意涵外，亦是一種特殊對楊公先師崇拜印記。

　　關鍵詞：楊公先師崇拜、拜中柱、楊公墩、地理先生、客家形勢派風水

一、緒論

臺灣客家研究中,個人特別在意客家族譜、房譜、家譜資料與其他相關資料,如分家鬮書、家族嘗會書冊、古書契等的蒐集。在一份屬於臺灣北部桃園市大溪區南興莊纘紳公下弘農楊氏家譜,其中有一頁寫明:「楊家奉祀神明,開列以永奉祀,內容:上端 神恩普照。中間 南無大慈大悲觀音佛祖香座。中間 左方有五位神明:三界伏魔大帝(即關羽)、五穀神農皇帝、五顯靈觀大帝、注婚月老生君(即月下老人)、司命灶君。中間右方有五位神明:天上聖母娘娘(即媽祖)、三山護國公王、均松楊公先生、開漳聖王爺爺、福德正神」。其中均松筆誤應是筠松楊公先生。

這頁資料清楚寫明楊家奉祀神明,白紙黑字目的是讓後人能夠知曉而不至於弄錯。楊家奉祀神明有「筠松楊公先生」則是令我矚目,這與幾年前在一次贛南客家地區的田野調查中,見到一戶人家公廳神桌上所供奉祖先牌位上頭書寫的內容:「東海堂 左昭 右穆 楊公福主暨徐氏歷代高曾祖考妣 眾神 位」,這牌位之「楊公福主」所指何人,是否為楊筠松,當時頗為好奇,但因當場無人可請教,也就擱置一邊。這次贛南師範大學客家研究中心,為世界客屬第 32 屆懇親大會,舉辦首屆客家民俗文化藝術節客家文化論壇,邀請參加盛會,乃就以客家屋場崇拜楊公印記為議題,提出討論。至於一般所熟知客家民居宅院廳下神龕下之土地龍神,有別於其他,就不在本次論文討論。

二、楊筠松(楊濟貧)堪輿對風水影響

有關唐宋以後風水流派,清朝趙翼《陔余叢考》一書中提出精簡的看法,云:「後世為其術者分為二宗:一曰江西之法,肇于贛州楊筠松、曾文迪、賴大有、謝子逸輩,其為說主于形勢,原其所起,既其所止,以定向位,專指龍、穴、砂、水之相配;

一曰屋宅之法,始於閩中,至宋王伋乃大行其說,生於星卦,陽山陽向,陰山陰向,純取五星八卦,以定生克之理」。此說與臺灣傳統社會中閩、客族群傳統的風水觀念相符,閩人偏重屋宅家主之方位,客家人著重形勢派風水龍脈的選擇,目前年輕輩結婚買房,則看地勢也看屋場各項擺設方位。

另外,丁芮樸在其《風水袪惑》一書說道:「風水之術,大抵不出形勢、方位兩家。言形勢者,今謂之巒體;言方位者,今謂之理氣。唐宋時人,各有宗派授受,自立門戶,不相通用」。此說明唐宋當時風水宗派門戶分明,各行其是。[1]

一般學者謂魏晉南北朝與隋唐時期,是中國南北文化和外來文化兩者大融匯時期,魏晉玄學之風與山水美學的發展,對於傳統風水文化也產生影響。如魏管輅《管氏地理指蒙》、晉郭璞《葬經》、南北朝《黃帝宅經》均是重要著述。然而唐代楊筠松《青囊奧旨》能自成一家之言,影響後世很大,被民間稱為「楊公」或因其憐貧恤苦,樂施好善而被稱「楊濟貧」。[2]

楊筠松名益,字叔茂,號筠松,世稱救貧先生或楊公。生於唐太和8年(834),卒於唐天佑3年(906),享壽73歲。祖籍廬陵(今江西吉安),另一說為廣東竇州人。兄弟三人,長筠翌,次筠殯,益排行第三。十七歲即登科第,後輾轉至都城長安任職,至僖宗朝(874－879)拜國師官至金紫光祿大夫,正三品,掌靈臺地理事。後黃巢起義攻破長安城,益即與知友司天監濮則魏攜帶堪輿秘笈一道離開長安京城,南下。濮字應天,號崑崙子,又稱濮都監,虔州人,《雪心賦》為其著作。行至鄂州(今武昌)巧遇鄂州刺史廖鑾,引抵虔州(今贛州)見當

---

[1] 程建軍、孔尚樸:《風水與建築》,臺北市:淑馨出版社,頁15,1993年。

[2] 程建軍、孔尚樸:《風水與建築》,臺北市:淑馨出版社,頁9,1993年。

地山水美景遂定居，潛心研究風水，並授徒傳術。[3]

楊筠松足跡遍及贛南各地山水，遠至粵閩湘部分地區，因此能在前人風水成果基礎上總結，摒棄教條結合南方複雜多變地形，因地制宜，因形選擇觀察來龍去脈，擇墓址於藏風聚氣之處，立宅基擇於靈山秀水之中，經其反復探索，便形成一套較為完整的風水理論及操作體系。其著作有《撼龍經》、《疑龍經》、《葬法倒杖》、《青囊奧語》等。[4]

清康熙《古今圖書集成》其中「堪輿名流列傳」入傳者48人，屬江西籍貫有25人，多數是楊筠松的弟子及弟子之所傳派下弟子，楊公高徒曾文辿、劉江東兩人之弟子廖瑀、賴布衣（賴文俊）、劉謙、廖均卿等均為明十三陵勘測營建者，李國紀為上海古城營建者。另外，元大都（今北京）的選址人劉秉忠，明代大陰陽家劉伯溫等，也均是獲得楊公堪輿之術的風水名流，今之熱門客家原鄉代表福建永定圓形土樓承啟樓的選址設計者陶張等亦是出自贛南。楊筠松堪輿親自走遍贛湘閩粵等山嶽地形，而後屋場、墓地等風水選址，均有一套偏重地形地勢，觀察其來龍去脈，所謂風水地理形勢派的論點特色。由於閩粵贛客家原鄉的屋場、墓地勘察地理風水先生，均是受楊公堪輿地理觀念的影響，甚至臺灣客家聚落的屋場、墓地的位址選擇，早期亦是由原鄉來的風水地理師來為之。

楊筠松去世葬在雩中藥口，當地為紀念一代風水宗師，將藥口芒筒壩改名為楊公壩，但因時代變遷河床淤積升高，已經深陷江底，現只存明代贛州知府葉夢熊於明萬曆七年及清嘉慶十八年的兩塊祭牌。[5]

3　郭彧編著：《風水史話》，北京：華夏出版社，頁203－204，2006年。
4　郭彧編著：《風水史話》，北京：華夏出版社，頁208，2006年。
5　贛南楊公文化研究開發中心：風水宗師楊公筠松簡介。

三、客家屋場、風水有關楊公崇拜印記

　　北臺灣的桃園市、新竹縣、苗栗縣等三縣市,是臺灣客家聚居人口最多的地區,又因乾隆末年林爽文民變事件,新竹六家、新埔、芎林等地客家人及當地原住民道卡斯人,也在林先坤、陳資雲、劉朝珍、王廷昌、黃宗旺、吳立貴、錢茂祖等地方鄉紳率領下組織義民軍抵抗,阻擋林爽文民變勢力,保住家園,更乘勝配合官兵敉平此次民變,地方因此獲得朝廷褒忠獎勵,建立褒忠義民廟,從此義民爺成為桃竹苗三縣市當地客家人的重要民間信仰。

　　這三縣市客家人有近 152 萬人口數,主要是清乾隆年間從客家原鄉(閩西、粵東)移民來北臺灣拓墾的客家人後裔,至今近三百年來,這三縣市客家聚落客家文化維持不墜,但因工商業時代變化迅速,傳統農業文化受工商業資本文化影響,使得原本聚族而居熱鬧人氣生活的圍龍屋,因年輕人成家立業在外地組成小家庭,而人口減少,要等年節假日或喜慶,寂靜的圍龍屋才會再度人氣滾滾。

　　臺灣南部的六堆客家因早在清康熙年間,就已有客家原鄉嘉應州人移民拓墾,甚至於在康熙末年南部發生朱一貴民變之時,當地各莊客家聚落組織六大隊義勇軍與朱一貴反叛勢力對抗,民變平息後,六堆(隊)義勇軍被清朝廷獎勵,封義民、建忠義亭。使得六堆客家從此有別於其他,目前客家文化保存良好,人口數近 53 萬人。

　　是故,新竹新埔及六堆兩區域的客家聚落的圍龍屋(伙房),以及大陸原鄉客家民居老宅,保有的楊公崇拜印記,是本次論文談論的焦點。

1. 新竹新埔地區客家民居老宅圍龍屋的楊公崇拜

　　新竹新埔鎮客家圍龍屋的調查資料,主要運用徐明福 1993

年〈臺灣傳統中國民宅地方史料的建構—以新埔地方為例〉的部分調查資料，來說明當地客家民居老宅中楊公崇拜印記的存在。

徐明福在新埔調查的傳統中國民宅，其實就是客家原鄉圍龍屋的建築形式。總計在新埔地區採集 33 座老宅圍龍屋，屋齡從 60－200 年。各項情形分別說明於後：

（1）由風水先生擇地建屋場有 20 座，其中由大陸來的風水先生擇地建屋場的有 7 座，至於後人不清楚有否請風水先生的有 13 座。

（2）請匠師蓋屋場有 23 座，其中屋場匠師由大陸來的有 5 座，至於後人不清楚有否請匠師蓋屋場有 10 座。

從上述兩項風水先生擇地建屋場有 20 座，及知道蓋屋場有請匠師有 23 座訊息，可以推知當時業主蓋屋宅這件大事之前，應如傳統習慣，會先聘請風水先生依業主特定基地位置與大小來勘察風水。

另外，從現存新埔傳統民宅 33 樣本所記錄之方位及朝向資料，逐依將傳統民宅正對朝、案山或背對樂山的實況來核對，33 座樣本中有 21 座樣本是符合形法風水（形勢派），基本上風水先生主要根據基地周圍的地形和山勢來定朝向，也就是依形法風水（形勢派）決定面向朝、案山或背向樂山的坐向。

又調查資料記錄新埔當地的九位匠師中，一位彭蘭雲提到：「房子蓋後要『安龍』、『謝土』，用米堆成龍形，以銀錢為鱗，五個蛋放龍尾代表『招財進寶』，珍珠、瑪瑙、琥珀、珊瑚放龍爪位置，另取兩個蛋為眼，要念〈龍神經〉，土水與木作不同；有一龍井位於分金線上，公廳後方花台處，約 40 公分寬，要將龍之頭、尾、四爪、六盞燈倒置陶鍋內，最好由生肖屬龍者放入龍井內」。[6]

6　徐明福：《臺灣傳統民宅及其地方性史料之研究》，臺北市：胡氏圖

有關牆腳施工部分，莊燕詳提到：「公廳後側牆腳下須疊石如圖形，稱為五星石，整棟屋子的牆腳須自此開始疊起」。黃木秀也提到：「牆腳卵石層須自公廳後側之五星石開始疊起，其餘則無順序關係」。彭英和亦提到：「卵石牆腳須自埋於公廳後側牆腳下的七星石開始疊起。若濕氣重則疊高些，卵石牆腳上沿兩側排尺仔磚（一尺×七、八寸×一寸），然後再進行土磚的疊砌工作」。[7]

另外在劉添旺匠師手冊中，有〈祭梁行啟請〉文，節錄前段內容：「伏以日吉時良天地開張，低頭下拜立地焚香，香煙透起諸神皆知，香煙沈了神必降臨，香煙台起神通萬里，恭身拜請曾楊公仙師（應是楊曾公）、巧聖仙師、荷葉仙、張三郎、李三郎、本地福德正神、本家祀奉觀音佛祖、天上聖母娘，各隨帶兵將，左童子、右善才、順風耳、千里眼、龍神、門神、井灶龍君一切神祇，弟子來說人名，先讀州縣，今有弟子（名字）莊（名字）建築華堂具備齋蔬果品五牲物儀，列依神前……」。

同頁面〈退座〉文內容則是：「弟子明香奉送曾楊公仙師（應是楊曾公），送轉金爐座福德老爺，轉龍君司命帝君，轉廚房，弟子有請眾位神祇，各各有宮歸宮，無宮歸殿，各歸原位，後有所請，煩降來臨」。[8]

2. 臺灣南部六堆地區客家圍龍屋的楊公崇拜

在六堆地區客家圍龍屋的楊公崇拜，參考資料有：賴旭貞2004年《客家的地理先生——六堆的風水與屋場》及劉秀美2003年《六堆客家地區「五星石」與「楊公墩」之調查研究》

書出版，頁 123，1993 年。
7　徐明福：《臺灣傳統民宅及其地方性史料之研究》，臺北市：胡氏圖書出版，頁 130，1993 年。
8　徐明福：《臺灣傳統民宅及其地方性史料之研究》，臺北市：胡氏圖書出版，頁 178，1993 年。

兩份不同主題的調查研究資料。

賴旭貞在其田野調查研究中，訪問到的地理先生是六堆美濃當地的地理先生張松和，他自述17歲初中畢業即認識來自廣東蕉嶺高齡七十多歲的地理先生鍾少瀾（民國二十三年生），鍾先生日據時期曾來臺灣行地理、點風水、看日課，臺灣光復後再來臺灣，作未完成的風水，但繼之，國軍撤退臺灣，就無法回老家，只好在臺灣南部以看風水、點龍穴、看日課所得來的庚金（即紅包）度日。

張松和19歲正式拜鍾先生為師，寫了關書（即拜師帖）學習地理，在農閒時，追隨鍾先生見習風水課程，其內容有：遊山尋龍、看風水、學習陰宅（墳墓）定局、消峰納水、吉葬喪葬的結構尺寸、陽宅平房、樓房、圍龍屋精華、安門、放水要訣、查閱日課要訣等。

民國四十三年農曆甲午年十月六日張松和結婚後，第二個月老師父往生。此後張松和秉承師父教導，虛心處事，至今五十多年足跡遍及臺灣，也曾赴廣東梅州、蕉嶺等地。

張松和主要專長在客家祭祀、禮俗、地理、命理、日課等，關於風水、婚嫁禮俗在其家鄉美濃、六龜地區，他是傳統客家禮俗與風水文化的代表，被當地鄉紳認為是形勢派客家風水專家。

六堆客家重視「頭風水，二屋場」的地理風水場域，本文主要討論楊公在屋場被崇拜的印記，因此焦點張松和屋場這方面的說法。

（1）拜中屯

客家屋場、風水墓地在興工動土之前，必須由地理先生相地，選擇一處適合的好地理風水。興工動土之時地理先生與匠師必須出席，匠師先將選好的地址整平地基，由地理先生依羅盤定方位，匠師隨即拿出事先準備的兩支竹竿，立於預定地的前後，

在兩端綁線拉出風水的中心軸，地理先生用羅盤調出正確方向，中心軸的位置確定後，即在地上嵌入兩塊磚，以合併的中間縫隙作為軸線的記號，兩塊磚稱為「合石」，用合石標記中心軸線稱為「種合石」。作為日後屋場或風水施工坐向的標準依據。

上述整個程式統稱「釘中屯」，一前一後兩支竹竿則稱為「前中屯」、「後中屯」。「拜中屯」在日後整個風水儀式中扮演重要角色，地理先生會賦予神祇的象徵和作用，將有關神明請至中屯，作為屋場、風水興建過程的監督。

屋場上燈梁，祭祀儀式「拜中屯」，祭文內容如下：

> 伏以日吉時良，天地開張，躬身下拜，立地焚香，焚香拜請，歷代陰陽、地理、伏義、大禹、文王、朱公、孔子五大聖賢，八卦祖師，杜氏九天玄女先師，楊、曾、賴、廖四位先師，曾文迪、曾安一郎、賴布衣、廖禹金精、廖華、廖炳公國師，再來拜請，前代、後代尋龍點穴，安門放水，消砂納水，撥砂傳教，九牛破土，九宮八卦，東震西兌，南離北坎，青龍朱雀，白虎玄武，再來拜請，荷葉先師、魯班先師、巧聖先師以及各位先師，虛空過往，見聞等眾，一切神祇到座，有事同請，今有臺灣省高雄縣美濃鎮廣林里☐☐☐☐☐☐☐☐，沐恩信士溫☐☐、溫☐☐、溫☐☐、溫☐☐、溫☐☐統帶各房人等，情因揀取丙戌年九月初一未時吉日良時上燈梁，敬請各位先師、各位尊神，含香到座來降臨，庇佑上燈梁以後，人丁昌熾，富貴萬萬年（有）。[9]

（2）請仙師

祖堂轉火，先設一桌奉楊公為首，地理諸位先師的祭祀。祭祀文內容如下：

---

9 賴旭貞：《客家的地理先生——六堆的風水與屋場》，頁60，2004年。

伏以日吉時良，天地開張，躬身下拜，立地焚香，焚香拜請，歷代陰陽、地理、伏羲、大禹、文王、朱公、孔子五大聖賢，八卦祖師，杜氏九天玄女先師，楊、曾、賴、廖四位先師，曾文迪、曾安一郎、賴布衣、廖禹金精、廖華、廖炳公國師，再來拜請，前代、後代尋龍點穴，安門放水，消砂納水，撥砂傳教，九牛破土，九宮八卦，東震西兌，南離北坎，青龍朱雀，白虎玄武，再來拜請，南無大慈大悲觀世音菩薩殿下、左金童、右玉女、敕符童子、畫符童郎、先天符教、當年太歲、齒德尊神，再來拜請，荷葉先師、魯班先師、巧聖先師以及各位先師，本家司命灶君，虛空過往，見聞等眾，一切神祇到座，有事同請，今有臺灣省高雄縣美濃鎮廣林里□□□□□□□□，沐恩信士溫□□、溫□□、溫□□、溫□□、溫□□代表各房人等，情因揀取丙戌年正月十八辰時興工建造祖先的祖堂，山家甲山兼卯吉度分金，又揀取丙戌年九月二十九申時入屋、轉火，又揀取同日申時神祖開光以及升座，誠心敬請各位先師、各位尊神含香到座來降臨，到堂上來見證，庇佑升座以後，男添百福，女納千祥，大吉大利，大吉大昌（有）。[10]

（3）謝中屯（送神）

地理先生與匠師以及主家代表到祖堂後方謝中屯，即送神。祭文內容如下：

再來拜請眾位先師、眾位尊神，吃得登分飽醉，含笑喜歡，少少酒煙不敢久列座前，來有請，歸有送，稽首奉送，各歸原位，後有所請，復望降臨，來則香煙靄靄，去則降福綿綿。

送神之後，匠師將中屯棍拔起，或放水流，或妥善丟棄，

---

[10] 賴旭貞：《客家的地理先生——六堆的風水與屋場》，頁64，2004年。

地理先生則會請主家代表將祭品中的圓粄和發粄倒入原立中屯留下的洞中,再以土覆蓋,象徵團圓、圓滿、發財之意。[11]

(4)拜爺呼龍

上燈之後,地理先生帶領家族向新祖牌拜爺祭祀,祭祀文內容如下:

> 天開地別陰陽分,山勢川流納五行,楊公弟子尋到此,青龍山上見華堂,三台華蓋重重獲,六秀探郎步步迎(有),來龍迭迭尖峰起,秀水滔滔朝穴(有),座下華堂牽不動,能知此地出三公(有),登位畢理當三拜,一拜四面朝山,二拜太原堂溫氏歷代高曾祖考妣神位,三拜大富大貴(有),第一萬年富(有),第二金玉滿堂(有),第三田莊廣(有),第四大降吉祥(有),第五文星及第(有),第六富貴盈門(有),七要八要財丁旺(有),九要十要世代朝(有)大吉大昌,地久天長(有),財丁富貴樣樣有(有)。[12]

(5)謝先師(送神)

整個祖堂轉火,最後在地理先生帶領家族,「謝先師」送神的儀式中圓滿完成。「謝先師」祭文內容如下:

> 再來拜請,眾位先師、眾位尊神,來有請,歸有送,少少酒煙不敢久留,稽首奉送,各歸原位,在天歸天,在地歸地,在水歸水,在宮歸宮,有宮歸宮,無宮歸空,有壇歸壇,無壇歸所,各歸原位,後有所請,復望降臨,來則香煙靄靄,去則降福綿綿。[13]

11　賴旭貞:《客家的地理先生──六堆的風水與屋場》,頁67,2004年。
12　賴旭貞:《客家的地理先生──六堆的風水與屋場》,頁69,2004年。
13　賴旭貞:《客家的地理先生──六堆的風水與屋場》,頁70,2004年。

是故，在屋場興建過程的「拜中屯」，「謝中屯」（送神），祖堂轉火的「請先師」，上燈之後，再由地理先生帶領家族向新祖牌拜爺祭祀的「拜爺呼龍」，最後整個祖堂轉火儀式中圓滿完成的「謝先師」（送神），在祭祀文內均有崇拜楊公先師的印記。

（6）六堆地區的「楊公墩」、「楊公柱」、「楊公先師香座位」

此部分探究實體可以看到的楊公先師崇拜的印記，主要以劉秀美《六堆客家地區「五星石」與「楊公墩」之調查研究》。劉秀美其所調查在六堆聚落有祭拜「楊公墩」，均是大伙房，即是客家原鄉圍龍屋形式。分別是：

佳冬4座，其中楊氏宗祠設置於廳下左側，羅家伙房設置在土地龍神位置，戴家祠堂原本在土地龍神位置已整理放入神龕內，戴家伙房設置在土地龍神位置。

新埤1座，打鐵南興路屋宅設置在土地龍神右側。

萬巒3座，其中鐘氏祠堂設置在廳下左側，萬和復興路屋宅設置在土地龍神右側，長林樓設置在廳下左側。

竹田1座，李氏伙房設置在土地龍神左側。

內埔1座，徐氏圍屋設置在廳下左側。

美濃1座，林氏伙房設置在廳下神案上，祖牌形式，上刻「楊公先師香座」。[14]

個人則在客家原鄉贛南田調時，在老宅廳下採擷到放置於神案上的神牌，上面寫著「東海堂楊公福主左昭右穆 暨徐氏歷代高曾祖考妣 眾神 位」。另一則是臺灣北部桃園市大溪南興莊田調，家譜記錄楊家奉祀神明有「筠松楊公先生」則是令我矚目。

---

14 劉秀美：《六堆客家地區「五星石」與「楊公墩」之調查研究》，頁131，2003年。

這些見到六堆美濃林氏伙房設置在神案上的「楊公先師香座」，也就釋然了。

四、結論

楊公先師崇拜印記，經過調查，目前可以看到三種方式的存在，分別是：屋場與風水（墓地）的建築過程的儀式，臺灣南北客家匠師、地理先生所念誦的祭文當中，所請諸神就有「楊、曾、賴、廖四位先師」或「曾、楊公仙師」（應是楊曾公仙師）之念誦邀請，這是客家匠師、地理先生專業人，透過祭文來彰顯楊筠松在形勢派宗祖地位，也是一種楊公先師崇拜的印記。

地理先生在墓塋、屋場營建所立的中柱，透過「拜中柱」讓家主及家人認識楊公先師形勢派風水的神聖性，而有實質具體的楊公先師崇拜。中柱因營建而設立，也因營建完成而拔出。但中柱也因地理先生的看法不同，而在新建的屋場廳下，適當位置為家主設立「楊公墩」，成為日後這家裔孫祭拜保佑祈福的對象。

另外，客家有些信眾則將楊筠松從地理堪輿風水先師，升格為神明階級，與其他神明同享馨香。如大溪楊氏家譜所記載的祭祀神明，有「均（筠）松楊公先生」，又如六堆美濃林氏伙房在神案上增添「楊公先師香座」，也有如江西贛南一戶民宅公廳神桌上，供奉祖先牌位上頭書寫的內容：「東海堂 左昭 右穆 楊公福主暨徐氏歷代高曾祖考妣 眾神位」。這些不就是明顯的以文字書名楊公先師崇拜的最好印記。

臺灣客家族譜、田野追蹤：
新竹縣寶山鄉「廬江堂」何明勳《渡臺記》記事析探[*]

摘要

　　本論文主要從文化播遷觀點，審視清代客家人來臺移墾發展的過程。以清嘉慶年間一位青年人何明勳，從廣東省嘉應州長樂縣到臺灣北部淡水廳墾拓之事蹟為例，藉由田野調查搜尋的《渡臺記校注》資料，探究何明勳開墾及其後族裔發展情形。

　　何明勳為發耀公二子，廣東長樂縣太平村河洋壢餘堡約人，生於嘉慶8年（1803），卒於光緒20年（1894），享年92歲。16歲來到臺灣，初任牧童，以後升格當「長年」，道光18年（1838）36歲與妻子陳秀妹一起進入淡水廳所屬金廣福大隘之藤寮坑、石榴山拓墾，成為墾戶，開始奠基立業，生有8男，依序為：來勝、財勝、德勝、福勝、文勝、雙勝（後由福勝長子房生承繼）、錢勝、銀勝等，而後以此分家為八大房。後裔於民國45年（1956）由二十五世輩13位兄弟共同發起，創立「明

---

[*] 發表於「第八屆海峽論壇「兩岸同名（同宗）村文化論壇」，福建省社會科學界聯合會、福建省臺灣同胞聯誼會主辦（福建廈門），2016年6月11日－14日。

勳親族會」。

　　本論文藉助美國人類學者羅伯特・雷德菲爾德（Robert Redfield）的「大傳統與小傳統（Great Tradition and Little Tradition）」概念，作為探究清代臺灣北部客家何明勳來臺移墾，以及家族文化發展的主要參考。研究方法以歷史研究、文獻分析為主，採功能分析法來解釋，以期解說「廬江堂」何明勳家族在清代臺灣北部立足，並播遷客家文化的歷程。

關鍵詞：宗族、客家、廬江堂、來臺開基祖、臺灣移墾

一、前言

　　臺灣社會客家族群重視祠堂、族譜的態度，凸顯出客家人慎終追遠的特色。每個家族對其「來臺開基祖」事跡，都流傳有趣的故事。從文化播遷的觀點而言，這些客家先民移墾事業故事，可視為臺灣社會初期漢人移墾的事例，同時亦是客家先人在臺灣社會立足與當時際遇的重要描述。

　　對於作譜內容記事，古人云：「記其枝所自出，而不及其他者是謂房譜；其所成也小，若詳其所自出而無不必收者是謂族譜；其所成也大，猶樂合眾之條理而金玉為聲振者是謂總譜」。因此，譜牒概可以族親分支遠近內容，分為：總譜、族譜、房譜三類。

　　《渡臺記》，內容敘述何明勳與陳秀妹一己之事務，屬房譜類別，但內容所論事務原委、人際關係等，又超越傳統房譜僅紀錄源流、支派、子嗣人名、遷移開基世代，以及先祖生卒、墓地等資料，是一本罕見的金廣福大隘墾拓者，將開發過程與真人真事跡作詳細記錄的書籍，亦是一本少見採用編年記傳方式，以及客家文句記述的房譜資料。

　　《渡臺記》內容，是由何明勳與妻子陳秀妹兩人，在晚年口述生平事跡給子女知曉，並由三子德勝作紀錄而成的。由於這種由當事者親自述說的事例極為少見，與其他族譜有所不同，因此作為本文討論研究的對象。

　　何明勳是廣東長樂縣人，嘉慶23年（1818）16歲時，即跟隨同鄉引路人文叔到臺灣謀求發展，在今新竹縣新豐鄉之新豐村（舊稱紅毛港）上岸。依據何明勳與妻子陳秀妹兩人晚年口述的《渡臺記》一書內容，當時何明勳上岸後，經過當地小廟「池和宮」時，榕樹下的熟食店老闆娘用熟悉的家鄉話招呼客人，倍感親切，餐後隨即上路，越過犁頭山（今竹北市與新埔鎮交界），然後走到「大洋田」的地方，進入同姓「廬江堂」的三合院，

由引路人文叔引薦給稱三叔者的主人,三叔乃安置何明勳在家幫傭,初約定工作為牧童,負責放牧牛羊,每年工資一車(一千斤)的烏粘穀(本地在來米),這是何明勳來臺時的首份工作。

何明勳在臺 20 年後始成家立業,其立業機會,主要參與當時淡水廳竹塹金廣福大隘藤寮坑、石榴山(今新竹縣寶山鄉)的拓墾,此後不僅開闢田園成為墾戶,也建立家庭,兒女成群,擁有 8 男 3 女。這本書,亦可以代表客家先民,在清代臺灣將荒野開闢成田園,成家立業,開花散枝成功的事例。

有關中國地方家族或宗族文化的研究,一般學者會注重 20 世紀 50－80 年代,美國人類學者羅伯特‧雷德菲爾德(Robert Redfield)在 1956 年出版的《鄉民社會與文化:一位人類學家對文明之研究》(Peasant Society and Culture; An Anthropological Approach to Civilization)一書,他研究拉丁美洲的鄉民社會時,提出「大傳統與小傳統(Great Tradition and Little Tradition)」概念。他認為鄉民具有兩種特性,一方面是對於土地的熱愛與追求,促使他們願意如同先人依附土地渡過一生;但另一方面,他們卻不同於與世隔絕的部落社會,會與鄰近城鎮的居民打交道,接受外在社會的新事物引入或影響。

此種概念以後被莫里斯‧弗里德曼(Maurice Freedman)、史坦利‧譚拜亞(Stanley Tambiah)等人類學家運用至漢人研究與印度社會學等領域,並被歷史學、社會學等相關學科學者引用,成為探究中國與印度等鄉民社會地區的主要概念之一。

例如採用大、小傳統的概念,可將中國的生活思想、日常行為劃分成兩個部分探究。大傳統所指的就是士大夫階層或少數知識分子,他們是理想社會結構典型模式的尊奉者;小傳統所指的是一般庶民百姓,他們雖努力實行一些社會規範,但礙於實際情境迫使部份百姓另作選擇,謀求變通方式。士大夫所鼓吹

的理想社會模式,在實際鄉民生活卻不能夠完全被接受或奉行。[1]

由此,大傳統是指少數的知識分子,小傳統是指多數的平民百姓;大傳統是由學校或廟宇所孕育而成,小傳統則是在沒有文字的鄉村生活裡創造出來並應用於生活當中的文化。大傳統與小傳統間藉由知識分子(士紳)與鄉民這兩者相互依賴,構成整個鄉民社會的文化傳統。

是故,本論文有關何明勳後裔的形成與發展,也就採用了大傳統與小傳統的概念,作為家族與臺灣社會關連的解釋。

二、清康熙至道光臺灣淡水廳「桃竹地區」拓墾形勢

清康熙中葉郁永河在其《裨海紀遊》一書中,紀錄了當今新竹至桃園間的景致,有「自竹塹迄南崁,八、九十里,不見一人一屋,求一樹就蔭不得」的描述。[2] 其中「竹塹」即是竹塹社屬道卡斯族,「南崁」即是南崁社屬凱達格蘭族群,因此當時郁永河所經過的區域,屬於這兩社群的活動領域。

康熙三十年(1700),以山水畫法呈現臺灣前山沿海樣貌的「康熙臺灣輿圖」(地圖一),將清代初期臺灣的行政、兵備、地名、平埔族原住民聚落等做了紀錄,也彩繪原住民住屋與生活作息,是目前所知最早的一幅清代臺灣地圖。

此地圖的資訊,可以彌補郁永河《裨海紀遊》一書中,文字敘述臺灣社會樣貌的不足之處。有關今桃園至新竹地區一帶的地名由北至南的地名有:南崁社、之巴社(芝芭里社,今青埔)、澗仔力社(今中壢市舊社)、胺脧社、鳳山、竹塹社等。[3]

---

1 參閱陳祥水:〈中國社會結構與祖先崇拜〉,《中華文化復興月刊》第 11 卷第六期,頁 32－29,1978 年。維基百科,大傳統與小傳統 https://zh.wikipedia.org/wiki/,時間 2016.04.17 下午 04:34。
2 郁永河:《裨海紀遊》,臺灣歷史文獻叢刊 44,頁 30,1996 年。
3 邱榮裕:《臺灣桃園大溪南興莊纘紳公派下弘農堂楊氏族譜》,桃園縣大溪鎮:祭祀公業法人桃園縣楊纘紳,頁 6－7,2014 年。

康熙臺灣輿圖（地圖一）

　　另外，在一份清代乾隆二十一至二十四年（1756 − 1759）左右的「乾隆臺灣輿圖」（地圖二），此圖將臺灣清領時期的行政與軍備布置，繪製特別詳細，村落與塘汛位置也標示清楚，從南至北繪有一條很長的黃色郵傳道路，與沿海的海防道路。清領臺灣社會已經七十多年，因此漢人在北部入墾的庄名出現也不少。雍正元年（1723）臺灣北部建置淡水廳，廳治此時已經設置在竹塹城（今新竹市）。

　　地圖有竹塹城地名與城池的繪製，竹塹城東門外往山區有廣興庄、竹塹社、東勢庄、缺仔口庄、筆架山、婆羅粉山等地名記載。從婆羅粉山往山區，有「九芎林係生番隘口」的文字說明，其後的枋寮山、犁頭山、東勢山等山區，則是生番的活動區域，此區域生番，即今之「泰雅族」與「賽夏族」之兩種原住民。

　　竹塹城南門外的文字說明內容為：「城西至船頭港五里，東至筆架山七里，北至竹塹社五里，至鳳山崎一十里，附城隆恩庄又至婆羅粉十五里，離生番界一十里，城內守備一員千總一員把總二員兵三百二十一名」。船頭港庄往北的鄰庄，即是蔴園庄。地圖在船頭港庄河口處，注明「船頭港係潮滿方可進港」；

在紅毛港之河口處，亦注明「此港潮滿七八分，船隻方可出入」。另在船頭港與油車港之間的濱海之處，繪製有海口汛，炮臺，注明「**外委一員兵十八名**」。從這些地名與注明文字，可以清楚了解當時竹塹城守備與城外周遭村落與地勢的情勢，實際漢人開發地區，僅在沿海地區而已。[4]

乾隆臺灣輿圖（地圖二）

　　另一份較晚的乾隆二十五年（1760）「臺灣民番界址圖」（地圖三），其開卷題詞云：「圖內民番界址，以紅色線為舊定線，以藍線為新定線」，說明了清領時期朝廷對臺灣民番採隔離政策治理，設置有土牛線、隘寮，並以隘勇守隘界，防止生番或漢民出入。

　　比較前面地圖，從此圖漢人村庄名稱，可以看出中、北部的漢人移墾發展已日漸增加，在桃園地區已經有：桃仔園、南崁社、茄苳腳庄、八座庄、霄裡社、白沙墩庄、芝芭里庄等地名。另在於番界線有首次出現的南興庄地名，潤仔壢、烏樹林隘、南

4　邱榮裕：《臺灣桃園大溪南興莊纘紳公派下弘農堂楊氏族譜》，桃園縣大溪鎮：祭祀公業法人桃園縣楊纘紳，頁 8－9，2014 年。

勢庄、安平鎮、圍山行頂、打撈山隘等地名。南興庄此時被畫在紅藍線之外，更在南興庄與打撈山隘之間，有文字說明為「**南興庄後打撈山隘，離內山十里，離生番一百餘里**」。顯示生番問題已經獲得平息，南興庄雖在番界線之外，但已經是漢人聚落。然而，在竹塹區域部份，枋寮畫在藍色線內，犁頭山、員山仔均屬藍線外的生番活動區域。[5]

臺灣民番界址圖（地圖三）

　　竹塹地區的開發，康熙末年，始有從大陸來臺民眾及從臺灣南部北上的佃丁，分別由海、陸兩路接踵而至，開發次序初在香山、紅毛港沿海地區，以後沿著頭前溪及鳳山溪兩溪，分別從出海口下游流域逐漸往中游流域擴大。道光初竹塹城外，東南丘林區域不時有生番出沒，人畜受損，城外居民不安，使得淡水廳憲李嗣業不得不有所作為。

　　金廣福大隘設置，起於道光十四年（1834）淡水廳憲李嗣鄴，當時示諭姜秀鑾在竹塹城南橫崗頂建隘、募丁防番，以後遂有金廣福大隘的組成。吳子光《一肚皮集》之〈金廣福大隘記〉云：「臺商俗例，爭取得金之意義，凡會計簿多以金字蒙頭；廣謂廣

5　邱榮裕：《臺灣桃園大溪南興莊纘紳公派下弘農堂楊氏族譜》，桃園縣大溪鎮：祭祀公業法人桃園縣楊纘紳，頁 10 — 11，2014 年。

東也,福謂福建也,故名金廣福大隘」,因此「金廣福」即是客家人(廣)與閩南人(福)共同合作投資之意。金廣福大隘區域,為今之新竹縣北埔鄉、橫山鄉、峨眉鄉、寶山鄉等範圍。

「金廣福」組織性質,簡言之有下列特色:

首先,從道光十五年(1835)的姜秀鑾與林德修的兩合約字契內容,清楚說明金廣福組成目的,是「**因為數處私隘力寡難支,雖設石碎崙官隘,尚屬株守一隅,非盡善之法,因而有金廣福的組成**」,以期解決當時生番危害的事情。

其次,「金廣福」組成初期,分府李嗣鄴以官方財力,並藉助姜秀鑾在南勢埔一帶防番經驗,企圖解決經年難解的番害問題,以維護竹塹城的安全;但因隘費丁糧所需龐雜,乃令姜秀鑾、林德修捐本生息,定股整本方式,公議招募,初股二十,後變成三十股,此為後期開發,面臨資金籌措困境。

其三,「金廣福」的組成具有濃厚的商業傾向。

其四,契約兩顆戳章,分別為:「**加府銜分府李給竹北一保九芎林庄總理姜秀鑾戳記**」;「**加府銜分府李給西門總理林德修戳記**」。由此可知,負責籌募金廣福資金的兩籍墾戶首,均為在城的縉紳與在庄的墾戶,屬於民間領袖領導的組織;但實際上卻具有官方允許設置守隘,指揮隘丁防衛的特權。[6]

「金廣福」初期所給出的荒埔地,均散布在金廣福(北埔)外層之寶斗仁、雙溪(寶山鄉雙溪村)、北坑庄(寶山鄉山湖村)、大崎(寶山鄉大崎村)、金山面(新竹市仙水里)、柯仔壢(竹東鎮柯湖里)、新城仔(寶山鄉新城村)等處。當時承墾者所承接的土地為荒埔,所以「金廣福」所給墾批,均記

---

6 吳學明:《金廣福墾隘與新竹東南山區的開發(1834－1895)》,臺灣師範大學歷史研究所專刊14,臺北市:臺灣師範大學歷史研究所,頁 36－40,1986 年。

載承墾者,必須「自備工本前去開闢,築陂鑿圳,墾成田園,永為己業」,期限五年,所開墾地須經總墾戶丈量,按甲納供。如墾限已到,而田園未成,以致拋荒延誤隘糧,總墾戶即可將墾批撤回註銷,另行招墾。[7] 此是當時承墾者在金廣福墾區,取得荒埔地為永業的方式。本文何明勳在道光十八年(1838)時36歲,入墾金廣福大隘之藤寮坑與石榴山,即是在此條件下,並獲得任職金廣福守隘友人協助,而完成少時出鄉關到臺灣打天下的壯志。

清同治十年(1871)陳培林纂修的《淡水廳志》之「分圖二」,此分圖標示有從北的新庄到南的香山界之間的地名,靠山區的地名,依序為:霄裡、南興庄、埔頂、三坑仔、咸菜硼、水汴頭、九芎林、樹杞林、二重埔、金廣福。這個時候,何明勳與陳秀妹在金廣福之北坑村已經建立家業,蓋起華屋稱「廬江堂」,並生了 8 男 3 女。

三、何明勳寶山廬江堂的創立

《渡臺記校注－燈前月下聽夜話》是一本難得採用客家話七言句,記錄的口述歷史,不僅是清代一位廣東長樂縣(今五華)年青人何明勳,16 歲辭別父母,隨同族親到臺灣,36 歲時與妻子陳秀妹,兩人在竹塹金廣福藤寮坑、石榴山開墾,建立廬江堂家園的真實墾拓故事;亦是一本清楚描述清代來臺墾拓者個人際遇,以及淡水廳竹塹金廣福大隘拓墾開發的事情。故事裡面,依據時間先後紀錄了相關人物,也詳盡的寫出事情原委,更同時交代與環境生活相關的地名,是一本有血有淚的個人口述生命歷史故事。

---

7 吳學明:《金廣福墾隘與新竹東南山區的開發(1834－1895)》,臺灣師範大學歷史研究所專刊 14,臺北市:臺灣師範大學歷史研究所,頁 140,1986 年。

本書主角何明勳、陳秀妹於清同治七年（1868）六月開始口述，至同治十一年（1872）十二月止。當時由三男德勝負責記錄，起筆在同治七年六月，伏筆時間則在光緒三年（1877）九月；以後由德勝子寅生整理，時間在民國九十七年（2008）八月起稿，至民國一百年（2011）九月脫稿。最後由二十六世何石松校注，於民國一百零四年（2015）十二月出版。

何姓「廬江堂」世代，從開基始祖何大乙郎公起算，原籍安徽省廬江縣，生於唐昭宗景福元年（892）。何明勳是二十三世，原籍廣東省嘉應州長樂縣太平村河洋壢餘堡約，生於清嘉慶八年（1803），卒於光緒二十年（1894），享年92歲。其父發耀公母葉氏，生四子，分別是：達勳、明勳、步勳、寬勳，何明勳為次子。妻子陳秀妹，則於隔年光緒二十一年逝世，享年76歲。

本章主要論述何明勳來臺如何成家立業之事，因此在資料的運用，偏重探索其個人在不同階段中具有代表性事情的整理；對於其個人情感上的遭遇與人際紛雜的關係，就不在此文章中討論。茲將《渡臺記》有關何明勳一生奮鬥關鍵的事情，依時間先後，重點介紹於後：

1. 來臺過程及引路人的叮嚀

嘉慶二十三年（1818）何明勳16歲「壯志凌雲出鄉關」，「合掌告別廬江堂」，在家鄉石橋「跪下大地稟雙親」後，即隨同引路人文叔，爬山越嶺到汕頭。半夜三更登上港口小漁船，出海轉換大帆船，下到二艙，「艙內人已坐滿滿」，海上「大船搖擺魂欲斷」，「試到大船無恁搖，跟隨文叔下大船」，「大船還有許多人，揮手相互祝平安」，「兩艘小船坐滿滿，踏上長濱臺灣地，謝天謝地謝恩情」。[8]這是何明勳離家辭別及乘船

---

8 何明勳口述、何德勝紀錄、何寅生整理、何石松校注：《渡臺記校注－燈前月下聽夜話》，臺北市：五南圖書出版，2015年，頁3。

到臺灣的光景描述。

　　當時登陸的地點為紅毛港（今新竹新豐鄉新豐村出海口），經過池和宮時，「樹下熟食店伯母迎客笑吟吟，口音都係廣東話（客家話）」，自此向南行，經過犁頭山，黃昏到達大洋田，進入一座「廬江堂」三合院，引路人文叔隨即引薦何明勳給三合院主人（稱三叔），暫時安排當牧童，每年一車（一千斤）烏黏穀（在來米）為酬勞，文叔就教何明勳向三叔行大禮，從此開啟何明勳在臺灣立足的契機。隔天文叔辭行，行前緊緊牽著何明勳的手，告誡「成事在人不在天，原籍必須愛記得」，言罷就開步向前走。[9] 這段生動的將引路人文叔在臺灣的人際關係清楚說明，也呈現引路人對於立志來臺發展的年青人不要忘本的告誡；同時也讓我們了解到當時牧童一年的工資。

2. 長工歲月與經歷

　　道光元年（1821）何明勳19歲，已經具有「山畑田洋已分明，牽牛牧羊也稱意，犁耙碌碡也學成」的本領時，在長工阿土（余阿土）辭雇他就之後，何明勳被升格當長工，工資為兩車烏黏穀。這期間有位住在下橫坑（今關西新力里）的范長賡者，帶著次子范阿城，因家貧向主人三叔尋求牧童工作機會，阿城被接受安置，隨何明勳學習。三叔關心范長賡困境，派何明勳跟隨阿城到其家探望，才了解賡嬸韓雙妹生病在床，債主黃捷發逼迫還債，見雙妹有姿色乃要求典妻償債，何明勳聽聞不忍，亦將身上一銀錢拿出資助，解決范家窘境。

　　由於這個緣由，日後范長賡長子在諸羅城發達後，道光八年（1828）五月范家派阿城，專程由諸羅城前來三叔家，邀請何明勳到諸羅城發展，何明勳乃應諾，「預定冬禾收割後，決定

9　何明勳口述、何德勝紀錄、何寅生整理、何石松校注：《渡臺記校注－燈前月下聽夜話》，臺北市：五南圖書出版，2015年，頁4。

下南諸羅城」。[10]

　　同年冬，臘月上十興村朱家老夫婦六一壽宴，邀請三叔夫婦參加，飯後回來卻食物中毒，雖延醫治療，但三叔夫婦病情仍嚴重，此時田事、家事忙得團團轉，隨後三叔兒子義明亦染病在床，驚動麻園親家大伯陳布政帶著女兒陳秀妹來探視。適時范阿城從諸羅城來訪，向麻園大伯說明原委，欲接何明勳前往諸羅城發展。8歲陳秀妹見何明勳左右難為，在父親的同意下，說出「*子曰君子喻於義，小人喻於利，君子丈夫之道也，亦有仁義而已矣*」。這番話，頓時讓何明勳放棄南下諸羅城的打算，決心幫忙三叔家渡過眼前難關。[11]

　　何明勳後隨大伯到馬鱗厝，訪得蘇伯淵懂漢藥，帶回三叔家醫療，何明勳負責煎好藥湯，七天後藥到病除，三人都可離床。大伯親家來訪傳出笑聲，午餐後蘇柏淵始道出身世。原家在噶瑪蘭（今宜蘭縣）羅東大街開藥鋪武功堂，道光二年（1822）朱蔚反清強勇募眾，兄弟兩人他被徵募入山營，朱蔚被擒殺頭後，餘黨敗逃隱山林，道光四年（1824）行至竹塹隱居陳府，「*日在山裏採藥草，夜裡研藥效仁心*」，已經6載有家歸不得，以後三叔就安置在家。

　　道光十一年（1931）總督程祖洛宣告二十一條政令，既往不咎。當年二月，何明勳與三叔家人為蘇柏淵送行轉家鄉。[12]

　　同年五月，再次遇到夏阿嶺稱夏什班（社番土目），知道何明勳想開墾找地，就帶他到「*石壁潭九芎林庄墾務處，當時總理就係姜秀鑾*」，夏什班為何明勳報上姓名，因總理公事往淡水

10　何明勳口述、何德勝紀錄、何寅生整理、何石松校注：《渡臺記校注－燈前月下聽夜話》，臺北市：五南圖書出版，2015年，頁23。
11　何明勳口述、何德勝紀錄、何寅生整理、何石松校注：《渡臺記校注－燈前月下聽夜話》，臺北市：五南圖書出版，2015年，頁27。
12　何明勳口述、何德勝紀錄、何寅生整理、何石松校注：《渡臺記校注－燈前月下聽夜話》，臺北市：五南圖書出版，2015年，頁29－32。

未設代理人,只留姜煥元一人,三人就在倒縛牛及石壁潭兩地轉一轉,兩個墾地何明勳考慮許久,半年後選定倒縛牛,再到公館時姜煥元不在,由彭順和接待,因無立約,早先所看兩處,已有新移民移墾,何明勳因此錯過第二次機會。[13]

道光十三年(1833)三月,地方發生一群劫匪搶劫莊民穀倉,麻園大伯派信謀到三叔家尋求支援,何明勳乃與義明共同前往麻園,當天夜裏果然有劫匪七、八人前來企圖搶劫,大伯出廳被匪首迎面打到在地,還想再踢一腳時,何明勳立即施展「飛燕過海點咽喉」招式,擊中匪首,匪首咽喉應點,四腳朝天難起身。此時義明亦單棍迎群匪,何明勳隨手接過陳秀妹扔來的竹棍,也毫不留情將劫匪一個個打到在地。逼問劫匪,才知道是年前張丙反清亂黨之餘黨,匪首向大伯三跪拜後,在群匪攙扶下離開。[14]

同年年底,義明獲得雙生子,慶祝滿月大廳親友滿座,大伯親家表揚何明勳功夫好,何明勳才向眾人說明,家鄉風氣夜裏習武、讀文書事,因此從小即拜武技教練何一鵬練武,拜何雁洲習字。但因母親訓諭出門在外勿誇有拳術,當天看到大伯在危急中,不得不初試玄門第六玄的工夫,但為遵守母訓,因此「請求此事勿再敘,幫我阿二(何明勳)謝母恩」。[15]

道光十六年(1836)何明勳34歲,九月二十前往麻園向大伯夫婦祝壽,並向大伯夫婦表示求娶千金陳秀妹之意。陳秀妹應諾之後,擇定十月二十迎過門。婚事就由三叔三嬸做主,長年房間增建成一棟三間小茅屋,成為三叔家人。隔年,巧遇夏什班,約定二月入山覓地盤,何明勳與陳秀妹隨同夏什班進入金廣福

13　何明勳口述、何德勝紀錄、何寅生整理、何石松校注:《渡臺記校注－燈前月下聽夜話》,臺北市:五南圖書出版,2015年,頁34－35。
14　何明勳口述、何德勝紀錄、何寅生整理、何石松校注:《渡臺記校注－燈前月下聽夜話》,臺北市:五南圖書出版,2015年,頁37－41。
15　何明勳口述、何德勝紀錄、何寅生整理、何石松校注:《渡臺記校注－燈前月下聽夜話》,臺北市:五南圖書出版,2015年,頁44。)

大隘,在十二隘寮遇到姜焕元,此時姜焕元任巡哨三十六隘寮之責,相見滿胸情懷不勝言,隨同夏什班看中藤寮坑、石榴山,由於陳秀妹堅意墾此地,以後遂由何明勳披荊斬棘建立家業。[16]

3. 藤寮坑、石榴山奠基立業,創建盧江堂

道光十八年(1838)十月,辭別三叔一家人,何明勳與陳秀妹帶著週歲長子來勝,以及兩隻小羊,到石榴山,受到十二隘寮駐守隘丁們的歡迎,隘丁們特別為他們在廚房旁加蓋新房,並安置了大眠床、衣櫥、小凳桌。何明勳開始斧頭鐮刀隨身帶,到十二月底,已經「墾成壟底六丘田」,旁有涌泉,預計明年二月趕春耕。姜焕元巡哨石榴山,看到成果很高興,對何明勳說墾山明年起算,滿五年後來丈山,墾多少丈多少,憑丈墾地發文憑,秋收之時繳納,由金廣福批明,立給墾批字壹紙。[17]

道光24年(1844)三月初三,金廣福大隘一隊人馬,由姜焕元帶來6人丈量墾地,夏什班也在其中,姜焕元對何明勳說,此地墾戶是夏阿嶺(即夏什班)今讓渡給你,「今已墾成為己業,不可忘記讓渡恩」。陳秀妹聽到急轉身,含笑躬身對夏什班感謝讓渡恩義,隨即奉上茶盤三對銀,夏什班欣然接納後就離開。丈量境界地積甚分明,造冊地籍分管區,地名藤寮坑改稱北坑,屬於沙湖壢管區,石榴山改稱草山。[18]

道光二十七年(1847)何明勳45歲,與當地墾戶合作開通北坑到北埔的道路,九月初十新居落成,吉日良辰安置神龕祖牌,「正廳楣上盧江堂」,兩旁對聯:

---

16 何明勳口述、何德勝紀錄、何寅生整理、何石松校注:《渡臺記校注－燈前月下聽夜話》,臺北市:五南圖書出版,2015年,頁73。
17 何明勳口述、何德勝紀錄、何寅生整理、何石松校注:《渡臺記校注－燈前月下聽夜話》,臺北市:五南圖書出版,2015年,頁77－78。
18 何明勳口述、何德勝紀錄、何寅生整理、何石松校注:《渡臺記校注－燈前月下聽夜話》,臺北市:五南圖書出版,2015年,頁87。

廬山環繞戮力展開新氣象；江水縈流同心重振舊乾坤。

此時何明勳、陳秀妹生有：來勝、財勝二子；庚妹、鳳妹二女。[19]

同治三年（1864）何明勳 62 歲，陳秀妹 44 歲，正月生下八男銀勝，秀妹愛稱「吊尾槌」。至此，共十胎生下十一兒女。同年，嫁鳳妹，同時為長子來勝娶媳婦徐添妹（草山猴櫥壢徐家）。[20]

同治十一年（1872）何明勳 70 歲，十二月初六，六男雙勝 16 歲成丁時，去世。親母秀妹銜哀祭奠，祭奠文有云：

汝歲登十六已經成人，歸宗認祖，左昭稱世代，右穆載諡名。上了神龕要有香爐水碗繼承人，不向宗親內取，愛在兄弟同胞求。不論兄也弟，先得長子者，過繼雙勝為義兒，後裔熾盛，分支分釁時，家業均分，不得違背。[21]

從上述祭奠文中，看到世代相傳，長輩為未婚男子去世無後，指定由同胞兄弟之子承嗣，以繼承其香火的事例。

有關何明勳在金廣福大隘開墾的成果，在一份同治十三年（1875）總墾戶金廣福所統計的墾戶表中有紀錄，獲得驗證。此表在何明勳的欄目，田額部份記載零點三甲，備考欄注記為承墾。[22]

---

19 何明勳口述、何德勝紀錄、何寅生整理、何石松校注：《渡臺記校注－燈前月下聽夜話》，臺北市：五南圖書出版，2015 年，頁 92 － 93。
20 何明勳口述、何德勝紀錄、何寅生整理、何石松校注：《渡臺記校注－燈前月下聽夜話》，臺北市：五南圖書出版，2015 年，頁 123。
21 何明勳口述、何德勝紀錄、何寅生整理、何石松校注：《渡臺記校注－燈前月下聽夜話》，臺北市：五南圖書出版，2015 年，頁 136 － 137。
22 吳學明：《金廣福墾隘與新竹東南山區的開發（1834 － 1895）》臺灣師範大學歷史研究所專刊 14，臺北市：臺灣師範大學歷史研究所，頁 146。1986 年。

何明勳在北坑建立的何氏廬江堂，在其晚年急劇變化。光緒十九年（1893）長子何來勝57歲逝世，隔年（1894）何明勳92歲逝世，再隔年（1895），陳秀妹76歲逝世，再隔年（1996）長媳徐添妹52歲逝世。家族在經年發生長輩喪亡情境下，也就產生分家的爭議。最後家業在宗親前輩公正裁量下分八份，由來勝、財勝、德勝、福勝、文勝、雙勝（福勝長子房生承繼）、錢勝、銀勝等八房均分，各持合約分鬮書各自飛。[23] 分家之時，已是明治三十年（1897），日本據臺第三年。

臺灣光復後，何明勳後裔八房於民國45年（1956）創立「明勳親族會」，由二十五世13位兄弟共同發起，成員分別為：何乙生、何祥生、何富生、何朝穩、何房生、何房城、何俊生、何仁生、何娘生、何木生、何石在、何寅生、何煥堂等，為圖謀族人之團結而創會，為關懷手足之情而聚會。章程設有每年春、秋二會，共聚一堂。[24]

四、結論

人類藉著遷移方式增廣活動領域，亦藉著移墾事業建立家園；族群文化的發展循著這種模式，隨著拓墾者在新的環境生根、成長並開花結果。本文拓墾者何明勳在年青時候懷抱夢想，在清嘉慶年間隨著引路人從廣東嘉應州長樂縣的家鄉，到臺灣北部淡水廳竹塹地區拓墾。

何明勳在同鄉族親文叔的帶領下，乘船越過黑水溝，到今新竹縣竹北市犁頭山下同姓「廬江堂」三叔家當牧童，以後升任

23　何明勳口述、何德勝紀錄、何寅生整理、何石松校注：《渡臺記校注－燈前月下聽夜話》，臺北市：五南圖書出版，2015年，頁147－148。

24　何明勳口述、何德勝紀錄、何寅生整理、何石松校注：《渡臺記校注－燈前月下聽夜話》，臺北市：五南圖書出版，2015年，頁151－152。

長工,辛苦奮鬥20年後,於道光十八年(1838)36時,才有機會參與竹塹城外由姜秀巒主持的金廣福大隘開墾,成為墾戶,與妻子陳秀妹共同在藤寮坑、石榴山(今新竹寶石鄉北坑、草山)一邊拓墾,也同時建立家庭與華堂「廬江堂」,終其一生共孕育有8男3女。光緒二十年(1894)何明勳92歲逝世,隔年(1895),陳秀妹76歲逝世。

光緒乙未(1895)臺灣時局政權更迭,隔三年,何家也巨變分成八房,至臺灣光復以後民國45年(1955)由二十五世13位兄弟共同發起創立「明勳親族會」,定期八房聯誼至今。何明勳當時所參與墾拓的金廣福大隘屬於生番(今泰雅族、賽夏族)活動區域,因與十二隘寮的隘勇們相善,而獲得照顧,在無生番出草威脅之下,順利墾拓成功。

從上述,可以看到漢人家族小傳統的建立,是清代淡水廳治得以在番界發展的主要因素,臺灣社會的漢化不僅僅是清政府吏治的統治,番界區域漢人的拓墾亦是不可忽視的一環。由於何明勳是廣東嘉應州長樂縣的客家人,因此家園的建立,也就是客家文化生根之時。是故,臺灣社會客家聚落以桃竹苗為最多,且偏於丘陵山區之地,應與本文所例舉之拓墾者模式有所關連。

從「史蹟」見證浪漫臺 3 線人文底蘊[*]

今天講演的這個議題主要是以我們居住的臺灣客莊人文作為探索對象,從臺 3 線的北段,即是我們所稱的「中豐路」(從桃園市中壢區到台中市豐原區)為主軸的沿線客家聚落,例舉幾處客家莊尚存有的「史蹟文物」,來敘述它的歷史淵源與地方發展的人文意義。

本次例舉的客家莊「史蹟文物」,從北開始,分別是:桃園市大溪區南興庄楊纘紳家族之粟仔園祖塔中「清故姪勤善文喜楊府君之墓」碑;龍潭區三林村的「開基福德祠」、「三元宮」;新竹縣北埔鄉秀巒山的「紀念塔」;苗栗縣大湖鄉市區「羅福星昭忠祠」;台中市東勢區的「巧聖仙師祖廟」;石岡區土牛國民小學的「土牛民番地界碑」等來說明。

一、大溪南興庄粟仔園楊家祖塔的「清故姪勤善友喜楊府君之墓」碑

此墓碑位於大溪南興庄粟仔園楊纘紳家族祖塔之前庭左側,墓碑為岩石片塊,剖面正中間上刻「清故姪勤善友喜楊府君之

---

[*] 發表於明新科技大學「浪漫臺三線與客家茶道的傳播」學術研討會,2018 年 06 月 07 日。專題講演地點:明新科技大學鴻超樓一樓國際會議廳。

墓」，在其左側上款外刻有「乾隆□六年辛丑歲秋月吉旦重修」及「叔楊纘紳」等刻字，右側下款則刻有「楊歷鐸媽厚壹、貳、參、肆、伍等仝 立石」。

依據楊家族譜記載，楊纘紳是廣東省長樂（今五華）縣排岑清化鄉伏溪約鹿坑寨的客家人。生於清康熙51年（1712），原配張氏亦是同年生，但張氏卻於乾隆元年（1736）25歲時卒，生有一子（即楊歷鐸）由外婆養育。兩年後乾隆三年（1738），時年27歲到臺灣，至北路竹塹宵裡南興庄自創基業。楊友喜墓碑刻有「叔、姪」字，表明了當時兩人應該是結伴一同到臺灣移墾，然楊友喜早逝，叔輩的楊纘紳為其安葬，並於乾隆辛丑年重修其墓，新的墓碑增添兒媳周氏及孫5人之名於墓碑上。楊纘紳則在乾隆60年（1795）以84歲壽終。

楊家日後即以厚壹、厚貳、厚三、厚肆、厚伍等5人，分為五房各自傳衍；後裔主要分布在桃、竹、苗三縣市地區，臺3線部分則在大溪、龍潭、關西、芎林、峨眉等客家莊。

目前楊家有一位非常傑出、造福桑梓的楊秋忠先生（厚壹房後裔），因其對臺灣土壤、農業研究卓越且有所貢獻而聲斐國際，曾任國立中興大學副校長，更於民國98年獲得教育部終身榮譽國家講座。

二、龍潭區三林村的「開基福德祠」、「三元宮」

1. 開基福德祠

三林村原地名為馬陵埔，其「開基福德祠」是當地客家移民開發時，最初所設立的伯公信仰。祠壁有兩塊碑文，其一為「籌建三林村福德祠拜亭緣起」碑文，民國67年所立。碑文中記載「茲我三林村原名馬陵埔於民前141年（前清乾隆37年）有先賢黃慶興率眾入境開墾，同時當天奉請福德正神奉安本祠，當時附近太平山小竹坑、粗坑一帶尚有土著生番居住，每嘗出草

打家劫舍掠取人頭，村民不勝其擾，幸有福德正神顯聖，假作雞鳴驅走土番，保護村民安寧，乃後村民發生大小事故，均有求必應。——開墾完成之日公捐乾字號大小埔田20餘甲，作為福德義民祭祀之用」。

其二為「三林村福德祠重修緣起」碑文，記載：「茲我三林村福德祠、三元宮、觀音祀、王爺屋、烈士祠為本村五大古蹟，觀音祀當年設在細城，王爺屋設在石礫子，此二處現已作廢，唯今剩下三元宮、福德祠、烈士祠等三處為本村唯一古蹟，本福德祠創建於前清乾隆37年（紀元1772年）壬辰歲正月十五日由先民黃慶興、葉振旺、楊榮生等發起創建，首次用石板建造」。

2. 三元宮

三元宮之「三元宮序」碑文，記載：「我三林村原名為馬林埔，後改三角林，再易而為三林村——有先民黃慶興、葉振旺、楊榮生等於乾隆37年（民前136年）正月十五，邀眾當空邀請三官大帝、觀音佛祖、三山國王、福德正神分行奉祀，福德正神鎮本村水頭建祠安奉，三山國王鎮清水坑上公館王爺屋奉祀，觀音佛祖鎮細城楊家奉祀，三官大帝則眾善信一年一戶輪流奉祀。——迨光緒4年（民前34年）歲在戊寅，眾善信有感三官大帝輪流奉祀，不惟冒瀆神威，亦失虔敬之原旨，乃有楊清連、葉庚興、張澄生等發起募資購地——安奉三官大帝——謹涓中華民國六十一年歲次壬子十月初三日午時，恭請三官大帝登龕正座，觀音佛祖、三山國王登龕副座，以冀神愉人歡，國泰民安」。

從三林村的福德祠與三元宮的碑文，可以清楚瞭解早期原名馬林（陵）埔客家人開墾時遭遇的事情，以及之前楊纘紳家族後裔在三林村開發的事蹟，如楊榮生、楊清連等，更可以看到開墾當時向天奉請神明的方式，從觀音佛祖、三山國王各自祀奉以及三官大帝住戶輪流奉祀，到最後三尊神明合祀一廟的過程，感覺分外有趣。

三林村的開發事情,也可以從一張道光9年(1829)5月「立給墾批墾戶黃慶興」的古文書契,所記載「眾議另踏在乾字號首尾兩段埔地,歸福德爺義民祀典,通莊公用祭祀之典」的內容獲得印證。

三、北埔鄉秀巒山的「紀念塔」

1. 開拓大隘紀念碑

金廣福大隘開始於清道光15年(1835)由粵籍姜秀鑾、閩籍林德修、周邦正等,在時為淡水廳治李嗣鄴的推動之下組合「金廣福」墾號,以武裝設隘方式由隘丁守護墾民拓展,今天新竹縣北埔鄉、寶山鄉、峨眉鄉等區域,現今北埔金廣福公館就是當時拓墾組織營運總部,也是隘防的指揮中心。

2. 烈士姜紹祖先生成仁紀念碑

1895年為乙未年,由於「馬關條約」的簽定,使得清廷割讓臺灣、澎湖等地給與日本帝國,日軍依約登陸準備接受臺灣,卻遭受臺灣各地民眾組織的義勇軍與「臺灣民主國」正規軍共同聯合抵抗日軍的佔領,雙方作戰慘烈,史稱「乙未戰爭」。姜紹祖是金廣福墾首姜秀鑾後裔,年19歲,時值新婚,在義勇軍大統領吳湯興號召下,毅然決然也組織「敢字營」鄉勇參與當年7月7日新竹地區的守衛戰,不幸7月10日於枕頭山被俘,隔日吞食鴉片膏自盡,從容就義前留下一首自輓詩詞:「邊戍孤軍自一枝,九迴腸斷事可知;男兒應為國家計,豈敢偷生降敵夷」,文意浩氣凜然令人敬佩。

3. 復中興紀念碑

復中興紀念即是「北埔事件」,此事件發生在1907年(明治40年),日本據臺12年之時,由於主事者蔡清琳是廣東陸豐縣客家人,夥同另一主事者賽夏族大隘社頭目大打祿(趙明

政），不滿日人高壓統治而共同抗日，蔡清琳以密組「復中興會」鼓動北埔地區隘勇線漢人與當地原住民賽夏族人共 150 餘人，於當年 11 月 14 日深夜起事，先攻打北埔加禮山、鵝公髻、一百端、長坪頭、大窩、大平等員警分駐所，隔天上午這批起事者再攻佔北埔支廳。

這事件從內大坪到北埔，除將北埔支廳長殺死外，也將當地其他日本居民，不分男女幾乎全部殺死，總計 57 人，其中日人 56 人（內含小孩 5 人）及擔任巡查補的漢人范永錄 1 人。北埔公學校校長安部手作夫妻兩人存活，此乃安部手作正巧帶學生旅行，其妻則由工友帶到埔尾葉家躲藏而免於難。

新竹地區日方動員軍警則在 11 月 15 日下午攻入北埔，16 日續向隘勇線之番界攻擊，警視廳長大津麟平更下達三日內若未緝獲抗日者，則將北埔老少男女全數剿滅。北埔在此風聲鶴唳下，幸姜振乾奉獻萬元鉅款並由北埔公學校安部手作校長從中說項，才避開日方報復。

11 月底賽夏族頭目槍殺蔡清琳並砍下十多名義勇頭交予日軍，在臺灣總督府對原住民懷柔政策下，賽夏族頭目趙明政（大打祿）詐死避禍，其餘發起事件的抗日義軍不願牽連鄉親出降，則全部被處死在北埔大坪內豐地區的深壢刑場，三年後另一餘生日人宮川保之在這裡樹立五子碑，紀念北埔事件中在此犧牲的五個日本孩子。

四、大湖鄉市區「羅福星昭忠祠」

臺灣客籍志士羅福星（1886－1914），字東亞，號國權，祖籍廣東省嘉應州鎮平縣（今蕉嶺）高思鄉大地村。1886 年出生於印尼巴達維亞（今雅加達），週歲時隨父母遷回廣東故鄉，10 歲隨同祖父羅耀南返回印尼，就讀華僑學校，直到中學畢業。1903 年（明治 36 年）羅福星 18 歲，與祖父由印尼巴達維亞到

臺灣，於新竹廳苗栗一堡牛欄湖莊落籍，隨後寄籍於苗栗街，入學苗栗公學校就讀，至 1907 年（明治 40 年）因屆適婚年齡，乃於當年 5 月 26 日與祖父離開臺灣，返回廣東故鄉，因仰慕孫中山革命思想，旋即加入「中國同盟會」，參與 1910 年廣州起義，從其跟隨胡漢民以及率領南洋招募之民軍等事情，可以清楚看出其對革命的熱誠，及其不怕死、不愛錢的革命精神。

羅福星之教育，可以說是在其祖父用心的栽培下，分別在印尼巴達維亞與臺灣苗栗等地，接受新式教育的訓練，不僅熟悉漢文，也熟悉英、日語等外國語言，親身體驗不同國度的社會制度與文化，故其個人見識與觀點也就較甚於常人，而有自己的堅持與看法。

1912 年中華民國的建立之後，羅福星趁著這股中國革命風潮，返回日本殖民地臺灣，在臺北大稻埕、苗栗等地，組織「華民聯合會」。對當時臺灣社會人民情形，其曾自述：「親自視察臺灣社會，見現在之臺民，日陷於困苦悲慘之境遇，凡百之事之辦理，皆受其苛刻，雖小事亦受其掣肘，吸取人民之膏血，使無立腳之地，日本人之鄙視本島人猶甚於禽獸。來臺之日本人，日益增加，奪取本島人之產業，使其陷於貧困，臺民之生活僅得度日而過，所有營業，賦課徵收無餘，今若不警醒，則將來之事，誠不可測。吾客歲渡臺以來，即任鼓吹本島人民不要忘記往日國籍」。故其以此理念招募臺灣各地志士，從事推翻日人統治的革命工作。

然而，1913 年 10 月 8 日發生苗栗大湖葉水全所組織的共和黨機關敗露事件，黨員被逮捕 8 人。隨後，11 日臺灣總督府警政官署三叉河、大湖兩支廳，同時展開搜捕革命黨員之行動，逮捕黨員 11 人，起出槍械 4 支。這些地方組織突發事件，使得羅福星不得不在 14 日於臺北機關處，處理善後，特別召開秘密會議商討對策。

但臺灣總督府員警已經掌握部份黨員名冊，分由各支廳警捕尋線逮人，由於牽連黨員人數眾多，臺灣總督府為遏止臺灣本島漢人受中國革命成功推翻清朝政權之影響，採取積極有效的措施來壓制。首先，依照「臺灣總督府臨時法院條例」第一條，馬上成立「苗栗臨時法院」及「苗栗支監」等機構，進行快速審判、發監執行工作；其次，依據「匪徒刑罰令」逮捕、審判這些涉案陰謀革命黨員。

這案件是日本臺灣總督府首次以「革命意味之陰謀事件」理由，判決羅福星、謝德香、江亮能、傅清鳳、黃光樞、黃敬員等領導者死刑之例；另外涉案黨員被逮捕共有 247 人，則分別判決不同刑期。羅福星最後於 1914 年 3 月 3 日上午在臺北監獄以絞刑執行死刑。

臺灣光復後，民國 41 年（1952 年）苗栗地方人士在大湖鄉籌建「昭忠塔」、「昭忠祠」，作為安葬、紀念羅福星志士之革命精神之場所。同年，4 月 30 日中華民國總統以臺忠字第壹號褒揚令褒揚羅福星烈士，總統特派何應欽將軍代表主祭。是以，羅福星為臺灣人民革命犧牲之事跡，最後獲得官方肯定並表彰。

五、東勢區的「巧聖仙師祖廟」

東勢的發展與當地的「巧聖仙師祖廟」有密切的關係。「巧聖仙師」指的是魯班（般），古籍如《史記》稱公輸般；《墨子》有〈公輸〉篇稱公輸盤；《漢書》稱公輸班；但因為是先秦魯國人，一般以國為姓，稱為魯班。魯班善於製作精巧兵器，替楚國製造，用以攻打宋國，但在與墨子會談之後，受到感召，遂將其巧技傳授於一般工匠，造福大眾百姓生活上，由於魯班精巧的工藝技術，明、清至今，建築業中之木、瓦、石等工匠皆奉為行業守護神，稱為祖師爺。

「巧聖仙師祖廟」中前廳左側龍堵，有「先師祖廟沿革」碑

文，記載有東勢開發的事情，其文曰：「東勢巧聖仙師開基祖廟與東勢開發，是息息相關的，於乾隆35年，先民初入東勢時，由墾首鄭成鳳率匠首百餘人，進入東勢，築寮30餘戶（位於今匠寮巷），從事軍工伐木制材、拓墾，以廣東潮州大埔縣的客家人為主要班底。因工作區域生活範圍，日漸向外拓展，更因抽籐吊鹿，落單侵入番界，其間常與泰雅族山胞，發生流血衝突，時泰雅族人尚有殺人取首祭天惡習，先民時遭不測，犧牲性命，而終日惶恐不安，幾經議定，故請回大陸巧聖仙師香火令旗，供奉於制材工寮內，成為東勢第一個信仰中心，－－乃於乾隆40年（西元1775年）現址建廟奉祀至今」。

上述碑文記事，很清楚的告訴我們東勢是由清代乾隆35年（1770），初由一群廣東大埔縣客家軍工匠首先開拓的事情。是故，巧聖仙師廟內的「先師祖廟沿革」碑文記錄，是不可忽視的地方發展資料。

六、石崗區土牛國民小學的「土牛民番地界碑」

土牛、土牛溝這兩個地名，一般人較少瞭解其在歷史上的真實意義，但在地方史的研究，這個地名隱含著清代國土特殊劃分管理的故事，清楚分化臺灣原住民與漢人的界限。我們可從清乾隆55年（1790）9月由時任閩浙總督伍拉納所奏議的奏摺中，可以瞭解臺灣在清代官方如何劃定民番界址線有不同顏色的原委，其文主要內容：

> 重立界石，永禁爭越也。查臺灣地土膏腴，易於謀食，無藉民人，愈聚愈多，往往深入內山，墾越滋事。雖於乾隆十五及二十五等年兩次立碑，並於淡、彰二廳設立土牛以分界限，因閱年既久，日漸廢弛。自應遵奉部行，劃定界址，庶可束邊境而杜爭端。茲據臺灣鎮、道等請以此次清查歸屯地段為準，或抵山根，或傍坑崁，令地

方官揀用堅厚石料，豎立碑界，詳開年月地方，大書深刻。並稱存檔原圖，從前以紅、藍、紫色畫線為界，今即添畫綠線，以別新舊。臣查界外未墾埔地，既已分給屯丁耕種，丈溢田園，又歸民佃征租，各有定主，似可毋慮奸民覬覦；但杜弊必宜周密，立法尤貴嚴明，應請以此次清查歸屯地段為準，或抵山根，或傍坑崁，飭令地方官遵照部行，揀用堅厚石料，豎立界碑，詳開年月地方，大書深刻，庶界限井然，奸民不敢復萌故知，佔墾之風，自可禁絕。仍於存檔原圖內添繪綠線，以別新舊。從此番民各安其業，共樂昇平，而海疆荒僻之地，咸得被服聖教，永慶敉寧矣。（臺灣文獻第三一種，臺案彙錄甲集／卷一／閩浙總督伍拉納奏為籌議臺灣新設屯所分撥埔地事宜摺。）

　　從上述奏摺內容，使我們瞭解土牛界線在「臺灣民番界址」圖上是先劃紅線，而後乾隆25年再劃設藍線，接著在乾隆49年以紫線劃界，最後在平定林爽文亂事後，於乾隆55年劃定綠線。也就就是官方每一次重劃界線，漢人的拓墾勢力就更往中央山脈方向的內山侵移，促使「熟番」前進「生番」原住居狩獵之地，而「生番」只能固守內山深處。

　　乾隆25年藍線的立碑土牛界址，則非常幸運的保留在臺中市石岡區土牛國小校園內。此界碑有清乾隆26年（1761年）彰化知縣張世珍所立的「勘定踏地界碑記」，碑文說明瞭土牛與土牛溝的規格及官方警語，主要內容：「勘定樸仔籬處，南北計長貳佰捌拾伍丈伍尺，共堆土牛壹拾玖個，每土牛長貳丈，底闊壹丈，高捌尺，頂闊六尺。每溝長壹伍丈，闊壹丈貳尺，深陸尺，永禁人民逾越私墾」。

　　因此，我們可以從上述清楚瞭解清代土牛、土牛溝實際的長度與寬度，當時人為的一個民番界線。

七、結論

　　本次專題報告，選擇臺 3 線公路北段客庄尚保存的「史蹟文物」，透過歷史文獻研究與田野調查方式，讓我們瞭解近三百年來客莊聚落建立與客家文化生根是一件多麼不容易的事情。另外，從北埔姜紹祖紀念碑及大湖羅福星昭忠塔的兩處史蹟，讓我們看到客家青年志士的愛鄉愛國的浩然正氣。

　　此次藉者僅僅六個客家聚落的「史蹟文物」歷史背景與意義的探究，讓我們瞭解到客莊的文化底蘊是如此的豐富，令人動容。因此，我們是不是可以將「史蹟文物」定義為：「它是看得見、摸得著、聞得到，是一種可以活生生見證當地先人事蹟的歷史文物」。

參、文化比較研究篇

族群文化：異域客家民間信仰的變容
——以馬來西亞客家廟拿督公、印尼邦加島土地龍神、臺灣宜蘭三山國王為例[*]

摘要

　　人類不同時期的遷徙，不僅帶動文化的擴展，同時也引發新文化的產生。如何觀察上述遷徙文化在新異域的擴展與新文化的產生，是一件極為有趣的課題。本文藉著客家族群的遷徙分布，以客家民間信仰中的伯公、土地龍神、三山國王等三種，作為主要觀察對象。

　　本文客家族群遷徙異域地區，包含馬來西亞吉隆坡、印尼邦加島、臺灣宜蘭等。將吉隆坡客家廟的拿督公，邦加島客家廟宇的土地龍神，臺灣宜蘭的三山國王信仰類型，作為研究對象，與原鄉民間信仰做比較研究，來看其間的差異，同時解析民間信仰文化的變容現象。

　　關鍵詞：客家民間信仰、伯公、拿督公、土地龍神、三山國王、王爺、虎爺

---

[*] 發表於「2015族群文化與文化產業發展國際學術研討會」，臺灣元智大學主辦，2015年6月5日－6日。

一、前言

人類遷徙帶動文化的擴展，一般而言，移民過程中帶動自己所屬的原鄉文化，到新的移墾天地，是人類經驗法則中自然行為的表徵。然而，原鄉文化在新天地的播衍發展，卻可因環境、人口的差異而有所不同，因此文化移植議題是值得探究的。

有關漢文化移植臺灣的研究，有兩位學者研究論點受到矚目；一位是歷史學者李國祁先生，另一位是人類社會學者陳其南先生。李先生以「內地化」來說明清代臺灣吏治發展與中國各省吏治相同的趨勢，主要說明臺灣成為清朝領地後，將臺灣附屬福建省吏治，初置臺灣府下設臺灣、諸羅、鳳山等三縣，建立行政體系治理臺灣社會發展的過程。[1] 陳先生則以「土著化」解釋漢文化在臺灣社會生根成長後，與母體中國文化之差異現象。這兩種論點，對於解釋漢文化傳播到臺灣的形成原因，很有助益。[2]

本文以客家民間信仰的伯公、土地龍神、三山國王等神祇作為研究對象，初探這些客家民間信仰到了異域之後，是否有所變容，並運用前述文化移植論點來解釋變容現象。此論文所用異域之詞，所指範圍為馬來西亞、印尼邦加島及臺灣等三個地區。研究方法採歷史研究、文獻分析以及田野調查等。

二、客家原鄉伯公、土地龍神、三山國王等民間信仰

1. 梅州伯公信仰

梅州客家原鄉，民間土地神伯公信仰屬當地民眾日常生活最為親近的神明，一般稱呼「伯公」，也有稱「社官」或「彌陀

---

[1] 李國祁：〈清代臺灣社會的轉型〉，《中華學報》，臺北市：中華學報社，1978年，第5卷第3期。
[2] 陳其南：〈土著化與內地化：論清代漢人社會的發展模式〉，《中國海洋發展史論文集》，臺北市：中研院三民主義研究所，1984年。

伯公」等，源於中國古代自然信仰中的土地崇拜的所謂「封土立社」。「社官」也稱「里社真官」一般設置在水口或村口之處，壇型似墓狀。民間祭祀伯公神明的形象不一，有石雕偶像，有石碑或木牌或紅紙書寫名稱，又或一塊石頭表示。民俗上更有伯公廟配祀伯婆的現象，讓伯公伯婆成雙，專心庇佑當地百姓。[3]

臺灣北部中壢臺地湖口地區的客家人，屬於嘉應州、潮州府、惠州府移民的後裔，當地延續伯公信仰，伯公是土地神，是村內的支配者，亦是村民的指導者，村民重要的行事都會依伯公神明授意進行，諸如耕種、建造房子之前，必向伯公祭拜禱告，事後也必向伯公報告。客家村莊不管大小，都設有伯公祠，即使只有二、三戶人家，也不例外，必定祭拜。

伯公祠多設置於樹蔭下或竹叢、草叢中，設立方向由地理師決定，每個地方伯公祠祭拜的方向都不相同。傳統伯公祠有大、小之分，小的伯公祠採用地方扁平石頭，簡單築成ㄇ字型，當中有祭壇，正面的內側牆壁貼寫著「福德正神」的紅條紙，或立一尊簡易的石翁，作為伯公神明的表示，以供祭拜的對象。「福德正神」是伯公的別名。某些特殊行業，如礦業、木材業者，會在家中設置伯公神位祭拜，以保個人平安，事業順利。他們所祭拜的伯公，均是由村裏的伯公祠分香過去的。有的伯公祠，亦供奉伯婆，視同凡間有配偶。[4]

2. 道士與土地龍神

梅州民間將覡公稱為道士，道士稱為覡公，俗稱齋公，也稱覡公為火居道士，屬閭山派道士，為地方化的閭山派道教。[5] 覡

---

[3] 房學嘉、肖文評、鍾晉蘭：《客家梅州》，廣州：華南理工大學出版社，2009 年，頁 149－150。

[4] 國分直一著、林懷卿譯：《臺灣民俗學》，臺南市：莊家出版社，民國 69 年，頁 69。

[5] 房學嘉：《粵東客家生態與民俗研究》，廣州：華南理工大學出版社，

公一般是世家傳襲,傳男不傳女,法事除了做覡、好事、喜事以外,也兼做超度與趕鬼,做法事時有犀糧(甩五穀)、酒灑地、用牙咬破雞冠取血以敕符。也有穿紅衣的覡公自稱「法師」,均做清事類法事,如安龍、開光、驅邪趕鬼等,不做濟渡類的法事,做法事時掛三清神圖像,與和尚不同,可以進出民家而無顧忌。[6]

有關祖祠的牽龍儀式,牽龍即是迎龍,由覡公帶領族人前往宗族龍脈所在地,焚香禮拜後後,用法刀挖取泥土少許代表「龍神」,交族中長老迎回祖宗堂供奉於龍神位,使家財、丁興旺。另外,地方建醮,醮場的牽龍儀式,亦是由覡公進行拜請儀式,恭請東西南北中之龍,即是將石崗石龍、土方石龍、穿山過海來龍等 360 條龍都請到醮壇。隨後道士帶族人到龍脈去牽龍,將東西南北中各方的龍土各取一點即代表龍神,取其龍脈之水稱龍水。將龍神及龍水牽回祠堂,從後門進去,把龍神放於龍神位之壇,把龍水一部分淋在龍神位,一部分分發給各家各戶,讓龍神蔭澤族眾。[7]龍神位只有一處,安設在神龕底下中間位置。客家風水觀所謂「安龍轉火」均由懂道術覡公做法事來完成,儀式主要是請祖宗與神靈按序排位登上神龕,從而顯靈氣,庇佑族裔或信眾。因此,安置土地龍神為客家祖祠與廟宇之特色。

3. 三山國王

有關三山國王的信仰緣由,依據元代劉希孟《明貺廟記》:「世傳當隋時,失其甲子,以二月下旬五日,有神三人,出巾山之石穴,自稱昆季,受命於天,鎮三山(明山、獨山、巾山)托靈於玉峰之界石,因廟食焉。」,則可知這種信仰最早起源於

2008 年,頁 187。

6 房學嘉:《粵東客家生態與民俗研究》,廣州:華南理工大學出版社,2008 年,頁 183－4。

7 房學嘉:《粵東客家生態與民俗研究》,廣州:華南理工大學出版社,2008 年,頁 186。

隋代。然而，大陸學者譚其驤以為漢人移民到粵東的年代，主要在唐、宋之時，唐以前粵東地區的主人為俚族的土著。因此，大陸學者謝重光也就認為三山神祇，最初是俚族為主的粵東土著的信仰。土著把三山神祇視為山神，且認為托靈於玉峰的界石，也就將界石作為三山神祇的象徵。唐元和年間，韓愈任潮州刺史，還派人祭拜此界石之神。宋以後，三山神祇的信仰，亦為遷移粵東的客家人所接受，並附加漢人的觀念，以後三山神祇不僅能庇佑人，也成為能助王師征討有功於國家的英雄，因而受賜「國王」的封號和「明貺」廟額。三山神祇遂由單純的自然崇拜，演化與英雄崇拜相結合的三山國王神祇。

廣東潮州揭西縣河婆鎮玉峰東麓的三山國王祖廟，亦稱霖田祖廟。在當地是最大的廟宇，俗稱「大廟」，因此三山國王亦被稱為「大廟爺」。廟中供奉三山國王，其他地方又稱「明貺廟」或「公王廟」。自唐、宋建廟之後，不斷有官吏、文人前往祭祀，方志史乘多有記載，民間則流傳許多關於三山國王顯靈護國救駕，保土安民的傳說故事，使得三山國王各個神跡，以忠義、神勇的角色在民間傳誦。農曆正月十三，民俗會抬三山國王神像出遊，俗謂「迎神送煞」。三山國王壽誕儀式，各地不盡相同，如揭西縣是正月二十五；大埔為五月初四，初五；梅縣為九月初十等。[8]

三、異域客家民間信仰實況

本章主要將研究對象之田野調查實際狀況，分別敘述。至於客家族群在民間信仰變容情形的討論，留待到下一章在論述。

1. 馬來西亞吉隆坡客家廟拿督公

增江新村位於吉隆坡市的西北，距離市中心 8.5 公里，隸屬

8　房學嘉、肖文評、鍾晉蘭：《客家梅州》，廣州：華南理工大學出版社，2009 年，頁 145。

甲洞行政區，成立於 1950 年，源於當時英殖民政府發佈緊急法令時期，為了斷絕墾民與馬來西亞共產黨的關係，政府向當時「曾江園」（Jinjang Estate）橡膠園主徵收土地，改為移植區，把受馬共影響的墾民遷入此區域居住，並命名為 Jinjang new village，即是「曾江新村」由來。[9] 由於此區域為英殖民政府依法令強迫華人再遷徙之聚落，因此田野考察重點在華人族群的民間信仰，有否隨之而來、情形如何？本文舉霖田古廟、譚公廟、鳳山寺為例，作為客家土地神變容拿督公之研究對象。茲將三座廟之目前實際情形，分別敘述於後。

增江新村北區霖田古廟是三山國王廟，位於河婆街客家人居住區域。此廟主殿供奉三山國王及三山國王夫人，大殿門前左右除各安置石獅子、馬之塑像外，亦在大殿門內安置一對馬匹塑像，並加添兩位士兵塑像，各置馬旁。廟埕內部出口處右方，設置有一座紅色建築小屋，內置三座拿督公，分別為：紅衣馬來人拿督公、黑衣華人拿督公、白衣印度人拿督公。內壁牆上書寫「**拿督公大顯威靈**」，拿督公前置香爐一座，爐前擺置白色酒杯三個，爐兩旁各設供臺一座。小屋門聯為：「**嗱唐番五方財寶，督南邦萬戶安康**」。

又增江新村南區譚公廟，是間津（Ganjing）地方墾民所帶來的信仰，屬惠州、順德之客家方言群。譚公相傳姓譚名福生，13 歲得道，曾以杯水撲滅惠州城的火患。此廟有廟公，廟公能夠主持法事並唸誦經文。廟埕內部出口處左邊，亦設置有一座紅色建築小屋，內置五位唐番哪督公、由左至右分別為穿著綠紅黃白黑顏色衣服的拿督公，廟公說明是五行（金木水火土）的象徵、此種排列為：木（綠）生火（紅）、火生土（黃）、土生

9　鄒雁慧：〈馬來西亞華人新村文化景觀的變遷：增江新村之研究〉，臺北市：國立臺灣師範大學地理學系，碩士論文，民國 97 年，頁 26。

金(白)、金生水(黑)、水生木、屬五行相生意義。五個拿督公前各置酒杯一個,更在酒杯前擺置香爐一座。小屋門聯為:「哪來百富家家賜,督保萬民戶戶安」。

另增江新村北區鳳山寺,主要供奉廣澤尊王,香火旺盛,信徒屬福建閩南方言。鳳山寺右側為福德祠,內置福德正神一座,神龕下設置虎爺,左側放置一隻立姿白色黑條斑紋張口老虎;右側則放置三隻坐姿連座小老虎。福德正神左側,置有小尊神像三座;右側則安置頭戴高帽上書「一見發財」,黑長髮撥兩邊,口吐長舌,身穿白衣,右手居高執扇,左手握抓條錘,如城隍廟之謝將軍造型之神像。福德正神後牆內壁兩邊對聯為:「福賜誠信人,德神佑萬民」,橫軸書「福德正神」。

2. 印尼邦加島客家土地龍神

印尼邦加島的面積為 11,910 平方米,早期全島遍地埋藏著優質錫礦砂,錫礦在荷蘭殖民時期,雇用華工大量開採而竭盡,原本眾多華工也因失業而遷徙他處。當地華人稱為「八港」的邦加島檳港、烈港、勿里洋、文島、高木、沙橫、流石、楠榜等八個重要市鎮,當初就是由中國人聚居開發成功的。至今邦加島依然有一百個以上完全由華人聚居的村落,保存中國人勤儉的生活風俗習慣,其住宅大門,依然有張貼對聯,屋中設有祖宗神位。[10]

1965 年印尼蘇哈托(Soeharto)政府採取對華文教育嚴格管制政策,隔年,封閉所有華文學校,強迫華人學習印尼語文,使得華文教育中斷,至 1999 年瓦希德(Abdurrahman Wahid)政府執政,才開放華文教育,但印尼華文教育已經造成斷層現象。邦加島目前華人已與當地土人融合生活。邦加島氣候濕潤,土地肥沃,適合種植經濟作物如胡椒、橡膠等。

---

10 何良泉:〈印尼邦加島(PULAU BANGKA)華人的點點滴滴〉,《2011 中印尼文經協會年刊》,臺北市:中印尼文化經濟協會,民國 100 年。

本文田調邦加島列港市之嘉拉禾村是客家人聚集的聚落,講四縣腔,生活已經與當地文化融合,當地客家人講客家話時會有參雜當地土話的習慣。此村落於1973年7月15日新建一座太伯公太伯婆廟,作為存續客家傳統民間信仰,供村人祭拜並獲得神明庇佑之用。

有關嘉拉禾村太伯公太伯婆廟管理委員會,組織與成員如後:主席:陳丁財,付:李榮華,財政:黃王標,顧問:曾南俊,文書:鄧碧托,監察:吳海南,幹事主任:黃金坤,組員:吳南雄、李財瑞、李南記、黃王尾、黃王倫、陳和利、黃水軍。

此廟的神明安置與相關設置如後:主殿供奉太伯公神像一座,神像兩邊對聯:「伯德威靈保平安,公恩顯赫扶百福」,橫軸書:「威靈顯赫」,神龕下設有福德土地之神位,碑面中間為;「福德土地之神位」,兩旁對聯為:「福興土並厚,德配地無疆」;鐘鼓架置於太伯公神座之右側;側殿供奉太伯婆神像一座,神像兩邊對聯:「伯德巍峨千古仰,婆恩浩蕩萬載興」,橫軸書:「神恩拱照」,神龕下亦設有福德土地之神位,其碑面文字與前例相同;左側偏殿安置觀音菩薩,神龕下亦設有福德土地之神位,其碑面文字與前例相同;右側偏殿安置劉關張三結義神像,神像兩邊對聯:「忠同日月義同天,義扶西蜀心在漢」,橫軸書:「扶漢護民」,神龕下亦設有福德土地之神位,其碑面文字與前例相同;廟堂內部左側安置孔老夫子像一座,兩邊對聯:「孔聖斯文傳天下,先師大道合人天」,橫軸書:「孔老夫子」;廟堂內部右側安置當年太歲爺爺神座,牌位上書:「昊天金剛玉皇大帝當年太歲爺爺同神位」,前置香爐一座,爐面上書「金玉滿堂」,兩邊對聯:「金爐不斷千年火,玉燭長明萬壽燈」;正殿大門左右外牆,各繪製武將門神一尊;廟前左右各安置石獅子,共一對;廟前建一亭內置天官賜福之香爐一座;廟門對聯:「福如東海民康泰,德配南山萬載興」,門楣上書:「福德祠」,更再屋頂重簷之處,安置「萬德殿」名稱。

3. 臺灣宜蘭地區三山國王廟

宜蘭地區清代嘉慶年間納入吏治，設置官府治理，過程簡述於後：

> 清嘉慶 15 年（1810 年），總督方維甸到臺灣，行至艋舺時，有噶瑪蘭番土目包阿里率噶里阿完等社番迎見，呈送戶口清冊，遵制薙髮，請入版圖並請設立通事，以免熟番侵凌。又有民人何續等呈請已墾田地，照則升科，設官彈壓，分定地界。噶瑪蘭入籍之事乃定。
>
> 隨後，總兵武隆阿、知府楊廷理勘查，當時人口漳人四萬二千五百餘丁，泉人二百五十餘丁，粵人一百餘丁，熟番五社九百九十餘丁，歸化生番三十三社四千五百餘丁。
>
> 當時移墾狀況，噶瑪蘭濁水大溪故道之北盡為漳人開墾十之七八，故道之南系泉人、粵人開墾。又有岸裡社、阿里史社、阿束社、東螺社、牛罵頭社熟番遷居其中，荒埔尚未全墾。[11]

是故，開始之時墾民即以漳、泉、粵三籍人合作為之。漳人為多數，泉粵之人為少數；若泉粵人數相較，粵人又為人少。因此，歷史文化的發展上，理當漳泉兩籍的閩南文化，全面的具有優勢的領導地位才是。

另外，此地區清代所創建的三山國王廟有 8 座，分別是；員山鄉同樂村鎮安廟於清咸豐年間創建、員山鄉永和村碧仙宮於清光緒 8 年遷建、員山鄉永和村永廣廟於清同治年間創建、冬山鄉廣興村廣安宮於清同治 11 年創建、冬山鄉東城村鎮安廟於清咸豐 11 年創建、冬山鄉鹿埔村鎮安宮於清同治元年、冬山鄉

---

11 姚瑩：《東槎紀略》，臺灣文獻叢刊第 7 種，臺灣銀行經濟研究室編印，民國 46 年，頁 75－76。

得安村得安振安宮相傳清代創建、冬山鄉大興振安宮於清道光初創建。[12] 這 8 處三山國王宮廟的分布，符合前面提到的三籍人在蘭陽平原地區的開發歷史，在靠山設隘的區域以及溪南冬山鄉的開發，均是清代之時，粵籍人主要的移墾區域。

因此，粵籍潮、惠、嘉應州等地的原鄉地方守護神——三山國王，自然也就隨著鄉民被帶到蘭陽平原新墾區，作為庇佑的神靈，而被供奉。

目前蘭陽地區三山國王廟有 30 座以上，其中扣除清代時期創建的 8 座，其餘的三山國王廟則是日據時期及臺灣光復以後才興建成立的宮廟。當地民間三山國王廟數量，可說是臺灣地區最為密集的地區，其中冬山鄉大興振安宮不僅是「臺灣三山國王宮廟聯誼會」中 133 間宮廟的魁首，也是分香眾多的廟宇。此廟每年農曆二月二五日為二王明山國王祭典，七月二五日為三王獨山國王的祭典，八月二八日為大王巾山國王的祭典。另外，三山國王的立聖千秋日期為二月二五日。因此，每年舉行三次祭典，並舉行踩踏火盆活動。當地民間對三山國王的稱呼，除用原稱外，也俗稱為「王爺公」。

此外，蘭陽地區的三山國王廟，會在主殿的神龕下，安置虎爺，呈現蘭陽地區漳州人民間信仰的特色。此種民俗，如同臺北市士林區芝山岩惠濟宮之開漳聖王神龕下，安置虎爺，供信眾祈福解厄一般。

四、異域客家民間信仰變容討論

1. 馬來西亞吉隆坡客家廟土地神的變容

吉隆坡市行政區劃分 11 區，增江新村隸屬甲洞（Kepong）行政區，位於吉隆坡市中心的西北方向，是馬來西亞新村中最

12　參考仇德哉：《臺灣廟神傳》，斗六：信通書局，頁 474－476。

大的英殖民政府迫遷的華人新村。本次田野調查即是在鄒雁慧校友[13]的引導下,做當地客家聚落廟宇實地考察。

拿督公(Na Tok Kong)是馬來西亞當地一個混合馬來人原始泛靈崇拜,印度人信仰及華人民間信仰的大眾民俗神祇,在增江新村的客家三山國王廟、譚公廟的廟埕,均有設置一座紅色小屋供奉。拿督公的性質,類似華人的土地神,具有地界鬼靈的威力,可以庇佑當地人,成為地界範圍內的保護神。[14]

拿督(Dato)一詞是馬來語的一種尊稱,通常稱長者、內外祖父,以及統治者蘇丹給與有功臣民的封勳。但在民俗信仰上「拿督」尊號帶有避諱的意涵,廣泛適用於尊稱各種可能降威致災或賜福助人的靈界神祇。[15]

增江新村北區霖田古廟(三山國王廟),廟埕內設置有一座紅色建築小屋,內置三座拿督公,分別為:紅衣馬來人拿督公、黑衣華人拿督公、白衣印度人拿督公。內壁牆上書寫「**拿督公大顯威靈**」,小屋門聯為:「*嗱唐番五方財寶,督南邦萬戶安康*」。另增江新村南區譚公廟,廟埕內亦設置有一座紅色建築小屋,內置五位唐番哪督公,由左至右分別為穿著綠紅黃白黑顏色衣服的拿督公,廟公說明是五行(金木水火土)的象徵,此種排列為:木(綠)生火(紅),火生土(黃),土生金(白),金生水(黑),水生木,屬五行相生意義。小屋門聯為:「*哪來百富家家賜,督保萬民戶戶安*」。兩處客家廟,均未看到設置土地伯公神明。

同是增江新村北區鳳山寺的閩南廟,廟內神明擺置與臺灣相

13　鄒雁慧是當地客家人,也是當地華文中學的老師,2008 年畢業於國立臺灣師範大學地理學系研究所,獲得碩士學位,論文為〈馬來西亞華人新村文化景觀的變遷:增江新村之研究〉。

14　梅井:《馬來人風俗》,吉隆坡:馬來亞文化協會,1957 年,頁 167。

15　王琛發:〈信仰的移植、詮釋與演變:馬來西亞華人拿督公崇拜的當前觀察〉,孝恩文化,2012 年。

同閩南廟一般，在廟埕設置福德祠供奉福德正神，而未設置當地拿督公。增江新村中客家與閩南兩族群的廟宇，在拿督公與福德祠的設置上，有明顯的差異，值得探究。

王琛發的華人祭祀拿督公的看法，認為18到19世紀初期，到南洋的華人對異鄉的危機與災難會有不測感覺，當與異民族接觸時，自然會把彼此的關係投射在對方神明身上，華人對拿督公的印象就是如此建構出來的。[16] 此種說法未能周延，因為上述增江新村的鳳山寺承閩南族群民間信仰傳統，只設福德正神，作為當地華人居住土地的保護神。明顯地未接納馬來西亞在地的土地保護神祇拿督公。

個人的看法增江新村兩處客家廟未安置伯公，而設置拿督公，主要是客家族群已經認同當地，對於已經移民兩三代的客家族群而言，家族能夠落地生根，在地化是最為重要的事情。因此，客家廟一方面保持原鄉神祇的主要信仰，如三山國王、譚公，安置在主殿供客家族群祭祀，作為傳承祖先民間信仰文化；另一方面，則安置當地土地神靈拿督公，作為在當地安身立命家園的守護神。這符合所謂「土著化」的文化移植解釋，並顯現客家民間信仰的傳播，可以隨著異域社會環境因素，而有所變容。

2. 印尼邦加島土地龍神的變容

邦加島當地客屬公會鄒霖財會長，是屬梅州移民此地第二代，熟悉當地客家族群事務，且熱心公益。本次田野調查即是在鄒會長的引導下，做客家聚落廟宇實地考察。

邦加島客家廟宇的建築與神明安置部分，均與原鄉或臺灣客家聚落相同，唯獨當地列港市之嘉拉禾村的萬德殿福德祠，廟內的神龕下土地龍神的安置，有所不同。正殿的伯公、伯婆神龕下

---

16 王琛發：〈馬來西亞華人民間信仰中的外族神鬼祭祀〉，《人文雜誌》第10期，吉隆玻：華社研究中心，2001年，頁20－35。

設置有土地龍神，偏殿的觀世音菩薩與劉關張三結義神龕下亦設置土地龍神，總計四處土地龍神，此種方式與原鄉、臺灣客家在土地龍神安置僅為一處有所不同。此地做法，為何如此安置，值得探究。

鄒霖財會長亦是濱港關帝廟管理委員會委員，據其告知，由於當地華人對於傳統擇日運勢風水吉凶等甚不了解，且缺乏專人，因此他常藉出國經過香港機會，購買香港蔡伯勵編的《廣經堂通勝：包羅萬象》書籍回來，放置在關帝廟裏，供眾信自行參閱。

由此可知，當地行政首府濱港市著名華人信仰關帝廟尚且如此，列港市嘉拉禾村的客家聚落在興建萬德殿福德祠之時，也可能因蓋廟者，亦或該廟管理委員會成員，均不懂客家風水土地龍神的安置儀式，也就大膽的仿照關帝廟裏神龕下有兩處的土地龍神的安置方式（一處在正殿關帝神龕下設五方土地公神位，另一處在伯公神龕下設土地龍神），因此在興建福德祠時所安置伯公、伯婆、觀世音菩薩、劉關張三結義等神龕下，也就個別設置有土地龍神，總計四處。

列港市嘉拉禾村的萬德殿福德祠，土地龍神分別依神座設置的現象，簡單的推測，應該是原鄉客家民間信仰及風水觀在當地已經斷層所致。形成斷層原因，除了當地沒有原鄉傳統覡公（道士）之專業人員外，尚有印尼政府蘇哈托總統排華政策，雷厲風行結果，導致當地華人文化嚴重斷層。當地華人因民俗認知不深，而不知客家風水土地龍神安置儀式，嘉拉禾村當地客家人士藉由自由心證方式，也就產生目前的結果。此種事例，說明客家民間信仰及風水觀，在異域的傳播存有變容的事實。

3. 三山國王信仰在臺灣宜蘭地區的變容現象

蘭陽地區民間對於三山國王在世俗社會所具有神靈功能的看

法是；以為大王巾山國王擅長醫理及日理，二王明山國王擅長地理、風水以及民宅，三王獨山國王擅長驅邪及押煞。另有一說：大王公是地理師、二王公是藥師、三王公具陰陽面經常到地府走動，可以圓滿解決人間與地府的業障糾纏。簡而言之，當地民間信仰已將三山國王轉化成為閩南的「王爺」，富予大王、二王、三王等不同的王爺功能，解決信眾的乞求。同時，當地也將漳州人祭祀開漳聖王神龕下虎爺，同樣安置在三山國王神龕下。

綜合上述當地民間做法，可以說蘭陽地區的三山國王雖然源於客家原鄉的三山國王信仰，但民眾雜以閩南王爺信仰的成分，而受到供奉，此時當地閩南族群對於三山國王信仰的認同，已經有別於客家原鄉三山國王信仰。

清代臺灣移墾社會文化的發展，是將漢人的生活方式與原鄉的社會與組織，帶到墾地來，在臺灣形成與大陸相同的文化模式；同時，也對臺灣原住民產生影響，使其逐漸漢化認同中華文化。這種「內地化」的理論，是可以解釋臺灣早期移墾社會中民間信仰的發展與形成。

但是，若以宜蘭地區三山國王信仰的形成與發展為例子，單獨採用「內地化」的解釋是無法周延，因為，三山國王信仰在清代以後的宜蘭地區興起的問題，以及客家人原鄉守護神成為非客家人的一般民間信仰的問題，無法解決。顯然，若要進一層瞭解，應該考慮其它的因素。因此「土著化」的理論，也就成為提供三山國王宮廟增多現象的解釋理由。

「土著化」簡言之，是指漢人社會在地緣意識上認同臺灣的過程中所呈現於當地穩定社會的文化，亦即是漢人社會越是歷史悠久而社會越是穩定，就越傾向於以本地的地緣和宗族關係為社會群體的構成法則；越是不穩定的移民社會或邊疆社會，越傾向於以祖籍地緣或移殖性的宗族為人群認同標準。三山國王信仰的神祇，在宜蘭地區又被民間稱為「王爺公」，同時三

山國王廟神龕下又安置虎爺,此即是「土著化」的證明。

五、結論

　　客家原鄉民間信仰,如伯公、土地龍神、三山國王等神祇,均有深層文化為底蘊,受到客家族群世代傳承,成為人文社會生活的一部分。客家人自清代初期即開始從原鄉離開,到異域謀生,甚至在異域落地生根。在客家移民過程中,可以看到客家文化移植現象,其中民間信仰最為顯著。

　　清代臺灣可以看到閩西汀州傳來的定光古佛信仰;粵東嘉應州傳來的慚愧祖師信仰;以及潮惠兩府傳來的三山國王信仰。原鄉客家風水土地龍神,也隨著客家圍龍屋的建築,被安置在廳堂神龕之下;客家伯公信仰,更在臺灣客家聚落、鄉間田園,隨處可以見到。

　　然而,客家人在異域的發展也受到當地社會人文的影響,從本文探究的馬來西亞增江新村客家廟的拿督公安置,印尼邦加島列港市嘉拉禾村萬德殿福德祠神龕下土地龍神的安置,以及臺灣宜蘭地區三山國王廟虎爺的安置等,這三地區的客家聚落實際狀況,不僅可以印證文化移植「土著化」理論,同時也顯示客家民間信仰會隨著異域環境與人文因素的影響,而有變容的結果,呈現出當地客家民間信仰有別於客家原鄉的特色。

參考書目

姚　瑩：《東槎紀略》，臺灣文獻叢刊第 7 種，臺灣銀行經濟研究室編印，民國 46 年。

仇德哉：《臺灣廟神傳》，斗六：信通書局，民國 74 年。

梅　井：《馬來人風俗》，吉隆坡：馬來亞文化協會，1957 年。

尹榮芳：《社與中國上古神話》，上海：上海古籍出版社，2012 年。

國分直一著、林懷卿譯：《臺灣民俗學》，臺南市：莊家出版社，民國 69 年。

王志宇：《寺廟與村落：臺灣漢人社會的歷史文化觀察》，臺北市：文津出版社，2008 年。

王建旺：《臺灣的土地公》，臺北縣：遠足文化出版社，2003 年。

王建旺：《護鄉佑民、萬載香火：臺灣土地神信仰及其造像藝術》，桃園市：桃園縣文化中心，1998 年。

朱傑勤：《東南亞華僑史》，北京：中華書局，2008 年。

李恩涵：《東南亞華人史》，臺北市：五南圖書出版社，2003 年。

房學嘉：《粵東客家生態與民俗研究》，廣州：華南理工大學出版社，2008 年。

房學嘉、肖文評、鍾晉蘭：《客家梅州》，廣州：華南理工大學出版社，2009 年。

鄒雁慧：〈馬來西亞華人新村文化景觀的變遷：增江新村之研究〉，臺北市：國立臺灣師範大學地理學系，碩士論文，民國 97 年。

吳詩興：〈福德正神的傳說與信仰研究：以馬來西亞華人社會為例〉，臺北市：國立政治大學中國文學系，碩士論文，民國 102 年。

利亮時：〈新加坡客家信仰習俗：以望海大伯公廟和客家坟山為例〉，《新加坡客家》，桂林：廣西師範大學出版社，2007 年。

潘朝陽：〈土地崇拜的空間示意與景觀詮釋：以苗栗地區的土地公祠為例〉《臺灣漢人通俗宗教的空間與環境詮釋》，廈門：廈門大學出版社，2008 年。

何良泉：〈印尼邦加島（PULAU BANGKA）華人的點點滴滴〉，《2011 中印尼文經協會年刊》，臺北市：中印尼文化經濟協會，民國 100 年。

李國祁：〈清代臺灣社會的轉型〉，《中華學報》，臺北市：中華學報社，1978 年，第 5 卷第 3 期。

陳其南：〈土著化與內地化：論清代漢人社會的發展模式〉，《中國海洋發展史論文集》，臺北市：中研院三民主義研究所，1984 年。

王琛發：〈信仰的移植、詮釋與演變：馬來西亞華人拿督公崇拜的當前觀察〉，孝恩文化，2012 年。

王琛發：〈馬來西亞華人民間信仰中的外族神鬼祭祀〉，《人文雜誌》第 10 期，吉隆坡：華社研究中心，2001 年。

從客家宅院檢視儒家文化的傳承與實踐
―――以梅縣丙村溫家、屏東佳冬蕭宅、新竹新埔劉宅為例[*]

摘要

　　本文主要以客家三座具有歷史代表性的宅院為例,基於文化人類學、歷史學、建築學的概念,就其地理、文化、建築以及家族發展等因素,以比較研究方法進行研究,主要探討客家人居處的宅院適否蘊藏儒家文化,又客家家族在平日生活,除了以拜師入學的方式學習儒學之外,如何運用其他方式將儒學寓教於生活之中。因此,本文從宅院「廳下」的空間規畫、運用以及楹聯文字意涵等實際情形,作為連結客家人在日常生活中對儒家思想的傳承與實踐的解釋。

　　客家宅院的取樣條件,以在地方具有代表性的家族宅院為原則,再佐以歷史因素的考量。因此,選擇廣東梅縣丙村溫家、臺灣北部新竹新埔劉宅以及南部的屏東佳冬蕭宅三處為例。

　　歷史縱深,丙村溫家於1558年起建立至今,新竹新埔劉宅

---

[*] 發表於 2004.5.25-26,「東亞客家文化圈中的儒學與教育:比較的視野學術討論會」,臺灣大學東亞文明研究中心主辦。

為1781年建立至今,屏東佳冬蕭宅則為1860年建立至今。三宅院不同的先祖,在不同時代、不同地方,修建宅院做為家人休憩居住之所,儘管三座宅院無所關連,但三座宅院還是具有共通性,這種共通性與其他族群之宅院有所不同,是屬於客家人宅院的特殊表徵,珍貴的在這特殊表徵中所蘊藏鮮明的儒家文化內涵。

關鍵詞:客家祠堂、客家宅院、梅縣丙村溫家、屏東佳冬蕭宅、新竹新埔劉宅

一、前言

　　有關客家文化議題的研究，是國內外學術會議近些年來興起的學術研究重點範圍。在諸多客家議題的研究論文中，呈現客家文化傳承的主要因素，是有賴於客家宗族世代接續傳衍所致，客家文化中諸如客家宅院中的圍龍屋、土樓、方樓等的建築；或者客家民間信仰與風俗；或者客家生活、飲食文化的差異；甚至客家族群意識的形成問題等，這些都與客家宗族的累代傳承有著密切的關連。宗族在於客家不僅是一種血緣關係的凝聚力量、也是週遭社會中競爭、生存賴以憑藉的勢力，更是客家文化得以持續不斷傳衍的場所。

　　羅伯・雷德菲爾（Robert Redfield）在其《鄉民社會和文化》一書中以大傳統（great tradition）與小傳統（little tradition）的概念，對於社會結構中文化層次互動與傳承，作了清楚的說明。這種分析方式套用在中國社會也可以適切的將中國人的生活思想與日常行為劃分成兩部分；大傳統指的是士大夫階層，他們是理想社會典型的遵奉者。小傳統指的是泛泛大眾平民階層，他們也想努力實行一些社會典範，但礙於實際情境不得不謀求變通之法，去達成理想的社會典範。[1] 本文擬依據陳祥水探究雷德菲爾探討社會結構中文化延續的大、小傳統的論點，解析中國社會結構的看法，來探討客家宅院（小傳統）中如何實踐與傳衍儒家思想（大傳統）。

　　另外，錢杭《中國宗族制度新探》一書中，對於中國宗族的研究，不僅認同宗族是一種將同姓同宗的人們依照某種法則連接起來的人類親屬集團，宗族還成為一種文化，一種生活方式。對於宗族內涵的意義，進一步以為宗族是具有可以証明的血緣性、可追溯的系譜性及不可知的先驗性，而最重要的是可體驗的歷史

---

[1] 陳祥水：〈中國社會結構與祖先崇拜〉，中華文化復興月刊，第 11 卷第 6 期，頁 32。

性,這也就是宗族最能令人感到充分和滿意的「本體性」意義。[2]因此,對於客家族群中如何傳承儒家思想的問題,除了以拜師入學的方式之外,是否還有其他可以用來學習的方式,感到興趣。基於「可體驗的歷史性」理由,本文擬從篩選出的三處客家宅院為例,從宗族居處的宅院中探討儒家思想如何蘊藏?如何落實?最後將儒學觀念寓教於生活之中。

是故,本文從宅院「廳下」的空間規畫、運用以及楹聯文字意涵等實際情形,作為連結客家人在日常生活中對儒家思想的傳承與實踐的解釋。客家宅院的取樣條件,以在地方具有代表性的家族宅院為原則,再佐以歷史因素的考量。因此,選擇廣東梅縣丙村溫家仁厚祠圍龍屋、臺灣北部新竹新埔劉宅以及南部的屏東佳冬蕭宅三處為例。研究方法主要基於文化人類學、歷史學、建築學的概念,就其地理、文化、建築以及家族發展等因素,以比較研究方法進行研究。

二、溫家、蕭宅、劉宅的歷史與傳衍

宅院建築與人類文化有何關連?建築學者徐明福對這個問題的解釋;以為民宅不僅是人的小宇宙,也是人自我世界得以實現的空間,更是人類所構築的最基本建築。世界各地存在著許多不同類型的民宅,它們之間呈現出令人驚嘆的差異,這些差異就社會文化意義而言,即是構成該民宅的主要特色,而這種特色也就是民宅的傳統性。[3]這種說法作者頗為贊同,因此以為觀察相同族群在不同時空建築的宅院,不僅可以發掘其共通性的特色,也可以作為這個族群傳統社會文化的表徵。

作者近些年曾經探訪過臺灣地區以及大陸原鄉(粵東、閩

---

2 錢杭:《中國宗族制度新探》,香港:中華書局,1994 年,頁 46。
3 徐明福:《臺灣傳統民宅及其地方性史料之研究》,臺北:胡氏圖書出版,民國 82 年,頁 7。

南、閩西）地區一些著名的宅院，各具特色。然而，為方便本文研究進行，以化繁為簡及宅院曾經個案研究的原則，篩選出廣東梅縣丙村溫家仁厚祠圍龍屋、臺灣北部新竹新埔上枋寮劉宅以及南部的屏東佳冬蕭宅三處，作為主要研究事例。這三處宅院目前在當地均頗富聲名，同時其宗族勢力也受地方人士的重視。

在宅院建築歷史縱深方面；丙村溫家仁厚祠圍龍屋於1558年起建立至今，新竹新埔劉宅為1781年建立至今，屏東佳冬蕭宅則為1860年建立至今。三宅院中，丙村溫家屬於客家原鄉的建築，其他的佳冬蕭宅與新埔劉宅則是屬於清代臺灣移墾的客家建築，分別在臺灣的南、北兩地。儘管三座宅院無所關連，但三座宅院還是具有客家族群的共通性，這種共通性與其他族群之宅院有所不同，是屬於客家人宅院的特殊表徵，而這特殊表徵中卻蘊藏著鮮明的儒家文化內涵。因此，各宅院各自不同的先祖，在不同時代、不同地方，基於相同理念，修築宅院做為家人休憩居住之所。茲將三處宅院的歷史沿革，分別說明於後：

1. 廣東梅縣丙村溫家仁厚祠圍龍屋的歷史沿革

廣東梅縣丙村溫家仁厚祠是一座宗祠與住宅合一的客家圍龍屋建築，計有四進三堂八橫四圍，龐大無比。此圍龍屋建築是分數次建築而成，初建時間約在1558年，始於十二世祖仁厚公，至今已傳到第二九世，前後跨越十八世代約四百多年。然而，溫家世代傳衍情況，如同近代以來中國地區其他家族所遭受的狀況一樣，因為中國政局變動的因素而無法維持傳統的生活方式。溫家宅院內部曾經有過30多年的變動，直至1980年的農曆除夕，溫家族人在其仁厚祠舉行祖宗神牌重新升座慶典，始重新恢復原本傳統祖先祭祀的活動。

溫家族人每逢年節都要在堂屋舉行集體祭拜活動，每年進行春秋兩祭，分別由各房祭祀近代祖先，若干年則聯宗祭祀遠祖一次。每年除夕當天除了舉行統一祭祖活動外，又於除夕子時專門

祭拜十一世齋婆太，全族子孫集中於祖宗堂專門祭拜，並於年初一舉族吃齋。這種方式傳襲已久被視為族規，族人不敢逾越。[4]

丙村溫家仁厚祠圍龍屋建築位置，是坐西北朝東南。圍龍屋的正中即是祠堂，俗稱仁厚堂，也稱祖宗堂，分上、中、下三廳（堂）。廳堂兩廂還有四個南北廳與四八個房間。堂屋左右共有八列橫屋，每一橫屋又分為三段，每段有五個房間，八橫共有一二〇個房間。正堂後面是半圓形的建屋，俗稱圍屋，居中間者稱為圍龍間或圍龍廳。全屋共有四圍，其中三圍是原有建築，第四圍是今人陸續加建的部分，全屋共有三九八個房間。圍屋下堂的正中為大門，門外有門坪（禾埕），門坪外有照牆，照牆外是半月形池塘。[5]（參考附件一）

整座屋面隨著地形的升高起伏的變化，從第一座的門堂逐漸往後拉高，形成一層次分明的空間體系，將傳統內尊外卑的空間意義表露無遺。

2. 屏東佳冬蕭宅歷史沿革

佳冬蕭宅位於屏東縣佳冬鄉佳冬村溝渚路 1 號，目前受文化資產保存法的保護，於民國 74 年 11 月 27 日公告為第三級古蹟。

蕭宅是臺灣除板橋林本源家宅外，少見的五落大宅院。初建於清咸豐年間。蕭宅空間佈局是回字形圍攏式的格局，有五進堂屋和四個內埕，左右對稱，中央軸心明顯。整座屋面隨著地形的升高起伏的變化，從第一座的門堂逐漸往後拉高，形成一層次分明的空間體系，將傳統內尊外卑的空間意義表露無遺。另外，蕭宅內部陳設簡單，色彩以朱、黑為主。屋脊全為馬背型，房間門口掛竹簾等，都是高屏一帶客家住宅的特色與習慣。

---

4 謝劍、房學嘉：《圍不住的圍龍屋》，廣東市花城出版社，2002 年 2 月第一版，頁 62－64。

5 同上書，頁 50－51。

蕭氏祖籍廣東潮州府嘉應州石寮都龍牙鄉，以梅軒號五十郎公為其肇基始祖，至十九世蕭達海渡海來臺。蕭達海渡海來臺，在往來旅次中，最後不幸失事於「黑水溝」而下落不明。其子清華（二十世南斗公）遂離鄉前來臺南尋父，其後於軍中襄助當時駐紮大響營之營官李光將軍撫番並開拓恆春車城枋山等地，因而知名並致富。清華有二子，一名蕭啟明，承襲父職任職軍中，另一名蕭光明，成父志經營米穀生意，由佳冬以船載運至臺南出售，光明善經商貿易，獲利頗多。[6]

清末光緒 21 年（1895）臺灣因馬關條約割讓予日本，遭受全臺居民反對，臺灣各地居民紛紛組織義勇軍反抗日軍的接收，蕭光明當時曾率眾抵抗自枋寮登陸的日軍，以後退守蕭宅「步月樓」，激戰中損毀了許多蕭家典藏的重要文件、藏書與寶物。蕭光明子世祥（贊堯）則於戰後返回廣東老家並參加鄉試中舉人，將其子取名恩鄉，譜系二三世的恩鄉以後赴日本東京習醫，日據時期曾任臺灣總督府評議會員及佳冬庄庄長，臺灣光復後出任佳冬鄉鄉長。恩鄉子蕭福應亦曾留日，於民國 49 年擔任佳冬鄉鄉長。[7]

蕭宅初建於咸豐 10 年（1860）以後，為蕭清華及其子啟明至佳冬之時。當時營建今之第二、三、四堂部分，及左右橫屋、馬鹿廄、染房等。隨後，蕭光明因設「蕭協興號」在東港、佳冬一帶從事商業活動，經商致富，遂於光緒初購買陳氏人家土地，請唐山師傅負責營建第一堂及左右橫屋，光緒 6 年（1880）建第五堂。建材則取自大陸，先以船運至臺南安平港，再轉運至東港，然後用牛車運送到下六根庄，運輸過程既繁且緩，所以蕭宅大院經過一段很長的時間才完成第一至第五堂的空間規模。

6　鍾壬壽著：《六堆客家鄉土誌》，屏東內埔：常青出版社，民國 62 年 9 月，頁 182。

7　米復國：《第三級古蹟佳冬蕭宅之調查與修復計畫》，屏東：屏東縣政府，1994 年，頁 14－15。

其中第三堂中供奉天地君親師、井灶龍君、福德正神之神位，這種擺設方式自大陸原鄉移植而來，在臺灣則罕見。[8] 日據時期，蕭光明始將居住在臺南的家族遷居於此。[9]

蕭宅於昭和 4 年（1929）將馬鹿廄改建三層西式洋樓，再於昭和 12 年（1937）修建受颱風毀壞的第一、三堂，原土磚牆改為磚造建築，並修補屋頂。由於蕭宅為臺灣僅存的五堂大屋，採雙回字形式，建構並成一完整封閉防禦的圍龍屋，可為客家傳統建築的代表，內政部乃於民國 74 年列為臺閩地區第三級古蹟。（參考附件二、三）

3. 新竹新埔上枋寮劉宅歷史沿革

新埔上枋寮劉宅位於新竹縣新埔鎮上寮里 238 號，目前也受文化資產保存法的保護，於民國 74 年 8 月公告為第三級古蹟。

新埔上枋寮劉家來臺之始，為第十一世祖劉瑞閣之妻詹氏，其於乾隆 20 年（1755）攜劉延轉、劉延臼、劉延楹等三個兒子，由廣東饒平縣楊康鄉渡海來臺，初暫居於鹽水港（新竹香山）一帶，以後長子劉延轉於上枋寮開基立業，於清乾隆 46 年（1781）仿照原鄉興建一座四合院，當時建築僅以土墡築牆，茅草鋪頂，只有前後二進建築部分較為考究，由於宅院分前、後堂，故又名「雙堂屋」。以後，劉宅分別於同治元年（1862）、日據大正 8 年（1919）、民國 73 年等時間，分別進行修建工程，迄今已有二百年以上的歷史。內政部於民國 74 年，將上枋寮劉宅因宅院規模龐大、形貌古樸、且兼具三合院與四合院配置精神的合院住宅，以堪稱當代臺灣客家傳統民宅的建築典範為由，將其列

8 　徐裕健：《古蹟歷史文獻》，內政部委託中華民國建築協會製作，民國 88 年 9 月，古蹟編號：n003。

9 　周宗賢：《臺閩地區古蹟價值性之研究》，內政部委託淡江大學歷史學系，民國 87 年，頁 526 – 527。

為臺閩地區第三級古蹟。[10]（參考附件四）

雙堂屋的建築平面配置，首先是門廳與層層的橫屋形成中間是禾埕的三合院，而至門廳內部進入，即是由前後兩進與左右迴廊形成一封閉狀態的四合院空間，前進為門廳與客廳，後進則為主要生活空間。此宅院規模為二堂六橫式，比新埔地區一般的一堂二橫式民宅，顯然更為宏大。另其建築臺基的高度亦顯示出尊卑關係。以後，另在宅後築有瑞閣園靈塔一座，作為其族歸納靈骨之用，更達宗族裔孫慎終追遠之目的。

劉宅係由其十二世劉延轉（1725－1800）來上枋寮開基立祠。劉延轉初定居於竹塹社鹽水港（今香山），後因劉家與原住民有婚姻關係，其兄弟始得以在新埔上枋寮，墾拓平埔族所屬之地。劉氏族人至十六世劉永廷（字拜颺）於同治七年（1868）取為附生，光緒十八年（1892）因捐輸海防銀准作貢生，對於劉家地位的提昇有積極的意義，也是劉家歷清一代唯一有功名者。[11]

以後，劉家族人十九世天楨者，於民國47年提議共建靈塔，作為歸納保存先祖骨骸之用，使遠居他方的裔孫無後顧之憂。經過其向族人勸誘的努力，兩年後，在劉宅後山麓，建立以瑞閣夫婦為主位的靈塔，以後因實際需求而擴建，而於民國72年修建瑞閣園靈塔，隔年11月完成至今。

劉家祖訓與其他家族有所不同，其特色為「**遷居他鄉立業者不得另立祖牌奉祀**」。因此，劉家裔孫祭祀祖先必須返回新埔劉家老宅。劉家祖先祭祀，原先以少牢（全豬、全羊）為祭品，然自民國34年起，改為由派下裔孫自備三牲或五牲，以三獻禮

10　徐裕健：《古蹟歷史文獻》，內政部委託中華民國建築協會製作，民國88年9月，古蹟編號：e003。

11　周宗賢：《臺閩地區古蹟價值性之研究》，內政部委託淡江大學歷史學系，民國87年，頁180－181。

儀祭拜。祖先祭祀定春、秋兩祭，春祭以瑞閣妻詹氏忌日之農曆正月初四日為祭祀日期，秋祭則按一般算會時間農曆八月初二日為祭祀日期。至於，劉宅後院山麓之瑞閣園祖塔，則以清明節為祭祀日期，由派下裔孫自備三牲果品以三獻儀禮祭拜，是日中午由公業準備炒米粉、鹹菜豬肉湯等簡餐，招待全體回來祭拜的裔孫。[12]

從上述三處宅院的歷史與傳衍情形，可以確認溫氏、蕭氏、劉氏等家族，其先祖原鄉均是粵東之人迨無疑問，其中梅縣丙村溫氏從十二世仁厚公起累世居其地，至今傳衍至二九世代，時間久遠。而佳冬蕭氏則於二十世南斗公（蕭清華）、新埔劉氏則於十二世學悟公（劉延轉）等開始遷移來臺，並在臺灣奠定基業。遷移臺灣時間上，以佳冬蕭宅遷移臺灣的時代距今最近，從日據初期蕭家光明子世祥返回廣東原鄉參加鄉試取得舉人功名之事，可以印證。上述資料探索，可以知道三處宅院的家族傳承均以父子關係為主軸，是典型的中國社會傳統父系家族模式。因此，探討三處宅院的建築格局與楹聯內容等事項，其共通性可以作為粵東客家宅院建築特色與社會文化意涵的了解。

三、從宅院祠堂神龕的安置意義論儒家倫理之傳承

宅院是人類建築最基本的家族單位，這些硬體建築的宅院，在人類的技術與巧手修建的過程中，由於憑藉人類所積累的經驗與知識，因此宅院建築必然蘊藏該當社會文化的內涵。徐明福對於建築的社會文化意義的探討，以為就人的生物屬性及社會文化屬性兩方面來說，共通都有保護作用（protection or defensing）、界定作用（defining or delimting）、自明作用（identifying or menifesting）等三種同時滿足人類的心理需求。

---

[12] 劉奕權：《新竹縣三級古蹟新埔上枋寮劉宅整修規畫研究》，新竹縣政府，民國83年4月、頁29。

保護作用使人免除對自然的恐懼，使人在未知的世界獲得安全感（Safety）；界定作用可以使人的心靈獲得確實可知的領域感（Territory），而進行人與自然界間的溝通；自明作用則使人同時增強領域的內聚性認同感（Identification），產生族群的共識而具有集體的意識。建築有這三種重要作用，使人得以具體化和象徵化他們在社會文化上的需求，也因此建築對人產生意義。[13]

因此，本文依據上述論點，嘗試從宅院祠堂神龕的安置意義，論證客家宅院有否儒家倫理之傳承，換言之，即是探討小傳統的客家宅院，有否與大傳統的儒家思想有所關連。

茲就三處宅院的建築結構組合與神龕安置情形，分別敘述於後：

首先，丙村溫家仁厚祠是宗祠與住宅合一的典型客家圍龍屋建築。整個圍龍屋建築情形，屬於四進三堂八橫三圍的形式，宏大的建築規模極富聚集性，其祠堂部分是圍龍屋建築核心，分上、中、下三廳（堂），神龕的設置即在尊貴位置第四進上堂之處。其中廳可供族人聚會使用，可容納近二百人就餐。此外花胎、天井、禾埕、水塘等，也依據建築的須要配置在適當的位置。溫氏圍龍屋以祠堂為中心，左右兩邊各有四直排的橫屋，花胎後則有三層圍屋。這些累代修建的建物，即是目前構築成溫家仁厚祠圍龍屋的主要建築。[14]

溫家仁厚祠圍龍屋不僅以祖宗祠堂為中心，更受到兩旁橫屋居住的後裔子孫層層圍繞，宅院建築順著地勢的高低與建物功能的區分，其中宗族尊卑地位以及宗族認同的凝聚力的認同，自然成為此座圍龍屋居住者生活的一部分。

---

13 徐明福：《臺灣傳統民宅及其地方性史料之研究》，臺北：胡氏圖書出版，民國 82 年，頁 8 – 10。
14 謝劍、房學嘉：《圍不住的圍龍屋》，廣東市花城出版社，2002 年 2 月第一版，頁 50 – 53。

其次,佳冬蕭宅為先前為四進宅院,以後增建成為五堂大屋,也可說是五進大屋,整個空間的佈局是一種回字型圍龍屋式的平面格局。空間主軸以神龕正中之線為準繩,左右建築對稱均橫發展,屋頂隨著地形逐漸拉高,使得空間顯得層次分明。其情形為:一進門堂為會客與事務之用;二進大廳安置神龕,祭祀蕭家歷代祖先牌位;三進主堂亦設置神龕,主要供奉天地君親師牌位;四進為花堂,無限定使用;五進堂屋則與左右橫屋一般,作為家居使用空間。[15]

最後,新埔劉宅初建為前、後兩堂形式,「雙堂屋」即是因此而來。至日據時期大正 8 年(1919)重建時,則形成二進三橫屋式的平面格局,其前、後二堂是主要正身部分,也建築物整體的軸心,在正身之間以左右迴廊相連,正身外圍左右各有三排長形橫屋並列,形成前、後堂正身組合的四合院與前堂左右橫屋組合的三合院。整體建築的虛實空間,以及廳堂房間的用途,以廳下(正廳)神龕的中央位置為基準,而獲得均衡發展,即是空間意涵越近中軸為尊為親,反之則卑則疏。其三合院層層橫屋與門廳圍成的禾埕,呈現鄉紳大宅的宏偉氣勢,多為務農地主所有,為因應農事需求而發展出此種生活空間的配置形態。[16]

因此,綜合三處宅院的建築結構的主體而言,廳堂的部分即所謂「廳下」的地方,均是整個建築的中心主軸,兩旁的橫屋(護龍)以對稱的方式修築,廳下後面若有圍屋也是採取以廳下為中心的建築方式,三處客家宅院整體建築清晰地呈現儒家思想中尊卑倫序的社會文化意涵。換言之,這種建築的儒家思想社會文化表現,就是客家宅院建築的共通性,也即是客家宅院建築的特色。

---

15 米復國:《第三級古蹟佳冬蕭宅之研究與修護計畫》,屏東:屏東縣政府,1994 年,頁 23。

16 徐裕健:《古蹟歷史文獻》,內政部委託中華民國建築協會製作,民國 88 年 9 月,古蹟編號:e003。

另外主題，探討三處宅院廳堂神龕擺設的社會文化意涵。有關祠堂神龕擺設祖先牌位的事情，雖是客家族群也會因居住環境的不同而有所差異。如閩西上杭、永定等地客家區域，當地客家人的祖公廳神龕僅一個，並且只供奉觀音菩薩神牌，列祖列宗靈牌則被堆放在倉庫裏，只有在節日時才請出來供族裔禮拜。[17]

本文舉例的三處宅院，由於先祖均屬粵東區域的客家人，因此在實際宅院正廳所擺設的祖先牌位與閩西的客家人有所不同，並且對於祖先之外的神明的供奉也有所差異。茲就三處宅院正堂的祖先牌位與神明的供奉情形，分別說明於後：

首先，說明仁厚祠圍龍屋上堂的神龕擺設情形。仁厚祠的上堂是整個圍龍屋最為神聖的地方，也就是客家宅院中所謂的正廳（廳下）。設有大小兩個神龕，大神龕居廳堂正中祖宗壁處，上供奉各代祖先牌位，神龕底下正中則奉祀福德土地龍神牌位。此外，在大神龕的左邊，設有一個小神龕，專供奉觀音菩薩。這種祖先、神明的排放順序，明顯的有以中間為尊的觀念。

其次，說明佳冬蕭宅廳堂的神龕擺設情形。佳冬蕭宅第二進為正廳，正廳神龕供奉歷代祖先牌位，神龕底下設有「地基主」香位。神龕旁邊供奉有泥塑的彌勒佛像，為其先祖當年分八路遷移時，所分發到的庇佑神像，其家族每到一個新地方，就要用當地的泥土加在塑像上面，表示曾經在那個地方落過腳。[18]

此外，蕭宅在第三進的勸業堂，設神龕供奉天地君親師神牌位，並在牌位左側寫上井灶龍神君；右側寫上福德正神。另外，神龕底下設有龍神香位。此種供奉方式傳為大陸廣東潮、汕一帶的特有做法。然而，有關神桌下的「龍神」香位，蕭宅族人則

17　謝劍、房學嘉：《圍不住的圍龍屋》，廣東市花城出版社，2002年2月第一版，頁61。

18　米復國：《第三級古蹟佳冬蕭宅之調查與修復計畫》，屏東：屏東縣政府，1994年，頁24。

傳說為當時營造宅院時工匠所留下營建祖師「楊師公」的香位。[19]不論何種原因,從蕭宅先人安置第三進的神龕用意,已經說明蕭宅先祖要其裔孫傳襲尊崇儒家「天地君親師」五倫的期望。

最後,說明新埔劉宅後堂的神龕擺設情形。新埔劉宅的後堂為正廳,正廳大神龕供奉歷代祖先牌位,神龕底下正中擺設土地龍神牌位。左邊神龕則供奉桃園三結義劉備、關雲長、張飛繪像;右邊神龕目前則是供奉大陸原鄉饒平楊康宗親贈送「源遠流長」的回鄉謁親的錦旗。從左右神龕所供奉的對象,不同於前兩處擺設神祈作為供奉的對象,可以說明新埔劉宅的先祖期望後裔子孫,不僅祭祀崇拜本家派下的歷代祖先,也要效法歷史上劉氏前人劉備的金蘭結義精神,同時不忘先祖原鄉劉氏宗親的血脈源流。這些均是以在廳堂的祭祀活動,將祖先崇拜以及儒家忠、孝思想以潛移默化的方式,讓家族後裔傳承。這不僅顯現出其先祖的生活睿智,更是小傳統對於大傳統所作傳承社會文化意涵最好的例證。

綜合言之,上述三處宅院祖先崇拜的神龕安置,可以說明其家族均屬典型的傳統中國社會的父系家族。在上下倫序的關係上,長輩對晚輩有絕對的支使權力,而在下者對於上輩一定唯諾是從。由於親屬的數算路線是單系的,祇以父系一方為主,因而只祭拜自己的祖先,並且相信祖先可以保佑子孫,反之也會降禍懲罰。

這種祖先崇拜的信念,在三處宅院中均可明顯的觀察到。其祭拜祖先的明堂正廳,均設置在宅院中最為尊崇的建築空間處。「公廳」建築空間安排的目的,在方便實際生活中進行「孝道」的表現,不僅對現存長輩要做到「生事之以禮」,也對去世祖先的尊崇能做到「死祀之以禮」的要求。這種中國父系社會特

---

19 同上書,頁54。

質的祖先崇拜，在三處客家宅院明顯可見。

儒家思想中忠、孝觀念是社會倫常主要憑藉的依據，也是中國傳統文化中重要的理念。對於孝道的事情，孔夫子以為行孝之道不得違禮，其所謂孝道之禮，為「**生，事之以禮；死，葬之以禮，祭之以禮**」。其中「祭之以禮」指的是春、秋祭祀以時。後裔子孫想到親人，則以「**陳其簠簋而哀戚之**」的方式來表示，能夠如此，孔夫子以為對於祖先孝道的表示也就盡心意了。這種孝道的要求，印證前面章節討論過祖先牌位的設置以及族規的訂定，在祭祀祖先禮儀上，三處宅院的家族可以說是符合了孔夫子的期望；也即是小傳統的宅院祭祀之禮，符合了大傳統中儒家思想中孝道的要求。

上述溫、蕭、劉等三處宅院，不僅將宅院的正廳作為供奉祖先牌位的場所，顯示「慎終追遠」的儒家意義外，也將宅院的公共空間的神聖性與生活空間的私密性，以左右橫屋、護廊、天井等的配置，將宅院建築做了巧妙的區隔；亦即家人心境的轉換可以輕易的隨著空間的不同而改變，同時在生活中也建立起尊卑倫序的觀念。因此，將祠堂功能與居家生活合組一起的建築結構，以潛移默化的方式將建築語言啟迪居住者心靈的教化，這種應該是三處客家宅院共通的特色。

四、從宅院楹聯意涵論儒家理念之實踐

文字是表示思想最好的方式。對聯、門匾的功用，向來是傳統中國宅院建築借來表彰宅院主人功業與文化的涵養，同時也是作為此一宅院先祖對於後裔子孫的勸勉與期許。因此，對於代表小傳統的宅院建築，如何透過楹聯的文字意涵，將大傳統的儒家理念融會在居家生活當中的問題，感覺有趣。故舉三處宅院廳堂範圍的楹聯為例，探討不以學堂拜師受教的方式，在客家宅院之中如何傳播儒家思想，如何以潛移默化形式教化生活

在宅院中族人。茲將三處宅院廳堂範圍的楹聯文字，說明於後：

　　首先，敘述丙村溫氏仁厚祠的廳堂楹聯情形。溫氏堂號為太原堂。歷年來春節對聯的張貼範圍，從上堂正神龕、上堂門聯、中堂屏風背柱、中堂正柱、中堂壁聯、中堂外門柱、迴廊下天井石柱、三堂正柱、三堂反面柱、三堂內大門、正外大門、龍廳門等，均是張貼對聯的主要地方。同時溫家對聯的內容，則歷年保持不變，目的供溫家族人在一年之始，即就清楚熟悉歷代祖先功業，期望後裔子孫能夠光宗耀祖，並祈求祖先神靈保佑族人富貴平安。茲就仁厚祠廳堂地方的張貼對聯，記述於後：

（一）上堂正神龕聯：
　　晉室顯忠貞，溯先人旂常紀姓，史冊留名，烈烈轟轟，丕振宗風垂百世；
　　老堂開孝友，冀後起禮樂傳家，文章報國，繩繩繼繼，永綿令緒著千秋。

（二）上堂門聯：
　　宗功開創千秋業，綿世澤須孝子嗣孫；
　　祖德長懷萬代心，啟後人賴宗功祖德。

（三）中堂屏風背柱聯：
　　紅杏枝頭花正發；春風堂上燕初來。

（四）中堂正柱聯（四對）：
　1.瑞靄祠堂，喜日月華明，光照老塘長不夜；
　　祥鐘仁厚，看風雲際會，龍飛天上便為霖。
　2.瑞靄祠堂，喜日月華明，光照老塘長不夜；
　　祥鐘仁厚，看人文蔚起，春生白雪有恒溫。
　3.瑞靄祠堂，喜日月華明，光照老塘長不夜；
　　祥鐘仁厚，看人才輩出，聲蜚寰宇有餘香。
　4.世澤起六龍，源遠流長，瓜瓞喜綿延，文武雄才真曠代；
　　家聲傳三彥，日新月異，螽斯欣衍慶，鯤鵬壯

志欲扶天。
（五）中堂壁聯：
膽落御史，望重巡候，想當年，緯武經文，百世猶稱華冑；
才擅臺中，犀然都督，念昔日，黻家黼國，千秋應有傳人。
（六）中堂外門柱聯：
景色正宜人，盛世黎民歌大有；椒花堪獻瑞，青松白鶴伴流年。
（七）迴廊下天井石柱聯：
1. 柳絲曉帶千家雨，梅蕊香傳萬戶春。
2. 香飄大地花千樹，春滿乾坤暖萬家。
（八）三堂正柱聯：
門迎紫氣東來早，春到人間日漸長。
（九）三堂反面柱聯：
南枝煙樹春先發，東閣梅花韵更多。
（十）三堂內大門聯：
六龍世澤、三彥家聲。
（十一）正外大門聯：
功高東晉、才著西崑。
（十二）龍廳門聯：
龍盤虎踞，魚躍鳶飛。誌門吉慶（橫額）。[20]

其次，敘述屏東佳冬蕭家宅院廳堂楹聯情形。佳冬蕭宅，堂號為河南堂。蕭家主堂大屋的建築，為臺灣地區除板橋林本源家所謂五落大厝外，另一處少見的五落大厝。蕭家宅院，第一進為大廳、二進為勸業堂、三進為繼述堂、四進為明德居、第

---

20 感謝中國廣東嘉應大學客家研究所助理研究員宋德劍先生，協助蒐集丙村溫家仁厚祠對聯資料。

五落則是以後增建屋舍,將左右橫屋連接成為一完整的防禦體系的圍龍屋形勢。其楹聯以嵌刻或書寫方式表現在石柱、門壁、木柱之中。茲就整個宅院各進廳堂的楹聯內容說明於後:

(一) 一進大廳為接待賓客之處,日據時期局部改建,其正面女兒牆有花草及一對獅子裝飾,這種大正流行時期的建築與宅院其他中國傳統建築混合,顯現出蕭宅實際生活空間的獨特調和性。大廳後屋簷下尚存放一個「布緊石」,其功用是壓緊布疋之用,可以作為蕭家以前經營布疋買賣的証物。楹聯部分資料缺乏。

(二) 二進堂「勸業堂」
神龕上額:天理人情
門聯:勤堪補拙勤為本　業可隨身業貴精
神龕對聯:傳家有訓惟存厚　處世無奇但率真
堂屋屋背屏壁對聯:忠孝傳家國　詩書教子孫
堂屋屋背右側窗額:入孝
左側窗額:出弟
龍邊過水廊八角門額:積德當先
虎邊過水廊八角門額:為善最樂

(三) 三進堂「繼述堂」
門聯:繼承敢謂光前代　述倫還期裕後昆

(四) 四進為「明德居」
室內左門楣上書「竹苞」、右門楣上書「松茂」。
門聯:世事讓三分天寬地闊　心田留一點子種孫耕

最後,敘述新埔劉宅雙堂屋楹聯的情形。新埔劉宅,堂號為彭城堂。劉宅坐東北朝西南,原是一座二堂六橫的合院式宅第,以後右外橫屋改建,目前為二堂五橫形式。前堂為三開間門廳,外側兩開間為通道式過廊,分別設有側門。後堂為正廳,中央供奉祖先牌位,由兩側迴廊與前堂相接,將祭祀、儀典空間規範在

四合院內，兩側橫屋則為家人私領域的生活空間。其楹聯如同佳冬蕭宅形式，以嵌刻或書寫方式呈現在門壁、石柱、木柱之中。茲就整座宅院前、後兩堂的楹聯內容說明於後：

（一）前堂正門
　　　門楣：鐵漢家聲
　　　左窗額：竹苞松茂
　　　右窗額：和風甘雨
　　　門聯：自昔家風宗渡虎　于今門第挹雕龍
　　　門板：加冠　晉祿
（二）前堂左側門
　　　門楣：艮山居室
　　　門聯：艮出坤朝呈瑞色　山環水繞起祥雲
（三）前堂右側門
　　　門楣：青藜盧舍
　　　門聯：青雲連步安居樂　藜火勝霄吉宅光
（四）前堂廳內
　　　左側門楣：四壁清風
　　　右側門楣：一輪明月
　　　左右牆壁對聯：賴祖宗積德累仁以有今日
　　　　　　　　　　願孫子立名砥行勿墜先猷
（五）後堂門柱
　　　對聯：世號五忠光世第　家傳七業振家聲
（六）後堂正廳
　　　門楣：藜照堂
　　　左側窗額：報竹
　　　左側廂門楣：禮門
　　　右側窗額：平安
　　　右側廂門楣：義路
　　　門聯：彭城衍派家聲舊　祿閣傳經世德新

（七）後堂正廳內
　　　內門額：箕疇五福
　　　左側門額：龍飛
　　　左側門板：和氣致祥
　　　右側門額：鳳舞
　　　右側門板：地靈人傑
（八）後堂正廳神龕
　　　上額：天祿流芳
　　　掛匾：克繩祖武（為裔孫附貢生拜颺所立）。
　　　神龕對聯：天降人才稱渡虎
　　　　　　　　祿承世德慶雕龍

　　劉宅前堂門廳上的「鐵漢家聲」以及後堂正廳上的「藜照堂」等堂號意義，前者指宋朝劉安世與明代劉公繹二人，因為人耿直不畏強權，被後人尊稱「鐵漢」；後者為漢朝劉向所謂「祿閣校書，藜燄照十行之簡」的典故。劉宅藉著前人的事跡，作為勉勵後代子孫頂天立地為人，勤奮讀書之意。

　　從上述的三處宅院的楹聯內容，可以一窺各家族對於後裔子孫的諄諄勸勉、熱切期盼的心意。這些楹聯內容基本上，符合傳統中國社會中一般民眾對於子孫「成龍成鳳」、「光耀門楣」、「祖先庇佑」、「富貴平安」的心理需求。

　　至於，楹聯內容是否蘊藏大傳統儒家思想，則須要仔細勘察比較三處宅院楹聯的文字內容。有趣的是臺灣地區南北兩處，即是佳冬蕭宅與新埔劉宅的楹聯部分，其內容中富於儒家思想的部分較多。例如；佳冬蕭宅楹聯由前往後的順序，有「勤業堂」、「天理人情」、「忠孝傳家國」、「詩書教子孫」、「入孝」、「出弟」、「積德當先」、「為善最樂」、「繼述堂」、「明德居」等清楚字句的表現。新埔劉宅前、後雙堂的楹聯依據前後順序，則有「賴祖宗積德累仁以有今日」、「願孫子立名砥行勿墜先

獸」、「世號五忠光世第」、「家傳七業振家聲」、「禮門」、「義路」等清晰文句的提示。

為何楹聯部分的儒家思想，在蕭宅與劉宅廳堂到處可以見到，我以為須就當時清代臺灣地區的移墾社會環境的因素作為考量，較為妥當。因為移墾社會中，漢文化的傳播相較於土著社會環境是較為開明的文化，因此宅院廳堂楹聯文句的表現，也就容易以中國傳統文化的儒家思想的中心理念為內容，以嵌刻、書寫方式表現在門柱、牆壁、門額等場合之上。

梅縣丙村溫家仁厚祠則在上堂神龕及門聯之處，明顯可以見到富於儒家思想的對聯，如「晉室顯忠貞，溯先人旂常紀姓，史冊留名，烈烈轟轟，丕振宗風垂百世；老堂開孝友，冀後起禮樂傳家，文章報國，繩繩繼繼，永綿令緒著千秋」、「宗功開創千秋業，綿世澤須孝子嗣孫；祖德長懷萬代心，啟後人賴宗功祖德」。這些對聯雖然不如佳冬蕭宅與新埔劉宅兩處所見楹聯簡短、清晰的儒家思想意涵的文句，但是就對聯長度的氣勢來說，溫家上堂神龕的對聯及門聯內容，絕對勝過臺灣地區蕭宅與新埔劉宅的對聯，這是三處宅院楹聯比較後有趣的地方。

綜合而言，三處客家宅院廳堂的楹聯文句，均多少富有儒家思想意涵。這種楹聯是否即是客家宅院共通的特色，尚有待繼續蒐集其他客家地區宅院資料，加以分析探討。然而，客家宅院廳堂楹聯的文化裝飾，不僅可以說明地方宅院小傳統對於大傳統文化思想的思慕，也可以說明客家族群藉著宅院的共同生活方式，在祖先崇拜為中心的廳堂，藉著楹聯文句將儒家忠、孝觀念納入其中，以潛移默化的方式啟迪後裔子孫。採取這種方法落實大傳統儒家理念，令人不得不欽佩其先人的用心。

五、結論

溫氏仁厚祠圍龍屋、蕭氏五落宅院、劉氏雙堂宅院等，這三

處客家宅院分別在不同的時代、不同區域,憑藉當時社會工匠所積累的經驗與知識,以及宅院主人的財力與意識要求,在不斷的修築過程中,成為現在令人驚嘆的建築樣貌。雖然三處宅院的衛生條件與舒適程度不足與現代建築相較,但是它歷史積累的嚴謹、均衡的建築結構以及樸實華麗的態樣,卻是長期生活在其中家族最大的屏障。家族因宅院而得安居傳衍,宅院建築也因家族而興盛,隨著環境與歷史文化因素的積累,使得宅院建築呈現不同的差異,這些差異即是當地社會文化不同所致,因此宅院建築必然蘊藏該當社會文化的內涵。

社會文化的傳播方式,有大傳統與小傳統的差異。家族安身的宅院是小傳統文化孕育的範圍,社會文化如儒家思想則是代表大傳統的主流。從前面章節內容的論述,可以清楚了解三處客家宅院建築格局的共通性,是以廳堂為宅院建築核心,左右橫屋圍繞其中。同時,將廳堂尊貴之處作為供奉祖先牌位之所,定時祭祀,充分顯現三處客家宅院的家族對於祖先崇拜與尊卑倫序的重視。另外,廳堂楹聯的文字裝飾基本上,符合傳統中國社會中一般民眾對於子孫「成龍成鳳」、「光耀門楣」、「祖先庇佑」、「富貴平安」的心理需求。然而,三處宅院楹聯內容中的忠、孝、禮、義意涵,則是屬於大傳統儒家思想的中心理念,說明了生活在小傳統的家族對於代表大傳統儒家思想理念的期盼。

因此,透過三處客家宅院廳堂、神龕安置以及楹聯文句內容三方面的檢視,可以明確了解三處客家宅院,充分符合建築學詮釋宅院的社會文化意涵中所謂的界定作用與自明作用。也即是生活在宅院小傳統中的家族,不僅可以藉著祭拜方式與祖先、神靈溝通,也可以藉著共同居住方式增強家族認同的凝聚力。而廳堂的楹聯,不僅是一種文字的裝飾作用,也是家族對於大傳統儒家理念的認同。

附件一：廣東丙村溫家仁厚祠圍龍屋建築格局

北

圍屋間

花胎

上堂間
上堂
龍庭間
中堂間
中堂
天井
下堂間
下堂

禾坪

天街

橫屋

水塘

丙村溫家仁厚祠圍龍屋平面示意圖

附件二:屏東佳冬蕭宅建築格局<一>

北 ←

步月樓

市場

惜字亭

洋樓

佳冬蕭宅 位置及現況配置圖

附件三:屏東佳冬蕭宅建築格局<二>

佳冬蕭宅 使用現況圖

(停車場使用及機踏車穿越)

376 客家研究論集：臺灣客家歷史、文化與信仰的探索

附件四:新補上枋寮劉宅建築格局

現況為非對偶式的平面格局

新埔劉宅 現況機能份配圖

劉宅本為二堂六橫式的配置型態

月池疑為原制

新埔劉宅 假想復原透視圖

論兩岸慚愧祖師、定光古佛民間信仰之差異[*]

摘要

　　漢人移墾臺灣自 17 世紀中葉以後，居民多數來自中國東南省份，如福建閩南、閩西、廣東粵東等地區，由於臺灣客家族群生活中保有許多原鄉之習俗，也就是因這種特色，成為本論文研究漢文化遷移問題選擇的對象。

　　本論文主要藉著人類學、歷史學的研究方法，試圖解析大陸客家原鄉「慚愧祖師」、「定光古佛」信仰在臺灣南投、臺北兩縣的變遷。南投縣位於臺灣地理中心位置，群山圍繞，是臺灣山地原住民的家鄉；而臺北縣位於臺灣北部，其淡水河流域自古以來航運便利，是臺灣平埔族凱達格蘭族群的居住地。

　　漢人至南投縣開發早於明鄭時期，當時行軍屯制，參軍林圯率部眾至水沙連（今竹山鎮）圈地拓墾，最後遭受當地原住民抗拒而身亡。是故，漢人在當地移墾過程中，遭受原住民抗拒是最大的問題。早期南投縣移墾漢人以漳州人為多數，客家人少數，但自清代以來當地卻盛行「慚愧祖師」鎮番的的崇拜。另外，臺

---

[*] 發表於 2008.11.30，「2008 國際客家學研討會」，臺灣大學客家研究中心主辦。

北縣自清代以來移墾漢人以閩南之漳州、泉州籍為多數,閩西汀州人少數,至清道光 2 年(1822),汀州人才於淡水創建汀州會館並供奉原鄉定光古佛,作為照顧來臺同鄉者的臨時住宿之所,至今仍是汀州人聯誼群聚之處,而定光古佛依舊是汀州人的專屬的信仰並未廣泛傳播。

客家原鄉之「慚愧祖師」、「定光古佛」民間信仰,均屬古代唐宋時期修行高僧圓寂後,受當地民眾景仰而供奉,以後成為地方信仰的神祇,日後隨著信眾移民帶到臺灣,卻因移墾情境的差異,而有顯著不同的發展。由於人群遷移過程中往往伴隨原鄉生活的信仰,本文因此將兩者作為客家文化遷移問題的研究對象,企圖藉明顯的歷史發展,說明文化遷移中「土著化」過程差異的解釋。

關鍵詞;文化遷移、慚愧祖師、定光古佛、鎮番、土著化

一、前言

　　漢人移墾臺灣自 17 世紀中葉以後，居民多數來自中國東南省份，清代臺灣方志之中對於移民雖有記載，但其記載一般以閩、粵省份或再細分為府縣來稱之，未嘗仔細分類並依原鄉籍貫統算人數，終清一代臺灣人口以漢、番分類計算。

　　清光緒二十一年（乙未、1895）日本據臺以後，臺灣總督府為推行殖民地政策，以及作為治理臺灣施政之參考，徵聘一批日本學者及調查員到臺灣，開始調查臺灣的風俗習慣以及實際人口等事項。日本昭和元年（1927）臺灣總督府官房調查課為了解漢人原鄉籍貫在臺灣文化的不同，曾經對於當時的全臺灣漢人口，進行「臺灣在籍漢民族鄉貫別調查」工作，至當年十二月末止，調查當時臺灣各行政轄區的原鄉籍貫人口數。此次調查漢人原鄉籍貫，分為福建省、廣東省與其他欄目。福建省欄目中又分為泉州府（安溪、同安，三邑）、漳州府、汀州府、龍巖州、福州府、興化府、永春州；廣東省欄目則分為潮州府、嘉應州及惠州府等。各個欄目人口統計以百人為單位。鄉貫別調查則按當時日據時期行政區分；分別於各個州、廳、郡、市、支廳、街、庄區等行政單位，進行在籍漢民族鄉貫別人口數的統計。

　　其調查結果，總計臺灣在籍漢民族為 3,751,600 人，其中泉州府安溪人 441,600 人，泉州府同安人 553,100 人，泉州府三邑人 686,700 人，漳州府 1,319,500 人，汀州府 42,500 人，龍巖州 16,000 人、福州府 27,200 人、興化府 9,300 人、永春州 20,500 人、潮州府 134,800 人，嘉應州 296,900 人，惠州府 154,600 人，其他 46,900 人。這些統計不僅有助於了解清代以來，臺灣在籍漢民各個原鄉移民後裔實際人口數，也有助於了解各個在籍漢民原鄉人口數差異，亦可供學者進而計算出各個在籍漢民原鄉人口數所佔的百分比率。這份臺灣日據時代漢民族籍貫人口統計資料相當珍貴，目前部份學者以此資料，作為其研究臺灣議題

相關論證之分析使用。

　　本論文主要藉著人類學、歷史學的研究方法，試圖解析清代臺灣客家族群由原鄉傳入的「慚愧祖師」、「定光古佛」等民間信仰，在臺灣南投、臺北兩縣的差異。南投縣位於臺灣地理中心位置，群山圍繞，是臺灣山地原住民的家鄉；而臺北縣位於臺灣北部，其淡水河流域自古以來航運便利，是平埔族凱達格蘭族群的居住地。

　　南投縣開發早於明鄭時期，當時糧食不足採行軍屯制，參軍林圯乃率部眾至水沙連圈地拓墾，但不幸地遭受當地原住民反抗而身亡，事後當地以林圯埔（今南投縣竹山鎮）作為地名。是故，自明鄭時期到清領時期，漢人在水沙連的移墾過程，原住民的抗拒是最大的。當地原住民對於漢人移墾的威脅，除了上述武力的反抗外，也尋求其他應方法來應對變局，即是招徠外社的熟番給予荒埔墾種，作為共同抵禦漢人移墾入侵的力量，但是卻也中了漢人通事的圈套。此事可從《埔里社紀略》中所記載之內容，獲得例證。其內容如下：

> 道光三年遂有萬斗六社革通事田成發，詭與埔社番謀，招外社熟番為衛，給予荒埔墾種，埔社聽之，田成發乃結北投社革屯辦乃貓詩，革通事余貓尉，招附近熟番，潛往復墾，而漢人陰持其後，俟熟番墾成，溷入為侵佔之計[1]。

　　從此事例，可以了解漢人為拓墾水沙連，運用方式是無所不用其極。因此，當地原住民勢力的衰退，漢人勢力的興起是可以預料的事。

　　另外，依據《臺灣在籍漢民族鄉貫別調查》資料，日據昭

---

[1] 伊能嘉矩：《大日本地名辭書續篇》，東京：富山房，明治42年，頁90。

和元年臺北州總人口數 726,000 人，扣除臺北市 137,900 人，基隆市 42,200 人，宜蘭郡 85,000 人，羅東郡 52,300 人，蘇澳郡 10,100 人，則約略為臺北縣當時人口總數 398,500 人；其中汀州府 6,200 人，其他客家族群 1,900 人，閩南族群與其他人口數為 390,400 人。從上述人口數的差異比較，可以推測臺北縣自清代以來，漢人移墾以閩南之漳州、泉州籍者為多數，閩西汀州人為少數。而汀州人至清道光 2 年（1822），才於淡水創建汀州會館並供奉原鄉定光古佛，作為照顧來臺同鄉的臨時住宿之處，至今仍保持汀州客家聯誼功能與原鄉信仰之特色。

客家原鄉之「慚愧祖師」、「定光古佛」民間信仰，均屬古代唐宋時期修行高僧圓寂後，其行宜風範受當地民眾景仰而被供奉，日久成為保祐地方的神祇，日後隨著當地信眾移民臺灣，卻因移墾情境的差異，而有顯著不同的發展。由於人群遷移過程中，往往伴隨原鄉生活的信仰作為心靈慰藉，本文因此將上述兩者民間信仰作為客家文化遷移問題的研究對象，企圖藉明顯的地方歷史發展，說明文化遷移中「土著化」過程差異的解釋。

二、「慚愧祖師」信仰在南投縣的發展

民間信仰的發展與傳播，往往受到環境特質與當地人文社會的影響而有所變異。清代客家原鄉廣東省嘉應州的「慚愧祖師」民間信仰，隨著嘉應州人播衍到臺灣，卻在南投縣流傳。

日據時期南投郡（南投街、草屯街、中寮庄、名間庄）、竹山郡（竹山街、鹿谷庄）、能高郡（埔里街、國姓庄）、新高郡（集集街、魚池庄）等 4 郡，屬於臺中州管轄之區域，如今皆屬南投縣轄區範圍。清初康熙年間著名的水沙連區域，大抵包括埔里社堡全部、從五城堡（即是錢櫃、水社、貓囒、司馬按、新城等五庄）起，經集集堡至沙連堡止，均為濁水溪流域，屬於生番原住民活動區域。

依據日據昭和元年《臺灣在籍漢民族鄉貫別調查》資料,可以獲知:南投郡總人口數 67,400 人;其中客家族群 2,300 人(嘉應州 1,100 人潮州府 600 人惠州府 200 人汀州府 400 人),閩南族群 65,100 人(漳州府 63,400 人泉州府 1,500 人其他 200 人)。竹山郡總人口數 32,900 人;其中客家族群 1,800 人(嘉應州 100 人潮州府 800 人汀州府 900 人),閩南族群 31,100 人(漳州府 28,000 人泉州府 200 人其他 2,900 人)。新高郡總人口數 18,600 人;其中客家族群為嘉應州 1,200 人,閩南族群為漳州府 16,000 人,其他則為 1,400 人。能高郡總人口數 28,700 人;其中客家族群 11,200 人(潮州府 1,000 人嘉應州 9,600 人惠州府 600 人),閩南族群 12,100 人(漳州府 7,600 人泉州府 4,100 人其他 400 人)。

因此,將上述南投郡、竹山郡、新高郡、能高郡等四郡的人口數統計,可以得知南投縣的漢人中,以漳州人為多數,客家人少數。然而,自清代以來當地卻盛行「慚愧祖師」鎮番的的崇拜,而與原鄉嘉應州的信仰有所不同。

何以少數的嘉應州人的原鄉信仰「慚愧祖師」,成為目前南投縣特有的民間信仰,而臺灣其他縣市有嘉應州人移民之處,卻沒有相同情況的產生,這種民間信仰差異的形成,值得作文化移植問題的探究。

目前南投縣祭祀「慚愧祖師」的廟宇,南投市有 2 座,中寮有 6 座,埔里有 1 座,集集有 1 座,魚池有 8 座,竹山鎮有 6 座,鹿谷有 10 座,總計 34 座。外縣市部份,只有臺中縣東勢鎮有 1 座。因此可以說南投縣是擁有「慚愧祖師」民間信仰最多的縣份[2]。

清郁永河於康熙三十六年(1696)到臺灣取硫磺,留有《裨

---

2 參閱瞿海源:《重修臺灣省通志》,卷三住民志宗教篇,頁 1087－1380。

海紀遊》一書，內容主要記述當時親身由臺灣臺南登陸，選擇陸路到臺灣北部淡水，其行程所經之處的臺灣閱歷。由於書中記載許多臺灣原住民生活環境與部落分布狀況，使得這本書成為了解清初臺灣西部各地原住民風土、民俗、物產的主要參考資料。

《裨海紀遊》對於清初康熙年間水沙連（廉）地理環境與原住民部落的描述如下：

> 水沙廉雖在山中，實輸貢賦。其地四面高山，中為大湖；湖中復起一山，番人聚居山上，非舟莫即。番社形勝無出其右。自柴里社轉小徑，過斗六門，崎嶇而入，阻大溪三重，水深險，無橋梁，老藤橫跨溪上，往來從藤上行；外人至，輒股慄不敢前，番人見慣，不怖也。其番善織罽毯，染五色，狗毛雜樹皮為之，陸離如錯錦，質亦細密；四方人多欲購之，常不可得。番婦亦白皙妍好，能勤稼穡，人皆饒裕[3]。

從上述，可以了解清初康熙年間的水沙連是一個美麗的地方，不僅有原住民的部落，物產也富饒，當地所產「罽毯」，更是為四方之人所欲購買的物品，當地番社於清初康熙年間，就向地方政府進行「實輸貢賦」了。

然而，這個美麗的山明水秀且物產富饒的地方，早在明鄭時期，就被視為值得漢人移墾的好地方。明鄭初期軍糧缺乏，推行軍屯政策，時值參軍林杞聽聞水沙連之好，乃率領部眾經斗六門，抵達水沙連開墾，當時受到生番原住民激烈的反抗，最後林杞與部眾敗亡，在此地留下了林杞埔（今竹山鎮）地名，作為此一事件的歷史性紀念意義。

水沙連原是臺灣生番原住民（鄒、邵、布農等二十五社）共享之區域，此地於清康熙六十一年（1722）朱一貴事變，曾劃

---

3 清・郁永河：《裨海紀遊》臺灣文獻叢刊／四四，頁 56－57。

為禁止漢人進入的番界。然而,隔年雍正元年(1723)重新劃定番界,使得漢人正式可以合法拓墾,然而漢人私墾早已進行。由於水沙連番社對官府就撫事反覆無常,屢屢出社殺人,使得清官府不得不進行剿撫事情,至雍正十二年(1733)水沙連二十五社才歸附,但漢人卻不時越界伐木抽籐,使得漢人遭受殺害之事乃時有所聞。

水沙連部份地區少有原住民出沒,竟成為漢人競墾標的。清乾隆五年(1740)有漳州人程志成等十二人溯濁水溪進墾,曾分別建築外城、土城等防禦性集村,歷經十餘年,最後因原住民襲擊而失敗犧牲。至嘉慶末年,又有王伯祿由濁水溪上溯再度入墾,以懷柔方式與當地原住民達成約契,開始招徠佃農墾成蕃仔寮、大坵園等地。爾後,漢人紛紛移墾其他[4]。

光緒元年(1875)中路統領吳光亮率領三營兵卒,負責開築林杞埔至臺東璞石閣的道路,此事使得當地大坪頂成為交通往來的主要衢道。《雲林縣採訪冊》有關大坪頂的記載內容如下:

> 前臺灣總鎮吳光亮從此修築,為入後山八通關等處之路,山路平坦,即大坪頂七處,民居稠密,煙火萬家,七處山產,甲於全堡。

又記載:

> 在大坪頂漳雅庄,祀陰林山師祖,七處居民入山工作,必帶香火,凡有凶番出草殺人,神示先兆,或一二日,或三四日,謂之禁山,即不敢出入,動作有違者,恆為凶番所殺,故居民崇重,為建祀廟[5]。

4　伊能嘉矩:《大日本地名辭書續篇》,東京:富山房,明治42年,頁96。

5　伊能嘉矩:《大日本地名辭書續篇》,東京:富山房,明治42年,頁97。

是故，由於「神示先兆」當地民眾至此始少聞番害之事，而漢人開墾也漸趨普遍。

三、「定光古佛」信仰在臺北縣的發展

依日據昭和元年《臺灣在籍漢民族鄉貫別調查》資料，臺北州總人口數 726,000 人，扣除臺北市 137,900 人，基隆市 42,200 人，宜蘭郡 85,000 人，羅東郡 52,300 人，蘇澳郡 10,100 人等，則臺北縣當時人口總數為 398,500 人；其中汀州府 6,200 人，其他客家族群 1,900 人，閩南族群與其他人口數為 390,400 人。從上述人口數的差異比較，可以推測臺北縣自清代以來，漢人以閩南之漳州、泉州籍者為多數，閩西汀州人為少數。汀州人至清道光二年（1822），才於淡水創建汀州會館並供奉原鄉定光古佛，不僅可以作為照顧來臺同鄉的臨時住宿，又兼有慰藉游子心靈的聖地。

淡水創建汀州會館，是否因為當地汀州人多的緣故，這個問題可從擁有最多汀州府人口數 9,900 位的基隆郡，未設立汀州會館的事實，得到答案。那為何僅有 3,400 位汀州人的淡水郡可以創建，其主要原因應是當時地利（主要港口）與臺北汀眾及羅可榮、羅可斌家族等熱心捐獻所致。目前汀眾由江、胡、練、游、徐、蘇等六姓負責廟務與管理工作，另外分設臺北角、新莊角、板橋角、淡水角等四角頭二十一股份的會眾組織[6]。

清初康熙巡臺御史黃叔璥所著《臺海使槎錄》卷一、赤崁筆談、形勢文中，記載了臺北縣當時各地番社的情景與分布，其內容如下：

> 上淡水在諸羅極北，中有崇山大川，深林曠野；南連南

---

6 廖倫光：《臺北縣汀州客尋蹤》，臺北板橋市：臺北縣文化局，2006 年，頁 68。

> 嵌,北接雞籠,西通大海,東倚層巒。計一隅可二百餘里,洵扼要險區也。外為淡水港,八里岔山在港南,圭柔山(一作雞柔)在港北;兩山對峙,夾束中流。南北有二河:南河源出武灣,行四十餘里;北河源出楓仔嶼,行百餘里;俱至大浪泵會流,出肩脰門(一作干豆),入淡水港,曲折委宛,五十餘里而歸於海。圭柔山麓為圭柔社。由山西下,數里有紅毛小城,高三丈、圍二十餘丈,今圮。城西至海口,極目平衍,名虎尾;今淡水營所駐也。兩山南北,重岡複嶺,灌莽叢翳。南則武灣、里末、擺接、秀朗諸社,北則麻少翁、外北投、內北投、大浪泵、麻里、即吼、楓仔嶼諸社。礦山在內北投,濱河,山僅數仞,寸草不生。自淡水經楓仔嶼嶺,上下十里。過港至雞籠,山高多石,山下即雞籠社。稍進為雞籠港,港道狹隘。港口有紅毛石城,非圓非方,圍五十餘丈、高二丈。遠望為小雞籠嶼,番不之居,惟時於此採捕。循此而上,至山朝社;又上,至蛤仔難諸社,深菁鳥道,至者鮮矣[7]。

從上述紀錄,可以知道當時的淡水河(上淡水)流域,已經滿布諸番社,另外也留下紅毛小城與紅毛石城的記載,為西班牙人據臺的遺跡。

此外,有關臺北原住民在清初風土、民俗的描述,黃叔璥引郁永河《裨海紀遊》一書中的記載,其內容如下:

> 「麻少翁、內北投在礦山左右,毒氣蒸鬱,觸鼻昏悶,諸番常以糖水洗眼。隔干豆門,巨港依山阻海;划蟒甲以入,地險固,數以睡殺漢人,官軍至則竄。淡水以北諸番,此最難治」。「武嘮灣、大浪泵等處,地廣土沃,

---

7 黃叔璥:《臺海使槎錄》,臺灣文獻叢刊第 4 種,臺北市:臺灣銀行經濟研究室,1957 年,頁 9 — 10。

可容萬夫之耕」。「八里分社，舊在澹水港西南之長豆溪，荷蘭時，後最悍，殲之幾無遺種，移社港之東北。澹水各社土官，有正副頭目之分」[8]

因此，可以獲知漢人早期入墾此區域，需要付出相當的代價，才能夠有立足之地。

漢人開墾臺北地區始於清初，其路徑依循地理自然形勢，分從淡水與基隆兩地開展，逐漸推展至臺北盆地內部。清康熙末年在八里坌、芝蘭堡、大加蚋堡、基隆堡等地已經有漢人移民；雍正初年，興直堡、擺接堡、金包里堡等地已有漢人移民足跡。其後，漢人紛紛移墾各地，以開鑿水渠引水灌溉方式，使得臺北盆地及週邊荒地獲得開發。自康熙五十八年在八里坌，設置北路淡水營都司管理地方，清公署開始設立；隨後，在乾隆年間，將淡水都司移往艋舺，八里坌的巡檢移至新莊；逮至，同治十三年設置臺北府後，臺北地區已經完全是以漢人為主體的社會了。

閩西汀州人亦是追尋上述漢人移墾之途徑；早期一批，入墾今三芝、石門、淡水等舊稱芝蘭三堡一帶，亦即是沿著北部濱海之海岸線，建立移墾聚落。另一批墾民，則溯著淡水河，深入到淡水河支流大嵙崁溪的新莊進行移墾，其中永定貢生胡焯猷、林作哲的「胡林隆」墾號與饒平劉姓「劉和林」墾號，成為開發新莊、泰山、五股的主要開墾團體。汀州人事業有成之後，開始在新莊、五股、泰山及淡水等地，創建寺廟、會館與書院。如新莊三山國王廟、關帝廟、媽祖廟、西雲巖大士觀及淡水鄞山寺（汀州會館），泰山明志書院（臺北地區最早的書院）等。

然而，儘管汀州人移墾臺北地區頗有成就，但人數分散之故，使得原鄉「定光古佛」信仰只能夠在家中廳堂神龕中供奉，

---

8 黃叔璥：《臺海使槎錄》，臺灣文獻叢刊第 4 種，臺北市：臺灣銀行經濟研究室，1957 年，頁 139。

而無法如泉州府同安人之「大道公」信仰之分設，為其他族群所認同，在寺廟中成為祭拜與供奉的對象。供奉定光古佛的淡水鄞山寺，創建於道光年間，由於保存完善且俱有歷史文物意義的特殊價值，因此被政府指定為二級古蹟，受到《文化資產保存法》的保護，此寺至今依然是汀州後裔祭拜原鄉神祇的主要寺廟。

四、「慚愧祖師」、「定光古佛」信仰之差異

一般而言，移民過程中帶動自己所屬的原鄉文化，到新的移墾天地，是人類經驗法則中自然行為的表徵。然而，原鄉文化在新天地的播衍發展，則因環境、人口的差異而有所不同，此種現象是值得探究的文化移植議題。

目前臺灣學界對於漢文化如何移植臺灣的研究，有兩位學者研究論點受到矚目；一位是歷史學者李國祁先生，另一位是人類社會學者陳其男先生。李先生以「內地化」來說明清代臺灣吏治發展與中國各省吏治相同的趨勢。陳先生則以「土著化」解釋漢文化在臺灣社會生根成長後，與母體中國文化之差異現象。本論文借用「土著化」解釋來說明「慚愧祖師」、「定光古佛」信仰在臺灣與原鄉的異同。另外，有關兩者信仰差異之探討，以文獻資料、兩岸傳播地區、民間神靈認同、地方發展異同等四個項目進行比較研究。

1. 文獻資料的記錄

（1）祖師部分

清光緒 24 年溫仲和纂之《廣東省嘉應州志》卷二十八方外，首先記錄了拳陰那開山祖之事，援引潮州府志、阮通志等相關資料。其內容記錄如下：

> 了拳，陰那開山祖，俗姓潘，別號慚愧，閩之沙縣人，元和十二年丁酉（817 年）三月二十五日生，初生，左拳

曲，因名「拳」。彌月，一遊僧至，父抱兒示之，僧書「了」字於其拳，指立伸，更名曰「了拳」。幼穎悟，不茹葷，年十二，喪父母，依於叔母，不能容；十七，去潮之黃砂社車上村（今大埔縣地），依嫠婦游氏為母，日與牧童登赤蕨嶺，曠觀如有所得。令放牛山麓，拳以杖畫地，牛不他逸；或以烹魚啖之，受而投諸水，魚復活，黑質白章，今其遺種名「尾上焦」是也；嶺左溪潭有石如伏虎，閉目跌坐其上如老僧。嘗以指甲寫「大生石頭」四字於石，大如掌，歷風雨剝落，點畫宛然。愛其山水之勝，欲結茅於此，不果。迨游母歿，為營窀穸而去，後人為築靈覺寺。繼之碌上、莆田有二寺；一名「清泉」，一名「龍泉」，相傳昔僧卓錫取泉之處。至神泉市，欲濟無舟，折葦以渡。登黃龍獻爪山，循頂西行，抵坪砂社之楠樹坑，依袁姓，三年而去，後人因其地為高磜寺。爰陟芒洲崗之巔，西望陰那五峰蟬聯，聳崎雲表，神賞者久之，便欣然欲往。過滸梓村，求水弗得，乃卓錫成井；中有石龜，至今存焉。雖旱亢不竭，後人建庵其地，名「靈山寺」，拳像在焉。歲早遠近祈禱，其應如響，至陰那，斲石刊木，建道場為修真地。日說法，眾多不省。住陰那三十餘年，一日語其徒曰：「從前佛祖皆宏演法乘，自便以度人，我未能也，心甚愧之，圓寂後，藏我骸于塔，當顏其額曰慚愧。」因偈云：「四十九年無繫無牽，如今撒手歸空去，萬里雲開月在天」語畢，端坐而逝，時懿宗咸通二年辛巳（861年）九月二十五日也[9]。

是故，此文獻資料清楚記敘慚愧祖師的俗姓潘了拳之事、出生地，以及童年不凡的表現，更將其後修行得道事蹟簡明略述，最後慚愧名號之由來，也清楚說明，並記錄了慚愧祖師圓寂的

---

9 清・吳宗焯修，溫仲和纂：〈方外〉，《光緒嘉應州志》卷二十八，臺北市：成文出版社，民國56年，頁529。

日期,有助於後人瞭解祖師一生之事業。

（2）定光古佛部分

依據宋修《臨汀志》〈仙佛〉所記載,其內容記錄如下:

> 敕賜定光圓應普慈通聖大師——年十一懇求出家,依本郡建興寺契緣法師席下,年十七,得業游豫章,過廬陵,契悟於西峰圓淨大師,——到閩粵贛各地云遊參訪,終成一個高僧。——真宗朝（祥符）八年（1015年）正月六日申時,俄集眾云;「吾此日生,今日正是時,汝等當知妙性廓然,本無生滅示有去來,更言何事?」言訖,右脇臥逝。春秋八十有二,僧臘六十有五。——定光,泉州人,姓鄭名自嚴。乾德二年駐錫武平南安巖,淳化二年別立草庵居之,景德初遷南康郡盤古山,祥符四年汀守趙遂良即州宅創后庵延師,至八年終於舊巖[10]。

此文獻簡明的敘述定光古佛出家、拜師、雲遊之事,並將定光古佛俗姓鄭自嚴泉州人出身也說明清楚,最後記載定光古佛圓寂模樣、地點及終壽年齡,讓後人得以清楚明白其事蹟。

另外,宋·王象之編《輿地紀勝》〈汀州、釋仙〉對於定光古佛之生平記載,亦與《臨汀志》〈仙佛〉所記載相同。

由上述,推算有關定光古佛生卒時間,其出生應於五代順應元年（934）,其卒應於武平南安巖之均慶禪院（今武平縣岩前鎮獅巖）,其時為宋祥符八年（1015）。

2. 兩岸「慚愧祖師」、「定光古佛」信仰傳播主要地區

（1）大陸慚愧祖師民間信仰,以廣東省嘉應州為主要傳播地區,主要寺廟在陰那山陰那坑「靈山寺」。臺灣慚愧祖師民

10　宋·胡太初修,趙與沐纂:《臨汀志》,福州市:福建人民出版社,1990年,頁167。

間信仰,以臺灣省南投縣為主要傳播地區,主要寺廟有鹿谷大坪頂地區的新寮靈鳳廟、羗仔寮祝生廟、頂城鳳凰山寺。

(2)大陸定光古佛民間信仰,以閩西汀州府為主要傳播地區,主要寺廟武平南安巖之均慶禪院(今武平縣岩前鎮獅岩)。臺灣定光古佛民間信仰,以臺灣省臺北縣為主要傳播地區,主要寺廟有淡水鄞山寺與彰化定光佛廟。

3. 民間神靈認同

(1)嘉應州民對於慚愧祖師的靈驗傳說,見諸於文字記錄者不少。

諸如生前之神奇表現有:

> 眾牧,以杖劃地,數十牛眠齒其中,不敢逸。—或飼以炙魚,則祝而縱之,水中復活,黑質白章,今其遺種尾上焦。—趺坐其上,留有座跡,並以指甲鐫「大生石頭」四字宛若鐫成。—遺三米果—囑七日啟視—惜嚴三日遽啟之,果生芒毛,有金色,而寶不成矣。—出至江口,苦無楫,遂乘石渡河。—師卓錫成井,中有石龜,至今存焉,雖極旱亢,其水不竭[11]。

有關唐釋了拳歿後,屢屢顯靈異的記載,內容如下:

> 曾往江西與王府工匠立卷造寺,匠如其言,至陰那訪之。守者曰:「師坐化已三年矣。」匠謁殿前塑像儼如所遇。明初御史梅鼎舟過蓬辣灘,水洶湧,舟幾覆,見老僧於岸隱躍指點,舟得無恙。
>
> 嘉靖間三饒寇亂,過陰那將士擄掠,忽雲霧四起咫尺不辨人,賊迷失道,各村賴以全。三月誕辰,山中必有風雨,

---
11 程志遠編:《陰那山志》,廣州:廣東旅遊出版社,1994年,頁11–14。

相傳為法雨洗殿[12]。

臺灣有關靈驗傳說,可見於《雲林縣採訪冊》一書中記載

> 在大坪頂漳雅庄,祀陰林山師祖,七處居民入山工作,必帶香火,凡有凶番出草殺人,神示先兆,或一二日,或三四日,謂之禁山,即不敢出入,動作有違者,恆為凶番所殺,故居民崇重,為建祀廟[13]。

(2)汀州府民對於定光古佛的靈驗傳說,亦有見諸於文字記錄者。其生前之神奇表現有:

> 十七游豫章,除蛟患。乾德二年,來汀之武平南巖,郡城南潭有龍為民害,師投偈,少涌成洲[14]。
> 數夕後,大蟒前蟠,猛虎旁睨,良久皆俯伏而去。一淳化間,去巖十里立草庵牧牛,夜常有虎守衛,後遷牧於冷洋徑。師還巖,一日候云;牛被虎所中。日暮有報,果然。師往彼處,削木書偈,厥明,虎斃於路[15]。

另外,民間也傳頌定光佛是佛法無邊,神通廣大的神靈。臺灣定光古佛的神靈傳說,祇傳頌其伏虎除蛟之事。

4. 地方發展異同

(1)慚愧祖師民間信仰自唐朝懿宗咸通年間開始,主要的社會背景是當時懿宗對於佛教極力推行,甚至有迎奉佛骨的舉動。從此顯佛風氣而言,當時嘉應州民迎奉慚愧祖師是自然不過的事。又由於嘉應州唐宋以後社會發展相對穩定,地方百姓

---

12 清・吳宗焯修,溫仲和纂:〈方外〉,《光緒嘉應州志》卷二十八,臺北市:成文出版社,民國56年,頁529。
13 倪贊元:《雲林縣採訪冊》,頁160－161。
14 清・李紱纂:《汀州府志》,北京:方志出版社,2004年,頁682。
15 宋・趙與沐:《臨汀志》,福州:福建人民出版社,1990年,頁164。

在歷代傳承影響之下，慚愧祖師信仰也就與其生活關係密切，成為護佑的神祇。

臺灣的慚愧祖師信仰，源於大陸客家原鄉，但因移墾地區的環境險惡，如南投縣水沙連之移墾，所遭受原住民伏擊的報復，生命受威脅的情境之下，自然對於自己的護佑神祇會產生潛意志的祈求保護，亟至有因托夢而避開原住民伏殺之禍，而顯揚慚愧祖師之靈驗，此事經過傳頌，亦或經過官府人員如臺灣總鎮吳光亮之應證，臺灣慚愧祖師信仰，在南投縣境的傳播也就藉著鎮番的作用，而受到當地近山居住者的崇拜，更因此，其他地區也紛紛設廟迎神祭祀，成為臺灣慚愧祖師信仰最多的地區。此種發展，符合陳其南之「土著化」過程之解釋，即地方在漢化過程中保留母文化主體，但因環境的需要為求適應，乃將其中改變成生活所需要的文化，此新的文化內涵源於母體文化，並行不悖，但也與母文化有所不同。南投縣慚愧祖師的鎮番信仰，的確與原鄉信仰不同，但除鎮番信仰之外，它的信仰內涵與原鄉信仰還是相同，甚且當地慚愧祖師信徒，亦有返回原鄉朝拜之事例，可以作為佐證。

（2）有關定光古佛信仰的部分，則兩岸相同。臺灣定光古佛信仰寺廟兩處著名：一在彰化市的定光佛廟，建於清乾隆二十六年（1761），由永定縣士民及總兵張世英等創建；一在淡水的鄞山寺，創建於清宣宗道光三年（1823），由汀州張鳴岡發起集資興建，並羅可斌、羅可榮兄弟捐地，於次年完成。鄞山寺定光古佛塑像是當時從原鄉武平縣迎來的軟身神像，極為寶貴。

臺灣定光古佛信仰，無法如同泉州同安人之「大道公」信仰之廣泛傳播，其中主要因素除了汀州府人在臺灣人數不多的原因之外，定光古佛本身的歷史尊貴神聖性的因素，個人認為應該考慮其中。雖然，定光古佛有民間的神靈傳說，但不如慚愧祖師民間神靈傳說的生活化，因此民間信仰的認同自不待言。

宋朝皇帝對於定光古佛歷代的追封，反到無法將其神靈之事，隨意在民間生活上傳頌。

五、結論

人間事務的歷史發展，往往是無法預先定論。兩岸的慚愧祖師、定光古佛的民間信仰，在原鄉人的移民過程中，由原鄉帶到臺灣落腳之處，當初只是祈求保祐自己的平安無事，但是當個人事業順遂，榮華富貴接踵而至之時，回饋保護神祇成為一種心理強烈地願望。民間信仰與宗教的發展，也就在這種氛圍中獲得建樹與興隆。

臺灣客家人口數與閩南人口數相較之下，屬於少數；因此客家民間信仰要如同閩南人的民間信仰興盛，是不容易的事情。慚愧祖師與定光古佛的信仰，是屬於客家對於高僧的一種民間信仰，這種民間信仰由於本質上就是對於佛教高僧個人的崇敬，因此難與將其他神祇相比，故而，此類的民間信仰發展有其局限之處。

慚愧祖師信仰在南投縣的發展，本身受到當地信徒神靈化因素的影響，而產生鎮番的靈驗作用，獲得當地近山居民的祭祀崇拜，這種鎮番信仰過程，也可以視為原鄉民間信仰在臺灣「土著化」的例證。

從文化資產角度諮議客家連城四堡雕版印刷基地的保存與活化[*]

摘要

　　明清時期閩西客家連城四堡書坊的彫刻出版事業，屬於中國北京、漢口、滸灣（江西）、四堡等四大雕版印刷產業之一。此地在清乾隆、嘉慶年間的鼎盛時期，曾建有100餘座大小印刷書坊，遍佈霧閣、馬屋、上棋、嚴屋等村落，迄今尚存有明清時期建築的古書坊三十幾座，建築特色均採耐火磚建成，可防風防火，俗稱「封火屋」，主要分布在霧閣村和馬屋村兩地。目前連城四堡為福建閩西客家的省級歷史文化名鄉，亦是國內唯一保存下來的明清雕版印刷基地。

　　近30年福建閩西四堡明清時期的書坊彫刻印刷事業與商業活動，開始受到學著的注意，由於當地客家鄒氏家族與馬氏家族本身經營書坊雕刻印刷業，尚有保存歷代先人所留相關資料，因此引發部分學者重視，而進行研究。目前積累豐碩成果，如美國學者包筠雅的《文化貿易：清代至民國時期四堡的書籍交易》

---

[*] 發表於「海絲客家・四堡雕板印刷與海上絲路研討會」，地點：連城金葉大酒店，時間：2015年11月27－30日。

專書；又如國內學者魏德毓、李華珍〈四堡雕板印刷業與商品經濟關係初探〉，陳支平、鄭振滿〈清代閩西四堡族商研究〉，吳偉珍〈明清時期四堡書坊經營研究〉，馬例文〈閩西四堡坊刻的興衰及其原因〉等十多篇研究專論。

從這些研究成果，可以明確瞭解四堡雕板印刷基地的歷史意義與文化價值，並凸顯閩西客家人，在明清時期在出版印刷的商業活動與文化貢獻。

本文研究以歷史研究為主，從文化資產角度思考，如何保存與活化目前國內唯一保存下來的四堡明清雕版印刷基地，其中的古蹟書坊建築以及地方產業的發展。

關鍵詞：連城四堡、四堡雕板印刷基地、書坊建築、閩西客家、文化資產

一、前言

19世紀初期後清代坊刻的書籍，縱使是刊印的善本，也常被藏書家和書籍愛好者批評，印刷書被當作版刻技巧及藝術水準衰退的成品，藏家以成品質感不具備宋、元、明善本書的價值，而不屑於顧，清代坊刻幾乎無人問津。

四堡刻本為被注意，主要是1985年從事明清福建地區社會經濟史的研究學者，曾多次調查閩西四堡族商的歷史，並獲得當地著名出版商鄒氏與馬氏宗族的族譜及其他資料，發表研究成果。進而引發其他學者參與四堡雕刻印刷業的相關研究。影響所及，清代中國傳統社會區域書籍文化流動、擴散的問題，更成為矚目的焦點。

目前在美國學者包筠雅的《文化貿易：清代至民國時期四堡的書籍交易》專書中，可以瞭解四堡家族坊刻業的組織、生產過程、銷售網絡系統，更藉著四堡鄒氏與馬氏的書籍產銷資料，而看出清代中晚期華南地區書籍文化的流傳與擴大對社會的影響。

又如國內學者魏德毓、李華珍〈四堡雕板印刷業與商品經濟關係初探〉，陳支平、鄭振滿〈清代閩西四堡族商研究〉，吳偉珍〈明清時期四堡書坊經營研究〉，馬例文〈閩西四堡坊刻的興衰及其原因〉等十來篇研究專論，可以清楚明瞭四堡雕刻印刷業在明清時期發展情形。

從上述研究成果，可以明確瞭解四堡雕板印刷基地所具有的歷史意義與文化價值，並凸顯閩西客家人，明清時期在出版印刷的商業活動與文化貢獻。因此，連城四堡作為福建閩西客家的省級歷史文化名鄉，是名符其實，但更重要的體認，連城四堡是國內唯一保存下來的明清雕版印刷基地。

文化資產（Heritage）保存與發展，是現代世界文化重視的

潮流，國內已經有許多古蹟建築與遺址，已成為聯合國教科文組織通過承認的世界文化遺產，連城四堡雕刻印刷基地的歷史地位與價值，已經由專家學著研究肯定。因此，如何確保與活化四堡其中的明清書坊建築群以及促進當地產業的發展，個人以為是地方政府當務之急的任務。

二、四堡雕板印刷文獻研究成果回顧

四堡雕版印刷業被學界注意而投入研究，主要是1985年以來中國社會經濟史學者研究族商的問題而引發的。然而，當地連城縣地方官員鄒日升，同年在《連城文史資料》第4輯，發表了〈中國四大雕版印刷基地之一：四堡——淺談四堡雕版印刷業的盛衰〉論文，將鄭振鐸中國四大雕版基地的主張，其中的連城四堡雕版印刷業做了歷史的定位。

廈門大學者陳支平、鄭振滿等的明清福建社會經濟史研究團隊，在多次到閩西田野調查四堡族商歷史資料，獲見到四堡當地重要的世家鄒氏與馬氏宗族的族譜，亦蒐集相關的雕版業資料，經過初步研究，獲得當地族商的發展具有明顯的地域性和宗法性的特徵，這些因素阻礙其國內統一市場形成的結論。[1] 然而，隨著資料的整理，發現四堡商人是內地型的地方性商幫，其發展方式與其他商人集團不盡相同，不宜以偏概全，而開展四堡族商的的個案研究，兼論生態與環境因素。

美國學者包筠雅（Cynthia J.Brokaw）1991年到廈門大學訪問，分享陳支平與鄭振滿的初期研究成果與資料後，個人也前往四堡霧閣、馬屋訪問，從此開始了四堡雕版業發展的長期考察與研究，期間獲得多位中國相關學者與各地友人的幫助，同時參考美國學者對其研究的建議，經過15年的時間，於2007年完成

1　陳支平、鄭振滿：〈清代閩西四堡族商研究〉，《中國經濟史研究》，1988年第2期，頁93。

與四堡雕刻印刷業有關的專書著作，名為《文化貿易：清代至民國時期四堡的書籍交易》（*Commerce in Culture: The Sibao Book Trade in the Qing and Republican Periods.*）。

這本專書讓我們瞭解目前位於窮鄉僻壤的連城四堡，在 17 世紀晚期到 19 世紀初葉，四堡是一處雕版印刷業繁榮的地方，當地生產的書籍，通過流動的書販以及四堡人經營的大小書店，為當時中國華南地區人民，提供了大量價格低廉的教科書、家用指南、醫療手冊及傳統通俗名著等書籍。茲將專書目錄內容簡介於後：

全書分上、下兩部，圖表並列。上部名稱為「四堡的圖書出版業和銷售業」，裡面分八章，分別為：第一章 導論：四堡書籍貿易與清代社會；第二章 背景；第三章 四堡出版業的起源和書籍的生產；第四章 四堡出版業的結構；第五章 我們都是兄弟；第六章 四堡書籍的銷售路線；第七章 流動書販與分店的經營；第八章 閩西社會和帝國晚期經濟中的四堡「儒商」。

下部名稱為「四堡刻本」，裡面分六章，連續前面序號，分別為：第九章 四堡刻本的特徵和來源；第十章 教育類書籍；第十一章 禮儀指南、醫藥指南和占卜指南；第十二章 小說和純文學；第十三章 四堡的客戶和清代的大眾文本文化；第十四章 清代中國印刷文化的擴散。

附錄部分：A 閩粵贛邊區交通路線；B 光緒二十三年（1897）聚賢堂和大文堂雕版價目；C 譜系圖表；D 四堡書坊和書商；E 鄒氏、馬氏書商及售書地點；F 清代鄒氏、馬氏移民地點；G 四堡坊刻本清單。[2]

從上述篇章內容，可以清楚知道連城四堡清代到民國初期的

2　包筠雅：《文化貿易：清代至民國時期四堡的書籍交易》，北京：北京大學出版社，2015 年。

雕板印刷供銷的網絡，書籍種類等，在作者細心的蒐集與整理，重新建構出當時四堡書坊貿易情形。連城四堡作為國內唯一保存下來的明清雕版印刷基地，由此獲得充分有力的證明，四堡書坊的文化貢獻與社會價值，也在此書有著明確的評價。

至於有關四堡雕版印刷業、族商以及民俗文化等議題論文，礙於篇幅，在此選擇幾篇具有代表性論文，分別簡介如後：

陳支平、鄭振滿〈清代閩西四堡族商研究〉，刊載於1988年《中國經濟史研究》第2期。論文主要提到四堡族商的調查與研究，主要是因緣與中國經濟史上族商問題研究，而查閱四堡地方鄒氏、馬氏家族族譜，同時發掘其他有關雕版印刷業資料。初期研究認為四堡商人是內地型的地方性商幫，而與中國其他商人集團不盡相同。因此，開始選擇四堡地方鄒氏與馬氏宗族，作為個案研究，並兼顧其與生態與人文環境的影響。本文分四章討論，分別為：一、四堡商人的家庭和宗教；二、四堡商人的經營方式；三、四堡商人的文化教養；四、四堡商人的鄉土觀念。此篇論文發表後，帶動福建部分學者與美國學者包筠雅，關注四堡雕刻印刷業的研究。

另外，此篇論文在第四章四堡商人的鄉土觀念部分，依據研究資料，發現鄒氏商人主要經商地點，一般都是客家人聚居地區，因此認為，四堡商人對於客家文化的認同感，同樣是鄉土觀念的一種表示。[3] 由於這篇論文研究的看法，也就開啟重視四堡雕版印刷業與客家關係研究。

馬例文〈閩西四堡坊刻的興衰及其原因〉，刊載於1992年《福建學刊》。論文引據清人楊瀾考述汀州物產，指出「宋陳日華《經驗方》記載：方夷吾所編集要方，予刻之臨汀，後在鄂渚得」；又九江守王南強書記載：「老人久苦淋疾，百藥不

---

[3] 陳支平、鄭振滿：〈清代閩西四堡族商研究〉，《中國經濟史研究》第2期，1988年，頁108。

效，偶見臨汀集要方，中用牛膝者，服之而愈」。亦引民國《福建通志》記載：「長汀四堡木雕刻本始於宋代，清初進入全盛」。而定四堡雕版印刷自宋始之說。

另外，文章亦提到四堡地名由來，「相傳四堡是『四寶』的轉音，係指文房四寶而言，據說當時村民經常在霧閣的集市上貿易文化用品，是以用『四寶』之名取代霧閣，後來地方豪紳於各處設關卡徵收『抽厘金』，及民間便戲稱『四寶』為『四堡』」。[4]

其個人歸結四堡坊刻由興而衰，原因有五項，分別是：一、四堡刻書以過硬的質量取信於客戶；二、建陽坊刻衰落，給四堡坊刻提供更為廣闊生存空間；三、四堡書坊的刻書具有廣泛實用性，對市場供求有較強的應變能力；四、四堡書商成功經營是蓬勃發展重要原因；五、坊刻生命在於本身所具的商業性質，這是決定坊刻能否存在和發展的關鍵所在。

邱榮洲〈四堡雕版印刷瑣議〉一文，分兩次載於1993、1994年《龍岩學報》社會科學版11卷2期；12卷1－2期。全文分一、肇始何時，二、特色，三鼎盛與消沉，四、瑣議等四章節敘述。其第二章節，討論四堡雕版印刷業的特色，分別為：（1）抓住際遇以求發展；（2）宗旨明「鏤經史以利後人」；（3）亦儒亦商，亦商亦儒，或儒或商，商為儒用；（4）融工商、族商、里商於一體；（5）萬變不離其宗的投資方向；（6）朦朧可見的資本主義萌芽狀態。這種分法將四堡雕版印刷業的特徵表露無遺。

魏德毓、李華珍〈四堡雕版印刷業與商品經濟關係初探〉一文，刊載於2002年《福建商業高等專科學校學報》。主要從商品經濟角度，探究四堡雕刻印刷業為何形成如此大的規模。全文分一、傳統封建自然經濟受到商品經濟衝擊的產物；二、四堡書

---

[4] 馬例文：〈閩西四堡坊刻的興衰及其原因〉，《福建學刊》，1992年，頁56。

坊是具有明顯商品經濟性質的手工作坊;三、四堡書坊生產的商品經濟性等。本文以三主題來論述,認為四堡書坊是商品經濟下的產物,本身是「工商聯合的經營形體」,為自身的生存和發展,同時注重滿足不同層次讀者的需求,使得他們注重市場的供求資訊,而靈活生產市場的需求。這種商品經濟研究成果,為四堡書坊雕版印刷業能夠維持長期的興盛,做了具體的解釋。

余豐〈連城四堡的宗族社會與民間信仰〉一文,刊載於2004年《廈門廣播電視大學學報》第2期。本文以閩西客家地區連城四堡為例,通過對當地宗族與民間信仰的研究,瞭解當地人文景觀特色。全文主要分為:一、四堡鄉宗族及民間信仰概況;二、四堡鄉的宗族關係;三、民間信仰與宗族關係的當代發展。由於專業注重社會層級與組織關係之網絡,論文中很清楚規劃出馬氏、鄒氏兩宗族在祠祭活動,與周遭地方廟宇、地方政府的關係圖,同時也將巫覡祭祀活動中游鄒公、遊馬公關係圖繪製出來,讓一般人能夠很清楚瞭解其中關聯。本文印證鄒氏、馬氏兩大宗族對當地文化民間信仰,有著深遠的影響。

是故,連城四堡雕版印刷業在明清時期的興盛與發展,從上述各種專題論文與專書的研究成果,可以證實客家地區連城四堡書坊建築,不僅具有明清時期雕版印刷書籍工作坊的代表性,更具有古蹟的歷史價值與文化意義。因此,如何保存與活化這些明清時期書坊建築物,則是當下迫切的議題。

另從客家研究角度而言,清代雕刻印刷產業網絡,在包筠雅的專書中,可以獲得實際貿易路線與區域的瞭解,由於連城四堡是客家區域,而主要經營的鄒氏及馬氏宗族均屬客家人,因此,連城四堡雕刻印刷業的探究,也就成為客家研究新的議題,一般探討客家生活強調「晴耕雨讀」的農業型態,然就此例來說,使得客家生活型態又增添了一新事例,而且還是透過宗族方式,長時期發展,至民國初期而衰微。這種銷售書籍商業文化型態

的生活方式,在華南地區基層社會裡傳播文化的貢獻,應該是被肯定的事。因此,作為客家原鄉的連城四堡,其所遺留的明清書坊建築,更具有保存的文化價值與意義。

三、連城四堡書坊現況

目前連城四堡有關雕版印刷業相關的建築,分為兩部分展示:一為馬屋片古書坊建築群;另一為霧閣片古書坊建築群。明清時期書坊古建築,因採用耐火磚材料,當地稱為「封火屋」,據統計尚有34座較為完整。四堡古書坊建築雖被列為政府保護單位,但成效不彰,許多古書坊年久失修,或被改為柴火、雜物堆置的空間,更有的被拆除改建新房。整體街肆、水溝環境,呈現雜亂無章之狀。

另外,四堡雕板展覽館設在霧閣鄒氏的舊祠堂,將其空間設置成展覽館,所展示成品有數量不多的古書籍雕板木片、古印刷書籍以及古印刷工具等,館中也展示當地民間工藝成品,館內解說方式以平面媒體形式為之。四堡其他景點,尚有子仁屋、林蘭堂以及玉沙橋等。

藝龍旅遊指南網站,於2015年4月3日刊登志遠天下行〈福建雕板之鄉─連城四堡尋「四寶」〉一文,文中報導採訪當地馬氏宗族後人馬力事情。因為馬力是目前四堡雕板技藝代表性傳承人,其先人以前曾從事過很長的雕板刊印生意,自身爺爺是造紙的,生產雕板印刷的宣紙、毛邊紙等,但雕板印刷被鉛字印刷取代後,馬家雕板印刷事業也就結束。目前只有業餘時間少量印刷一些包裝,多數時間則用來經營根雕生意。他很清楚雕板與其他非物質文化遺產絕然不同,雕板印刷是被淘汰的技術,現在很難有經濟上的效益。這個報導,很清楚告訴我們現在四堡居民面臨到生計的大問題。

當地其他特色,分別為:錫業工藝類有馬恩明、鄒友成被列

為福建省非物質文化遺產傳承人,馬恩明經營有「精全錫藝堂」店號,裡面有其製作的精美錫壺與錫雕等作品,是當地錫業的代表;婦女服飾特色方面,四堡當地民間尚保留模仿清代滿人女裝式樣,而特別設計多條彩色邊條相綴式樣,稱「大邊小捆」的服飾,因與其他客家地方之婦女服飾不同,而受到注目;地方美食方面,推薦的種類有,連城白鴨、涮九品、漾豆腐、炒九門頭、三角包、溪魚燜豆腐、燈盞糕、捆粄、地瓜乾等。

此外,四堡馬屋村口花溪河上有一座古老的玉沙橋,始建於清康熙年間,距今已達三百年之久,屬風雨橋,外型質樸的廊橋,迄今仍安然矗立在鄉野溪澗上,與當地景色合一,景致宜人。

四、諮議古蹟書坊保存與四堡產業活化

文化資產(heritage)的保護,當今已然是國際間各國所重視並提倡的文化政策主要理念。本文擬就與四堡書坊保存的幾個重要國際文化資產保護觀念,說明清楚,提供參考。

首先介紹 1964 年公告國際著名的《威尼斯憲章》(The Venice Charter),此憲章是奠定文化資產保護觀念的先河,條文中所提文化紀念物與歷史場所維護與修復觀念,是迄今各國遵守的準繩。茲將其中有關文化紀念物、建築群、歷史場所三項定義,分別說明於後:

文化紀念物(monument),一詞包含歷史、藝術、建築、科學或是人類學的觀點,是指具有價值之所有的構造物(及其環境、相關的裝置與內涵),因此定義包含了紀念性雕塑與繪畫作品、考古地之元素或構造物、碑碣、穴居與上述特徵之所有組合物。

建築群(group of building)一詞包括都市與鄉村,從歷史、藝術、科學、社會或人類學的觀點,指的是在建築、均值性或

是景觀中之角色上,具有價值之所有分開或連接之建築群與周遭環境。

歷史場所(Site)一詞包括從考古學、歷史、美學、人種學或人類學的觀點來看,具有價值之所有地形之區域與景觀,人類之作或者自認與人類之作的組合,包括歷史性公園與花園。

但前述三個名詞,不包括紀念物中的博物館收藏品、收藏於博物館或展示於考古或歷史場所博物館之考古收藏品與露天博物館。[5]

從上述三個名詞的瞭解,再檢視有關四堡雕版印刷業的文獻研究重要結果。學者不同研究議題之結果有:1. 清楚說明客家連城四堡地方,是明清以來中國四大雕版基地之一:北京、漢口、滸灣(江西)、四堡;2. 當地鄒氏、馬氏兩姓是長期從事此雕版印刷業的重要宗族;3. 四堡當地尚留存有為數不少當時雕版印刷業的製作「封火屋」。依此三項,可以說目前四堡留存的書坊建築,符合《威尼斯憲章》中「建築群」的定義,以明清四堡書坊雕版印刷業建築群觀念,來進行當地的文化資產的保護,是正確的方式。

由於清代雕版印刷基地,目前僅在客家地區的連城四堡尚留存有書坊建築群,因此在文化資產的角度來看,這建築群是值得保護的文化資產。

另外,有關古蹟建築的維護與修復觀念,特別要重視的是在1994年日本《奈良真實性檔》的發表內容,會議再度把「真實性」作為主要議題,受到國際古蹟保存界對「真實性」的重視與肯定,因此提出「真實性是關於價值基本決定因素」的觀念。「世界遺產委員會」也強調「重建」只有在原始之物進行過完

---

5 傅朝卿翻譯、導讀:《國際歷史保存及古蹟維護:憲章、宣言、決議文、建議文》,台南市:臺灣建築文化出版社,2002年,頁4。

整及詳盡紀錄之基礎才得以接受,而且不能有任何臆測。[6] 這些維護與修復的看法,是目前文化資產保護的遵循原則,因此「清代四堡書坊雕版印刷業建築群」若要進行維護與修復,欲達到國際水準,這種觀念就需要遵守。

此外,本文所指活化觀念,即是將文化資產標的物中有關建築與環境的再利用,同時兼顧歷史、文化發揚與現狀的改善觀念。在臺灣地區可以看到許多古蹟、歷史建築、聚落或文化景觀的場域,為因應當地居民的生活需要,並提升經濟,多數以商業性的商品服務作為活化的主要方法。這種是政府官員樂於採行推動的方式,原則上兩者兼顧,亦即是文化資產保護標的場域可以維護,同時當地居民可以改善生活;但其弊端,則是商業活絡,人潮聚集的結果,易造成環境破壞、建物毀損的局面。因此,如何管理是政策實施後,政府官員應該持續重視的議題。

當今四堡尚保有傳統自然環境,如玉沙橋與舊街道,這些傳統延續下來的生活環境,地方政府若能夠合理整修,居民日常生活若能夠保持潔淨,就是最好的待客之道。至於地方美食、當地婦女服飾特色、地方工藝等,能否發展延續,吸引外客前來享受地方文化之美,那就需要地方政府、地方文化團體,兩者共同與當地居民達成共識之後,才有可行之願景。

五、結論

閩西客家連城四堡雕板印刷業的歷史價值與文化意義,從近三十年學者們參與研究的成果而言,確定是明清以來中國四大雕版基地之一,殆無疑意。其他三處基地,分別是北京、漢口、江西滸灣等。四堡地方的鄒氏與馬氏兩個宗族,所保留長期經營的雕板印刷業部分資料與族譜,是證明四堡成為雕板印刷基地

---

6 傅朝卿翻譯、導讀:《國際歷史保存及古蹟維護:憲章、宣言、決議文、建議文》,台南市:臺灣建築文化出版社,2002 年,頁 372。

的珍貴史料。美國學者包筠雅所著《文化貿易:清代至民國時期四堡的書籍交易》專書,更是將四堡雕板印刷業的銷售網絡,以及雕板印刷書籍種類,清楚說明。

　　四堡雕板印刷業的研究,也讓目前的客家研究,增添新的議題,有助於客家研究發展,藉著鄒氏與馬氏家族,世代承襲雕板印刷書籍並經營的事例,更凸顯客家強烈的宗族觀念特色。

　　在文化資產方面,四堡至今尚留存三十多座古代書坊建築,由於採用特殊耐火磚建材,當地稱為「封火屋」。這些書坊建築群,印證明清以來四堡地方雕板印刷業的興起與繁榮景象;四堡鄉間溪流上存有的老舊廊橋－玉沙橋,更為四堡鄉間自然景觀增添傳統風采。當地政府採用正確文化資產保護觀念與活用古蹟建築群的周遭環境,將是吸引遊客前來探訪最佳方式。

清代臺灣移民社會客閩莊民集資建街合約字契約書之初探：

以彰化縣永靖、淡水廳大龍峒為例[*]

摘要

　　清代臺灣移民社會移墾多數以租佃方式為之，使得地方區域研究，莫不以發掘當地清代早期墾契為史料搜集重要工作。清代民間契約有關莊民集資購地建立街市的案例不多見，目前資料有兩個事例：一個在臺灣中部彰化永靖地區，屬於粵莊（客家）集資購地建街肆的嘉慶年間的合約字契約書，一個是臺灣北部淡水廳大龍峒地區，屬於閩莊（泉州）集資購地建街肆，也是嘉慶年間合約字契約書。

　　本文採歷史文獻分析、田野調查以及比較法研究方式進行，主要探究上述兩莊民集資合約字契約書內容，及其差異。更進行兩地街肆實地考察，以明瞭客閩兩莊街市發展的異同，作為清代臺灣移民社會客閩集資建街肆案例發展的瞭解。

　　關鍵詞：合約字、彰化縣永靖、淡水廳大龍峒、集資購地建街肆

---

[*] 發表於贛南師範學院第十屆客家文化高級論壇，2019 年 11 月 01-03 日。

一、前言

　　清代臺灣移民社會，主要是由中國大陸東南沿海省份如福建廣東兩省居民遷移過來的人口建立的。福建省遷移地區有：泉州府、漳州府、汀州府、龍巖州、福州府、興化府、永春州等。廣東省遷移地區有：潮州府、嘉應州、惠州府等。其中目前研究視為客家區的有汀州府、潮州府、惠州府、嘉應州及漳州府少數縣；閩南地區的則是泉州府的三邑（南安、惠安、晉江）、同安、安溪與漳州府等地，閩南人數占臺灣移民社會人口比率最多的，有三百萬人以上（據日據昭和元年12月調查資料）；客家人次之，以汀州府及廣東省三府州合計有六十二萬八千八百人；兩者人口比率差距在 5：1 之範圍。

　　在清政府設置的地方政府體系管理下，少數權貴漢人向官方申請開墾荒地許可，或承官府諭示發給墾照，再進行招佃投資開墾；相對於官方，原住民地方土目也可以透過通事招佃墾荒。但均以訂立合約字契約書方式，與招佃者明訂墾地（或購地）範圍、租粟、銀價、年限、等權益寫明，雙方立據各執一份保存，作為日後憑據。

　　上述古文書契可以參考，日據初期臺灣總督府設立「臨時臺灣土地調查局」，於 1904 年編印《大租取調書附屬參考書》上中下三卷，其內容主要蒐集清代從康熙朝至光緒朝臺灣各式大租契字及有關檔資料。臺灣光復後由臺灣銀行經濟研究室出版，此即是《清代臺灣大租調查書》。

　　在目前所保存的地方開發合約字契約書，一般都是地主與租佃者的開墾書契，從這些資料可以看到地方發展的脈絡。但有關地方莊民集資購地建街肆的合約字契約書，則是少見。本文所論述的臺灣北部淡水廳大龍峒街肆集資合約字與中部彰化縣永靖街肆集資合約字，不僅反應了清代臺灣移民社會從康熙到嘉慶年間不同發展階段的開發狀況，同時也看到移民社會經濟

由早期開發移墾，漸進到少數人集資購地建立新街肆模式。前述臺灣移民社會發展的現象，值得探索。

本文採歷史文獻分析、田野調查以及比較法研究方式進行，主要探究上述兩莊民集資合約字契約書內容，及其差異。更進行兩地街肆實地考察，以明瞭客閩兩莊街肆發展的異同，作為清代臺灣移民社會客閩集資建街肆案例發展的瞭解。

二、清代彰化縣客莊永靖街創建與合約議定

據康熙五十九年（1720）《臺灣縣誌》輿地志一、風俗志、雜俗載：「客莊，潮人所居之莊也，北路自諸羅莊山以北，南路自淡水溪而下，類皆潮人聚集以耕，名曰客人，故莊亦稱客莊」。[1] 清雍正元年（1723）因諸羅縣斗六門以北地區漢人日增，為有效管理，清廷采巡台御史吳達禮、黃叔璥之議，劃諸羅中間百餘里之地，東截虎尾，北抵大甲，設置彰化縣治，其名顯示「表彰王化」之意。[2] 清廷為管理墾民，設保甲以稽察地方。周璽《彰化縣誌》第二卷規制志中載：「堡或作保，即保甲之義也。彰化草萊漸闢，村莊日增，原十三保半，道光年間增為十六保」。[3] 彰化縣治時，分屬大武郡保與東螺保。大武郡保其範圍包括今埔心鄉全部，永靖鄉大部分，田尾鄉一部分，員林、溪湖等鄉鎮一小部分，因其地原屬洪雅平埔族阿里坤（Arikun）支族之大武郡社所有，故名。

「街」之名稱，在《彰化縣誌》第二卷規制志記載：「凡有市肆者，皆曰街，闐闠囂塵，居處叢雜，人煙稠密，屋宇縱橫，街旁胡衕曰巷。郊野之民，群居萃處者，曰村莊，又曰草地」。

---

1 陳文達：《臺灣縣誌》，文叢第103種，民國50年，頁57。
2 連橫：《臺灣通史》，文叢第218種，民國51年，頁121。
3 周璽：《彰化縣誌》第二卷規制志，文叢第156種，民國58年，頁238。

在「街市」這個項目中列有「永靖街」並批註：「屬大武郡保，距邑治貳拾伍里」。[4] 由此可知，永靖地區的拓墾至嘉慶年間已大致開發完成，漢人聚集的街莊已十數個，因此嘉慶18年（1813）當地客莊人士群集籌資購置田地創建永靖街，更顯示這時「粵莊人周地密，趨赴各市維艱」的狀況，成為值得投資創建新街市的最佳理由。

嘉慶18年一批粵籍人士：劉經緯、林元梅、徐鳴崗、邱秀章、詹康、陳得耀、詹文光、詹捷甯、張雄方、張蔭、劉玉成、劉仕壯、邱良木、張督、張居賢等15人，倡議在「關帝廳莊前置田一十六甲零，建為街市」，以貿易通商方式，帶動街肆商業，使商民得以利路亨通。[5] 永靖街肆即在關帝廳莊前空曠的16甲田野間，由一群有商業貿易抱負的粵籍客家人平地建起，一開始就有七十多間街屋主，鳩工整地興建，這個氣勢實是驚人。

茲將合約字契約書內容分別敘述於後：

1. 合約字契約書發起者與主旨內容：

> 立合約字劉經緯、林元梅、徐鳴崗、邱秀章、詹康、陳得耀、詹文光、詹捷甯、張雄方、張蔭、劉玉成、劉仕壯、邱良木、張督、張居賢等。竊思貿易通商，王政之大典；化居無有，億兆之良圖。茲予等粵莊人周地密，趨赴各市維艱，眾議在關帝廳莊前置田一十六甲零，建為街市，共費去銀四千六百八十員，共勷此舉，蒙縣主楊氏桂森錫予永靖嘉名。現規模已整，又不可無良規垂後，爰立合約八紙，交各首事分執照行，俾後人有所遵守，庶交易有資，共慶財源廣進；商民得所，咸賡利路亨通。合

---

[4] 周璽：《彰化縣誌》第二卷規制志，文叢第156種，民國58年，頁39、43。

[5] 臺灣銀行經濟研究室：《清代臺灣大租調查書》第二冊，臺灣文獻叢刊第152種，臺灣銀行發行，民國52年，頁221。

將各款議規六份，出銀姓名開列如左。

2. 合約字契約書有關議事，要求投資者遵守內容如後：

一、議：設此街市，祇因昔處羊城故土，今為海外鄉親星散各莊，欲敦鄉誼而末由。茲建街聚處，雖在異地，何殊家鄉。永保茲土全親，後人倘有大小店出賣，不通聞首事，不蓋永靖街公記，是背鄉親之誼，起害街之端，議將店宇折毀，店地還眾，此議。

一、議：三山國王護國庇粵之神，宜建廟崇祀。茲議街中留廟基一所，左右店基各二間，立為費祀，此議。右加一間。

一、議：大街兩行及國王廟前左右前後之店，均要蓋瓦，不得用茅，此議。

一、議：此橫街店後及大街店後各留車路三丈，至周圍竹下各留車路三丈，街人不得侵佔挖壞；如違重罰外，仍押填補，此議。

一、議：兩片東西大街店地均有派出銀圓。其店地包亭仔腳定深一十九丈，闊則一丈五尺，或一丈七尺不等。北勢橫街店地未有派出銀圓，定深一十五丈，闊一丈六尺。南勢對面橫街深一十二丈，闊一丈七尺。王宮前兩片橫街深一十二丈，闊一丈七尺。每間年納稅銀圓二圓，三年後年納稅銀四圓，不得爭多減少，此議。

一、議：街中大小店餘地、魚池諸項，難以獨理，眾議分鬮六份，各理各收，不得違鬮越規，此議。

一、議：六份內有大小店屋居住之人，系各份內頭人約束；如某份內店屋有人開場設賭，包娼容匪打擾滋事，系某份內之人約束不嚴，即該份內抵擋，不干別份，此議。

一、議：六份內店屋之人若有持強逞眾，作惡犯規，不

聽約束，該份內頭人或要稟官，或要拴挐。力弱難當，即要自行為首投明，五份頭人據理幫辦，不干他份，此議。

一、議：六份鬮分餘地無論闊狹，種作只許五穀，不許插竹栽種果木，以害街地，此議。

一、議：圍內刺竹不許砍伐；如有砍伐，捉獲罰銀二圓存公。違者，六份合攻，此議。

一、議：街中遇有修柵橋溝路，及緊要正項，公銀照六份派出，不得違拗，此議。

一、議：街內開有大小圳卸水，一遇壅塞，查明某處某所轄，即要督理疏通，勿延諉害街；違者公罰，此議。

一、議：六份每年要抽出銀五圓，合存公放，永為街中公費，後人不得分散，此議。

一、議：吳業主大租年納銀一百八十九圓三皮六厘四毫二絲，施業主大租年納銀二十八圓二皮九厘八毫，共銀二百一十七圓六皮六厘二毫二絲，稟官存案。六份勻納，每份年納銀三十六圓三皮，限六月、十一月清；如有不清，該某份股內賠清，不干別份，此議。

一、議：六份各鬮定大小店餘地、魚池諸項，俱注明各份簿內。

3. 合約字契約書中六股有關出銀姓名如下：

一、議：徐鳴崗、邱秀章、邱華、汪文相、傅添、李良生、羅士俊，巫厝莊吳純、徐歡明、何旺華、何興歡、吳歡河、熊義成、溫文楊、曾鳳生等共一股，出銀七百八十圓正。

一、批：劉經緯、林元梅、林士魁、賴士秀、劉德紹、劉振豐、劉錦魁、余泉、劉澄江、劉美清、詹振坤、林俊明等共一股，出銀七百八十圓正。

一、批：詹康、陳德耀、魯善生、詹渡、劉龍福、陳神佑、詹廳、詹春蕩、陳觀、詹順、詹盛、詹庚、劉媽德等共一股，出銀七百八十圓正。

一、批：詹文光、詹捷甯、陳臣思、邱水生、黎成宗、詹浚源、陳天思、詹木、張鼎常、胡世俸等共一股，出銀七百八十圓正。

一、批：張雄才、張蔭、張正三公、張麟、羅恭伯、張耳順、張友、張企王、文高發等共半股，出銀三百九十圓正。

一、批：劉五成、劉士壯、劉祖、賴士遠、俊興號、廖老二、鐘北生等共半股，出銀三百九十圓正。

一、批：邱良木、邱學班、邱行、邱新、邱賢、邱德據、邱成龍、邱輔、邱成實公等共半股，出銀三百九十圓正。

一、批：張督、張居賢、張足、張瓊、劉藩衍、鄧曹、曾水等共半股，出銀三百九十圓正。

4. 合約字另外再加議事五條，分別為：

一、批：此街買田一十六甲八分四厘三毫四絲正，立契共一十二紙，交各首事收存，注明各份簿內。

一、批：南門內外餘地及東邊園池、北門內半墟，西門內車坪，俱是六份公地，長闊注明各份簿內。

一、批：學校所以作養人材，茲此街日後要起文祠，六份內餘地有合用者，長闊將別店地易換。

一、議：此街六份勻分，現有出店地銀者九十六間，已起者七十餘間，未起者二十餘間，限三年內起齊；如有不起，將店底銀除消公充，此議。

一、議：南門外竹下及西北溝面各闊一丈，日後修開，不得阻遏，此議。

5. 合約字時間及代筆、同立合約人，如後：

   時間：嘉慶十八年九月　日。依眾代筆人李興玉；同立合約人分別是：張督　陳天思　張蔭　詹英楊　劉玉成　張居賢　（監生）詹捷宵　邱學班　張雄才　劉仕壯　詹文光　邱良木　劉經緯　陳德耀　（生員）徐鳴崗　詹康　林元梅　（監生）邱秀章。[6]

此合約字契約書所提，建立三山國王廟崇祀，即是目前的永靖老街永定宮。

三、清代淡水廳閩莊大龍峒街創建與合約議定

有關清代淡水廳大龍峒街興建與街廟形成事情，不得不以本區耆老吳槐所發表的〈再談龍峒四十四崁〉相關文章為依據。吳槐曾任本區區長（臺北市），日據時期國語學校畢業，1966年（民國55年）秋初在家中故紙堆中發掘一份有關清代淡水廳大龍峒四十四崁購地，起蓋瓦店，以及鬮分管理的古文書契，這份書契，清楚紀錄當時四十四崁起建各姓置產的情形，亦是大龍峒街肆的主要店屋分布紀錄資料。

這份合約是吳槐的曾祖父江水公向陳篤記子孫承買店屋的附件，當時購買的店屋是合約的第42號，地址在保安宮前右邊向北第22間，契約訂立時間為1810年（嘉慶15年7月）。

吳槐對於此合約為何是作於嘉慶15年之事，做了說明。他以為店屋落成在於嘉慶8年10月，且隨即鬮分完畢，因此店屋所有人據此契約內容7年前就已經各管各業了，但期間店屋所有人似乎因管業或修理等事情發生意見，鬧出糾紛，故重新補立合約，明定規定，輪流交盤，不得霸據。如店屋修改，己界己為，

---

[6] 臺灣銀行經濟研究室：《清代臺灣大租調查書》第二冊，臺灣文獻叢刊第152種，臺灣銀行發行，民國52年，頁221－225。

不得別咎,作為依歸,以防滋事生端。[7]

合約內容紀錄,在清嘉慶年間,有當地股戶以王智記為首共21人共同集資,成立「金同成」號,向郭氏兄弟購買旱田一契,作為基地,規劃新建街肆,自1802年(嘉慶7年壬戌)興工,至來年1803年(嘉慶8年癸亥)10月完工,費時一年多,蓋成南北相向瓦店共44間(坎),其中向南向北各22間,每間一律地闊1丈7尺5寸,內實1丈6尺2寸,各起一進帶過水,44間一模一樣,無分軒輊。此店屋即是日後著名之大龍峒(大浪泵)四十四坎店名稱之源起。

另外,有關大龍峒保安宮的興建情形,在《淡水廳志》典禮志祠廟篇,其中記載有:「保安宮,在大隆同街。嘉慶十年(1805)捐建,道光十年(1830)告成」。若依據此紀錄而言,大龍峒四十四坎店屋完成時,當時今大龍峒保安宮尚未興建。然而,吳槐的四十四坎書契內容有關四至界址,為「東至保安宮巷弍坎內為界,西至公巷壹半為界,南至圍牆外水溝外為界,北至圍牆外公路為界,中鋪車路為界」,其中有「東至保安宮巷弍坎內為界」的紀錄,因而有保安宮早於四十四坎店屋的說法。

因此,吳槐所擁有的四十四坎書契,無疑是重要的文獻資料,茲將該書契主要內容,刊載於後:

> 仝立合約字王智記、高明德、陳蘭記、陳升記、王元記、鄭西源等,竊謂合志同方,朋友常逾兄弟;通才建業、連契即如連枝、智等澤居大浪泵即大隆同街,公鳩銀元、立號金同成;合買郭講兄弟等旱田壹契,年配大租谷三石四斗壹升半,又口糧五斗;自壬戌年(1802嘉慶7年)興工,起蓋瓦店,相向四十四坎。每坎地闊壹丈七尺五寸,實內壹丈陸尺貳寸;東至保安宮巷弍坎內為界,西

---

[7] 吳槐:〈再談龍峒四十四坎〉《臺北文獻》第17卷第2期,1967年,頁26。

至公巷壹半為界，南至圍牆外水溝外為界，北至圍牆外公路為界，中鋪車路為界；每坎各起壹進帶過水，攤出銀三佰餘元，經於癸亥年（1803 嘉慶 8 年）拾月落成，隨即鬮分各管無異。誠恐世久年湮，子孫互混，與其爭競於後，曷若立約於先；爰是公議立約為憑。[8]

從這份合約的主要內容，可以明確的看到四十四坎興工與落成的時間，分別在 1802 年到 1803 年的期間，比起保安宮的 1805 興建，早了兩年的時間。但保安宮的興建為「嘉慶十年（1805）捐建，道光十年（1830）告成」，期間經過 25 年漫長的歲月，到 1830 年才完成。從上述的相關記錄，可以說大龍峒四十四坎隆同街的商店，是當時保安宮保生大帝信仰圈的重要街肆，由於街肆商業繁榮，帶動保安宮的發展，畢竟一座廟宇要花 25 年的時間來完成，需要源源不斷的捐款來支付費用，若大龍峒四十四坎隆同街商業不興隆，也就無法持續了。

當時四十四坎店面的擁有者，依據〈仝立合約字〉有 21 人簽字，分別為：鄭西源、陳泰記、蔡玷觀、陳升記、陳篤記、王夏記、高明德、王禮記、林源發、王智記、鄭魁記、王義記、陳蘭記、陳讓記、王周記、王元記、鄭裕記、王琪宣、周蘭美、王量寬、蘇旺再等人。

按照 1810 年（嘉慶 15 年）〈仝立合約字〉記載的個人或商號所屬店面及位置，以保安宮為定位，清楚標明，分別是：

陳篤記分得宮邊右畔向南第三間列 1 號、
陳泰記分得宮邊右畔向南第四間列 2 號、
陳泰記分得宮邊右畔向南第五間列 3 號、
陳泰記分得宮邊右畔向南第六間列 4 號、
鄭西源分得宮邊右畔向南第七間列 5 號、

---

[8] 吳槐：〈再談龍峒四十四坎〉，《臺北文獻》第 17 卷第 2 期，1967 年，頁 21－22。

鄭裕記分得宮邊右畔向南第八間列6號、
王元記分得宮邊右畔向南第九間列7號、
王元記分得宮邊右畔向南第十間列8號、
林源發分得宮邊右畔向南第十一間列9號、
周蘭美分得宮邊右畔向南第十二間列10號、
王禮記分得宮邊右畔向南第十三間列11號、
王夏記分得宮邊右畔向南第十四間列12號、
陳升記分得宮邊右畔向南第十五間列13號、
陳升記分得宮邊右畔向南第十六間列14號、
王量寬分得宮邊右畔向南第十七間列15號、
王琪宣分得宮邊右畔向南第十八間列16號、
王智記分得宮邊右畔向南第十九間列17號、
王智記分得宮邊右畔向南第二十間列18號、
高明德分得宮邊右畔向南第二十一間列19號、
高明德分得宮邊右畔向南第二十二間列20號、
鄭魁記分得宮邊右畔向南第二十三間列21號、
蔡珇觀分得宮邊右畔向南第二十四間列22號；
鄭魁記分得宮前右畔向北第三間列23號、
周蘭美分得宮前右畔向北第四間列24號、
陳蘭記分得宮前右畔向北第五間列25號、
陳蘭記分得宮前右畔向北第六間列26號、
王智記分得宮前右畔向北第七間列27號、
王智記分得宮前右畔向北第八間列28號、
王元記分得宮前右畔向北第九間列29號、
王元記分得宮前右畔向北第十間列30號、
王量寬分得宮前右畔向北第十一間列31號、
王義記分得宮前右畔向北第十二間列32號、
鄭西源分得宮前右畔向北第十三間列33號、
鄭裕記分得宮前右畔向北第十四間列34號、
陳讓記分得宮前右畔向北第十五間列35號、

陳讓記分得宮前右畔向北第十六間列 36 號、
蘇旺再分得宮前右畔向北第十七間列 37 號、
王智記分得宮前右畔向北第十八間列 38 號、
高明德分得宮前右畔向北第十九間列 39 號、
高明德分得宮前右畔向北第二十間列 40 號、
陳蘭記分得宮前右畔向北第二十一間列 41 號、
陳篤記分得宮前右畔向北第二十二間列 42 號、
王禮記分得宮前右畔向北第二十三間列 43 號、
王周記分得宮前右畔向北第二十四間列 44 號。[9]

從上述鬮分所得店屋情形，以姓氏來分，可以看到王姓者佔有店屋 17 間，其中王智記分得五間是最多的，也是立約簽字 21 人各姓中店屋最多者。尚有王元記分得 4 間，王禮記、王量寬各分得 2 間，而王夏記、王琪宣、王義記、王周記等則各分得 1 間。

相傳王智記一族經營海外貿易，有商船十數艘，雄於貨貲，為大龍峒首富，又熱心公益，率心捐獻基地，創立保安宮；或奔走鳩合同志，興建四十四坎，不遺餘力。王智記一族對於大龍峒之開發與建設四十四坎，能公鳩銀元，立號金同合，即是王智記發起之事，其功勞實是不可埋沒。[10]

另外，陳姓（含商號）佔有 12 間店屋，其中分得 3 間店屋有陳蘭記與陳泰記，分得 2 間店屋有陳篤記、陳讓記與陳升記；鄭姓（含商號）佔有 6 間店屋，其中各分得 2 間店屋有鄭西源、鄭裕記與鄭魁記；高姓高明德佔有 4 間店屋；周姓周蘭美分得 2 間店屋；各姓分得 1 間店屋，有林源發、蔡玷觀、蘇旺再等。

大龍峒街的建立與商業的興起，可以說主要就是上述 21 位

---

[9] 吳槐：〈再談龍峒四十四坎〉，《臺北文獻》第 17 卷第 2 期，頁 23－24。

[10] 吳槐：〈再談龍峒四十四坎〉，《臺北文獻》第 17 卷第 2 期，頁 25。

同立合約者，亦是店屋產權擁有者所帶動的。當時除了商業店屋的建築標準化之外，也同時考慮街肆的安全，設置柵門；同時也設輪值辦法，明文規定值年之人負責收取 44 分公業所有之小租穀銀納大租，並約定每年上元日交盤銀數不得羈踞越期。公契貳紙，則議交王智記收貯，不得混爭；如是要用，執出公見。同時約定，各管己業倘店屋損壞，或改造，或修理，己界己為不得生端，如系交界，兩家同修不得別咎。

　　同隆街四十四坎店屋，原先均是一進架棟木造瓦店，每間店屋大小構造用材，無不相同。以後時代繁榮，換作磚石有之，換作層樓有之，亦有成為二進或三進者亦有之。吳槐回憶其少年時（日據初期），他的家（合約第 42 即是號保安宮前右畔向北第 22 間）對面，尚有三數家猶存原狀，但木柱傾斜屋宇破舊，不數年間就均為颱風所吹毀，而四十四坎街兩端，各設有隘門（即是柵門）以防寇盜，以後因開拓街道而拆除。

　　清領時期大龍峒保安宮邊側建立「四十四坎」店鋪後，當地居民密集成為街道，為區別將隘門內稱為「頂街」，隘門以西稱為「下街」，此即是今日臺北市哈密街之最早的街肆。

四、永靖建街合約與大龍峒建街合約異同

　　上述兩份集資建街合約字契約書的時代背景，均產生在清嘉慶年間。說明了清代臺灣社會北部大龍峒（大隆同）、中部彰化縣關帝廳莊等，兩處周遭，已經是漢人移墾有成、聚落成群的狀態，加上移民社會秩序安定，商業經濟成為一些地方同鄉團體看中，以集資建街肆作為當時移民社會新投資的模式，永靖街、大龍峒街即是顯著之例。

　　然而，從這兩例合約字契約書內容，也可以看到當時集資建街肆的異同協議，茲將敘述如下：

1. 相同部分：

    (1) 規劃新建街肆，設置有原鄉的民間信仰神明廟宇。如大龍峒街肆為泉州同安人集資，因此設置保安宮供奉保生大帝；如永靖街肆為粵籍（客家）人士集資，因此供奉三山國王廟。
    (2) 建街肆兩合約字契約書內，均有街肆規劃、議定遵守事項，要求所有人不得生端、公費稅銀不得羈跽越期，形成一個同鄉團體共同遵守約定的新街肆秩序管理的依據。
    (3) 建築主要街肆建材要求相同：大龍峒街肆合約字契約書內規定「蓋成南北相向瓦店共44間」；永靖街肆合約字契約書內則規定「大街兩行及國王廟前左右前後之店，均要蓋瓦，不得用茅」。

2. 差異部分：

    (1) 永靖街肆分橫街店及大街店，各有兩排店面，分大小店屋，由集資者多寡擁有，街肆規劃共有96間店面；大龍峒街肆以保安宮為主，分宮邊右片，宮前右片等兩排，街肆規劃共有44間店面。因此，永靖街肆建築數量與規模較大龍峒街為大。
    (2) 永靖街肆設三山國王廟，其三山國王（巾山、明山、獨山）為護國庇粵之神；大龍峒街肆設保安宮，供奉保生大帝，為泉州同安人之原鄉神明。
    (3) 依合約字契約書內容，唯永靖街肆合約字契約書有特批「學校所以作養人材，茲此街日後要起文祠，六份內餘地有合用者，長闊將別店地易換」的條文，顯現當地客莊有注重文教的風氣。
    (4) 街肆房屋標準尺寸不同。如大龍峒街肆，蓋成南北相向瓦店共44間（坎），其中向南向北各22間，每間一律地闊1丈7尺5寸，內實1丈6尺2寸，

各起一進帶過水，44間一模一樣，無分軒輊；而永靖街肆，則兩片東西大街店地均有派出銀圓，故其店地包有亭仔腳（店面走道）定深一十九丈，闊則一丈五尺，或一丈七尺不等。北勢橫街店地未有派出銀圓，定深一十五丈，闊一丈六尺。南勢對面橫街深一十二丈，闊一丈七尺。王宮前兩片橫街深一十二丈，闊一丈七尺。此街六份勻分，共蓋九十六間。

（5）合約字人數上的差異：大龍峒合約字中立約簽字21人，姓氏以王、陳、鄭、高、周、林、蔡、蘇為主。永靖街合約字中立約簽字18人，姓氏以張、陳、詹、劉、邱、徐林等為主，但因永靖街合約字集資建街肆分六大股，各股不同人數持股，如第一股持股人有15人，第二股持股人有12人，第三股持股人有13人，第四股持股人有10人，第五股持股人有16人，第六股持股人有16人。因此，永靖街合約字中持股總共持股人數有82人，可以顯示當時附近客家聚落熱烈集資參與興建永靖街肆的意願，意味著當地移民社會形態，已經從移墾農業過渡到街肆經濟商業的發展，少數居民才會以集資持股方式，投資規劃新建街肆。

五、結論

臺灣北部淡水廳大龍峒街肆集資合約字與中部彰化縣永靖街肆集資合約字，兩份集資合約字契內容，在臺灣地方清代古文書契資料當中實屬稀少，特別是均在清代的嘉慶年間所立下的街肆集資字契。

臺灣移民社會的發展，從康雍乾時期的移墾者多以佃農身份與地主（原住民）簽約繳租立約方式的開發，發展至嘉慶時期

移民社會民間百姓已經擁有些許資金可以進行投資，便在地方有力人士號召之下，一群地方民眾以集資立約方式，購地興建街肆做商業投資的形態。

這臺灣南北兩個案例，呈現出當時移民社會已經由農業移墾進入到商業街肆形成的社會，步入到部分地區居民以集資持股購地建街肆方式，興起商業貿易投資，兩份街肆集資合約書契實是很好的證明。

國家圖書館出版品預行編目資料

客家研究論集：臺灣客家歷史、文化與信仰的探索 / 邱榮裕著. -- 初版. -- 臺北市：世界客家出版社, 2025.08
　面；　公分. --（客家研究；3）
ISBN 978-626-99553-0-5(平裝)

1.CST: 客家 2.CST: 歷史 3.CST: 民族文化 4.CST: 文集

536.21107　　　　　　　　　　　　　114002841

客家研究3

客家研究論集：
臺灣客家歷史、文化與信仰的探索

作　　者：邱榮裕
總　　編：盧俊方
主　　編：張美亞
美　　編：陳勁宏
校　　對：沈彥伶　古佳雯
封面設計：陳勁宏
出　　版：世界客家出版社
地　　址：臺北市中正區重慶南路1段121號8樓之14
電　　話：(02) 2331-1675 或 (02) 2331-1691
傳　　真：(02) 2382-6225
E - MAIL：hakkastv@gmail.com
網路書店：http://5w.com.tw/
　　　　　https://shopee.tw/books5w
　　　　　博客來網路書店、博客思網路書店
　　　　　三民書局、金石堂書店
經　　銷：聯合發行股份有限公司
電　　話：(02) 2917-8022　　傳真：(02) 2915-7212
劃撥戶名：蘭臺出版社　　　　帳號：18995335
香港代理：香港聯合零售有限公司
電　　話：(852) 2150-2100　　傳真：(852) 2356-0735
出版日期：2025年8月 初版
定　　價：新臺幣680元整（平裝）
ISBN：978-626-99553-0-5　　　　　版權所有・翻印必究

財團法人客家公共基金會 贊助